SME理論でアクティブ・シニアにするメソッド

新時代をつくる介護予防セラピスト

リタジネンセラピストスクール代表
水谷 平
リハビリデイサービスアールズ施設長
水谷美和子

“治してあげる”より
“引き出してあげる”

BAB JAPAN

はじめに

～〝介護〟をセラピストが変える！

◎人生100年時代、セラピストの新しい可能性

あなたは、「介護」にどんなイメージを持っていますか？　もしかしたら、「車椅子」や「寝たきり」「認知症」、また「寂しい」「暗い」といったイメージを抱いているかもしれませんね。一方で、100歳を目前にしても、いきいきと元気なお年寄りは決して珍しくなくなりました。この違い、あなたは何だと思いますか？

「人生100年時代」といわれます。年をとったら気力・体力が衰え、できることが減っていく……。そうやって諦めかけたお年寄りが、笑顔を取り戻し、自分の足で歩いて、いきいきと再び自分の人生を楽しむ。そんな状況になったら、ご本人も家族も、そして関わるさまざまな人たちも喜びと笑顔にあふれると思いませんか？

絵に描いた理想ではありません。これを実現する大きな可能性を秘めているのが、「介護予防セラピスト」です。

◎高齢者ケアにセラピストの力を

現在、日本では、高齢者のケアに携わる人材が必要とされ、その育成が急がれています。

2025年には団塊の世代が75歳以上の後期高齢者となり、介護度が高い高齢者や認知症の高齢者が確実に増えていきます。そのため国は、主に中重度の「要介護者」は国の介護保険で、軽度の「要支援者」はボランティア等の力を借りて地域で支える政策へと転換しました。

そして、「介護予防」という概念も、国策の主軸として打ち出されるようになりました。つまり、高齢者が要介護状態になるのを防ぐ事と要介護者の改善をはかる事の双方が大事、という考え方です。介護の問題はもはや医療の範囲内で解決できるものでは、とっくになくなっています。

ここ数年で、介護ケアに対する考え方が大きく変わっているのです。

高齢者ケアには、様々な職種の人たちが関わり、それぞれの役目を担って高齢者（要介護者）を支えています。それは「高齢者を中心としたケアチーム」といえます。

これまでケアチームのメンバーは、医師や看護師、理学

療法士などの「医療系」、ケアマネジャーや介護福祉士などの「介護系」の国家資格取得者が中心でした。しかし、これからは、民間のサービスやボランティア、地域住民等の参加が期待されています。

そこで「介護予防セラピスト」の出番です。

◎セラピストのスキルは他にはない財産

セラピストは、高齢者のケアに力を発揮できる能力を備えています。まさに、介護ケアに適した人材といえるのです。マッサージを得意とするセラピストは、関節や筋肉などの身体の構造について知識を持ち、クライエントの身体に触れて痛みをケアすることができます。また、優しく思いやりの心で、相手の話をよく聞いて、ストレスをやわらげるスキルも持ち合わせています。実際にクライエントの身体に触れながら、相手と心を通い合わせて、心身の状態をチェックし、癒すことができるのです。

セラピストにとってはごく当然のことなのですが、これから学ぼうと思ってもすぐには習得が難しい、「セラピストだけのスキル」です。

これは、とても重要な付加価値であり、大きな強みです。


まず、それに気づいてください。あなたは、すでに介護予防セラピストとしての素質を有しているのです。

現在、あなたが持ち合わせているスキルに、高齢者ケアのスキルを加えることで、高齢者を癒し、高齢者の能力を引き出して、高齢者のＱＯＬ（Quality of Life／生活の質）向上を目指すことができるのです。

あなたの得意分野であるリラクゼーションスキルを生かして、予防も含めた介護ケア分野で、ぜひ活躍してください。セラピストであるあなたなら、多くの高齢者を優しくケアし、健康に導くサポートができることでしょう。

◎医療と介護の隙間を埋める、第三のアプローチ

高齢者ケアの多くは、チームで行われています。病気やケガの治療をする医療系の職種と、食事や入浴、排泄の介助などを行う介護系の職種は、資格を有する専門職です。これを「医療・介護系」とすると、セラピストやアロマテラピストは「リラクゼーション・癒し系」といえるでしょう。

現在、両者の間は、かけ離れた状況になっています。

「利用者にアロマテラピーでリラックスしてほしい」と思うヘルパーやケアワーカーはいるものの、日常業務の中

介護予防セラピストのポジション

〈リラクゼーション・癒し系〉

セラピスト　セラピスト、アロマテラピストなど。

フィジカルトレーナー　フィットネスインストラクター、パーソナルトレーナーなど。

セルフケア　フィットネスジムや運動教室などの利用、ウォーキングなど。

（役割）マッサージなどのボディケア、アロマテラピーなどによるリラクゼーションの提供など。ストレッチや運動などによる健康維持、心身の健康のサポートなど。

〈医療・介護系〉

医療　医師、看護師、理学療法士、作業療法士、鍼灸マッサージ師、柔道整復師など。

（役割）脳卒中、三大疾病、認知症、転倒や骨折など、病気やケガの治療。リハビリ。

介護　介護福祉士、ケアマネジャー、ケアワーカー、ヘルパーなど。

（役割）寝たきり、認知症、入浴・食事・排泄等の介助など。

介護予防セラピスト

（役割）医療・介護系とリラクゼーション・癒し系をつなぎ、二者の間を埋める。

　医療・介護系のお世話にならないための介護予防、シニアケアなど、地域の健康を担う。

で実現するのは、なかなか難しいものです。

　ここに、第三のアプローチとして「介護予防セラピスト」が加わると、どうでしょう？

　医療・介護系とリラクゼーション・癒し系の間を埋める存在は、両者の中間的な役割を担うことができ、それにより高齢者ケアがさらに充実します。高齢者の健康面、そして心の面でも様々な効果が期待できます。

「お年寄りを癒しながら、健康を取り戻してくれるといいな」「専門的な知識やスキルのある人にサポートして欲しいけれど、誰かいないだろうか」

　今、そうした役割が社会から必要とされています。まさに、介護予防セラピストの活躍ステージが用意されているのです。

　セラピストの皆さんと一緒に、新しい介護ケアを日本中で提供したい。それが私たちの願いです。

◎「待つビジネス」から「オープンなビジネス」へ

　私たちは、鍼灸師・鍼灸マッサージ師として２００１年から高齢者ケアを始め、２０１０年に千葉県鎌ケ谷市に運動に特化したデイサービス「アールズ」を開設しました。

現在はセラピースペースとカフェを併設する複合施設「リタジネン森の学校」を運営し、親子連れからお年寄りまで、たくさんの方々にご利用いただいています。

15年以上にわたり、介護を必要とされる要介護者のケアをする中で、ストレッチ（S）、マッサージ（M）、エクササイズ（E）の順にアプローチする独自の「SMEメソッド（理論）」を構築し、多くの高齢者に施術してきました。このSMEメソッドにより、たくさんの方々が身体機能を取り戻し、身体を動かすことの喜びを実感される姿を目の当たりにしてきました。人生をいきいきと過ごされる様子に、私たちも日々エネルギーをいただき、ケアにあたっています。

まずは、あなた自身の「介護」のイメージや固定観念にとらわれず、「介護予防セラピスト」とはどういうものか、そして介護予防セラピストになるために必要なものは何かを、本書を読みながら、ご自身のセラピストとしての可能性と照らし合わせて考えてみてください。

あなたのサロンにいらっしゃるお客様も、確実に年齢を重ね、やがて「足腰が心配で出かけるのが辛くなった。今までのようにはサロンへ行けない」という状況も考えられます。また、身内の介護に直面する方もいるでしょう。そして、セラピスト自身も健康で仕事を続けるために、自身のケアは欠かせません。

介護予防セラピストとしてのスキルを身につけることは、高齢社会における自身の専門性を高め、高齢になったお客様の満足度を高めることにつながります。そして、介護施設や自治体等への新規アプローチなど、今後、活躍の場が広がることが大いに期待できます。

これまでのサロンにおける1対1の施術は、クライエントが来るのを「待っているビジネス」です。今後は、地域社会で求められている高齢者のQOL充実のサポートや地域貢献につながる「オープンなビジネス」へと活躍の場を広げていきませんか？

本書では、高齢者（シニア）に特化したボディケアについて、その根幹となる考え方と具体的なケアである「SMEメソッド（理論）」を紹介します。セラピストという付加価値を生かし、さらに介護予防という分野にステージアップするための参考に、ぜひ役立ててください。

あなたにとって本書が「介護予防セラピスト」として新しいスタートへの一歩になることを願っています。

目次

はじめに～〝介護〟をセラピストが変える！ ……… 2

第1章

〝介護予防セラピスト〟とは？ ……… 13

1 治すために本当に必要なもの ……… 14
2 介護予防セラピストにこそできること ……… 16
3 癒しの専門家「セラピスト」が次に目指すもの ……… 18
4 高齢者を自立に導く「介護予防セラピスト」 ……… 19
5 介護予防セラピスト、7つの資質 ……… 20
6 「介護難民」「リハビリ難民」にならないために ……… 20
コラム① 介護保険制度における高齢者の段階 ……… 21
7 人間の身体は、使わなければ確実に衰える ……… 21
8 高齢者の特性を理解し、リスクマネジメントをする ……… 22
9 介護予防セラピストは高齢者を支える一員 ……… 23
コラム② 地域における4つの「助」 ……… 24

第2章 介護予防セラピストになるために必要な基礎知識 ………25

1 私たちの出発～ゼロからチャンスを生かす ………26
2 訪問鍼灸マッサージを続けるうちに………26
3 「身体を動かすこと」の重要性に気づく ………27
4 SMEの組み合わせが生む、プラスのスパイラル ………28
5 重度者と接する中で痛感した「予防の重要性」 ………29
コラム③ 介護保険法第一章第四条 ………30
6 高齢者との関わりの中で～日常生活の困りごとを解消 ………30
コラム④ 国際生活機能分類（ICF）のしくみ ………31
7 一番の敵は「筋力低下」ではなく「気力低下」 ………32
8 認知症の場合は専門のケアを ………32
9 昔遊んだ記憶があるものは拒否されにくい ………33
10 高齢者は「できる」と「やる」がイコールになりにくい ………34
11 何らかの支援が必要となった原因の1位は「関節疾患」 ………34
コラム⑤ マズローの5段階欲求 ………35
12 誰にでも起こりうる「高齢による衰弱」 ………36
13 「骨折・転倒」がきっかけで生活動作が困難に ………36
14 日常に潜む、要介護のリスク ………37

15 廃用症候群の様々な症状 ……38
16 「心身一如」、心と身体のつながり ……39
17 廃用症候群を防ぐためにセラピストができること ……40

第3章 高齢者に特化したSMEメソッド ……41

1 「マイナスがあっても幸せに暮らせる」という視点 ……42
2 クライエントの「依存」を助長しない ……42
3 エクササイズ（運動）することの大切さ ……43
4 SME理論（メソッド）について ……44

Ⅰ 介護ケアストレッチ【S】のポイント ……46

1 最初にストレッチで緊張をゆるめる ……46
2 車椅子は動きを押さえる拘束器具？ ……46
3 廃用を進行させる車椅子生活 ……47
【ストレッチのポイント1】ストレッチで身体と心の緊張をゆるめる ……48
【ストレッチのポイント2】回数を分け、最初は小さく、徐々に大きな動きに ……49
【ストレッチのポイント3】施術する部位に手を添え、持ち上げて伸ばす ……49
【ストレッチのポイント4】視野を広く持って、全体を見ながら施術する ……52
【ストレッチのポイント5】動き始めの「初期時痛」に注意する ……52

II 介護ケアマッサージ【M】のポイント……54

1 高齢者の身体はガラス細工、繊細に触れる……54
【マッサージのポイント1】過剰な圧刺激を与えない……54
【マッサージのポイント2】痛みは下へ、外へと移動する……56
【マッサージのポイント3】痛みが3日後に出ることも……56
【マッサージのポイント4】前回の様子を聞き、いい状態を長く保つ……57
【マッサージのポイント5】ノンバーバルな感性を高める……57
コラム⑥ 施術の記録を残しておく……58
コラム⑦ 重篤な病変があることを理解しておく……60

III 介護ケアエクササイズ【E】のポイント……61

1 達成感につながるエクササイズの重要性……61
2 リラックスからリフレッシュへ……61
3 フィジカルとメンタル、両面のサポートを……62
【エクササイズのポイント1】初回は興奮気味で、つい無理をしてしまう……62
【エクササイズのポイント2】「プラスの声かけ」がやる気につながる……62
【エクササイズのポイント3】最後に能動的なイメージを持ち帰ってもらう……64
コラム⑧ できるセラピストは施術メニューを更新する……66

Ⅳ 介護予防セラピストに必要なコミュニケーション【C】……67

1 継続したサポートのために心がけること……67
【コミュニケーションのポイント1】良くなってきたと感じるのは「笑顔」が増えた時……68
【コミュニケーションのポイント2】先入観を持たずに対応する……69
【コミュニケーションのポイント3】高齢者の尊厳と介護ケアへの意識……69
コラム⑨ リハビリは目標でなく手段だと忘れずに……70

ケーススタディ1 変形性膝関節症……71

1 ストレッチ……72
2 マッサージ……78
3 エクササイズ……91

ケーススタディ2 脳卒中後遺症……107

1 ストレッチ……108
2 マッサージ……114
3 エクササイズ……137

第4章 ベッドなしでもできる！ セルフケア体操……143
1 〝介護予防〟には不可欠なセルフケア体操……144
2 ベッドがなくてもできる！……145
3 〝自発性〟こそが宝！……146
セルフケア体操 A 上半身……147
1 ストレッチ……148
2 マッサージ……155
3 エクササイズ……160
セルフケア体操 B 体幹・下半身……167
1 ストレッチ……168
2 マッサージ……171
3 エクササイズ……175

第5章

セラピストがシニアケアの現場で活躍するために ……187

1 シニアに特化したスキルで可能性が広がる ……188
2 待ち型のサロンから訪問型へ ……188
3 「癒し」から予防ケア「未病治」へ ……189
4 医療情報にアンテナを立て、情報を集める ……190
5 清潔感や礼儀を忘れずに ……190
6 状態が良くなる人は家族関係も良い ……191
7 感染症のリスクを常に意識する ……192
8 地域活動への参加～地域密着型セラピストへ ……192

おわりに ……194

第1章

“介護予防セラピスト”とは?

1 治すために本当に必要なもの

〝介護予防セラピスト〟には大きな可能性があります。それは、介護という世界が大きく変わりつつある今だからこそ光り始めた可能性なのかもしれません。

「介護予防」の言葉に象徴されるように、〝悪くなったらなんとかする〟ではそう簡単にはなんとかならない事が明らかになりました。ましてや医師とて万能ではなく、治せない疾患もあります。医学の限界、という話ではありません。介護に関わる職種が増えているように、人の身体というものに対する向き合い方も、医療のみに任せっきりの考え方が必ずしも正しくなかった事を今、突きつけられているような気がするのです。

人間は工業製品のように、決まった工場へ行きさえすれば治るというものではありません。

ここは逆の言い方をしましょう。人間は、決まった工場へ送らずとも、あるポイントをおさえれば、治せるのです。

そんな事が伺えるエピソードをいくつか、ご紹介したいと思います。

◎「あなたに私を治せますか？」Nさん（65歳）の思い

東京都で会社を経営するNさん（男性）は、当時65歳。ある日、脳卒中で突然倒れ、病院に運び込まれました。急性期医療を受け、退院。その後もリハビリを続けていましたが、思うように回復しません。私たちの施設を訪ねて来たときには、歩くことが困難、高次脳機能障害により光や音に敏感で不安を感じやすいなど、後遺症を抱えていました。

初めて会ったとき、Nさんは私（平）にこう言いました。

「あなたに私を治せますか？」

思うように動かない身体、仕事に復帰できない苛立ち、今後仕事を続けられるのかどうかわからない不安……様々な思いが入り交じってのNさんの言葉は、こちらを試しているようにも受け取れました。

緊張しながら、私は素直な気持ちで言いました。

「精いっぱいサポートさせていただきます」

それから、Nさんに、今どんなことに困っているのか、身体の状態がよくなったら何をしたいのか、今後どのような状態を望むのかなど、希望をお聞きしました。Nさんの希望は、「半年後に顧客を連れてイギリスに視察旅行に行く予定がある。私はホストとして同行したい」というもの。

早速、ケアプログラムを作成して、リハビリを開始しました。ストレッチ、マッサージ、エクササイズ……。Nさんは自宅でもストレッチや運動に取り組み、雨の日も雪の日もウォーキングを欠かしませんでした。Nさんの回復の状況を踏まえて私は随時ケアプログラムを見直し、短期の目標を更新しながら、リハビリを見守り続けました。

そして、半年後。

Nさんは希望通り、顧客の皆さんと海外視察に出かけました。見事に目標を達成したのです。その姿は、不安を払拭し、プライドを取り戻し、堂々と威厳に満ちていました。

Nさんは、今でも、ときどき身体のしびれを感じるといいます。脳卒中で倒れる前と全く同じ状態に戻ったわけではありません。しかし、今は自分の身体の状態を受け入れて、うまく付き合っているのです。

「心身の状態が良くなると、以前と同じではない今の状態を受容できるようになる」、そのことをNさんにあらためて教えていただきました。

◎「手術はしたくない!」Bさん(70歳)の場合

70歳の女性、Bさんは膝の痛みから家事がつらくなっていました。病院では、加齢によって軟骨が擦り減ったり、骨が変形したりして痛みが出る、変形性膝関節症と診断されていました。整形外科や整骨院へ行っても状態は変わらず、途方に暮れてケアマネジャーの勧めもあり、私（美和子）を訪ねてこられました。

当時は、家事で立ち仕事をするとやがて膝がしびれて、しばらく寝込んでしまうという状態。介護保険では「要支援」の認定を受けていました。

「人工関節の手術を勧められたのですが、そんな勇気はありませんし、手術は最後の手段です。なんとかなりませんか？」とBさん。

身体をチェックすると、膝関節のまわりは筋肉が固まった状態です。私が「これ以上筋肉を落とさないようにしないと、ますます痛みが出ますよ。筋肉をつけるために運動しましょう」と話すと、たいへん驚いていました。

「まさか、こんな状態で運動ができるなんて思ってもみませんでした。膝が痛いから、運動はできないと思っていました」とBさん。

そうして、痛くない範囲から少しずつストレッチ（S）、マッサージ（M）と組み合わせて、エクササイズ（E）で身体を動かしました。最初は、動かせる範囲はほんの少しです。でも、少し動かせるだけでも、Bさんにとっては「あ、私の膝は動くんだ！」という大きな発見だったのです。Bさんは、自宅でもエクササイズを続けました。

それから、1年半。ご自身も家事がつらいと感じなくなり、日常生活に支障がなくなっていました。そして、Bさんから「病院で検査をしたら、『軟骨が再生している』と主治医もびっくりしていました！」という報告が。まさか、そんなことがあるのかと、私たちも驚きました。

Bさんは介護保険の「要支援」を返還して、サービスを受けない「自立」になりました。そして、こう言いました。「運動で身体は回復できるとわかったので、不安がなくなりました。これからも運動を続けます。若いうちから身体を動かしていれば、膝の痛みは予防できたんですね」

2 介護予防セラピストにこそできること

NさんやBさんが回復するために、一番大事だったことは何だと思いますか？

ケアプログラムでしょうか？　優しく心身を癒すマッサージでしょうか？　運動習慣でしょうか？

それらも大事ですが、それよりももっと大事なことがあ

ります。それは、「本人のやる気」です。

本人のやる気を本気で引き出して、サポートすること。それが介護予防セラピストの大切な役割であり、やり甲斐でもあります。

「この状態が一生続くのか？　どうしたら身体が回復するのだろう」

病気の再発の怖さやこの先の生活の不安などで、高齢者は大きなストレスを抱えています。病気やケガによって大きなダメージを受けて、人生に絶望し、生きる気力さえ失ってしまった方を、私たちはたくさん見てきました。

そんな高齢者を一人でも減らしたい。そう思って、高齢者に接してきました。

しかし、どんなに的確と思われるケアプログラムを作ったとしても、本人のやる気がなければ、続けることはできません。NさんやBさんは、自分の可能性を諦めることなく、自らの手で回復の道、希望の光をつかんだのです。

そのためには、クライエントの置かれた状況や今の気持ちをよく聞いて、本人と介護予防セラピストが目標を共有し、リハビリや運動を続けられるように心身両面の手助けをすることが大事です。

「杖を使って歩けるようになる」、次は「杖に頼らず、一人で歩けるようになる」、さらに「50ｍ先の公園まで行く」「階段を使って2階に上がる」……。そうした目標を一つずつクリアしていくことで、「今までできなかったことができた！」という達成感を得ることでしょう。

高齢者にとって「できるようになる」ことは、大きな自信につながるのです。そしてそれは、生きる意欲につながっていくのです。

運動すれば、確実に身体は変化していきます。Nさんと Bさんは自分でそれに気づき、運動を継続したのです。Nさんは、もうリハビリをしなくて大丈夫な状態ですが、「運動はお守りのようなもの」と言って、今もエクササイズを続けています。

年を重ねると、今までできていたことが徐々にできなくなっていきます。しかし、「できないこと」にフォーカスするのではなく、クライエントが「できたこと」を見つけて、それを認め、励まし、次の目標へ向かって見守り、伴走する。介護予防セラピストは、そういう存在です。

「人生100年時代」のサポーター。長生きするほど、サポーターの存在は重要になるでしょう。長いお付き合いが始まり、その影響はクライエントの家族や地域のネットワークへと波及するかもしれません。

あなたが想像しているよりも、はるかに大きな可能性を介護予防セラピストは秘めているのです。

3 癒しの専門家「セラピスト」が次に目指すもの

日本では少子化高齢化がさらに進み、自らの健康は自らで守るという意識が、今後ますます高まるでしょう。クライエントも高齢化し、若い頃とは身体そのものが変化しますし、肩こりや腰痛に加え、膝痛や股関節の不調、もの忘れなど、高齢者ならではと思える症状を訴えることも増えてくることでしょう。同時に、セラピスト自身も年齢を重ね、健康管理には、ますます留意しなくてはなりません。

このように、身近なところでも高齢化の波は押し寄せています。その波に流れていってしまうのか、うまく波にのって活躍していくのか、今が運命の分かれ道といえます。

私たちが提唱する「介護予防セラピスト」は、高齢者の介護をするわけではありません。セラピストとしてこれまで身につけたスキルを存分に生かし、人生の先輩である高齢者の第二、第三の人生を輝かせるお手伝いをする、それが大きな目的です。

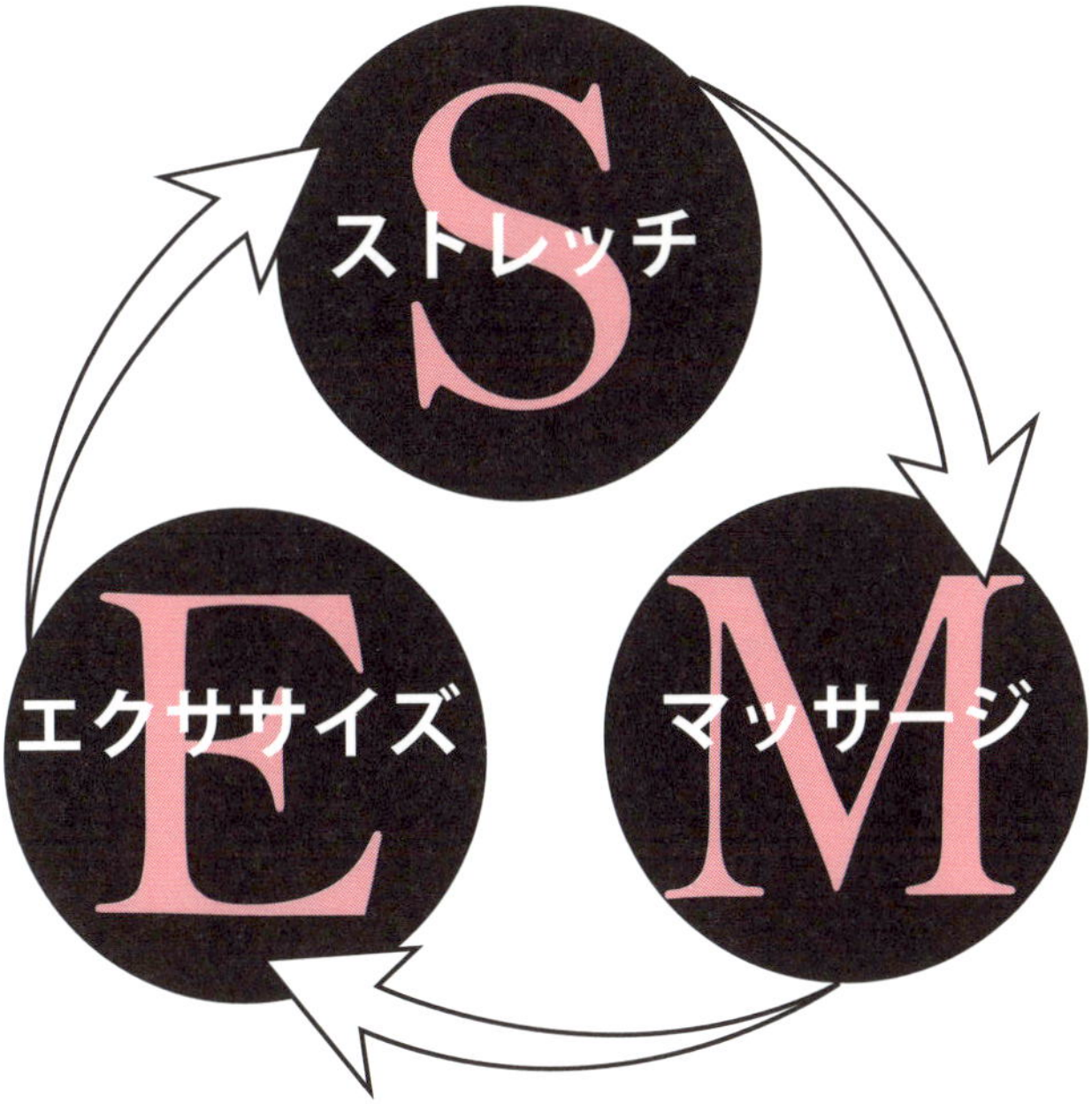

高齢者には特有の心身の状態があり、ケアの際に気をつけるべき点があります。それをまとめた本書は、人生を輝かせたい高齢者をサポートするための介護予防セラピストを目指す方に向けた本です。

4 高齢者を自立に導く「介護予防セラピスト」

まず、私たちが考える「介護予防セラピスト」について、お話ししましょう。

それは、「SMEメソッド（理論）」に基づいて、高齢者の廃用症候群を予防できるスキルを持つ人」、そして「施術のスキルだけではなく、高齢者を取り巻く社会背景を理解し、高齢者の良き相談相手として、またサポーターとして、虚弱高齢者を自立に導くことができる人」だと考えます。

「廃用症候群」とは、転倒や病気などがきっかけで、身体を動かすことが難しくなったり、おっくうになって、家に閉じこもりがちになり、心身機能が低下してしまう状態のことです。日常生活が活動的でないことで起こるため「生活不活発病」ともいわれています。

私たちが考案した、ストレッチ（S）、マッサージ（M）、エクササイズ（E）の3つを組み合わせた「SMEメソッド」によって、この廃用症候群のリスクを軽減することができます。

5 介護予防セラピスト、7つの資質

病気やケガをきっかけに、今までしていたことができなくなって日常生活に支障をきたした高齢者のQOL（Quality of life＝生活の質）を維持向上させ、その方が納得いく人生をいきいきと送れるようにサポートする。介護予防セラピストは、そうした役割を持ちます。

介護予防セラピストに必要な資質として、次の7項目が挙げられます。

① 高齢者を取り巻く社会背景や課題を理解している。
② 加齢により起こってくる症状や病気についての知識を持っている。
③ 高齢者の特性を熟知し、リスクマネジメントができる。
④ 介護ケアストレッチの習得（高齢者に特化したストレッチ法）。
⑤ 介護ケアマッサージの習得（高齢者に特化したマッサージ法）。
⑥ 介護ケアエクササイズの習得（高齢者に特化した運動指導）。
⑦ 自分の地域に興味を持ち、自ら参加する意志がある。

6 「介護難民」「リハビリ難民」にならないために

少子高齢化のマイナス要素が日本社会に影を落としつつあることは、多くの方が感じていることでしょう。

75歳以上の後期高齢者の数が増加するのに比例して、医療保険、介護保険等の社会保障費の増大をはじめ、様々な問題がすでに起こっています。団塊の世代（昭和22年〜24年生まれ）が後期高齢者となる、いわゆる2025年問題。そして、団塊ジュニア世代（昭和46年〜49年生まれ）が後期高齢者に突入する2040年問題も、その一つです。

後期高齢者（75歳以上）になれば、どうしても病気の罹患率が上がり、介護度の高い方や認知症の方も多くなります。そのため、病院や介護にかかる費用も増えていきます。

高齢者の数が増えるだけではありません。少子化の影響により、労働人口の不足、つまり高齢者をサポートする担い手も足りなくなります。介護サービスやリハビリを受け

コラム1

介護保険制度における高齢者の段階

ひとくちに「高齢者」にいっても、介護保険上では介護の必要度に応じて、8段階に分かれています。

軽 ←→ 重

非該当（健常者）
←事業対象者（厚生労働省指針基本チェックリスト該当者）
←要支援1
←要支援2
←要介護1
←要介護2
←要介護3
←要介護4
←要介護5

▶介護が必要かな？と思ったら、
市区町村の担当窓口に相談→基本チェックリストの実施等、必要であれば介護保険申請

☆介護が必要と考えられる場合は、
介護認定審査会を経て介護度が決定→介護度に応じて介護サービスやその他のサービスを利用（担当ケアマネジャーがコーディネイト）

☆介護保険は申請せず何らかのサポートのみ必要と考えられる場合は、
地域包括支援センター等の支援を受けながら、運動教室や地域サロンへの参加、機能訓練、その他必要なサ-ビスを利用（介護予防・日常生活支援総合事業サービス等）

たくても受けられない「介護難民」や「リハビリ難民」が多数出るのではないかと懸念されています。

もしもそうなれば、介護する家族の負担が大きくなって、高齢者への虐待や、介護や世話を受けずに孤独死を迎えるなど、悲惨な出来事が増えていくかもしれません。

周囲を思いやり、お互いに助け合う、日本人の心、いわば「利他の心」が、少子高齢化によって弱体化しまう……。そんな時代になるのは、非常に残念なことです。

7 人間の身体は、使わなければ確実に衰える

加齢による身体の変化は、どんな人にも平等に起こる現象です。しかし、それが顕在化してくるタイミングは、それぞれ違い、個人差が大きいものです。例えば、50歳代で大きな病気にかかってしまう人もいれば、80歳を超えても病気をせずに元気で過ごしている人もいます。

特に中年期以降の病気の発症は、医師をはじめ多くの専門家が言っているように、生活習慣によるところが大きいと考えられます。高血圧症や糖尿病などの生活習慣病を予防することで、病気になるリスクを減らせるのではないか、

そのために自分は何を改善すべきかをそれぞれの人が考え、実践していく必要があるのです。

身体を使わないことで起こってくる様々な症状やリスクである廃用症候群(生活不活発病)を予防するためには、「歩けるうちに歩いておく、動けるうちに動いておく」ということが大事です。当たり前といえば当たり前なのですが、年をとってから「さあ歩こう!」と急に始めようとしても、なかなかできるものではありません。

そして、廃用症候群は、高齢者に限った話ではないのです。身体の動きを司る骨格筋は、30歳を過ぎると顕著に衰えるとされます。35歳を過ぎて現役で活躍するアスリートを「レジェンド」や「神的」などと称しますが、まさに骨格筋の廃用(衰え)を自らの努力によって予防している、見本のような存在です。普通の人は、なかなかそこまで鍛錬できないものです。

人間の身体は、年々衰えていく「消耗品」であることを忘れずに、日々自分の身体の声に耳を傾けて、無理をせず、健やかに生活していくことが大切なのです。

8 高齢者の特性を理解し、リスクマネジメントをする

一般に高齢者というと65歳以上の方を指しますが、医療保険では70歳以上を「前期高齢者」、75歳以上を「後期高齢者」と定義しています。また、介護保険では、65歳以上を「第1号被保険者」、40歳~64歳までの医療保険加入者を「第2号被保険者」と定義しています。

この仕事をしていて感じるのは、「今の65歳は非常に若い」ということ。多くの人がスマートフォンやパソコンを使いこなし、アニメやアイドルなども「とりあえず押さえている」という方も多いのです。

とはいっても、やはり若い時とは違う特徴が顕著に現れてきます。例えば、病気の発症、薬の服用、筋肉の衰え、関節の硬さや慢性的な痛み、精神的な落ち込みやうつ、そして記憶力(特に最近の記憶)の低下……。それがもとになって日常生活に支障をきたしたり、入院や介護が必要になるケースも多くあります。

介護予防セラピストとして高齢者と接する場合、これらの特性を理解し、また予測して、リスクを回避しなければなりません。

マイナスなことが起こらないように、事前にしておく対策を「リスクマネジメント」といいますが、それに加えて、起こりうる事態を想定できる「暗黙知」というスキルもまた、高齢者ケアには必要といえるでしょう。

9 介護予防セラピストは高齢者を支える一員

２０００年に介護保険制度が施行されて以来、高齢者が病気やケガ等によって何らかの支援が必要になった時、尊厳を持って自己決定できる地盤ができたのは喜ばしいことです。

高齢者が要介護状態になっても、住み慣れた地域で暮らし続けるために、多様な人が関わり、支えていく。そのしくみを「地域包括ケアシステム」といい、都市部、農村部、山間部など、それぞれの地域の実情に合わせてシステムを機能させていくことが急務とされています。

介護事業所で働く職員は、医療系や福祉系の国家資格者もしくは、ある一定の研修を修了した者が揃っており、いわば専門家集団です。利用者ご本人はもちろん、預ける家族も安心していただけると思います。

しかし、施設では、財源や人員に限りがあります。これからの高齢者の支援には、民間や地域、ボランティア等、様々な分野の人たちの力が求められています。

ところで、「様々な分野の人」とは、どういう人をイメージしますか？　その中にはもちろん、介護予防セラピストも含まれています。

介護予防セラピストは、高齢者とその家族を中心としたチームメンバーの一員として、他のメンバーと情報共有しながら、継続的にサポートしていく役割が期待されます。

その他のサポートには、例えば、地元商店の御用聞きサービス、清掃会社のお掃除サービス、コンビニやスーパーの商品配達サービス、警備会社等の見守りサービスなどもあります。また、外出支援サービス、家政婦サービス、地域や個人レベルでの認知症高齢者お助けネットワーク、独居老人定期巡回、お隣りの様子伺いなどもあるでしょう。

まずは、地域のどこに、どのような高齢者が住んでいるかを把握すること。そして、その人と誰かが関わりを持っておくことが支援の一つだと思います。

地域における4つの「助」

高齢者を取り巻く環境には、次の4つの「助」があると考えられます。

① 自助（個人：自分で自分を守る）

② 互助（民間、近隣、ボランティア：お互いの助け合い）

※介護保険制度からみると、この互助サービスはインフォーマルサービス（保険外サービス）、社会資源ともいわれ、公的な介護サービスだけではなく、これらの社会資源も組み合わせながら要介護者を支援していくように義務付けられています。

③ 共助（医療保険、介護保険等社会保障制度：自分も保険料を払い、保険事故が起きた際にはサービスを受けられる）

④ 公助（行政：ライフライン的な制度、生活保護、権利擁護、虐待防止等）

介護予防セラピストは、特に「互助」の分野で、高齢者を中心としたケアチームの一員として、その活躍が期待されます。

第2章

介護予防セラピストになるために必要な基礎知識

1 私たちの出発～ゼロからチャンスを生かす

日本で介護保険制度が始まったのは、２０００年のことです。その翌年、私たちは夫婦で鍼灸師、鍼灸マッサージ師として高齢者ケアを始めました。歩行が困難な方のお宅や施設に伺って、リハビリ、マッサージ、ストレッチ、鍼灸治療などを行う仕事です。

開業するにあたり、たった一つのつてであった、あるデイサービスを訪ねました。そこで、介護保険制度の知識を生かし、機能訓練体制加算を取得できるようアドバイスをしたことが、すべての始まりでした。

そのデイサービスは、食事や入浴などの日常生活の世話を主に行う、一日型の施設でした。実際の機能訓練の内容、具体的には運動メニューの作成やマシンなどの選定等についてのアドバイスをしました。その結果、「施設としての売上もさることながら、何より利用者様の機能を維持する上で重要な機能訓練を施設で行えるようになった」とオーナーが大変喜んでくださいました。そして、たくさんの利用者を紹介してくださったのです。ケアマネジャーが作るケアプランに、私たちの訪問マッサージを入れていただくことで認知度が高まり、地域に広がっていくことができました。

それまで、介護施設に足を踏み入れたこともなければ、要介護者と間近で接したこともなかったので、初めて施設を訪ねた時は、非常に緊張したことを今でもよく覚えています。小さなチャンスを生かし、誠実に仕事をこなすこと、それが大きな実を結んだのだと実感しています。

2 訪問鍼灸マッサージを続けるうちに……

鍼灸やマッサージへの医療保険適用が認知されてきたのは２０００年頃からです。行政にも少しずつ理解が浸透し、現在では介護保険制度の中でもインフォーマルサービス（介護保険外サービス）の一つとして全国的に認知されています。往療料（出張料）も保険適用なので、寝たきりで通院が困難な方にはとても重宝がられています。「タクシーを使って大変な思いをして通院しなくていい」と大変喜んでいただいています。現在でも、弊社の主力事業の一つです。

ケアマネジャーやクライエントの口コミもあり、多くの

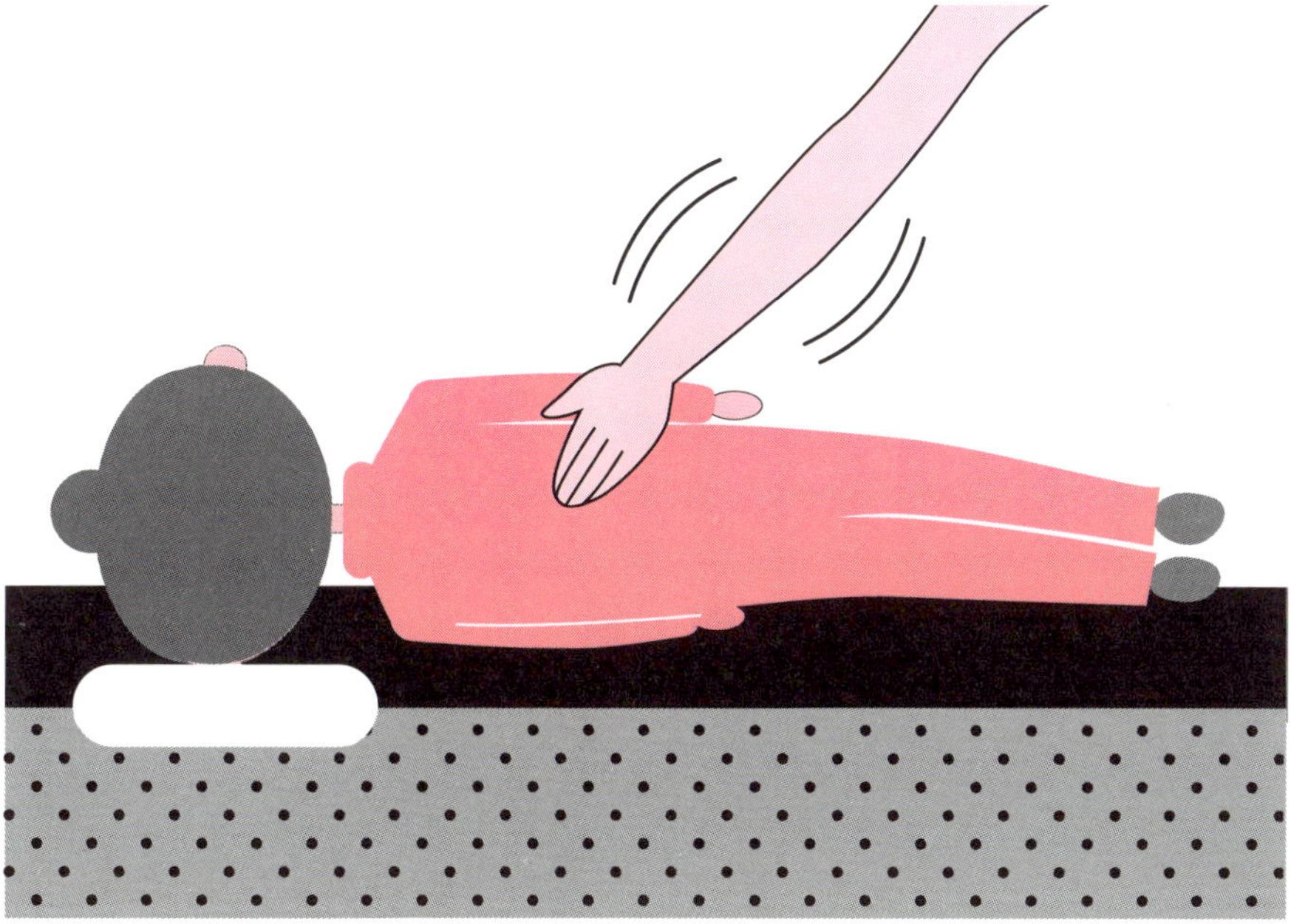

方を施術するようになったのですが、そのうち、ある壁にぶつかりました。

「いくらマッサージをしても状態が改善しない方がいる。鍼灸を用いても、その時には筋肉が柔らかくなるけれど、それが日常生活動作の向上につながらない……」

どうしてだろう?と、少しずつ疑問や違和感が沸き上がってきたのです。

3 「身体を動かすこと」の重要性に気づく

そして、私たちは、あることに気がついたのです。

「身体を動かさないことで状態が悪くなっているのなら、身体を動かしたほうがいいのではないか?」と。

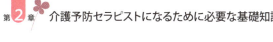

身体を動かさなくなったきっかけは人それぞれですが、ほとんどの方が廃用症候群（生活不活発病）の方でした。そこで、施術の中に運動療法を多く取り入れてみることにしました。

マッサージ施術を行うと、クライエントには「気持ち良い」「体が軽くなった」と言っていただけます。それはうれしいのですが、それだけでは不十分です。マッサージ施

術で軽くなったあとには運動を行うことで「日常生活において、できることが多くなっていく」ことが大事だと考えるからです。

通常、クライエントへの施術はおよそ30分で、身体の状態は人によって違うため、その方に合わせてプログラム（メニュー）を組みます。状態を見ながら、できるだけ運動の時間を長くしていくと、クライエントの顔に生気が戻り、やがて自信を取り戻していく様を目の当たりにしました。

そうして「身体を動かすこと」の重要性を確信したのです。

4 SMEの組み合わせが生む、プラスのスパイラル

運動の重要性とともに、高齢者特有の痛みや廃用症候群による関節の拘縮《こうしゅく》や筋萎縮には、マッサージよりもストレッチの方が有効な場合があることを経験の中で見つけました。

拘縮とは、関節が硬くなって動きが悪くなった状態のこと。ずっと同じ姿勢で車椅子に座っているなど、筋肉を使わなければ拘縮が起こりやすくなります。関節拘縮や関節

包の過緊張と拘縮をストレッチでゆるめることにより、今まで動かさなかったために痛みが強かった症状も、マッサージよりも早く、効率良く改善することがあるのです。

また、痛みが強くて生活の範囲が制限され、自宅に引きこもりがちになり、さらに症状や介護度が悪化していた方々には、訪問でのストレッチやマッサージを行いました。それにより症状が改善し、さらにベッドでのエクササイズを組み合わせて行うことで痛みが改善しました。

すると、ご本人の前向きな気持ちが高まり、今まで寝たきりで引きこもりがちだった方が、デイサービスを利用したり、外出するようになったのです。これは、まさに生活の質の向上です。ストレッチ（S）、マッサージ（M）、エクササイズ（E）を組み合わせることで、心身の状態へのプラスのスパイラルが生まれてきたのです。

5 重度者と接する中で痛感した「予防の重要性」

長年の訪問鍼灸マッサージ業務の中で、介護度でいえば要介護4や5の、いわゆる重度の方々をたくさん施術してきました。その中には、今まで家からほとんど出られなかった方が、回復するにつれて外に出る気になって、車椅子に乗って散歩や買い物に行ったり、食事を楽しんだりできるようになった例もあります。

ですが、一方で回復しないまま歩けなくなったり、亡くなられた方もいます。回復を信じて施術してきた身としては、とても寂しく残念なことです。

ある程度、病気や症状が進んでからだと、いくらリハビリをしても、どうしてもできることが限られてしまいます。また、現状を維持することで精いっぱい、それすらも難しくなってしまう方もいるのが現実です。不可逆的な廃用症候群の怖さや、悔しさやもどかしさを数多く経験してきました。

そこで、もう少し前の段階である軽度の時から、さらにもっと若い健康なうちから、生活習慣に気をつけ、まずは病気にならないように、また、もし病気になってもそれ以上悪くならないよう、予防に努めることが重要だと痛感したのが、介護予防のデイサービス運営や、多くのセラピストの皆さんに介護予防の重要性を伝える活動を始めたきっかけです。

コラム3

介護保険法第一章第四条

「介護保険法」には、次のような記載があります。

（国民の努力及び義務）
第四条　国民は、自ら要介護状態となることを予防するため、加齢に伴って生ずる心身の変化を自覚して常に健康の保持増進に努めるとともに、要介護状態となった場合においても、進んでリハビリテーションその他の適切な保健医療サービス及び福祉サービスを利用することにより、その有する能力の維持向上に努めるものとする。

もちろん、そうしなければ罰せられる、という類の規定ではありませんが、もはや〝健康〟というものが、誰でも当たり前にそうあるものではなく、留意、努力しなければならないものであるということは、すべての国民が肝に銘じなければならないのかもしれません。

6 高齢者との関わりの中で～日常生活の困りごとを解消

介護予防セラピストが高齢者サポートチームの一員として活動をするにあたり、大切なことがあります。

それは、単に高齢者に施術を行うという関わりだけではなく、「その人の生活全般を気にかけ、必要な働きかけをしていく」ということです。

例えば、変形性膝関節症で「膝の痛みのために最近は外出が減り、家事もおっくうになってきた」という人がいたとします。その際、その方の生活全般に目を向け、実際にどの程度の支障が出ているのか、日々の買い物はどうしているのか、家族の協力は得られているのか、階段や段差など家屋状況はどうなのか……など、実際のその方の暮らしぶりについてヒアリングし、ある程度、把握することが重要です。

介護予防セラピストとして高齢者と関わる場合、膝の疼痛の緩和や軽減だけを目的とするのではありません。それと同時に、日常生活においての困りごとが解決できるように、暮らしぶりの不便が改善していくように、必要な助言や働きかけをすることも重要なのです。

コラム4

国際生活機能分類（ＩＣＦ）のしくみ

国際生活機能分類（ＩＣＦ）とは、２００１年５月に世界保健機構（ＷＨＯ）で採択された、人間の生活機能（人間が生きていくこと）と障害を判断するための分類法で、人が生きていくことを広い視点で総合的に理解することを目指しています。また、その人のできることに焦点を当てて、そのできることを生かすことで、よりその人のＱＯＬ（生活の質）を向上させることができるという考え方です。

下の図のような６つの要素が互いに影響し合い、その人の状態を表しています。

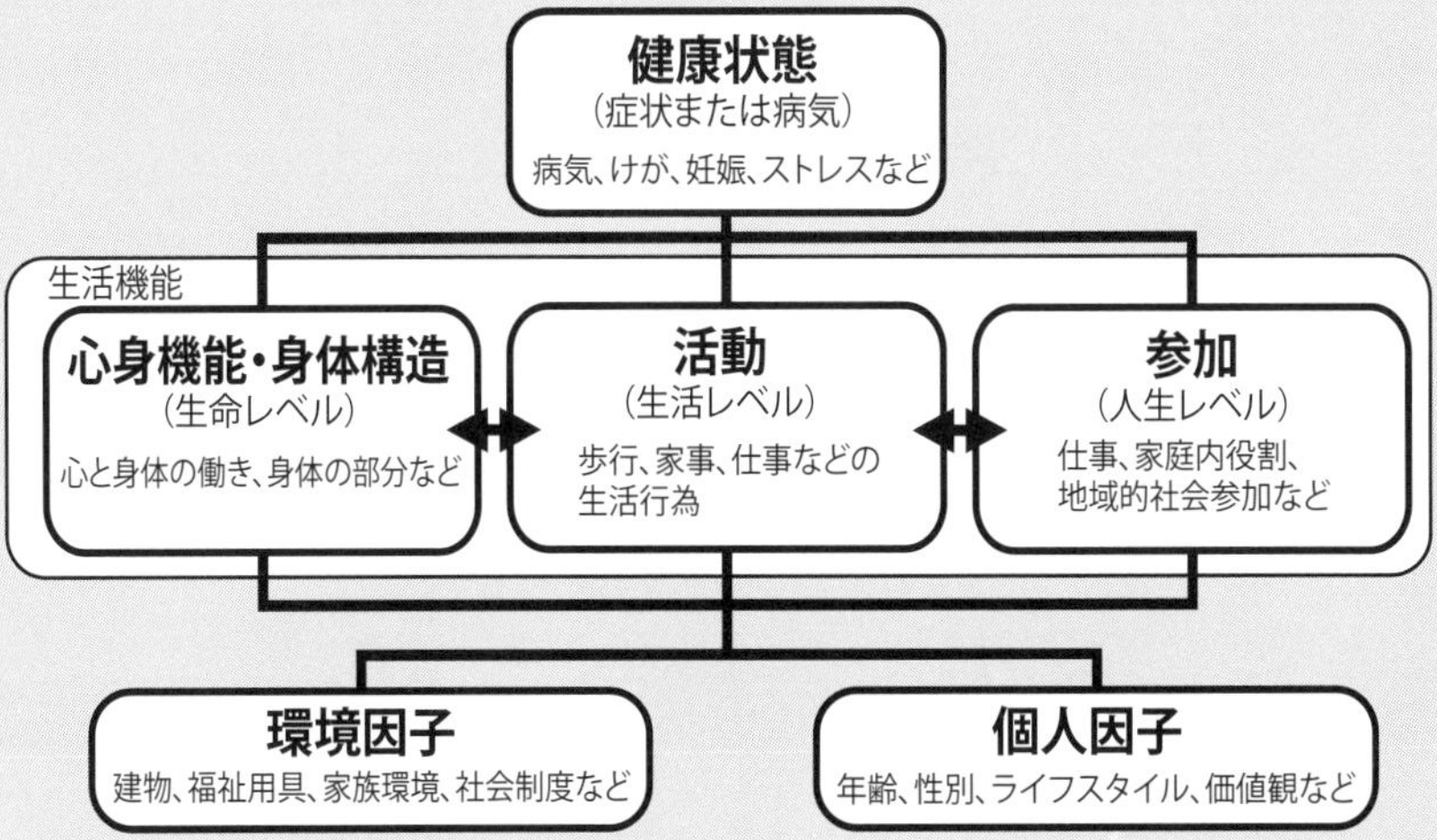

ICF：International Classification of Functioning, Disability and Health

7 一番の敵は「筋力低下」ではなく「気力低下」

介護保険法では、「高齢者が介護が必要になっても、住み慣れた地域や住まいで尊厳ある自立した生活を送ることができるよう、また、生きがいを持って暮らし続けられるように」という文章がよく出てきます。

それを実現するためには、まずは高齢者自身が筋力や体力を落とさないように健康に気を配ったり、外に出て家族以外の人と関係を持ち続けたり、趣味や生きがいを持って生活を楽しむなど、自らの努力が基本となるでしょう。また、それを国や地域で支える取り組みもなされています。

しかし、元気な方ならともかく、一度大きな病気やケガをして要介護状態になった高齢者が、日常生活も思うようにならない中で「自立した生活」や「生きがいを持った生活」をすることは、果たして可能でしょうか？　やりたいことがある程度できて、生きがいや楽しみを持って心身ともに充実した生活を自ら送ることができる方が、どれくらいいるでしょうか。

介護予防を担う者として現場にいる中で一番困るのは、「気力低下の状態」です。筋力低下や体力低下は運動をやっていけば改善しますが、やろうという気持ちがない方はどうしようもありません。意欲が低下している方の行動を改善するのはとても難しいことです。いくら身体を動かしましょうとお伝えしても、「暖かくなったら散歩に行く」と言っているうちに、夏になり暑くなって、「涼しくなったら行く」と言っているうちに冬になり、結局外に出ないまま一年が過ぎていく。そういう方も少なくありません。

そうして閉じこもりがちになると、社会と隔絶した状態になり、心身の衰えが進み、結局一人では生活できない状態になってしまうのです。家族がいれば、家族にも見放されるかもしれません。

8 認知症の場合は専門のケアを

こうした状態が単なる「怠け癖」ならば、きっかけがあれば、やる気を取り戻すかもしれません。しかし、自分の現状を認識できていない「認知機能の低下」や、病気の後遺症等で「うつ状態」や「気力低下」という場合もあるのです。また、薬を多く服用していることでぼんやりしてしまい、「活動の低下」につながっているケースもあります。

こういった症状の一つである場合や認知症の方は改善が難しく、専門的なケアが必要となります。医療機関や市町村の介護保険課など、専門機関に引き継ぎましょう。

9 昔遊んだ記憶があるものは拒否されにくい

認知症ではなくても、いわゆる「もの忘れ」は、加齢とともに多くなるものです。自分が言ったことを忘れてしまったり、こちらの説明をなかなか理解できない、認識がずれていて話がかみ合わないケースもあります。

こうした状態の高齢者にとって、新しいことを始めるのは戸惑いや拒否感を伴う場合もあります。そんな時、私たちは、高齢者が昔遊んだことのあるものを活用します。例えば、おはじきやお手玉は、昔遊んだ記憶が呼び起こされるようで、楽しみながらやる方が多いのです。また、ボールを使ったトレーニングも、子どもの頃を思い出すのか、拒否されにくいです。

リハビリのための理学療法や作業療法というと難しく感じるかもしれませんが、高齢者にもなじみやすいアイテムがあるので、その方の状況を見ながら上手く活用しています。

　ところで、もの忘れの原因の一つとして、脳の血流の低下があります。血流の悪化を防ぐには、身体を動かして筋肉を維持することが有効です。それが、もの忘れの進行を防ぐことにつながるのです。

10 高齢者は「できる」と「やる」がイコールになりにくい

　高齢者の特徴の一つとして、「能力（できる）」と「実行状況（やっている）」がイコールになりにくい、ということがあります。歩けるのに歩かない、皿を洗えるのに洗わない、洗濯物を干せるのに干さない……。本来、できる能力があるにもかかわらず、ＡＤＬ（日常生活動作：食事、移動、入浴、排泄、整容の５つの動作）や、ＩＡＤＬ（手段的日常生活動作：買い物、洗濯、調理、掃除、金銭管理等、日常生活に関連した幅広い動作）を自分で行っていないケースです。

　少子高齢化がさらに進み、介護の人材不足が懸念されるこれからの時代、「自分のことは自分でやる」という意識が、ますます必要になります。クライエントが現在持っている機能（残存機能）を使って生活し、その能力をできるだけ低下させないようにサポートしていくことも、介護予防セラピストの役割といえます。

　介護状態になる前に症状を食い止める、予防の意味でも介護予防セラピストの存在意義は大きいのです。

11 何らかの支援が必要となった原因の1位は「関節疾患」

　高齢者がなぜ介護ケアが必要になったのか、その原因について考えることも、介護予防セラピストとして活動する上で重要なことです。

　厚生労働省発表の「平成28年国民生活基礎調査の概況」（平成29年6月）に、要介護認定において「要支援1・2」と判定された、比較的軽度の介護が必要とされる方（要支援者）についてのデータがあります。

　それによると、要支援者が介護が必要になった原因の第1位は「関節疾患」で、要支援者全体の17・2％を占めます。

　ここでいう関節疾患は、骨折を除く症状であり、膝や股関節の痛みや関節の変形を指します。例えば、高齢女性に多い「変形性膝関節症」や「変形性股関節症」「リウマチ」

コラム5

マズローの5段階欲求

「マズローの5段階欲求」とは、心理学者アブラハム・マズローが人間の欲求を5段階に理論化したもので、下位の欲求が満たされると、その上の欲求を満たそうとする、というものです（左掲図参照）。

　これを高齢者ケアに当てはめてみると、特に介護保険制度では生きがいを持って自立した生活をする、つまり〈自己実現の欲求〉を持って生活することを推奨しています。

　要介護者は、病気や再発の恐怖のために〈安心の欲求〉すらも満たされていない方が多いので、一番高次の欲求を持つなんてことは、普通に考えて非常に難しいことが容易に想像できます。しかし、色々な人たちが関わって、それができるように支援していくことが求められているので、一つ一つ上の段階を経て、時間をかけてでも一番高次の欲求を目指していきたいと思います。

マズローの５段階欲求

下位の欲求が満たされると上位を求めるようになる。

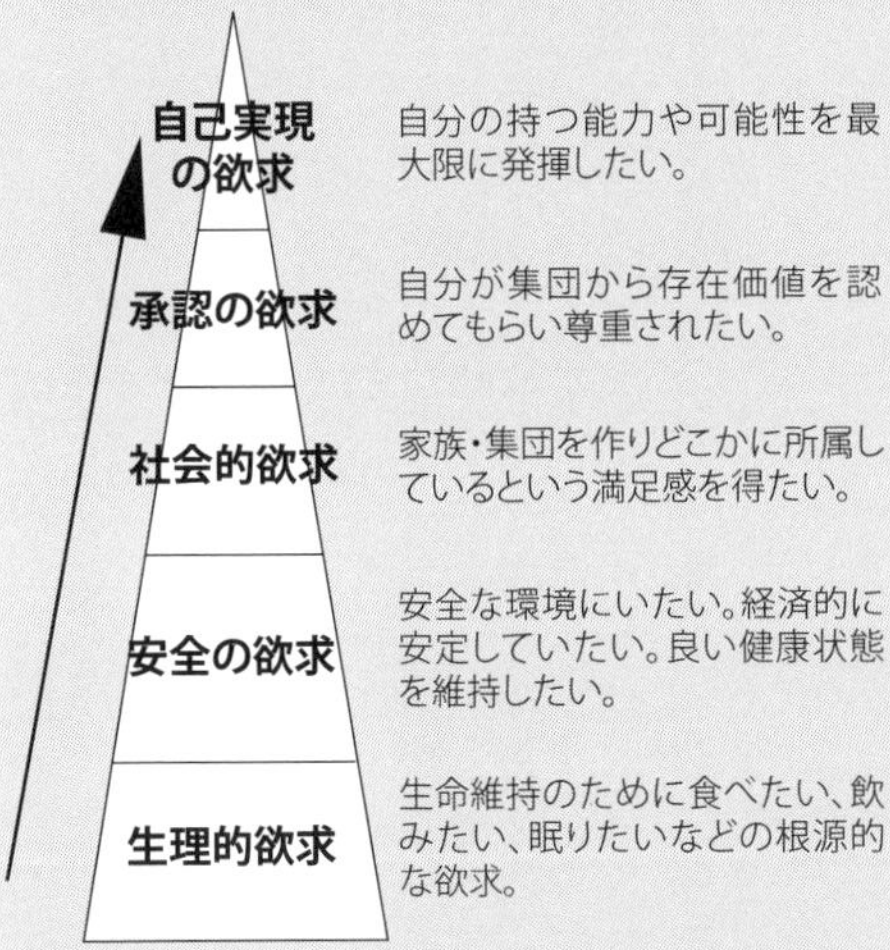
自己実現の欲求
自分の持つ能力や可能性を最大限に発揮したい。
承認の欲求
自分が集団から存在価値を認めてもらい尊重されたい。
社会的欲求
家族・集団を作りどこかに所属しているという満足感を得たい。
安全の欲求
安全な環境にいたい。経済的に安定していたい。良い健康状態を維持したい。
生理的欲求
生命維持のために食べたい、飲みたい、眠りたいなどの根源的な欲求。

①まずは、体調が安定し、〈安全の欲求〉が満たされる。

②次に、外に出て、家庭以外の他のグループや集団に所属し、〈社会的欲求〉が満たされる。

③そして、自分の存在や価値を第三者に認めてもらい、〈承認の欲求〉が満たされる。

　この過程が十分に満たされた後に、「自分の能力や可能性を生かして、自立した、生きがいのある人生を送りたい」という〈社会的欲求〉の出現につながっていくのです。

　私たちセラピストの使命は、「まずは外出を促すこと、そして、その方のやってきたことをほめて、認めて、自信を取り戻してもらうこと」です。

　高齢者に人気のあるセラピストは、ひとことでいえば「明るくてほめ上手」。そして、人の痛みを理解しようとする思いやりの心と、自分の親や祖父母に接するように、高齢者に対して親身な姿勢を持っている人なのです。

といった症状が、これにあてはまります。

セラピストが普段、サロン施術で対応する症状に「腰痛」「膝の痛み」などがありますが、それらが「要支援」となる最も多い原因なのです。

介護と聞くと、多くのセラピストは自分事としてとらえていないかと思いますが、日頃のボディケア施術のクライエントと介護のクライエントは、実は密接につながっているのです。高齢のクライエントが、ちょっとしたきっかけで介護が必要になる場合も十分考えられるわけです。

12 誰にでも起こりうる「高齢による衰弱」

要支援者が介護が必要になった原因の第2位は「高齢による衰弱」で、要支援者全体の16・2%を占めます。

これは、病名がつくような症状の診断はないが、加齢による体力の衰えが顕著になり、心肺機能や運動機能が衰えてきた状態のことです。廃用症候群も、まさにこの状態を指します。

本来、人間は年を重ねると体力が低下し、死を迎えるのは自然の摂理です。大きな病気をせず、加齢で徐々に衰弱していくのは、本来はとても自然なことです。しかし、これからの超高齢社会では、可能な限り、自分で自分の生活を維持することが求められています。

私たちセラピスト自身の老後も含め、将来の過酷な老後を生き抜くためにも「高齢による衰弱」を防ぐことを真剣にとらえなくてはいけません。

13 「骨折・転倒」がきっかけで生活動作が困難に

続いて、要支援者が介護が必要になった原因の第3位は「骨折・転倒」で、要支援者全体の15・2%を占めます。

骨折転倒による入院やケガは、私たちが高齢者ケアの現場に携わる中で、本当に多く遭遇してきた事例です。特に重篤なのが「大腿骨骨折」です。大腿骨は、体幹上肢の重さを支える、人体で最大の関節を構成しています。体重を支え、人体の重心バランスの保持にも大きな役割を果たします。日常の歩行運動、自転車のペダルをこぐ、階段を上るなどの生活動作にも影響を与えるため、大腿骨骨折は高齢者にとって非常に大きなリスクとなります。

また、骨折をすると長期入院を余儀なくされ、それにより筋肉や骨の働き、心肺機能も低下してしまい、原因第2位の「高齢による衰弱」をも引き起こします。また、骨折後の後遺症として、しびれや痛みが残ったり、関節可動域が低下すると、関節に負荷がかかってしまい、原因第1位の「関節疾患」にもつながります。

それまで健康で自立した生活を送っていた方が、骨折や転倒により、急激に体力や精神力が衰えて認知症を発症したり、他の病気を併発したり、要介護度が高くなった例を、これまで数多く見てきました。

ちょっとつまずいて、転んだ。そんな身近でよくある出来事が、高齢者にとっては、私たちが考えている以上に高いリスクになるのです。

14 日常に潜む、要介護のリスク

要支援者が介護が必要になった原因は、関節疾患、高齢による衰弱、骨折・転倒の上位3位だけで全体の48・6%と、ほぼ半数を占めています。

脳卒中や心臓病、がんや認知症といった重大な病気や症状が原因ではありません。関節の痛みや変形、生活不活発による衰弱、日常生活の中での骨折や転倒といった、日頃私たちがサロン施術で見かける痛みや症状がほとんどなのです。

そして、これらに共通するのは、「廃用症候群」、別名「生活不活発病」です。

そもそも人体の構造は、動くことを前提に設計されています。痛みや骨折、加齢などで生活が不活発になり、動きが制限されると、様々な症状が現れます。身体を動かさなくなると、さらに痛みが悪化するという、負の連鎖に陥ってしまうのです。

本来、食事や入浴など、自分の力でできていたことができなくなり、他者の介護や介助、支援が必要な「要支援者」となったわけです。

ちなみに、さらに介護度が高い「要介護1～5」と判定された要介護者の人が介護が必要となった原因は、第1位が「認知症」、第2位が「脳血管疾患(脳卒中)」、第3位が「高齢による衰弱」です。

実は、認知症も脳血管疾患も、廃用症候群の症状の一つです。体を動かさないことが、要支援状態だけでなく、要介護の状態をも引き起こす可能性をデータが物語っています。

日常のエクササイズやストレッチ、マッサージで関節や筋肉、心肺機能を刺激することが廃用症候群の発症や進行を防ぐ。日頃からクライエントをケアするセラピストであれば、このことにきっと納得するでしょう。それと同時に、介護予防セラピストとして活躍できる可能性を感じていただけたのではないでしょうか。

15 廃用症候群の様々な症状

介護予防セラピストとして活躍するためには、「廃用症候群」を理解し、実践できるかが、とても重要になります。ここでは、廃用症候群（生活不活発病）の様々な症状について、「運動器症状」「循環・呼吸器症状」「自律神経症状」「精神症状」の４つの面から解説します。

【運動器症状】の対処法

筋萎縮、筋力低下といった筋の症状や関節拘縮、骨萎縮、骨粗しょう症、腰背部痛、肩関節周囲炎といった痛みの症状など、様々な運動機能の廃用症状があります。

要支援者が介護が必要になった原因である「関節疾患」「高齢による衰弱」「骨折・転倒」は、この運動器症状と関係しています。

また、これらの運動器症状は単独ではなく、互いに複雑に連動して発症し、また別の症状を引き起こします。廃用症候群による筋の萎縮が筋力の低下を引き起こし、筋力の低下が関節への負担を増やす。その結果、関節拘縮などの関節疾患を引き起こし、関節疾患の結果として、日常生活での歩行や自転車など運動機会が減少し、さらに廃用症候群が進行して、腰や膝、肩などといった複合的な痛みや症状を引き起こす……というようにつながっていくのです。

最初は単なる運動不足による筋の萎縮が、一旦問題を引き起こすと、雪だるま式に悪くなってしまうのが廃用症候群のやっかいな点です。

【循環・呼吸器症状】の対処法

廃用症候群の症状として、起立性低血圧、深部動脈血栓症、肺塞栓症、沈下性肺炎、浮腫、褥瘡《じょくそう》などの諸症状が現れます。

高齢者ケアの現場では、日頃元気な方でも、体調や気温の変化で起立性低血圧が起き、気分が悪くなって転倒し、その結果、下肢や上肢を骨折したり、頭部打撲による硬膜外出血などのリスクも高まります。また、廃用症候群は、血栓や塞栓により重篤な脳の症状を引き起こす原因になる場合もあります。

【自律神経症状】の対処法

直接的な筋力低下だけでなく、筋力低下便秘や尿失禁、便失禁、低体温症といった自律神経症状も廃用症候群の症状とされています。

人間はもともと動くように人体が設計されていますから、身体を動かさないと様々な症状を引き起こします。便や尿も自律神経症状で上手くコントロールできないと、生命維持の危機にさらされます。筋萎縮や浮腫などの目に見える諸症状より、自律神経症状の廃用症候群は大変危険といえます。

また、便秘症状などに対して安易な薬の処方等で、さらに症状が深刻化する実例も多く見てきました。

【精神症状】の対処法

抑うつ、無為無欲状態（やる気が出ない）、食欲不振、拒食、睡眠障害、不眠、認知症といった様々な精神症状も、廃用症候群を引き起こす要因になります。

動かない生活不活発の状態が運動器や循環器といった機能低下を引き起こした結果、自律神経症状や精神症状にも影響を与えます。心と身体は分かちがたくつながっているので、身体の廃用は心の廃用を生み、心の廃用がまた身体の廃用を進行させてしまうのです。

16 「心身一如」、心と身体のつながり

身体を動かさない生活が運動器や循環器の機能を低下させ、自律神経症状や精神症状にまで影響を及ぼす。心の状態が身体に影響し、身体の状態は心を映す鏡だと、セラピストであれば、きっとご理解いただけるでしょう。

昔から、精神と肉体の関係性を表す言葉として「心身一如」があります。廃用症候群も、この言葉のとおりなのです。

高齢者の身体と心のケアを行うためには、肉体面と精神面両方のケアが必要です。そして、双方のケアに必要となるのが「SMEメソッド（理論）」の実践です。

エクササイズをしても副作用はなく、デメリットはほぼありません。ですから、私たちセラピストが廃用症候群を理解し、なぜエクササイズが有効なのか、なぜストレッチが有効なのか、なぜマッサージだけでは高齢者ケアは十分でないのか、そんなアドバイスをしていくことが、クライ

エントの健康サポートにつながるのです。

17 廃用症候群を防ぐためにセラピストができること

日々の体調が変わりやすい高齢者のケアでは、常にその状態を確認すること、そして日頃の様子と比べながら、状況を的確に把握して施術することが重要です。

このような高齢者特有の心身の状態を知って、クライエントに寄り添ってケアをするのが介護予防セラピストです。クライエントの身体の機能回復を目指すとともに、失いがちな自信を取り戻すための働きかけもできるのです。それは、介護予防セラピストだからこそできるサポートといえるでしょう。

第3章

高齢者に特化したSMEメソッド

1 「マイナスがあっても幸せに暮らせる」という視点

高齢になると若い頃とは違って身体の状態が衰えていくことは、セラピストとしてクライエントを施術している方なら、きっと感じていることでしょう。それに加えて、本人は「できる」と思っていたことが、徐々に「できなくなる」ことが増えていきます。いわゆる「若い時はできたのに……」というものですが、人によって「若い時」というのは様々です。80歳の方は50歳や60歳の頃をイメージするなど、20~30年前ということも珍しくありません。

そこをサポートするのが介護予防セラピストの役割です。年を重ねれば、どうしても身体は衰え、動きは緩慢になってしまうもの。しかし、「できなくなること」を必要以上にマイナスとして捉えることはありません。

たとえ膝や腰が痛くても、その人らしく輝くことはできるからです。前述したNさんのように、病気の後遺症で身体にしびれや麻痺があっても、前向きな気持ちで仕事に取り組んだり、日常生活を送ったりすることはできるのです。

「膝は痛むけど、ガーデニングが好きで、季節ごとの花の植え替えは欠かさないわ」というように、痛みを受け入れながら今の暮らしを充実させようという視点を持つことができます。それができれば、プラス・マイナスを含めて、人生を幸せに暮らせるのではないでしょうか。まさに、これがＱＯＬ（生活の質）の向上です。

2 クライエントの「依存」を助長しない

そんな時、セラピストが気をつける点があります。それは、クライエントの「依存を助長しない」ということ。

癒しの要素が大きいマッサージを得意とするセラピストは、クライエントが「足や腰が痛い」と訴えると、痛みをやわらげるマッサージを施術します。クライエントに「あぁ、気持ちいい」と言われれば、さらに丁寧に、時間をかけて行うことでしょう。クライエントに「やって欲しい」とお願いされると、「ラクになるなら、喜んでいただけるなら」とそれに応じてしまう。通常のリラクゼーションならそれでよいのですが、高齢者ケアの施術においては、マッサージへの依存、そして「他者にやってもらう」という依存を助長することになるのです。それが続くと、クライエントの自立心を奪うことにつながってしまうのです。

もともと高齢になると、他者への依存心が強くなる傾向があるのですが、気持ちいいことであれば、なおさらです。

また、身体の機能面でもマッサージの依存は考えものです。回復力のある若い人は、身体の痛みがやわらげば筋肉も回復していくので問題ないのですが、筋肉が衰えている高齢者にとって、マッサージは痛みをやわらげても足腰を強くすることはできません。足腰を強くするには、身体の緊張をゆるめるストレッチ（Ｓ）と筋肉をつけるエクササイズ（Ｅ）が必要なのです。

3 エクササイズ（運動）することの大切さ

マッサージで心身を癒すのは、身体に痛みがあったり、関節が硬くなったりしている高齢者にとっては大事なことですが、マッサージを受けるという行為はクライエントの心理状況としては「やってもらっている」という「受動的」な状態です。これに対して「エクササイズ」を行うという行為は、クライエントの心理状況としては「自分でやっている」という「能動的」な状態です。

「やってもらった」という受動的な心理でセッションを終わるのか、「自分で頑張った」という能動的な心理でセッションを終わるのか、この２つの心理状態には大きな差があります。この差こそが高齢者へのセラピストケアの現場においてマッサージだけやっていてはよくならない原因のひとつであり、私たちがマッサージだけでなくエクササイズを重視する理由でもあります。

「ＳＭＥメソッド」で、エクササイズ（Ｅ）を最後に行うのには大きな意味があります。それは、クライエントが「身体を動かした。自分でやった！」という達成感を味わって終了することができるからです。

加齢によりできないことが増える中、「運動ができた！」というのは大きな達成感を得られ、「自分でやった！」という実感は自信につながります。この達成感を積み重ねていくことが、さらなる自信へとつながるのです。

また、「近所の公園まで散歩できるようになりたい」「半年後の旅行で観光地を歩きたい」など、クライエントの目標を明確にすることは、達成への励みになることでしょう。やる気を引き出し、具体的な行動に移す。できたことが自信になる。その繰り返しが大事なのです。

介護予防セラピストとしてＳＭＥのサイクルをしっかり

身につけることで、クライエントの行動の可能性を広げるサポートができるのです。高齢者にとって、それは「人生の充実」であり、セラピストにとっても大きな喜びであり、可能性となることでしょう。

この章では、SME理論（メソッド）について、くわしく解説するとともに、実践のポイントを伝授します。ぜひ、あなたの可能性を発見してください。

4 SME理論（メソッド）について

ケアを望む多くの高齢者にとって、最終目標となるのが「いつまでも自分の足で歩くこと」です。そして自分のことは自分で行う、自立した日常生活を送ることです。そのために介護予防セラピストは何が必要か、どんな点に注意すべきかを紹介していきます。

まず、介護予防セラピストとして活躍するために、高齢者特有の症状である廃用症候群をはじめ、高齢者の心身の特性を知っておく必要があります。そして、ケアを行うために必要となるのがSMEメソッド（理論）の実践です。

SMEメソッドでは、高齢者ケアにとって重要な廃用症候群に対する手技と運動療法を組み合わせて行います。その手順は、次のような考え方に基づいています。

［SMEメソッドの考え方］

① 介護ケアストレッチ【S】…廃用症候群の中でも痛みの要因として、まず最初に問題となる関節拘縮や筋萎縮を他動的ストレッチで緩和する。

② 介護ケアマッサージ【M】…筋萎縮で硬くなった筋や関節の柔軟性を向上すると同時に、痛みの緩和や浮腫の改善を行う。

③ 介護ケアエクササイズ【E】…廃用症候群の原因である活動性の低下を改善し、重力の骨刺激により骨萎縮や骨粗鬆症を改善し、本人のやる気を高め、本来の自信回復をサポートする。

この【S】【M】【E】を組み合わせることで、ストレッチはマッサージの効果を高め、マッサージによる痛みのケアがエクササイズの効果を高め、エクササイズによって、さらにストレッチとマッサージの効果が高まる。そうしたプラスのスパイラルを生み出すことも目的としています。

【S】【M】【E】を組み合わせて行う事は筋委縮や関節拘縮といったフィジカル面のみならず、自律神経症状やうつ症状などメンタル面への作用も意識する事が重要です。
ストレッチの痛気持ちいい刺激で自律神経の交感神経を優位にした後、セラピストが得意とするマッサージで心と体をリラックスした副交感神経優位の状態に導き、最後にエクササイズの運動刺激で交感神経優位な状態に誘導する。このような交感神経と副交感神経の相互にアプローチする事で、落ち込みがちな高齢者の感情をリセットし、本人のやる気を引き出す事を私たちは現場でもっとも重要視しています
しかし、ただ順番に【S】【M】【E】を行えば良いのではありません。ストレッチもマッサージもエクササイズも、高齢者に特化したポイントがあり、リスクもあることを知っておきましょう。

運動を行う際の注意点と効果を出すポイント

1　運動はバイタルチェック、体調確認を行ってから
血圧は、通常より低い場合はとくに注意が必要です。少し高い場合は体を動かすと正常値に戻ることも多いですが、むしろ低い時が危険な場合があります。その際は頭を大きく動かす運動は避け、下半身の運動を主体に。

2　痛くない範囲で動かす
関節痛などの痛みがある場合、安静にしがちですが、ふだんから痛みが出ない範囲で運動し、筋力を落とさないようにするのが重要です。また、痛みはないが何となく調子が悪い、という時も、軽く体を動かすと楽になる場合も多いので、無理のない範囲で動いてみてください。

3　呼吸は止めず自然に
体を動かしている最中は、自然な呼吸を心がけましょう。血圧が上がってしまわないように息を止めずに行います。一緒にカウントするなど、声を出してもらうとよいと思います。

4　どこを鍛えているのか、どこに効いているのかを意識
何となく行うのと、意識しながら行うのとでは、効果が全然違います。

5　継続することで自然に上手に
もし上手くできないところがあってもあまり気にせず、できる範囲で行ってください。何度もやっているうちに自然に上手になります。

I　介護ケアストレッチ【S】のポイント

1 最初にストレッチで緊張をゆるめる

介護ケアストレッチの目的は、本来の身体の動きを取り戻し、維持するために、硬くなった関節をストレッチすることです。

また、マッサージをすると痛みが強く出る人もいます。それを起こさないために、ストレッチで緊張をゆるめておくことが重要です。

SMEメソッドで、まず最初にストレッチを行います。十分にストレッチをすることで心身の緊張がほぐれて、このあとに続く、マッサージとエクササイズの効果を高めることができるのです。

2 車椅子は動きを押さえる拘束器具？

介護といって、まず思い浮かぶのが「車椅子」という人は多いのではないでしょうか。車椅子は歩行困難な方にとっては安全に移動できる補助器具ですが、それと同時に関節の可動域を制限する拘束器具にもなってしまうものです。

特に股関節を外側に伸ばす動作（股関節外転）は、車椅子の利用によって驚くほど制限されます。これは、椅子に座った状態が続くと、足が膝で90度に曲がり、股関節を横に動かすこと（外転）も後ろに動かすこともできず、前に立つしか動くことができないからです。

この状態が続くと血流が悪くなり、同時にリンパの流れも低下します。すると、むくみが強くなり、やがて循環器系にも影響を及ぼします。また、ずっと座ったままだと股関節周辺の外旋筋群が廃用し、腰痛の原因にもなります。

飛行機のエコノミークラス症候群と同じ状態といえば、イメージしやすいでしょうか。数時間のフライトでも足がむくんだ経験がある人は、きっといると思います。これが

毎日続くと、どうでしょう？ 健康な人でも1カ月間、車椅子に乗り続けていれば関節が拘縮を起こしてしまいます。車椅子は移動には便利ですが、身体にとっては不自然な状態なのです。

3 廃用を進行させる車椅子生活

高齢者が介護施設に入居して車椅子生活を送るようになると、さほど悪くなかったはずなのに、回復せずに寝たきりになる……というケースは少なくありません。車椅子になると、徐々に歩く機会が減り、歩くためのリハビリをしなければ筋肉が衰え、関節が拘縮していきます。その状態で歩くと、転倒してケガにつながる可能性もあることから、ますます歩かなくなってしまうのです。言いにくいことですが、施設側としては「座っておとなしくしてもらっていたほうがリスクが少ないから」と、入居者を車椅子に座ったままにして、歩くことを働きかけないケースもあります。

多くの高齢者の希望は「自分の足で歩く。自分のことは自分でする」なのです。ですから、車椅子生活にならないためには、できるだけ在宅で過ごし、そのための体力や筋力をつけておくことが重要です。

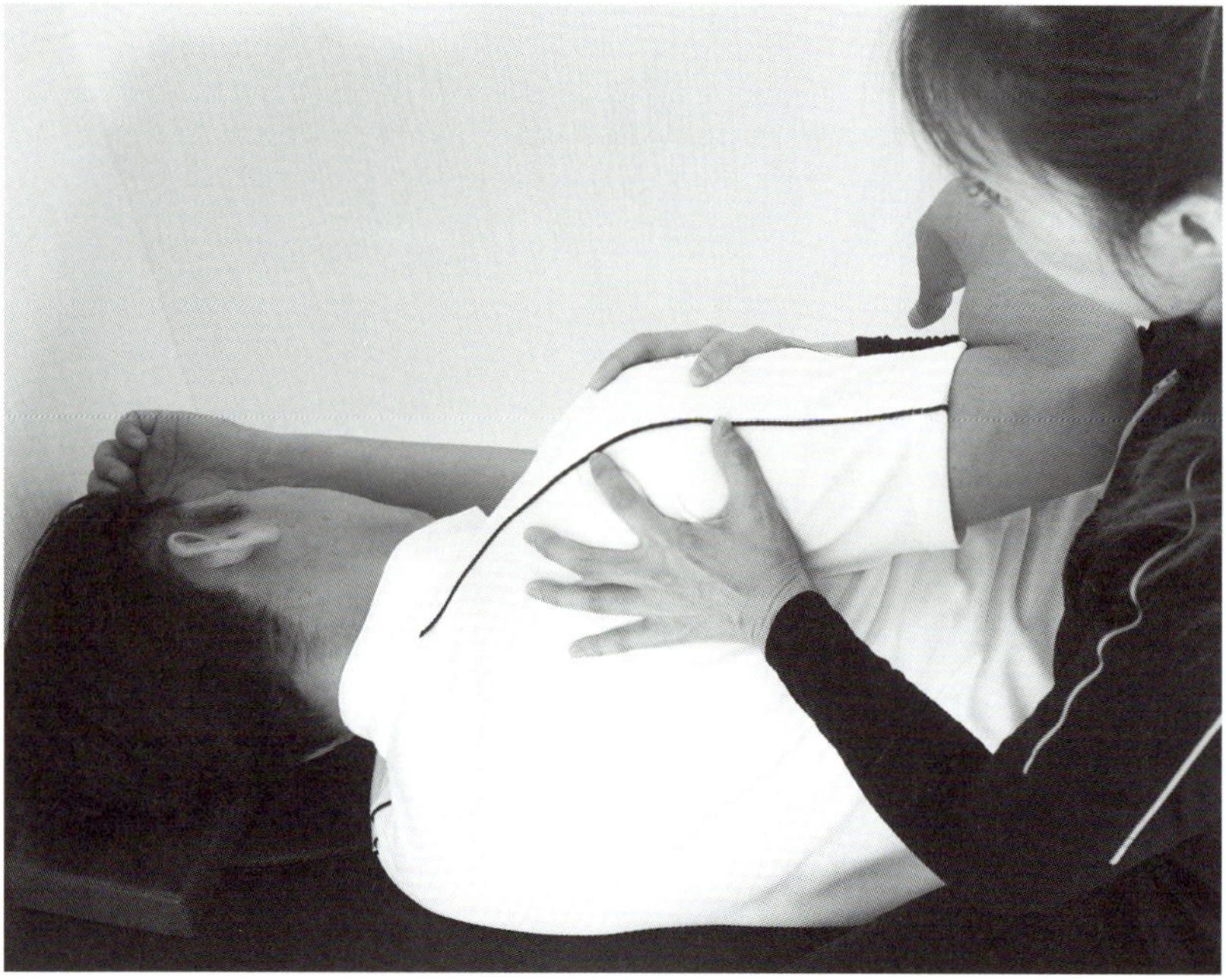

肩甲骨は、姿勢や呼吸、腕の動き、首や頭部、そして自律神経と、影響の及ぶ範囲が広い、重要なポイントです。

そして、高齢者の自立を左右する在宅でのケアをサポートするのが、介護予防セラピストの役割の一つです。

【ストレッチのポイント1】
ストレッチで身体と心の緊張をゆるめる

ストレッチは、上肢帯（上半身）では肩甲骨、下肢帯（下半身）では股関節、そして身体の芯ともいうべき体幹を意識して行います。

まずは、肩甲骨のストレッチです。

高齢になると猫背の方が多くなります。最近はスマートフォンの操作で、若い人にも猫背が多くなってきたように感じます。猫背になると両肩が胸の方（身体の内側）に閉じてしまいます。すると、胸が圧迫されて呼吸が浅くなり、病気や拘縮を招くことにつながります。

ストレッチで肩甲骨に働きかけることは、腕の動き（可動）に関係し、また肩の上には首と頭蓋骨があるので、上半身全体に影響を与えることができます。肩甲骨の緊張がとれると、呼吸器の機能が良くなり、脳にも働きかけるので自律神経も整い、眠りも改善していきます。また、首や肩の痛み予防にも効果があります。

肩甲骨のストレッチは、肩甲骨の深部にある肩甲下筋にまで働きかけます。マッサージでは表層筋に触れますが、ストレッチはさらに深部の筋肉にアプローチできるのが特徴です。

【ストレッチのポイント2】回数を分け、最初は小さく、徐々に大きな動きに

今までほとんど体を動かしていない高齢者の場合、ストレッチをしただけでも筋肉痛になることがあります。

筋肉痛を起こさないためには、最初はごくわずかな動きから始めて、徐々に動きを大きくしていくことがポイントです。1セット10回の場合には、最後の10回目で最大可動域まで動かすイメージです。ほんの小さな動きから、1回ごとに動く範囲をほんの少しずつ広げていくのが、無理なく可動域を広げることに繋がります。可動域は人により違いますから、クライエントの動きを見ながら、どれくらいまで動かせるのか確認して進めましょう。

例えば、股関節ストレッチならば、骨盤や反対側の下肢の動きに気をつけながら、股関節の動きを1ミリでも改善する意識で、じわじわと動かしていきましょう。

また、ストレッチは毎日少しでいいので「ひと伸ばし」することが大事です。クライエントにも伝えて、自宅での「ひと伸ばし」を促しましょう。

【ストレッチのポイント3】施術する部位に手を添え、持ち上げて伸ばす

アスリートや健康な方へのストレッチでは、クライエントの身体の上からセラピスト自身の全体重をかけて、より強い刺激を与えることがあります。しかし、介護ケアでは、それは厳禁です。筋肉も骨ももろくなっている高齢者にとって、体重圧をかけることはケガにつながる危険があるからです。

介護ケアストレッチの場合、セラピストは自身の体重をかけるのではなく、クライエントをサポートする意識が重要となります

例えば股関節のストレッチの場合、膝の上から力まかせに屈曲させるのではなく、膝の下からサポートして行います。

ストレッチは下から手を添えて

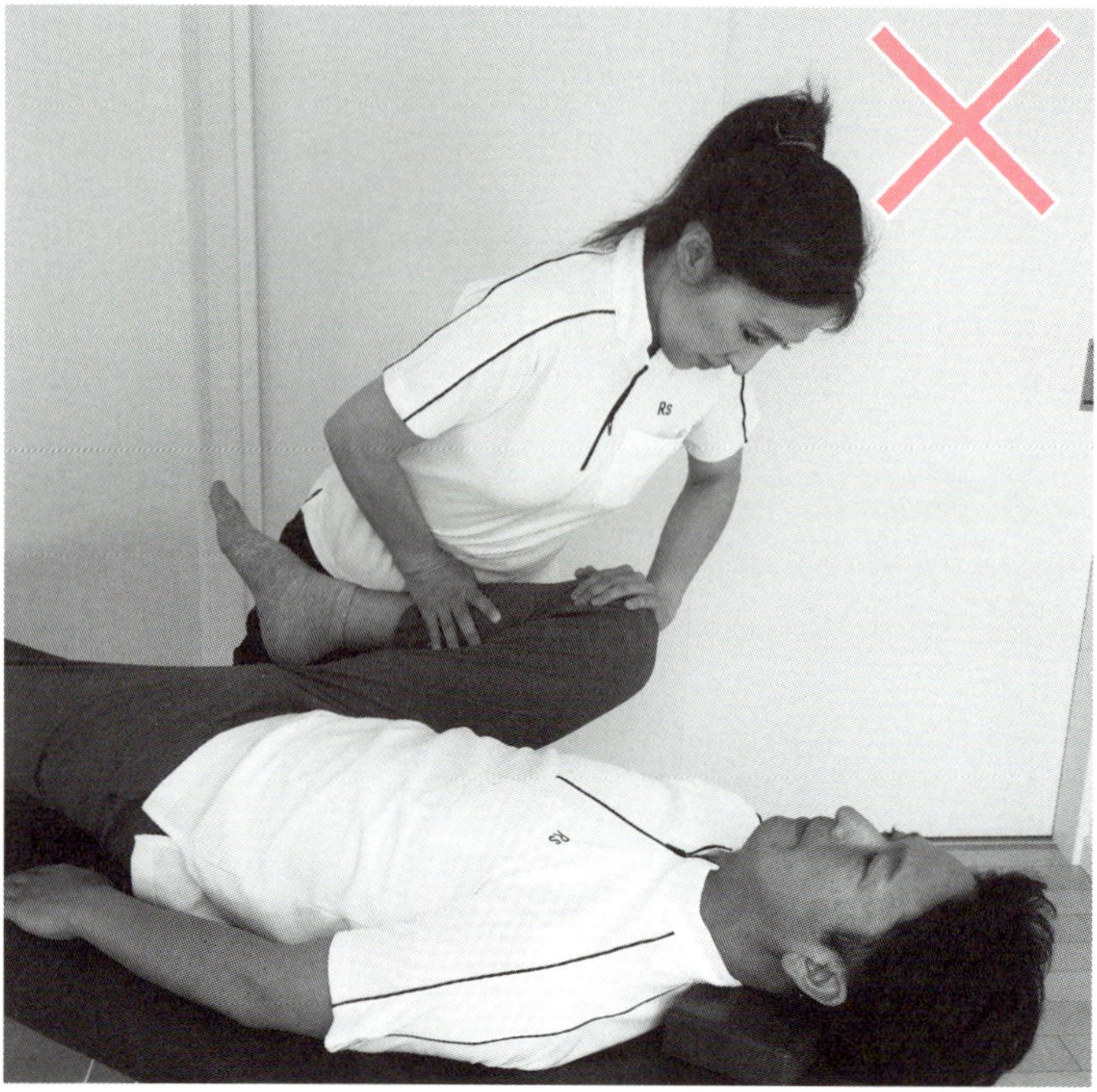

〝効かせよう〟と思うあまり、つい上から圧をかけて強い刺激を与えようとしてしまいがちですが、筋肉も骨ももろくなっている高齢者にそれは禁物です。

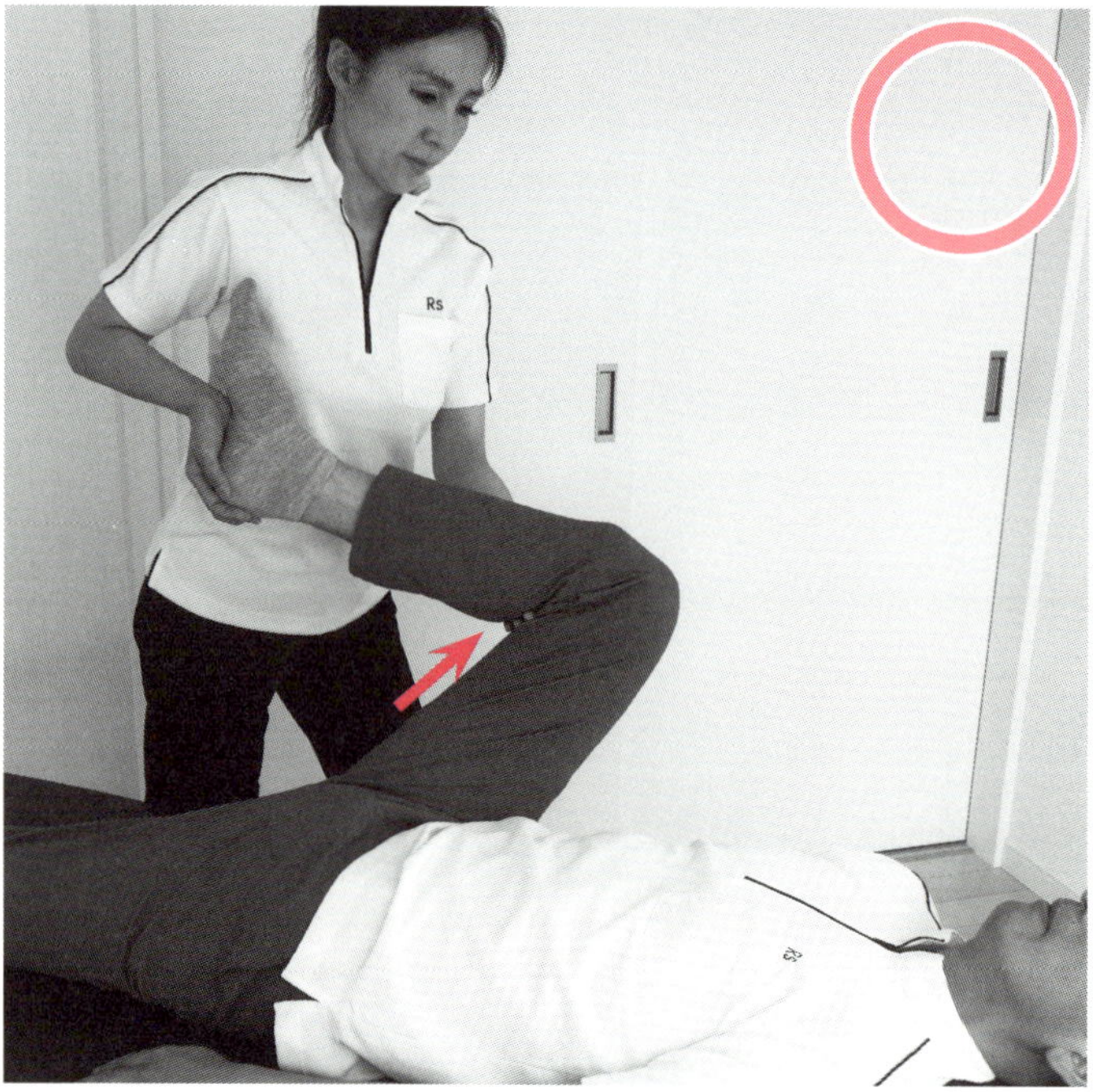

片方の手は膝の下から添える形でストレッチを行います。体重をかけるのでなく、サポートする意識が大切です。

視野は広く　全体を見て

クライエントの反応は、眉間のシワや指先の動き、反対側に身体が反るなど、さまざまな所に言葉にならない形であらわれます。クライエントの状態を正確につかむには、視野を広く持って、全体を見ながら施術する事が大切です。

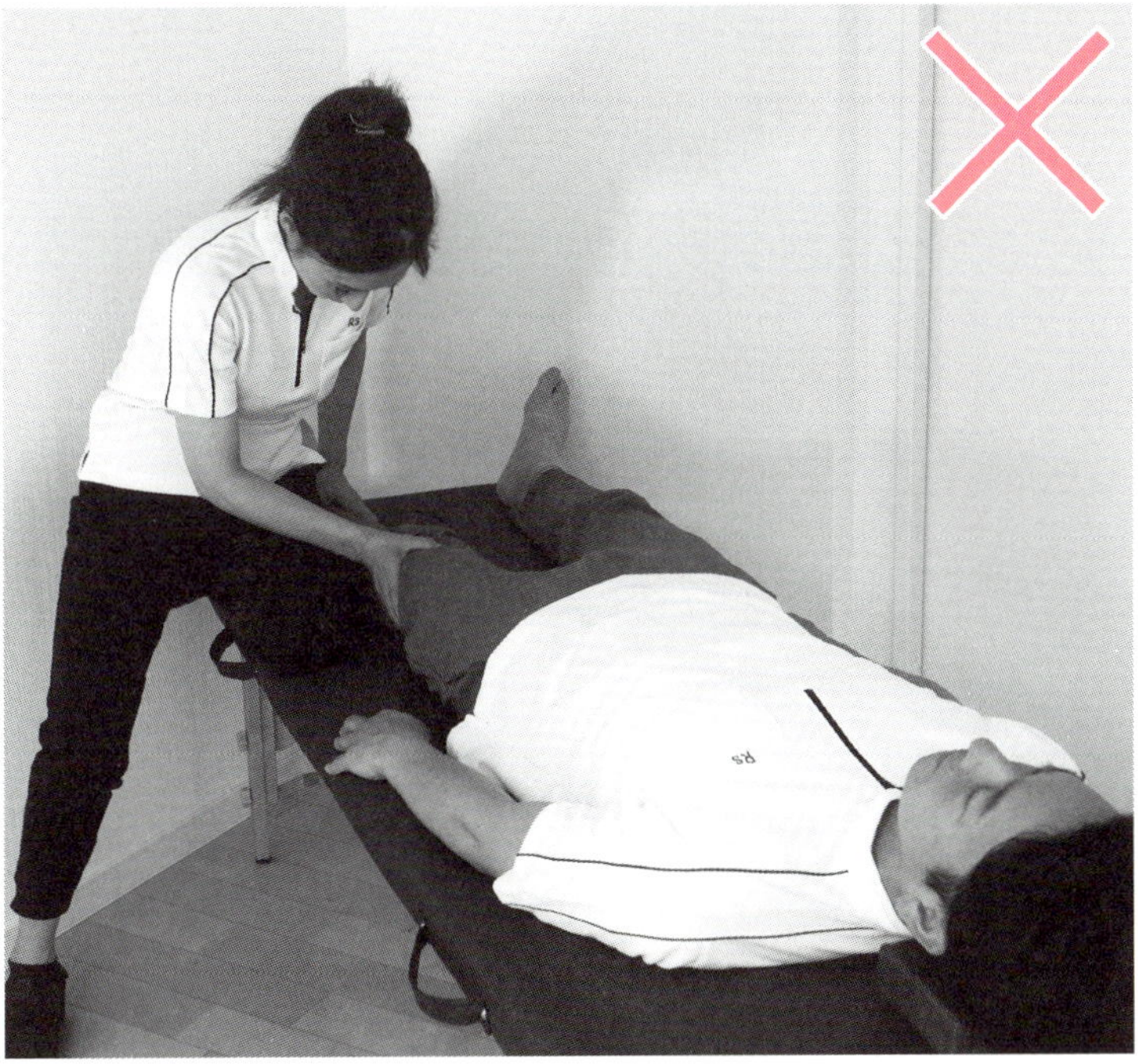

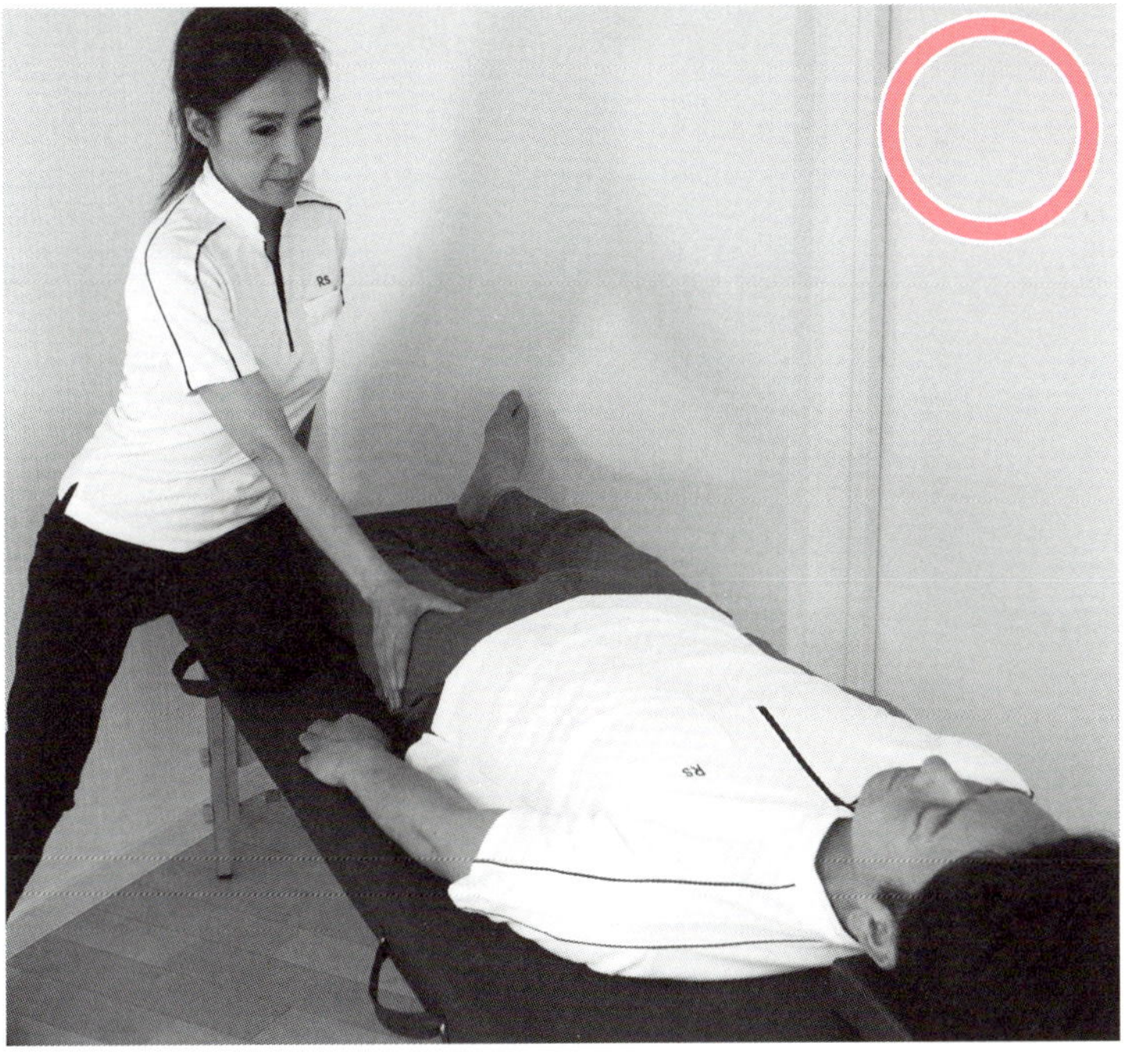

【ストレッチのポイント4】視野を広く持って、全体を見ながら施術する

例えば、腕や足の屈伸の時に、セラピストが自分の手元ばかりを見ていると、クライエントの様子を正確につかむことはできません。

施術をすると、痛みで眉間にシワを寄せる、指先がぴくぴくと動く、反対側に体を反るなど、クライエントには様々な反応があるものです。こうした反応を見逃さないように、施術中は視野を広く持って、クライエントの体全体を見て、状況を確認することが大事です。

【ストレッチのポイント5】動き始めの「初動時痛」に注意する

初動時痛とは、主に動き始めに出る関節や筋の痛みのことです。初動時痛を意識していないと思わぬケガや痛みを起こすリスクが高まるので、介護ケアストレッチでは特に注意が必要です。

初動時痛で特に多いのが「膝」や「腰部」の痛みです。また、関節包の循環不全や関節面の変形、筋の萎縮が原因で、ほんの少し動かすだけでも激痛が走ったり、痛みで動けないこともあります。朝起きた時に、腰が痛くて起き上がれない。歩き始めに膝が痛くて、車椅子や杖が必要……そんな症状も廃用症状群の症状です。

痛みが強いのにマッサージやエクササイズを無理に行うと、さらに痛みが増したり、ひどい場合は急性炎症や関節を傷つける恐れもあります。

初動時痛を出さないように気をつけてストレッチを行うことが、SMEメソッドでは最も大事で、その後のマッサージやエクササイズの効果を高める上でも重要なポイントです。

初動時痛を出さないためには、関節の可動域と関節包の構造を正しく理解することが大事です。

特に高齢者ケアの場合、関節包に負担なくストレッチができるようになるとマッサージよりも痛みの緩和に効果があり、また短時間で施術を行うことができます。高齢者は心肺機能が低下しているため、施術を短時間で行う必要があるので、効果的かつ効率的な介護ケアストレッチの習得が重要です。正しいストレッチのスキルをしっかりと身につけてください。

「初動時痛」に注意する

動き始めは「初動時痛」と呼ばれる、関節や筋の痛みが発生しやすい瞬間です。関節の可動域と関節包の構造を正しく理解し、無理のない方向に、そしていきなり大きく動かそうとせず、添え手を用いて少しずつやさしく動かす事が大切です。

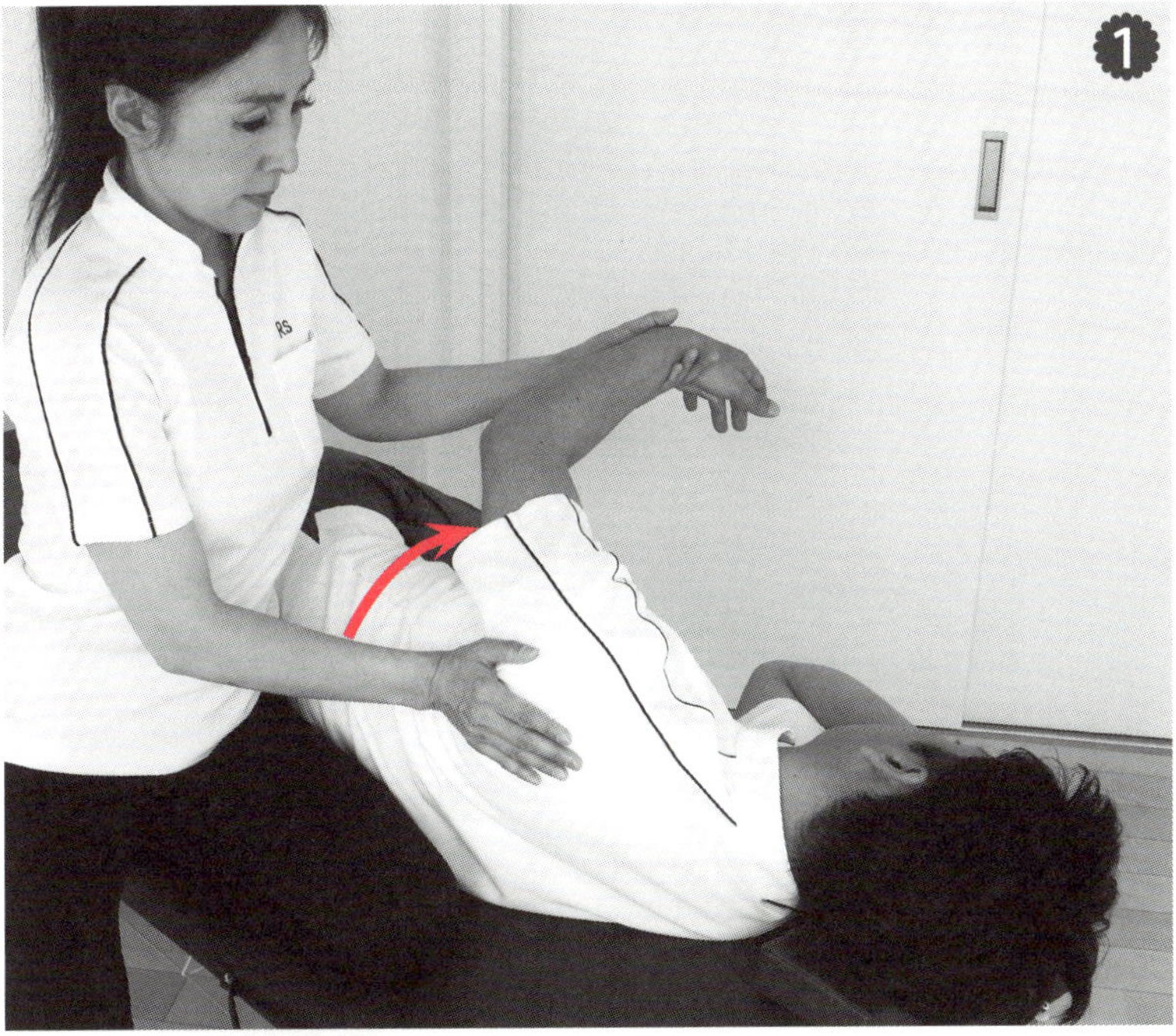

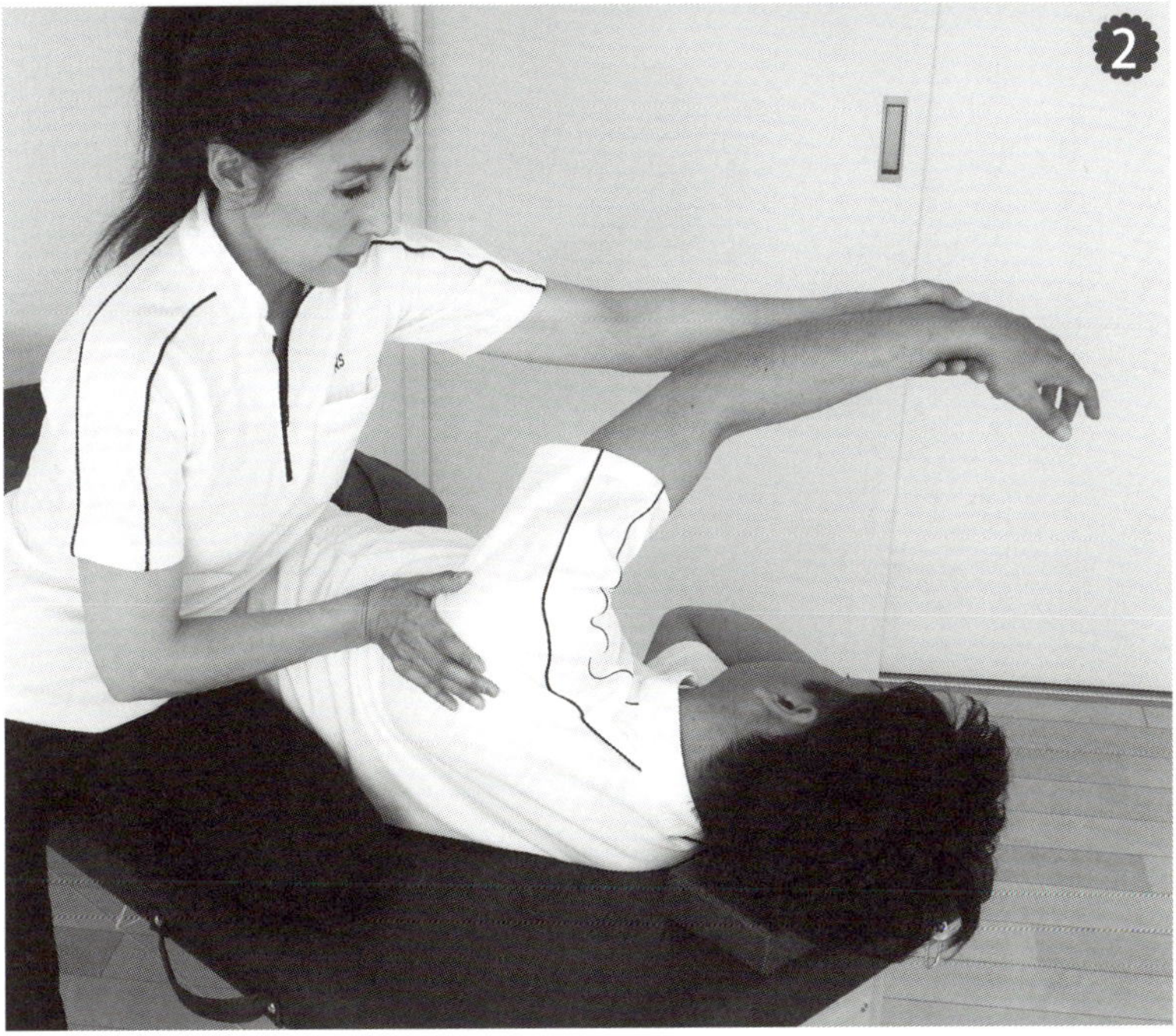

Ⅱ 介護ケアマッサージ【M】のポイント

1 高齢者の身体はガラス細工、繊細に触れる

マッサージは介護予防セラピストにとって、とても重要な手技です。エクササイズを継続的に行ってもらうためにも、また高齢のクライエントと信頼関係を築く上でも、的確なマッサージスキルが必要です。

しかし、高齢者ケアにおけるマッサージは、効果の高さと比例してリスクも高まります。圧迫骨折や内出血、ひどい場合は強すぎるマッサージで塞栓症を起こすなど、命に関わるリスクもはらんでいるため、十分な注意が必要です。

高齢者は筋肉が萎縮していて、特に女性は筋肉が細くなっています。柔軟性がない筋肉を強く押してしまうとトラブルの原因につながります。

「高齢者の身体はガラス細工」という意識を持ち、丁寧に繊細に対処しましょう。

【マッサージのポイント1】過剰な圧刺激を与えない

多くのセラピストが介護ケアの現場で起こしがちなのが「過度な圧刺激」です。

例えば「母指での圧迫」は、一般的な健常者には強い圧もかけることができる手技ですが、高齢者ケアの現場ではリスクを伴います。母指での「うつぶせ施術」も通常は一般的ですが、心肺機能が衰えている高齢者にとってはうつぶせ姿勢自体がハイリスクであり、また骨折の危険性も高くなります。

介護ケアマッサージの基本は、母指ではなく、「中指」で、うつぶせではなく、「横向き」での施術が基本となります。そして、強い刺激は厳禁。たとえクライエントが「もっと強く押して」と望んでも、安易に圧を加えてはいけないのです。

反応ポイントをとらえたら、散らすようなイメージで優しくマッサージします。高齢者に対しては、効かせようと思うのではなく、物足りないくらいの刺激がちょうどいい

「過度な圧刺激」を与えないよう、「母指」よりも「中指」を用いて、「うつぶせ」よりも「横向き」で施術を行います。

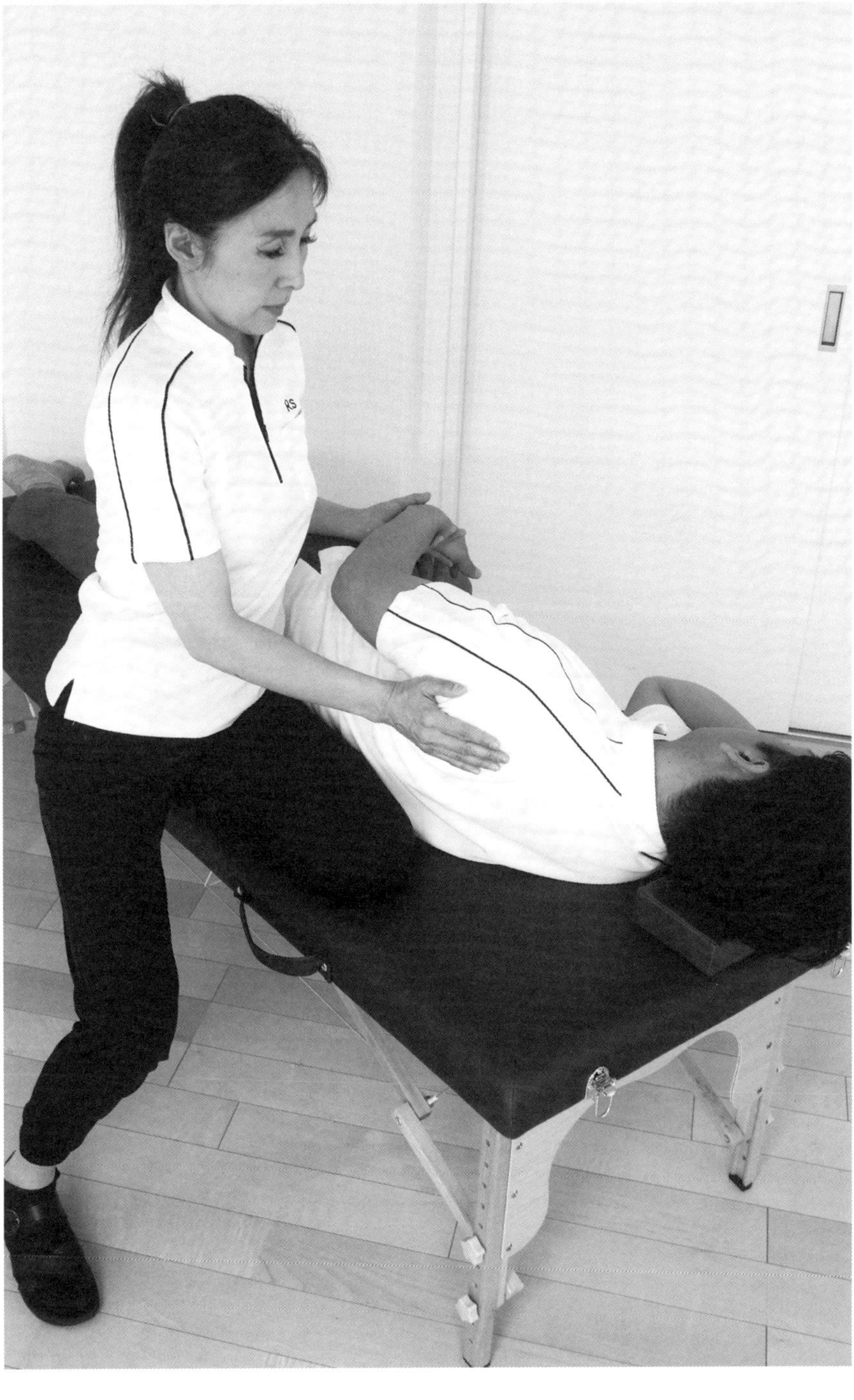

のです。

【マッサージのポイント2】痛みは下へ、外へと移動する

高齢者の痛みや治療点は、下方に移動していることが多いのが特徴です。例えば、首に症状があったり、既往歴がある場合でも、治療ポイントは首ではなく、その下の肩甲帯にあることがほとんどです。

例えば、本人の訴えが「膝が痛い」であっても、「はい、ここですね」と膝を施術するのではなく、視野を広く持って、注意深く訴えの部位の周辺、そして身体全体を見ることが大事です。

私たちの経験から、クライエントの訴えと反応ポイント(治療ポイント：経絡やツボ)の主な例を紹介します。

・「首が痛い」……肩、肩甲骨周辺、手首など。
・「膝関節が痛い」……ふくらはぎ、すね、アキレス腱、足裏など。
・「腰が痛い」……殿部、ふくらはぎなど。慢性の人では外くるぶし。

施術の前には、必ず既往歴を聞きましょう。高齢者では首や腰などの手術をしている場合もあり、特に注意が必要です。施術することで、逆に症状を悪化させてしまうこともあるからです。

最初に軽く全身のマッサージをする際に、反応点に気づくこともあるでしょう。クライエントの訴えと反応ポイントを照らし合わせることで、どの経絡やツボに働きかけるか、治療ポイントが明確になります。

クライエントの訴えに耳を傾けるのはもちろんですが、高齢者特有の症状を踏まえながら判断することが適切なケアに結びつきます。

【マッサージのポイント3】痛みが3日後に出ることも

高齢者は筋や循環機能の低下だけでなく、神経伝達速度も低下し、感覚神経も鈍麻します。

そのため、通常の健常者なら痛みとして感じるようなマッサージ刺激を感じにくく、「全然効かない」「もっと強くして欲しい」と訴える場合があります。そうして圧を強くした結果、筋や骨を損傷したり、施術を行った翌日や、

ひどい時は3日ほど経過してから、痛みや不調を訴え出る場合もあります。一般の健常者が感じる、いわゆる「もみ返し」が、高齢者にとっては重大なケガや日常生活に支障をきたす場合もあるのです。

介護ケアマッサージでは、感覚の鈍磨を意識しながら過度な刺激を抑えて施術することが重要です。

しかし、骨折やリスクを恐れるあまり、こわごわ行うマッサージは、何の効果もありません。中指やセラピスト自らの体幹の重心を上手く活用して、「リスクは最小限、効果は最大限」のマッサージを行いたいもの。それには、適正な持続圧迫や的確な筋膜やツボのポイントをとらえることが重要です。

【マッサージのポイント4】前回の様子を聞き、いい状態を長く保つ

初回の施術は弱めを心がけ、クライエントがもの足りないくらいを基本とします。

次の施術の時にクライエントから様子を聞き、身体に触れて状態を確認しながら、もう少し大きく動かしてもいいか、圧を少し加えてもいいかなど、施術内容を判断します。

介護ケアの場合は、1～2回目で短期的な効果を求める必要はありません。何度もお会いして施術していく中で、その方にとって最適な刺激量やメニューを決めていけばいいのです。

サロン施術では、次につなげるために1回の施術で満足していただけるように努める、いわば一期一会の施術。一方、介護予防セラピストは、クライエントに定期的にお会いして、寄り添う存在。リピートの施術なので、焦らず、やり過ぎず、少しずつ身体を動かせる範囲を広げていくという意識が大切になります。

【マッサージのポイント5】ノンバーバルな感性を高める

高齢になると耳が遠くなったり、認知症などで言語によるコミュニケーションがとりにくくなることもあります。言葉による理解が難しいため、話の詳細が聞こえていなかったり、おおよそのことはわかるものの細かい内容だと、質問に対して返答がかみ合わないことも出てきます。そうしたことが続くと、クライエントが心苦しくなって、こちらに気を遣うこともあります。

施術の記録を残しておく

在宅介護の場合は、様々な立場の人が関わっているケースが多いので、情報を共有することが大切です。連絡ノートがあれば、それを見て、体調の変化がないか確認します。「ここ2〜3日、血圧が高い」とあれば、それに応じたケアを考えます。

そして、自分もいつ、どんな施術したか記録しておきます。実は、これは高齢者のケアにはとても重要な意味を持ちます。

マッサージの影響が3日後に出ても、本人は自覚がないことも多いのです。逆に3日前に受けた何らかの施術の影響が、自分が訪問した日に現れるかもしれません。痛みの原因はこちらにあるのか、他担当者によるものなのか、責任の所在がわからない可能性も出てくるからです。

「いつ、どんな施術をしたか」ということを明らかにしていないと責任問題や賠償問題になりかねないので、必ず記録を残しましょう。

こうしたすれ違いは誤解のもとになるので気をつけましょう。また、あれこれと問いかけすぎるのも、「え？何か言いました？」と聞き返すことになり、クライエントにとってストレスになることも。質問に気をとられて動作に集中できないのでは本末転倒です。

それらを防ぐためにも、言葉だけに頼らない「ノンバーバル（非言語）のコミュニケーション」が必要です。声の高さや大きさ、話すテンポ、相手に対する身体の向きや視線、手をとって目を合わせる、そして相手の表情をよく見て、こちらも表情豊かに返答するなど、できることはたくさんあります。

言語以外のコミュニケーション能力を磨くことは、高齢者への理解につながるとともに、セラピストの魅力、武器にもなります。

高齢者や認知症の方の中には、施術に正直な反応をされる場合もあります。

経験の浅いスタッフが施術した際、次にお会いした時に「あなたは下手だからイヤ！」と拒否されたことがありました。感覚が鋭く、遠慮がないので「イヤなものはイヤ」ときっぱり。まるでセラピストのスキルを試されているように感じます。一方、施術が良いと感じたら「本当に気持

ノンバーバル（非言語）の感性を高める

高齢者の場合、言語によるコミュニケーションがとりにくくなるケースは少なくありません。声の高さや大きさ、話すテンポ、相手に対する身体の向きや視線、手をとって目を合わせる、相手の表情をよく見て、こちらも表情豊かに返答するなど、言語以外のコミュニケーション能力を高める事はとても重要になってきます。

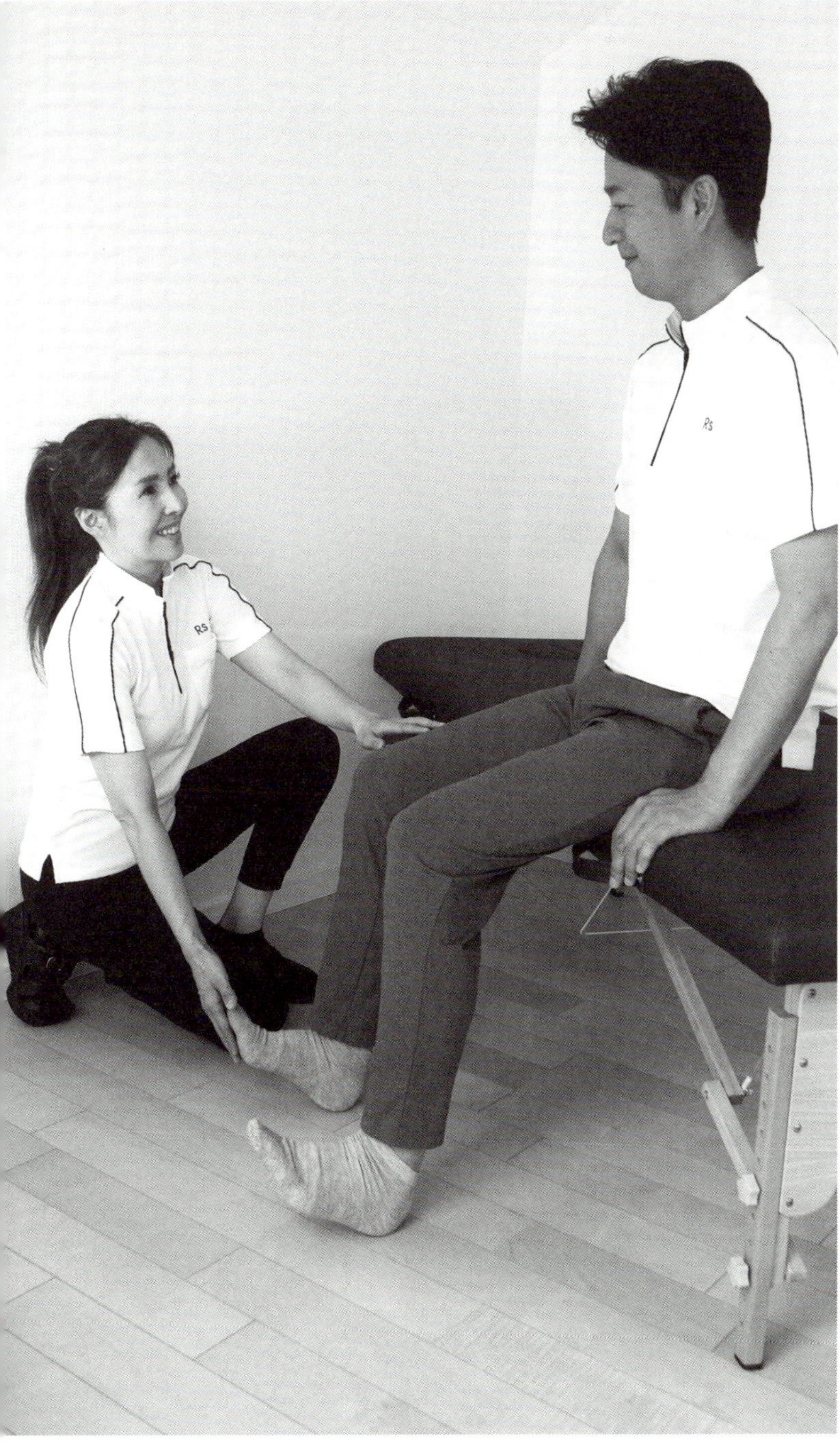

コラム7

重篤な病変があることを理解しておく

高齢者は突然重篤な病気を発症するケースがあります。

私たちもクライエントのお宅を訪問した際に、クライエントが脳梗塞を発症していて、その第一発見者になった経験があります。

そこで、「いつもと何か様子が違うな」と思ったら、脳梗塞の兆候テストを実施することにしています。話し方が明らかにおかしいなど、脳梗塞の症状が出ているような場合は救急車を呼ぶ、家族に連絡するなどの手配が必要になります。

万が一に備えて、緊急時の対策を立てておくことも大切なことです。

ちいいわ」と喜ばれて、感謝されたり、1回で顔を覚えてくださることも多いのです。

素直な感覚でクライエントから反応を受けるというのは、一般のリラクゼーション施術ではなかなか体験できない、介護予防セラピストの醍醐味であり、喜びを感じる瞬間でもあります。

経験や肩書きではなくセラピストの本質を見抜く高齢者や認知症の方の施術経験は、実はとてもセラピスト自身の経験値と能力を結果的に高め、一般のリラクゼーション施術においてもスキルやコミュニケーション能力の向上を生むのです。

Ⅲ　介護ケアエクササイズ【E】のポイント

1　達成感につながるエクササイズの重要性

エクササイズは、高齢者の廃用症候群の症状を改善、緩和するために最も重要です。「最後まで自分の足で歩きたい」という高齢者の願い、エクササイズはそれを促すための動作であり、心身の活性化を目指すための最大のツールといえます。

人体は筋も骨も内臓も排泄機能も全て、動くことを前提に設計されています。関節疾患による痛み、高齢による衰弱、骨折・転倒による入院や療養、廃用症候群の症状により、介護度は進行していきます。

それを食い止めるためにも、高齢者ケアの現場ではマッサージよりもストレッチよりも、エクササイズを生活に取り入れることが重要です。週に1回以上、可能であれば週2回以上、継続してできる運動強度のエクササイズを習慣化すると、年齢に関係なく、筋力や持久力は向上します。

筋力や持久力の向上とともに、血圧や脈拍が安定してくる方々をたくさん見てきました。「年だから危ない」「年だから意味がない」といった否定的な見方をするのではなく、人間はいくつになっても筋力を維持向上する可能性を備えていることを認識しましょう。

2　リラックスからリフレッシュへ

マッサージを受けると最後に肩のあたりをパンパンと刺激されることがあります。これにはリラックスした状態を目覚めさせて、シャキッとさせる意味があります。

マッサージで副交感神経が優位になってリラックスした状態のままでは、車の運転で居眠りしたり、自転車で帰宅するのも心配です。心身がゆるんだ状態からシャキッとさせるために、交感神経を刺激するエクササイズでメニューを締めくくります。このように交感神経と副交感神経を刺激することは、自律神経を整えるのに役立ちます。

エクササイズの目的はリラクゼーションではなく、心身の活性化を図ること。S（ストレッチ）、M（マッサージ）、E（エクササイズ）で、メリハリをつけることが介護ケアのポイントです。

3 フィジカルとメンタル、両面のサポートを

高齢者ケアの現場においてはエクササイズ、マッサージ、ストレッチといったフィジカル面でのサポート以上に、「本人のやる気や能動的な気持ちをいかにサポートできるか」といったメンタル面でのサポートが重要になります。

フィジカル面とメンタル面の両方から高齢者の身体と心を支えるためにも、シンプルでありながら効果的な介護エクササイズをマスターしてください。

【エクササイズのポイント1】初回は興奮状態で、つい無理をしてしまう

初めてケアを受けるとき、ほとんどのクライエントは緊張しています。興奮してアドレナリンが出ているため、自分では気づかないうちに、つい無理をしてしまう傾向があります。そのため、ほとんどの初回利用者は筋肉痛になる傾向があります。ですから、初回はオーバーワークにならないように注意しましょう。私たちの感覚として、想定した6割程度の運動量で十分、半分程度でもいいぐらいです。

マッサージのポイントと同じで、「筋肉痛が出る可能性があるから今日は控えめにしましょう」と伝えてから、エクササイズに入るといいでしょう。

本人が「大丈夫です。まだいけます！」と言っても、興奮状態にあるので疲れを感じていない可能性が高いので、その言葉をうのみにしてはいけません。「ずいぶんたくさんやりましたね。今日はこれくらいにして、次回また頑張りましょう」と次につなげる形で終了しましょう。

また、エクササイズは、負荷を少なめにして回数を多くするほうが、あとで痛みが出にくいので参考にしてください。

【エクササイズのポイント2】「プラスの声かけ」がやる気につながる

高齢者は日々の生活において多大なストレスを抱えています。以前できていたことが徐々にできなくなった、周りから衰えを指摘される、「年だから」と活動の場を制限される、社会的意義を感じる場が減少した……。いろんな理

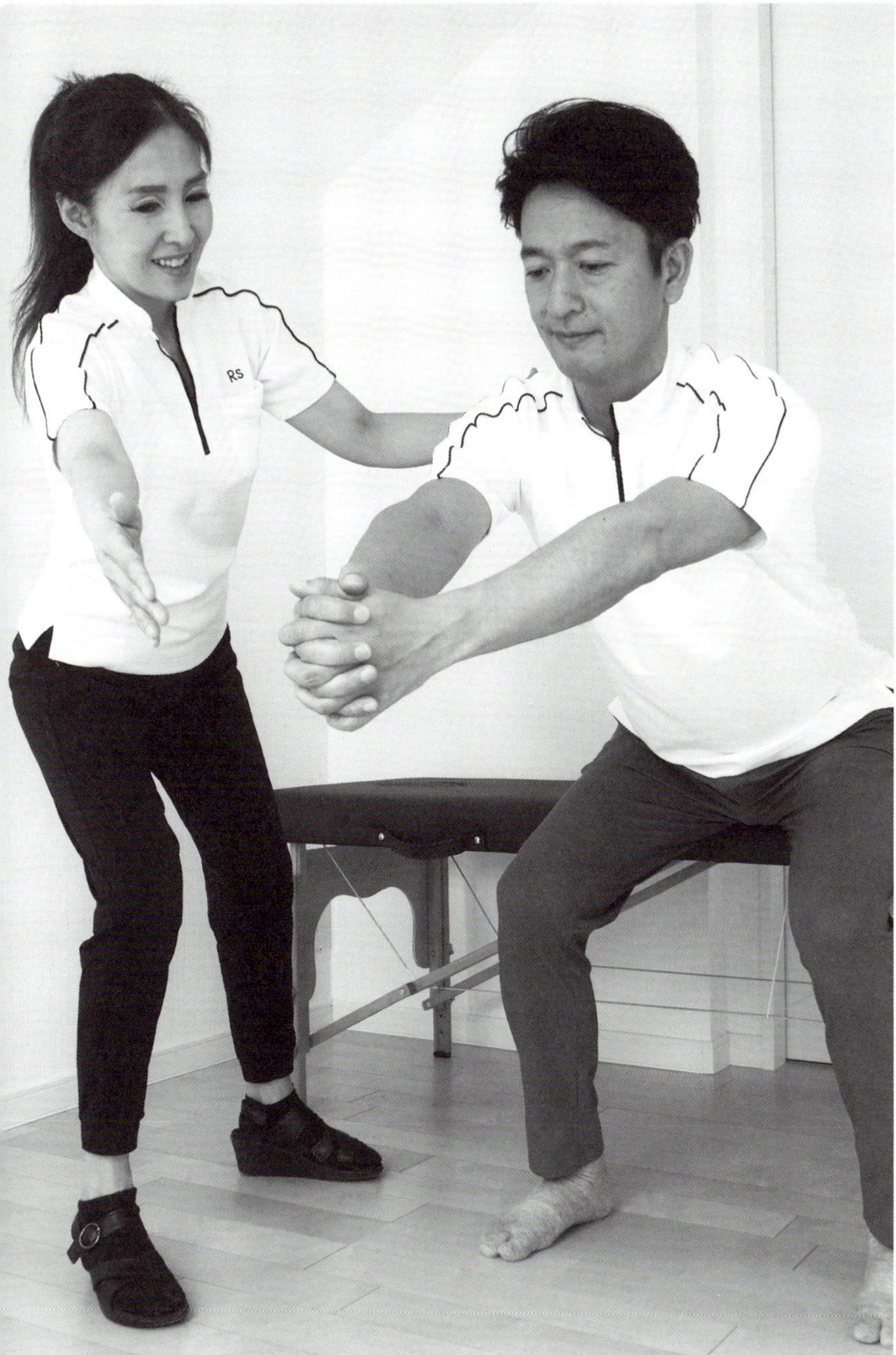

「プラスの声かけ」でやる気を引き出す

できない部分を指摘するのでなく、できた部分をほめる「プラスの声かけ」はクライエントのやる気と自信を引き出します。

由で「自信」を喪失する状況におかれている方は少なくありません。また、突然の病気や骨折などで自立した生活が送れなくなり、大きなショックやストレスを抱えている方もいます。

エクササイズを行う際には、「自信」を取り戻す声かけが大事です。それは運動を継続する意欲にもつながります。

ポイントは「できない部分を指摘する」のではなく、「できた部分をほめること」です。例えば、「あと少しでしたね」ではなく、「腕がよく伸びていましたね」「足が上がりましたね」など、できたことに焦点を当てるのです。こうした声かけによって、クライエントは「できた！」「頑張った！」と感じられるのです。

この成功体験を毎回繰り返すことで、「できることが増えた」「自分はできる」と自信を回復していくのです。

エクササイズを続けることで筋力や体力がアップするのは当たり前のメリットですが、それ以上に「自信の回復」は高齢者にとって大きなメリットなのです。

そして、セラピストの元気を届けるように明るい笑顔で接することを心がけましょう。セラピストの元気は高齢者にも伝わります。そうすると周りも一緒に元気になり、笑顔の輪が広がります。日頃会話をせずに、一日を過ごしていた方は、最初は声を出すことができず、表情も暗いままですが、エクササイズを元気に行うと、いつの間にか声も出るようになり、表情も明るく変化していきます。

【エクササイズのポイント3】最後に能動的なイメージを持ち帰ってもらう

マッサージを得意とするセラピストに、エクササイズをぜひ取り入れてもらいたい理由があります。

それは、高齢者の自立心や能動的なやる気を引き出すには、かえってマッサージが邪魔をしてしまうからです。

マッサージは気持ちが良いので年齢を問わず人気がありますし、痛みが強い方は特にマッサージの要望も強い場合があります。また「マッサージの回数を多く、長く」といった要望が増えてきます。

しかし、マッサージの時間が長くなるほど、増えていくのが「受け身の気持ち」と「受動的な気持ち」です。「マッサージをやってもらった」「ストレッチをやってもらった」という受動的な立ち位置が、どうしても強くなります。そうなると、私たちが最も大事にとらえている「本人の自主性や能動的なやる気」を損ねてしまうのです。

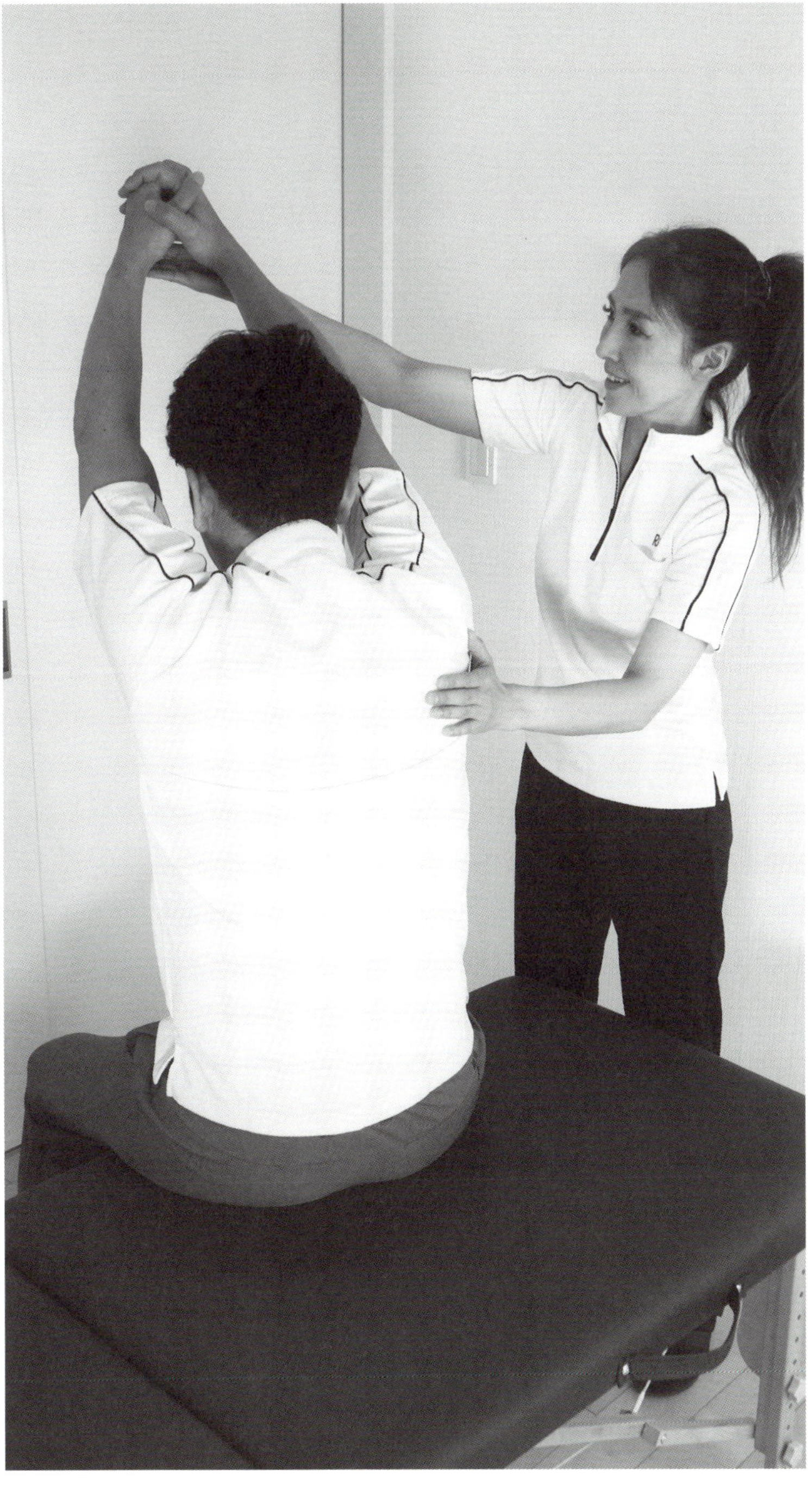

最後に能動的なイメージを持ち帰ってもらう

例えば、上がらなかった腕が「今日はここまで上げることができた」という自覚しやすい達成感を印象づけさせてあげることで、「次はもう少し上がるようになってやろう」という能動的なイメージを持ってもらえます。〝ここまでできた〟とほめてあげる「プラスの声かけ」も大事です。

コラム8

できるセラピストは施術メニューを更新する

施術メニューをパターン化して変えないことは、セラピストにとってもクライエントにとってもラクなこと。そうしてメニューをこなしていて飽きてしまうのは、実はセラピストのほうのことが多いのです。

できるセラピストは、クライエントの状況に合わせてメニューを更新します。筋力や体力がついたら、より活動的なメニューにしたり、負荷の高いメニューを取り入れていきます。だから、結果も出るのです。

そして、クライエントの体調に合わせて柔軟にメニューを変更します。例えば、クライエントが入院し、退院後であれば、痛みの緩和ケアに重点をおくためマッサージを増やすなど、臨機応変に対応します。

これは、目標設定にも通じます。「スーパーまで歩いて行きたい」「半年後には温泉旅行ができるように」など、具体的な目標を設定して、それが実現できるようにメニューを構築していくのです。現実的にイメージできる目標に落とし込むことは、「それならやれるかも」と本人のやる気を刺激するものです。

本人の可能性を信じて努力を評価し、励ましながら併走する姿には、コーチング的な要素も感じます。介護予防セラピストの可能性の広がりは無限です。

これは、私たちセラピストがつい引き起こしてしまう事柄であり、サロン経営や施術においては、いたしかたない部分もあります。しかし、高齢者ケアの現場では、この依存性は、さらなる介護度の悪化や体調の悪化につながるため、大変危険な側面があります。

SMEメソッドでエクササイズを最後に組み入れている理由も、「マッサージをやってもらった」という印象より、「今日も運動を頑張った」「エクササイズは大変だったけど今日もやりきった」という能動的な印象を持ち帰ってもらうことを目的にしているからです。

Ⅳ 介護予防セラピストに必要なコミュニケーション【Ｃ】

介護予防セラピストになるためには、マッサージ、ストレッチ、エクササイズのスキルの習得は不可欠といえます。しかし、スキルだけあってもダメなことはいうまでもありません。人として相手に信頼していただき、その方と仲良くなること。これは、セラピストという対人援助業務の基本といえます。

1 継続したサポートのために心がけること

私たちはリハビリや運動に特化したデイサービスを運営していますが、そこには「少しでも良くなりたい」という気持ちが強く、やる気のある方が集まってきます。ですが、全員やる気があるわけではなく、中には家族に言われてしかたなく来た方、もともと運動は好きではない方も多くいらっしゃいます。

そういう方であっても、私たちはプロとして関わりを持つ以上、ある程度の成果を求められます。その「成果」とは、「その方の日常生活の困りごとが解消され、その方の望む生活が送れるようになること」です。そのために色々な運動メニューを提供するのですが、実際に接する上で特に心がけていることが5つあります。

［クライエントと接する際のポイント］

① 運動に通う「目的」とご本人の「希望」をしっかり共有する（なぜ運動をするのか、良くなったら何がしたいのか）。
② 明るく活気のある場を提供する（ここに来たら元気になれそう！）。
③ 親身になって、一人ひとりに丁寧に接する（信頼してもらい、仲良くなる）。
④ 結果や成果をきちんと評価する（ほめる）。
⑤ 利用者さん同士の仲間意識を高めてもらう（「自分は一人じゃないんだ」という安心感）。

私たちセラピストがクライエントの状態を良くしているわけではなく、クライエントが良くなるための基盤を整え、それが継続的に行われるようにサポートしているだけなのです。それがうまくいった利用者さんには笑顔が戻り、状態が良くなり、そして自信を取り戻していくのです。

【コミュニケーションのポイント1】良くなってきたと感じるのは「笑顔」が増えた時

介護ケアをしていて、クライエントの状態が良くなってきたと感じる時があります。それは、エクササイズで動かせる範囲や回数が増えた、歩き方が安定してきた……ということではなく、実は「笑顔が増えた」時です。

エクササイズの内容や回数は同じでも、笑いながら他の方としゃべっているのを見ると、「ああ、この方は良くなったなあ」と実感するのです。

デイサービスでは、最初に血圧を測ったり体調を確認する時間と、最後に水分補給もかねて皆で話す時間を設けています。たいてい毎週、同じメンバーに会うので、皆さん顔見知りになります。そこで「いいお天気ね」「今日は調子どう?」「先週、お休みしていたけど何かあった?」といった会話になるのですが、最初からすんなり輪の中に入れる人ばかりではありません。

以前、デイサービスに来て、ずっと誰とも話さなかったAさんという男性がいました。世間話やおしゃべりが苦手という男性は多いのですが、Aさんは話しかけてもニコリともしなかったのです。しかし、毎週通ううちに、他の参加者と話すようになり、ある日、気がついたら笑いながら他の人とおしゃべりしていたのです!

笑顔になるというのは、心を開いて、楽しいと思っている証拠。ただ言われてメニューをこなす段階から、自信を取り戻して、自発的にやろうという意識が生まれたことがわかります。こうなると、回復のスピードが早くなります。

Aさんが変わったのは、そこに集まった参加者が話しやすい場(空間)を作ってくれたから。もちろん、それは意識したものではなく、「自分がここにいてもいいんだ」「話しても大丈夫なんだ」と思える「なんとなくいい雰囲気」が自然に醸成されたのです。

ケアの前後の皆で過ごす時間、私たちは特に働きかけることはしません。せいぜい話の輪に入っていない人がいれば、「○○さんは、どうですか?」というように話題を振るぐらい。皆と一緒にリハビリをすることが、Aさんを変えたのです。きっかけがあれば、人は心を開き、笑顔になれるのです。「ついにAさんのやる気スイッチが入ったな」と思った瞬間でした。

【コミュニケーションのポイント2】先入観を持たずに対応する

一般的に「高齢になると頑固になる」といわれます。たしかに気難しい方もいますが、そうした先入観を持たずに、自分の感覚で初対面のクライエントを迎えて欲しいと思います。「この人のことを知らない」という、まっさらな気持ちで接することが大事です。

ケアマネジャーからの紹介ではクライエントの情報を書面でいただきますが、時には「ちょっと気むずかしい方で……」と言われることもあります。しかし、その方の性格は実際に会ってみなければわかりませんし、誰に対しても同じ態度とは限りません。性格についての事前情報を入れないことが先入観を抱かないコツです。そして、「この人は、きっといい人だ」と思って接するのです。そうすれば、意地悪や嫌みを言われても、「あら、今日はたまたま機嫌が悪いのかな」と思うことができます。

以前、周りから敬遠され、誰からも相手にされていないBさんという男性を担当したことがありました。いわゆる頑固な老人です。過去に何かあったのか、いろんなことが重なって、いつしか誰に対しても心を閉ざしてしまったのでしょう。この時、私は「そんなことは知らない」という前提で、相手の懐に飛び込むつもりで無邪気に話しかけました。すると、Bさんは徐々に心を開いてくれたのです。仲良くなるために、どこかに突破口はあるものです。

他の人の対応がどうであろうと、目の前のクライエントに先入観を持たず、真剣に対応することが大事だとあらためて実感した出来事でした。また、介護予防セラピストは家族ほど近い存在ではないので、向こうにも遠慮がありま す。その点も良かったのかもしれません。

そして、いくらアプローチしても、クライエントが心を開いてくれないこともあります。そういう場合、自分だけでなく誰に対してもそうであれば、自分を責めることはしないでください。そんな時、私は「世の中にはいろんな人がいて、こういう人もいるんだ。いい学びになった」と考えるようにしています。

【コミュニケーションのポイント3】高齢者の尊厳と介護ケアへの意識

人間において自己の尊厳はとても重要です。特に高齢者は、できないことや衰えたことを周囲に指摘され、自身で

リハビリは目標ではなく手段だと忘れずに

週1回リハビリで身体を動かすだけで、それ以外は外出もせず家でテレビを見て過ごしているという方が少なからずいらっしゃいます。病気やケガの後遺症を持つ方々にとってリハビリは「自分のしたいことができるようになる」ために必要な訓練であり、積極的に外出したり他者と交流することで心身の衰えを遅らせるための手段です。ところが、中にはリハビリ自体が目標になってしまう方がいます。

例えば、英会話スクールに通っていることに安心して、実際に外国人に会っても話をせずに避けてしまう……という経験はありませんか？　これでは何のために英会話を学んでいるのかわかりません。最初の目標は「英語でコミュニケーションをとるため」だったのでは？　それを達成するには、勇気を出して外国人に話しかけることです。

高齢者のケアも同じです。本来のリハビリの目的は、「自宅での生活に困らない」「歩いて買い物に出かける」「孫と旅行に行く」などだったはず。そうした目的を達成するために介護予防セラピストとして何をすべきか考え、クライエントに働きかけていきましょう。

も衰えを実感して、自己の尊厳を失いがちです。「病気が再発したらどうしよう」「もしも寝たきりになったら家族に迷惑をかけてしまう」……。

介護ケアの現場でお会いする皆さんは、大きな病気や自身の肉体の衰えを、身をもって体感されている方々ですから、心身の健康の重要性は私たちよりも強くお持ちです。健康のありがたみを実感し、「健康でいるためには自分の足で歩かなくては」という気持ちをひしひしと感じます。

私たちのデイサービスに来られる皆さんの表情を見ていると、大事なのはその方の「生活の質」や「精神の質」なのだと感じます。身体と心の衰えを防ぐことで、自分ができることを増やしていこう、少しでも快適に暮らしたい、という気持ちが伝わってきます。

ですから、介護ケアで大事なのは、肉体的・精神的な廃用症候群のケアだけでなく、その先にある、一人ひとりの精神の質や自信の向上のサポートなのです。

これから介護予防セラピストが介護ケアの現場で活躍する時には、その意識をぜひ大切にして欲しいと思います。

ケーススタディ①

変形性膝関節症

ここからはＳＭＥの実技を2つのケーススタディとしてご紹介します。

一つ目の想定は、〝変形性膝関節症〟です。

膝は加齢とともに悪くされる方がとても多い部位ですが、膝が痛いと活動範囲が狭くなり、気持ちもふさぎがちになる、という悪循環を生みやすい要所です。

そして膝以外も動かさなくなり、いろいろな所がどんどん悪くなって行く、まさに「廃用症候群」を生む根源ともなる大事な部位です。

そうなってしまわないためにも、ＳＭＥは効力を発揮します。ストレッチで徐々に下肢の可動域を拡げ、マッサージで痛みの出やすい関節周りや膝の裏、ふくらはぎをほぐし、エクササイズで膝周辺の筋肉を鍛えていきます。

少しずつでいいのです。

その少しずつが、少しずつ拡大して、膝の可動性→全身の可動性→活動範囲の拡大→やる気の向上→さらなる身体コンディションの向上、とプラスのスパイラルを生み出していきます。

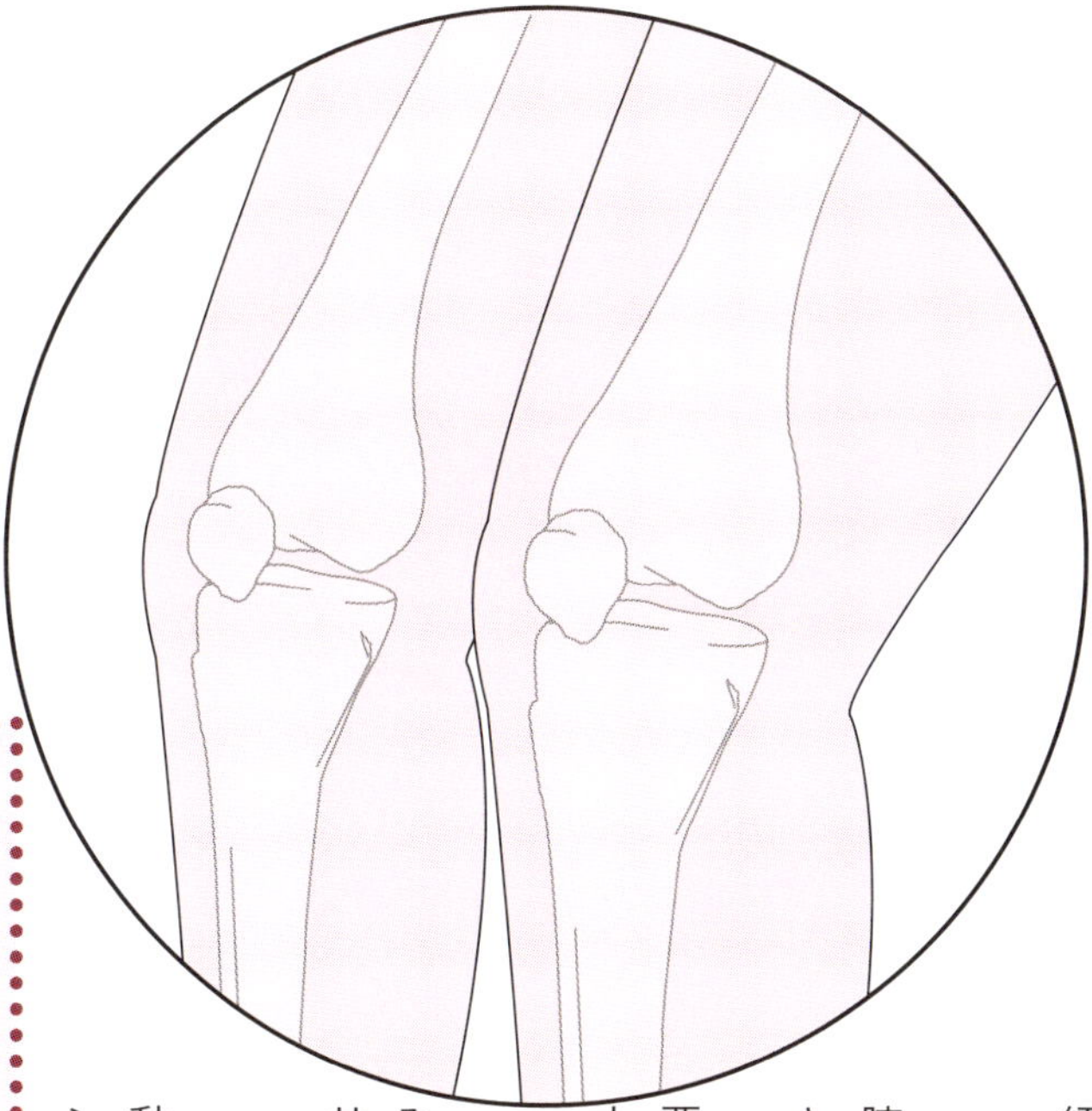

基本方針

膝に痛みのある方は、まずストレッチで関節の可動域を拡げ、マッサージで痛みの出やすい膝周りや膝の裏、ふくらはぎをほぐします。そしてエクササイズで膝周辺の筋肉を鍛える、という流れで行います。

① 股関節・屈伸

仰向けに寝た姿勢で、片足を両手で持って股関節の屈伸を行います。５回行い、５回目の最も深く曲げた姿勢（写真１）のまま数秒間キープします。

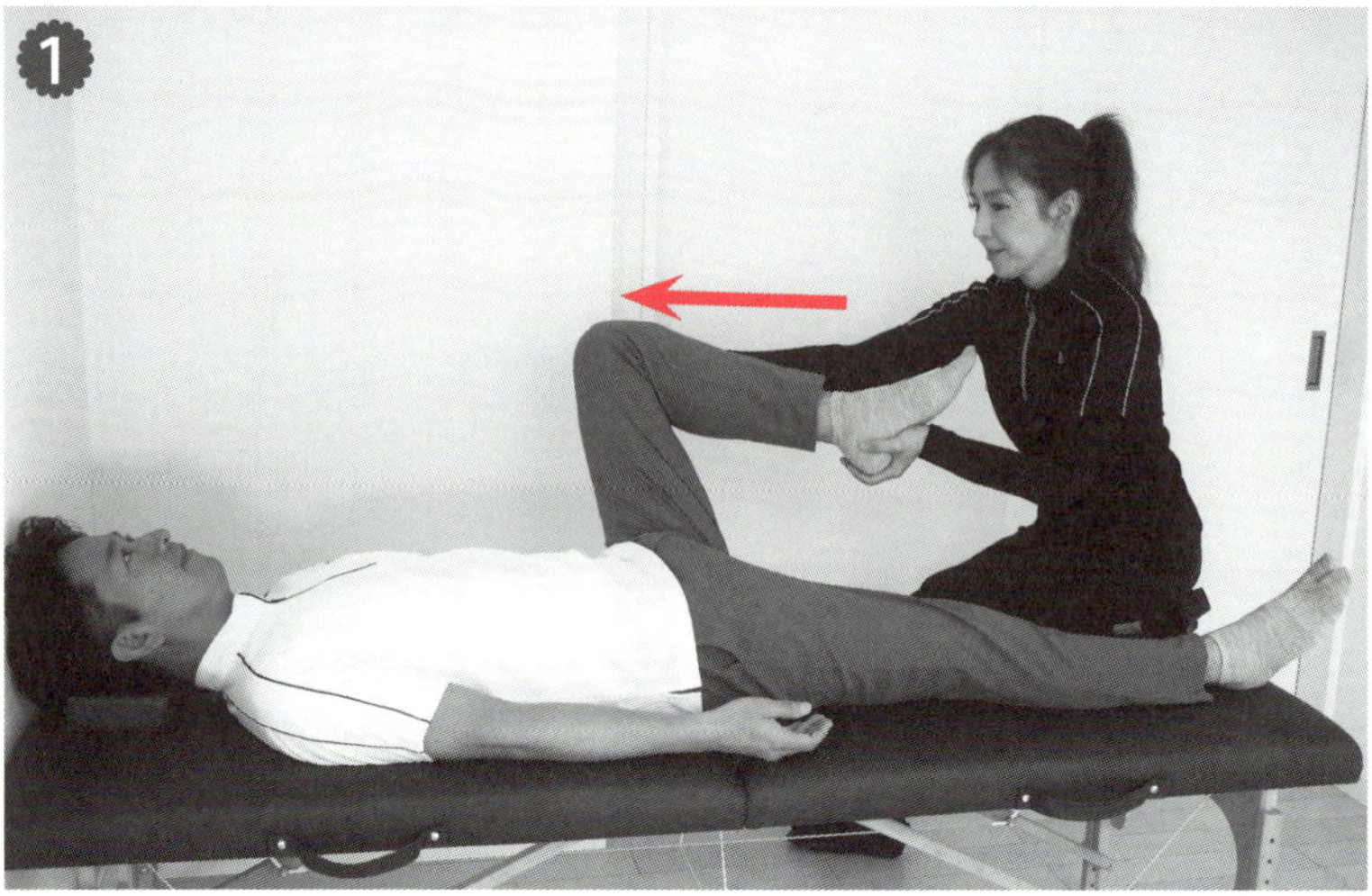

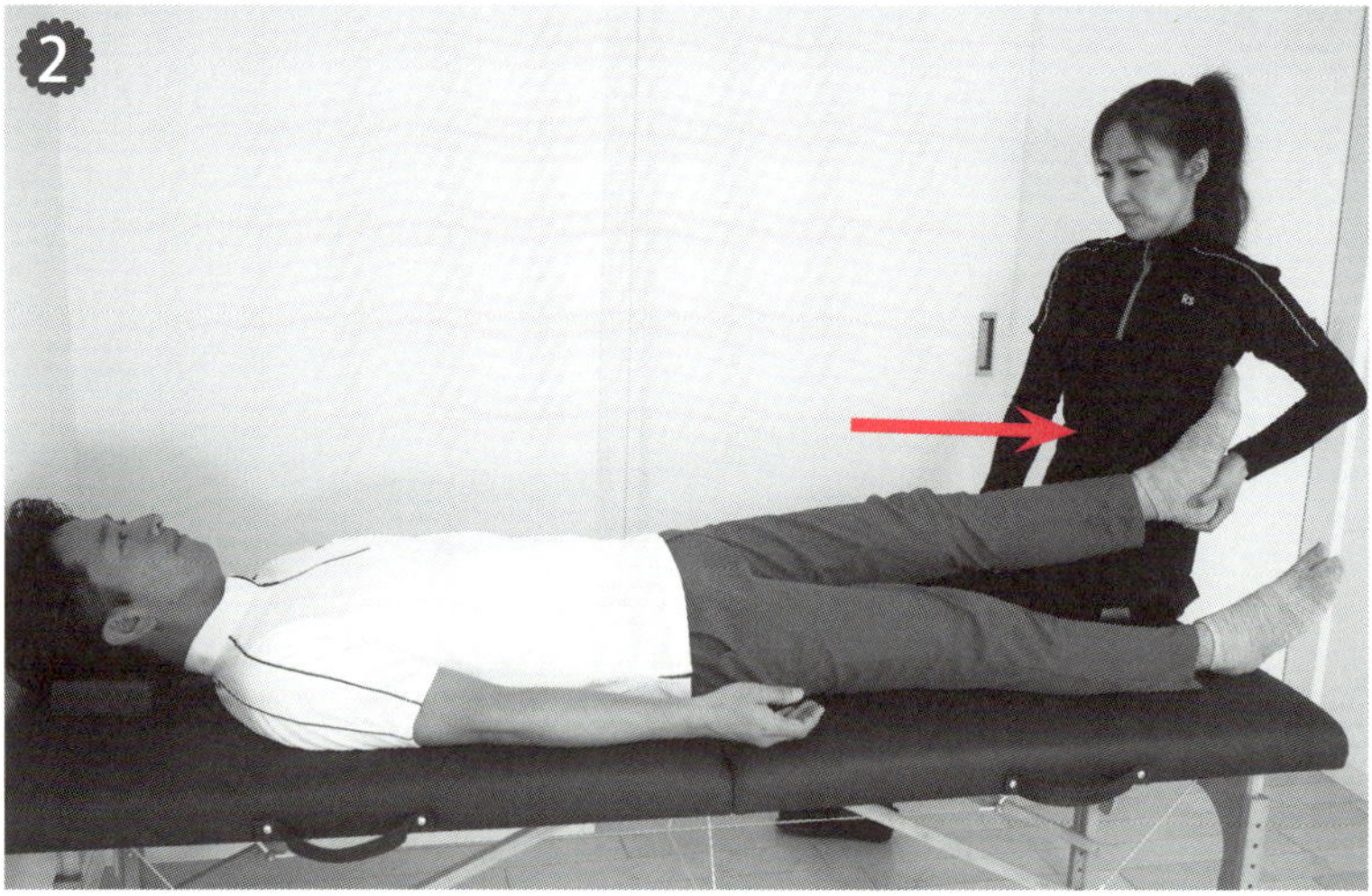

② 股関節・外回旋

外側に大きく回すようなイメージで股関節を大きく回します。５回行います。

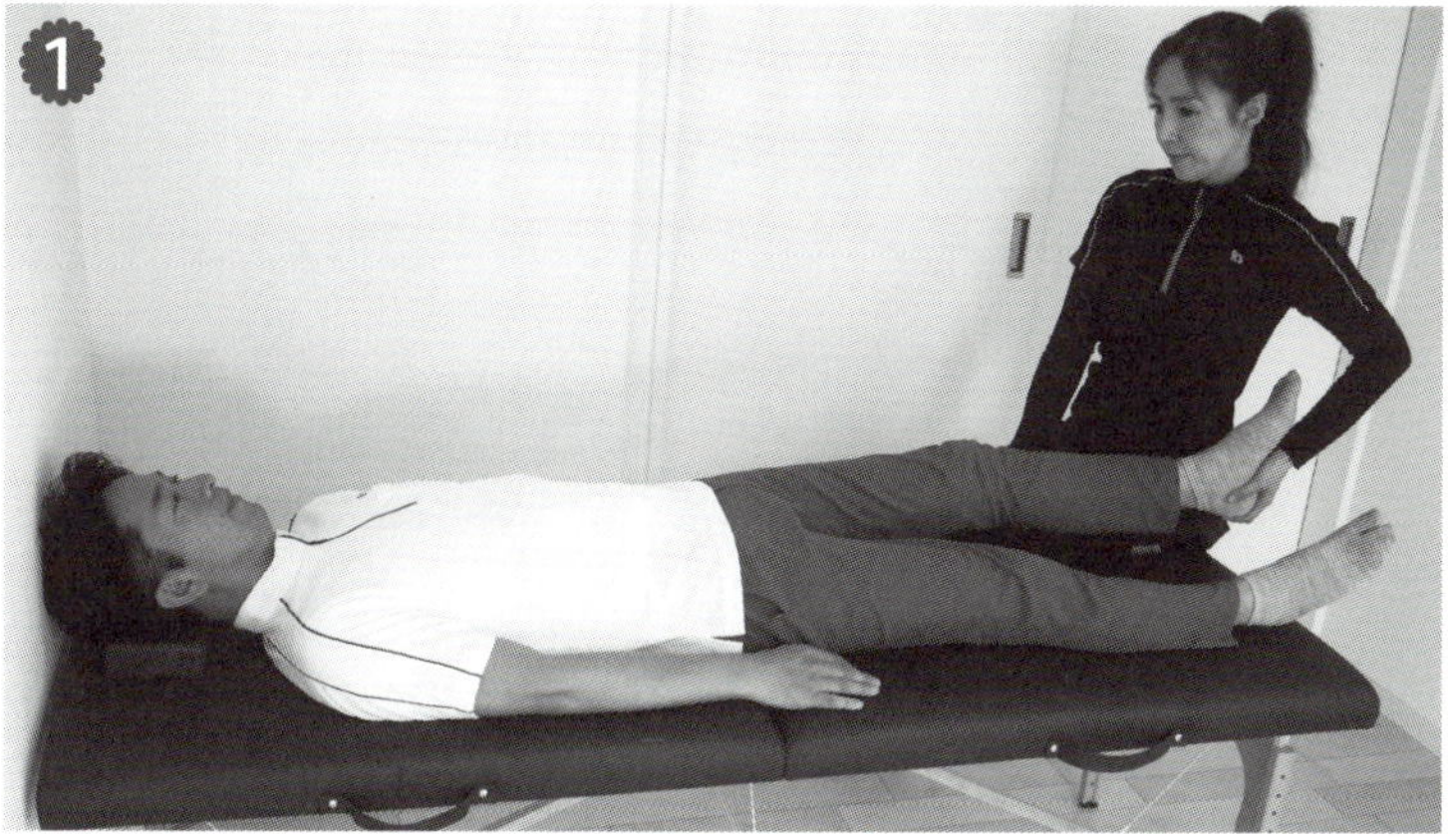

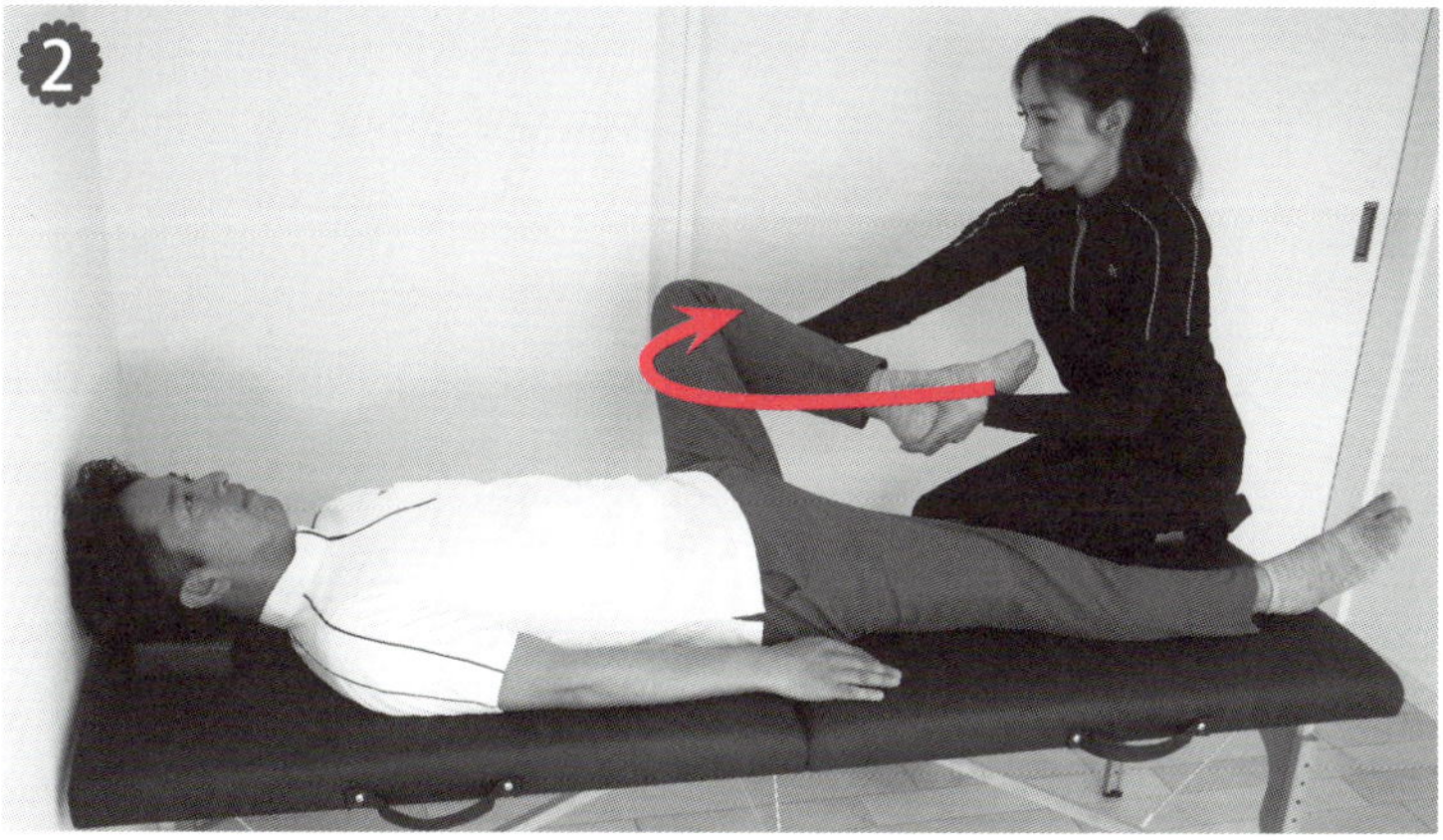

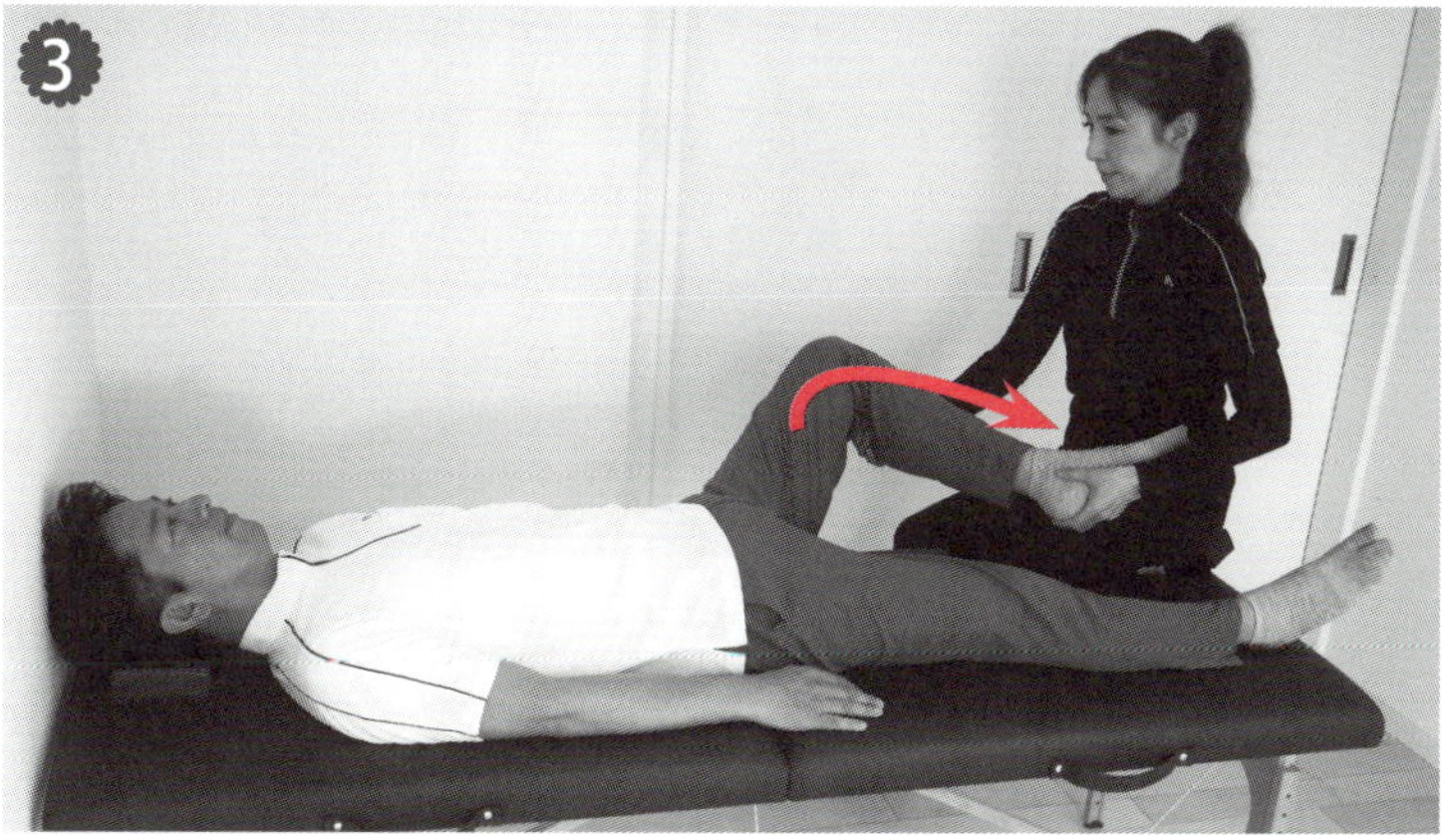

足を床面に着けた状態から膝を外に倒して、股関節を外旋させます。５回行い、５回目の最も外旋させた状態（写真２）で数秒間キープします。

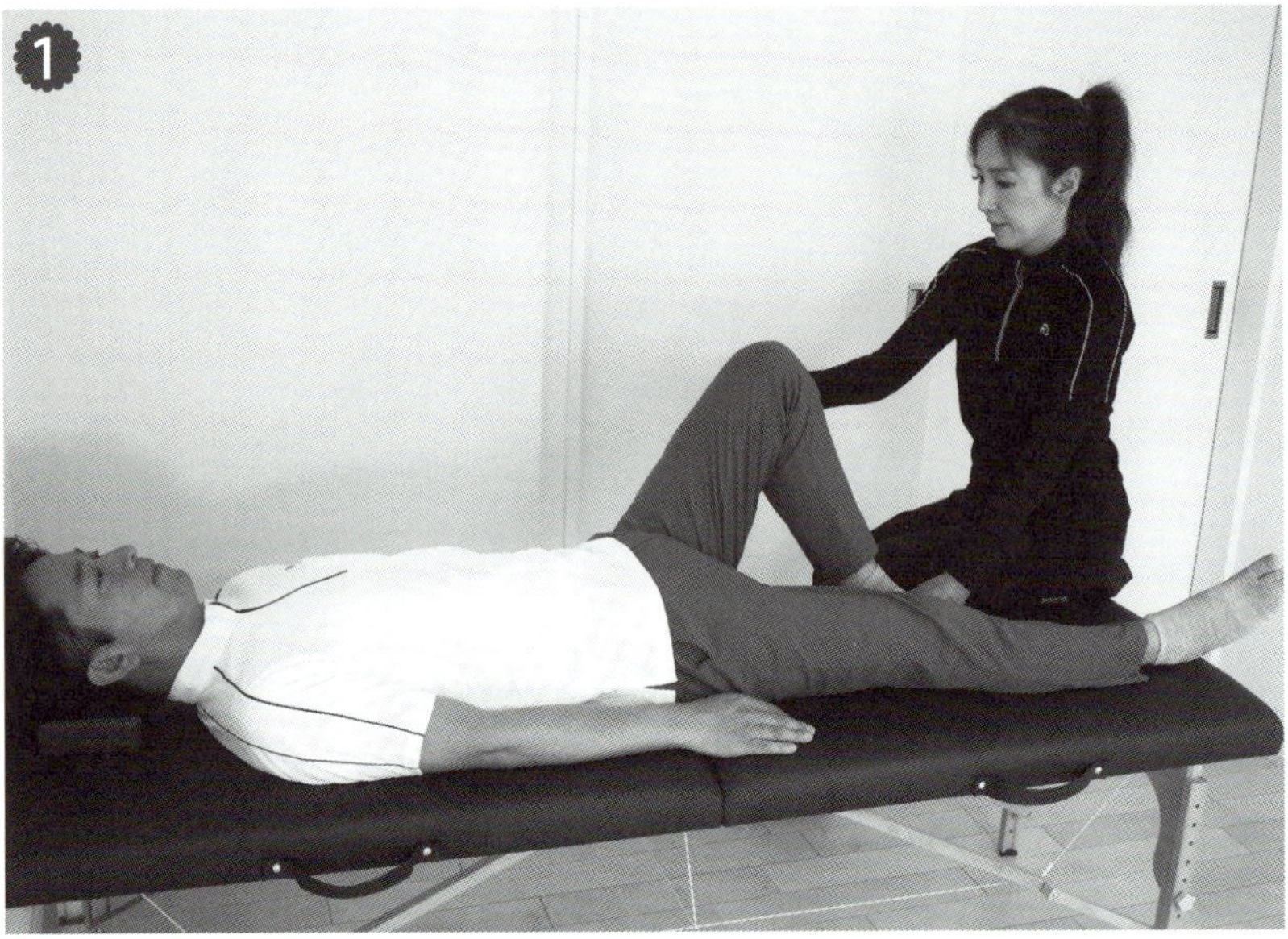

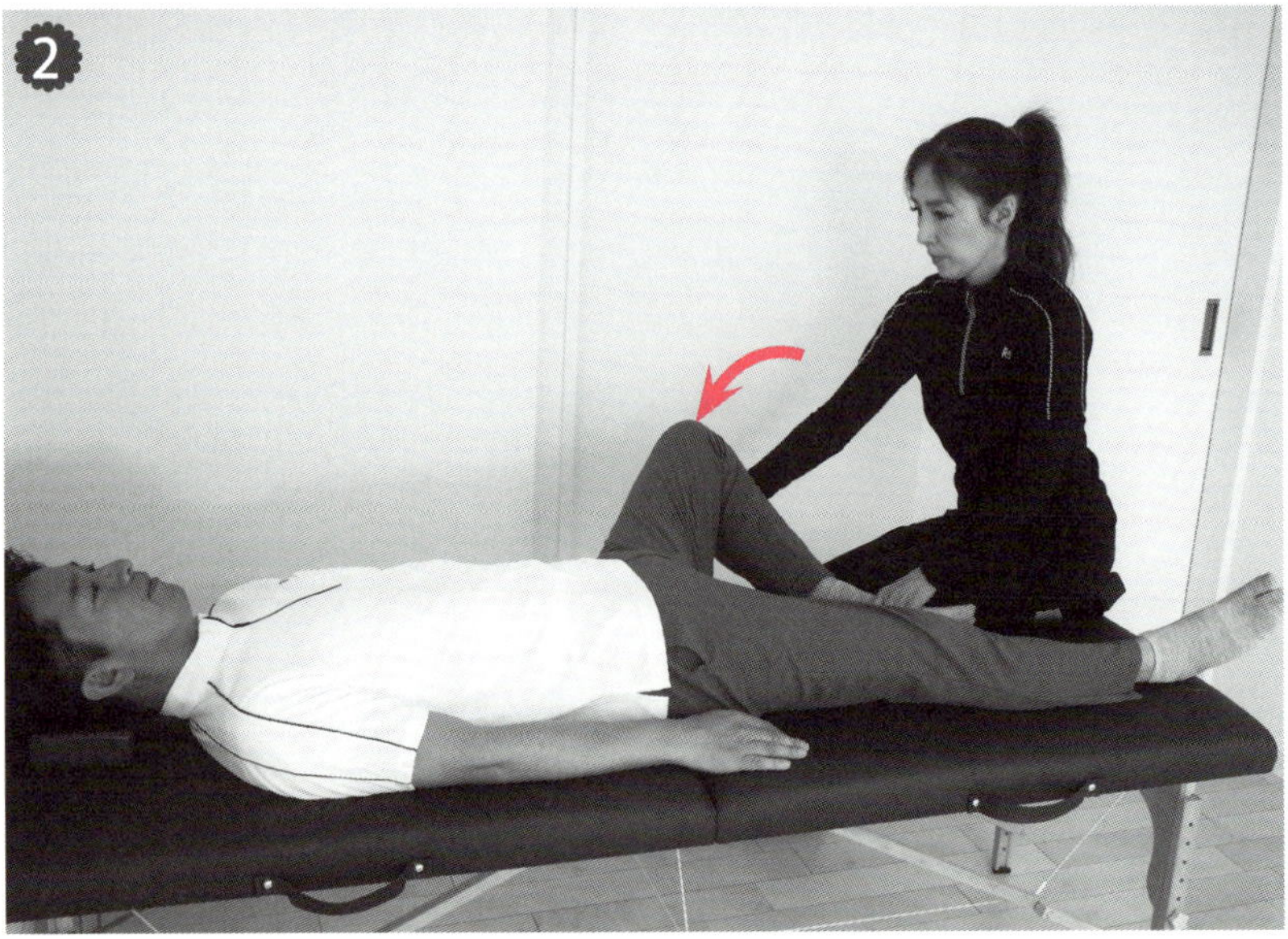

③ 股関節・外旋

腿を上げた状態にさせ、膝下を動かさせる要領で腿裏を伸ばします。５回行い、５回目の最も腿裏が伸びた状態（写真２）で数秒間キープします。

膝に痛みのある方は、膝も股関節も少し屈曲させた状態で伸ばした方が痛みが出にくくなります。

④ 大腿後面・伸展

1

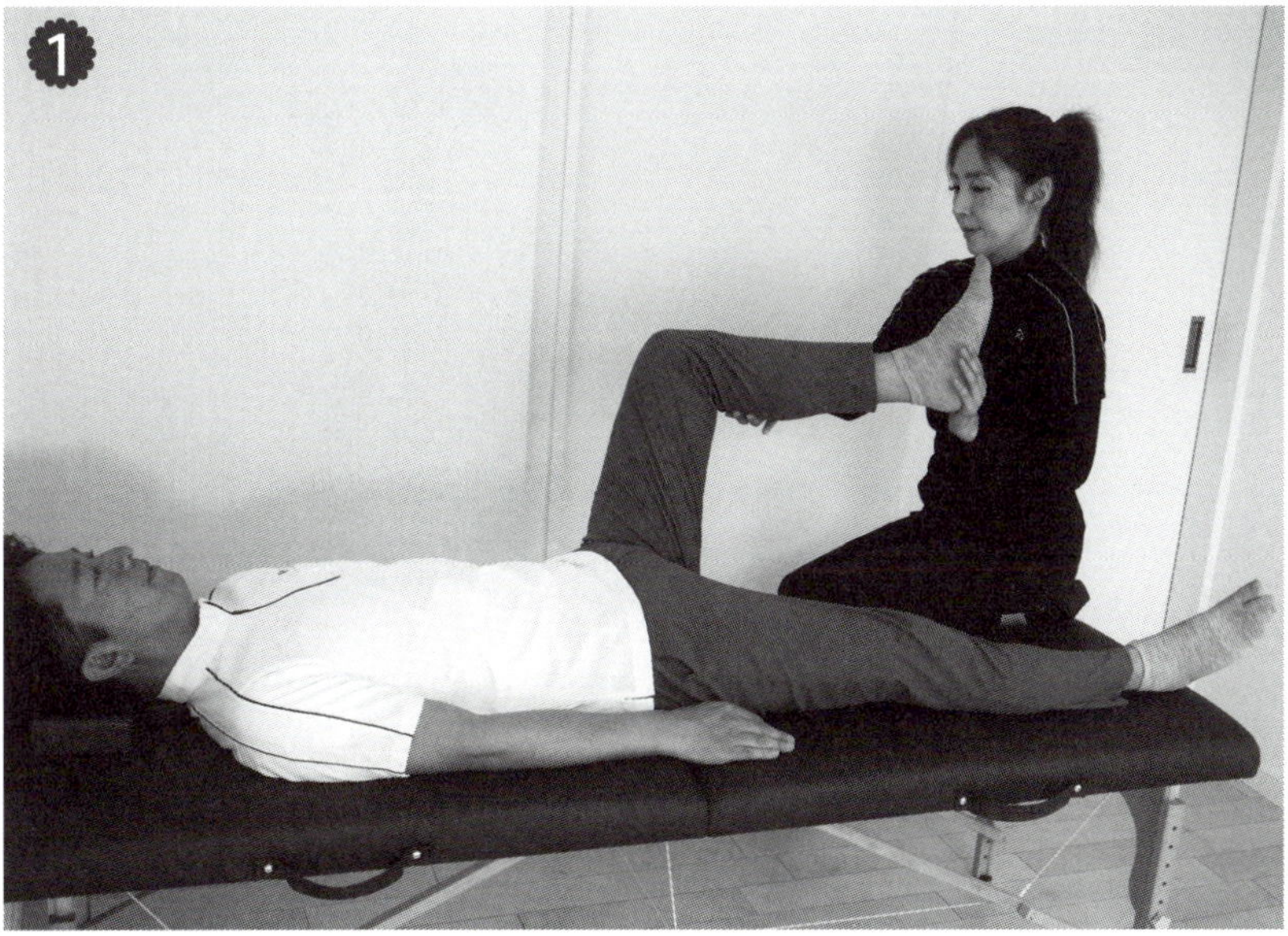

2

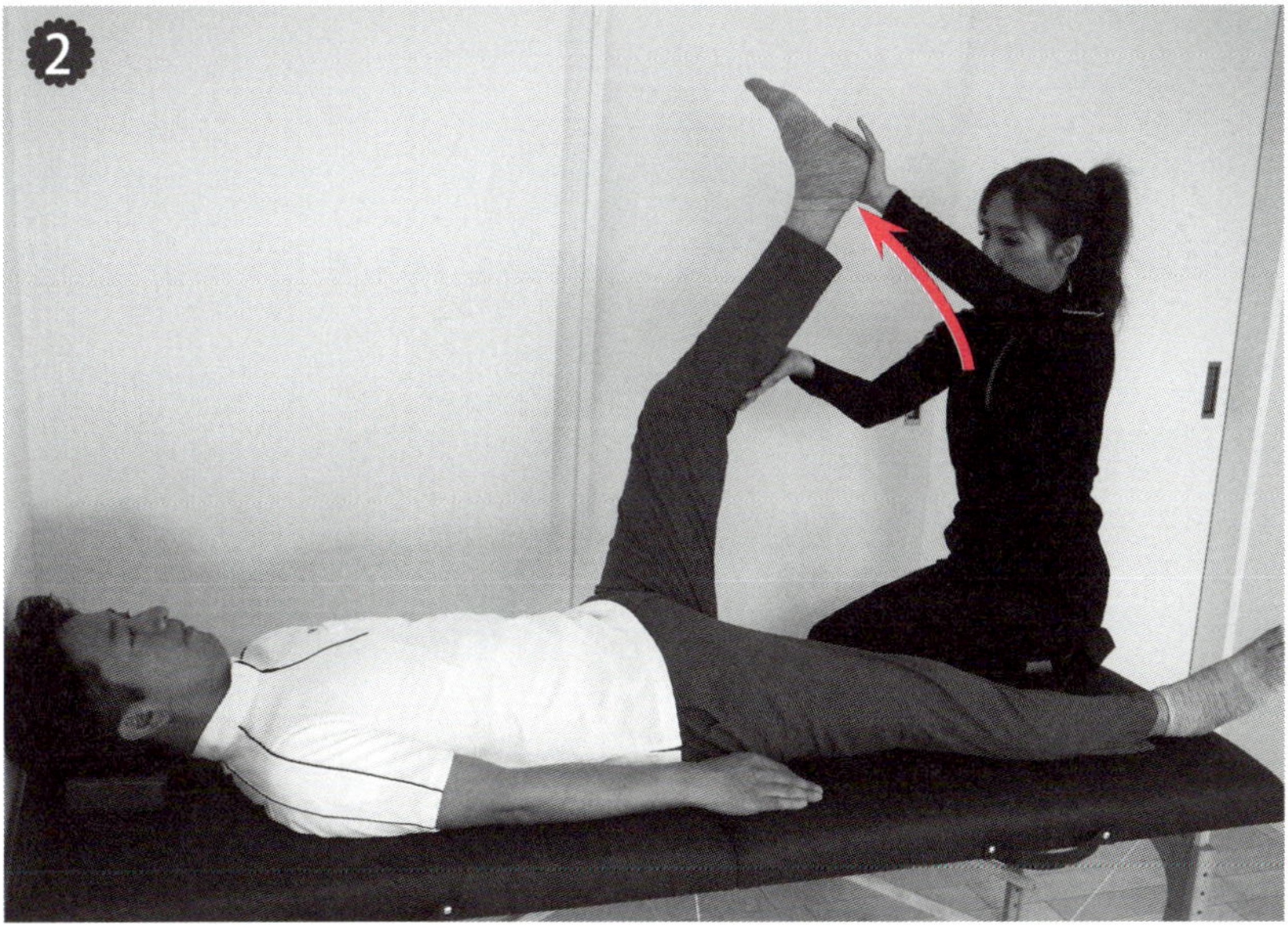

踵を指で支え、前腕部を足裏に当てて、体ごとゆっくり前に倒すようにしてふくらはぎを伸ばします。5回行い、5回目の最もふくらはぎが伸びた状態（写真2）で数秒間キープします。

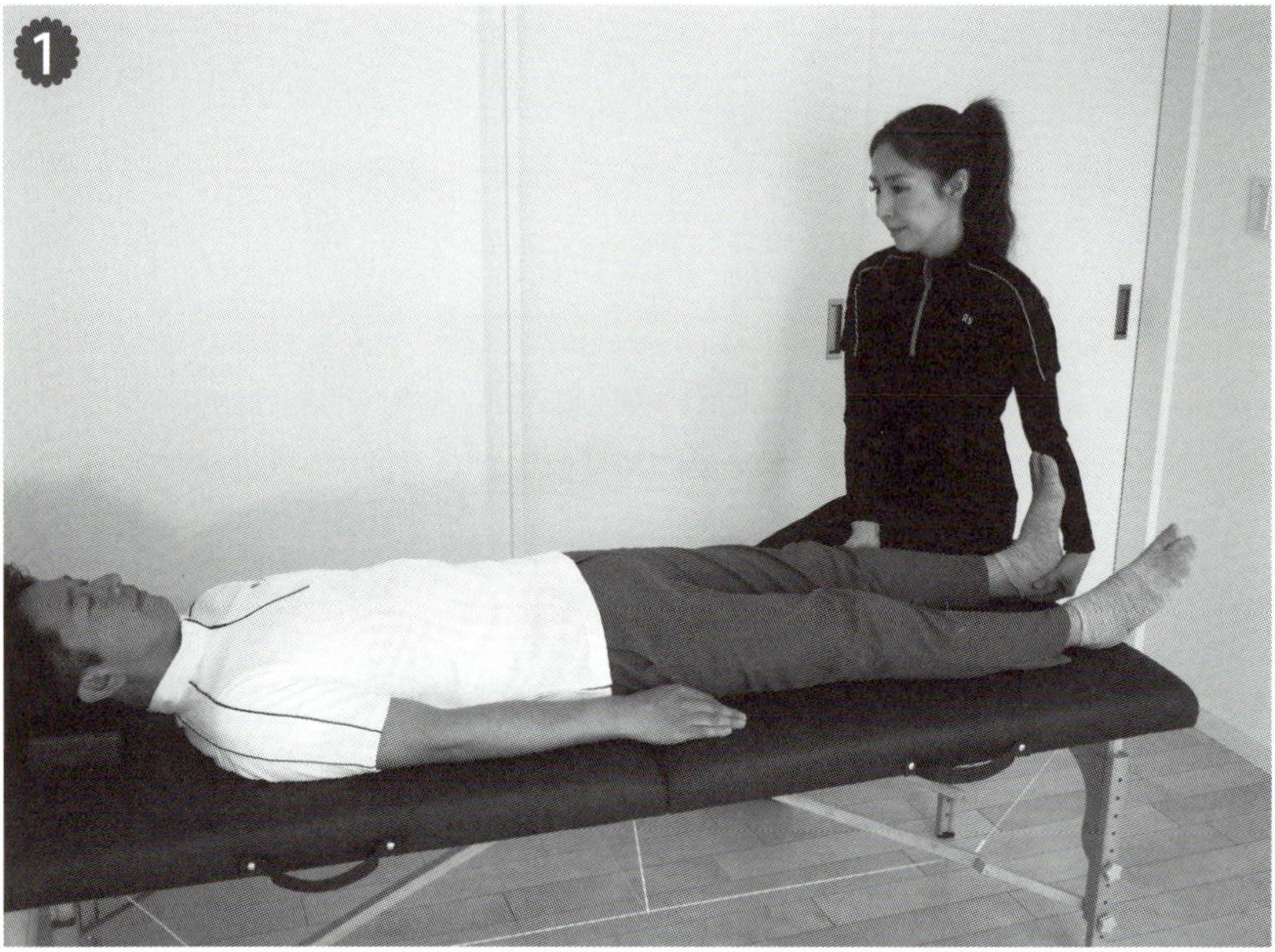

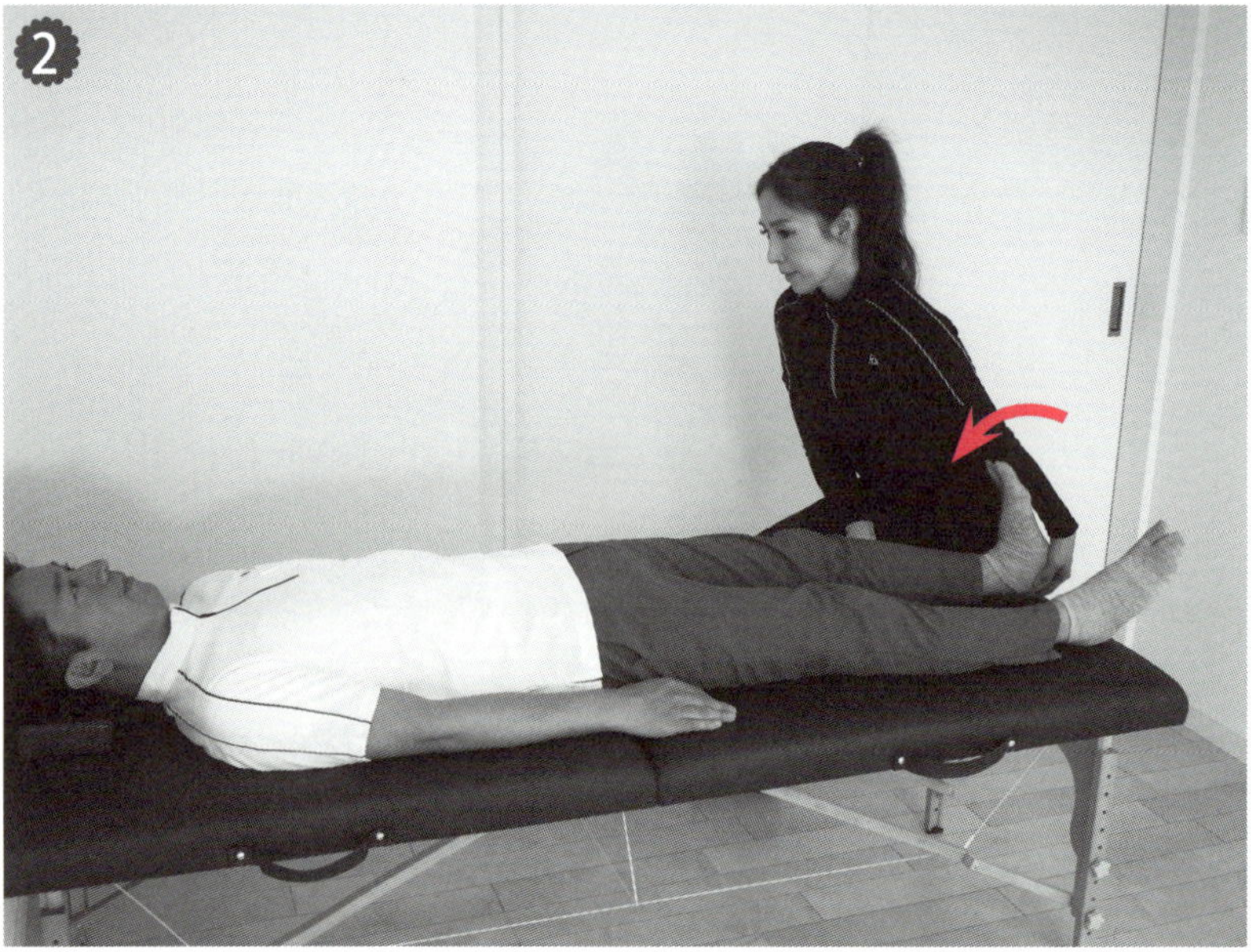

⑤ 下腿後面（ふくらはぎ）・伸展

足を両手で持ち、自分の体重を使って下に引き下げるようなイメージで足関節を伸ばします。

⑥ 足関節・伸展

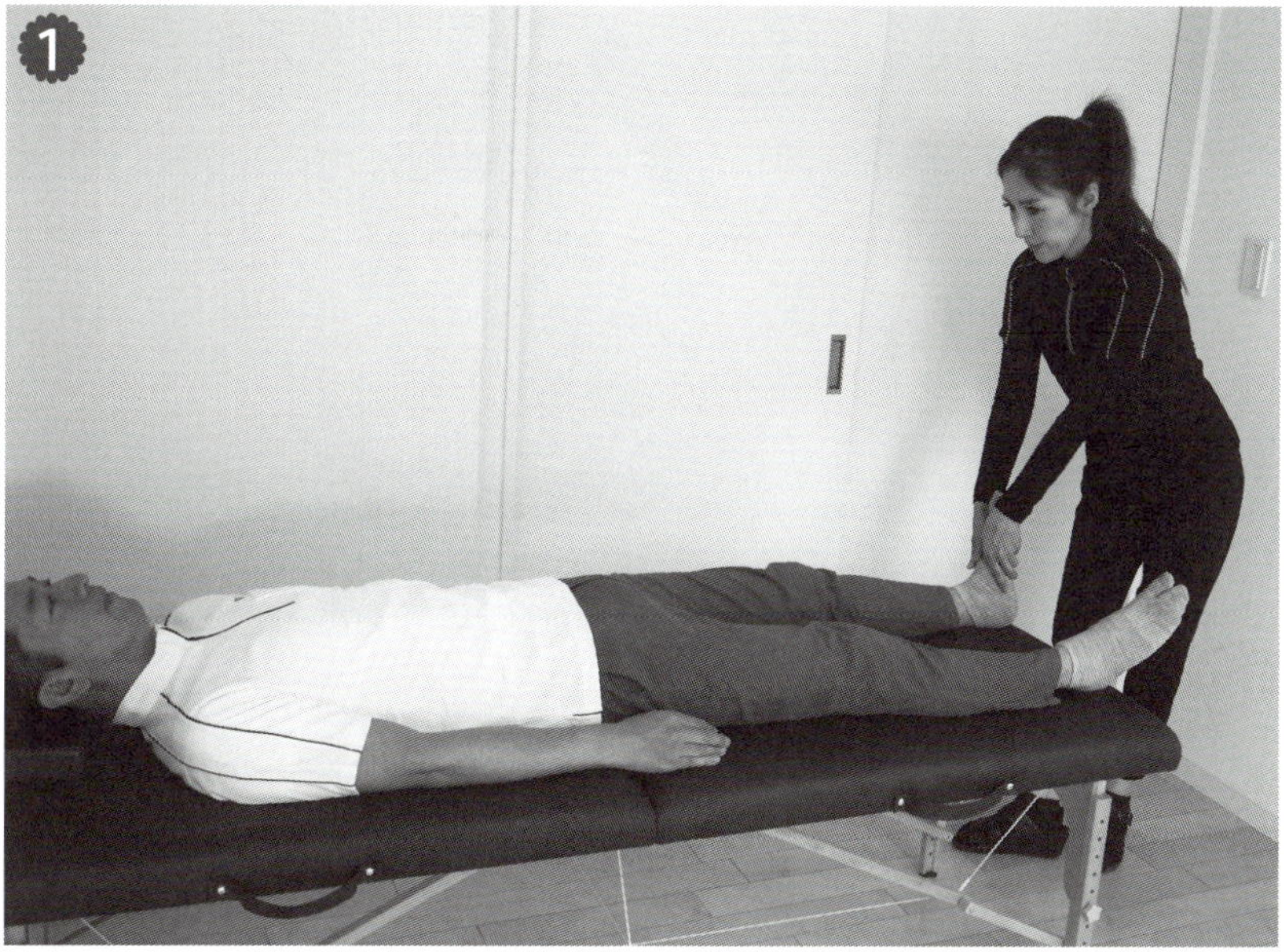

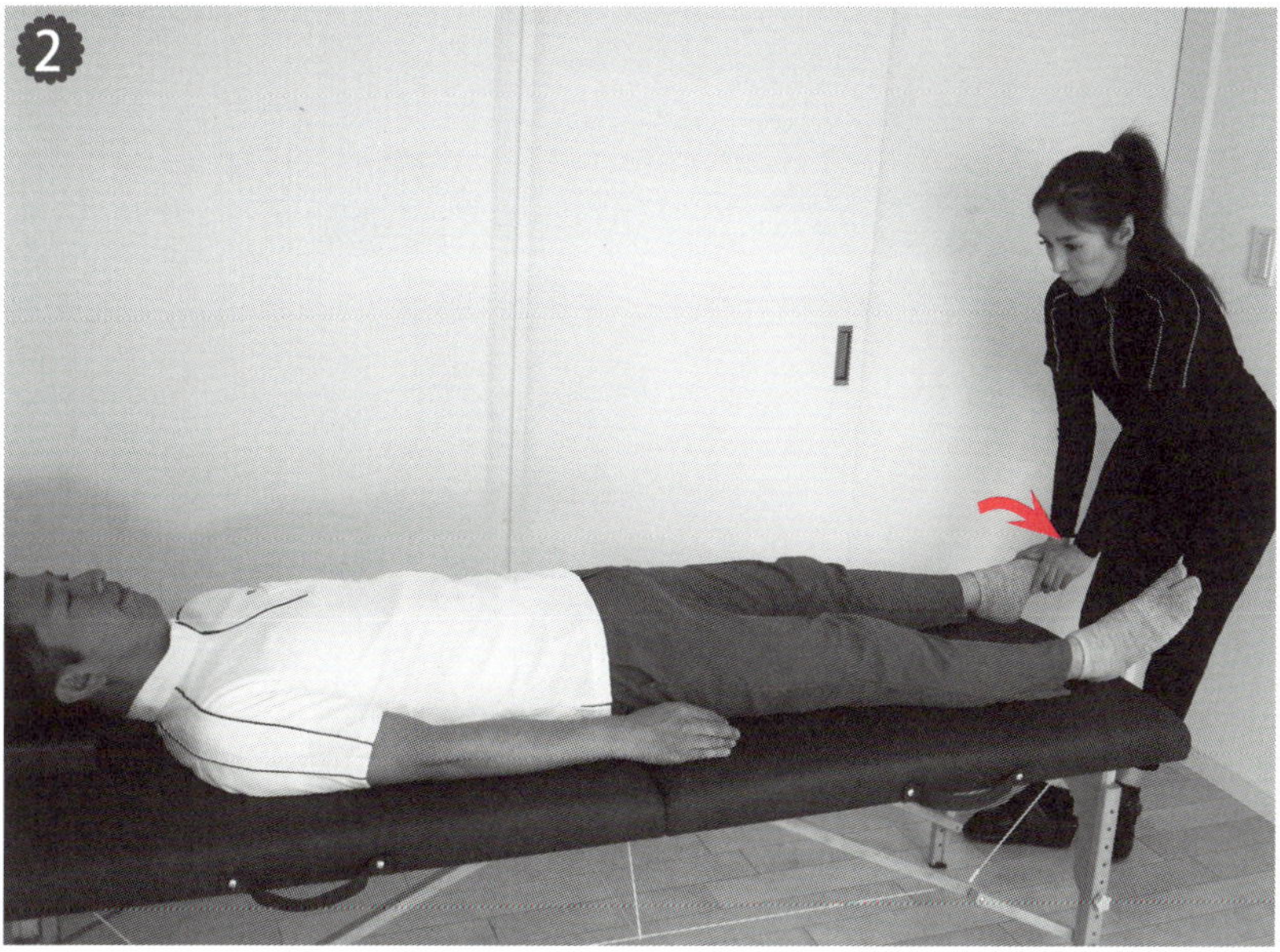

2 マッサージ

① 大腿部・前面

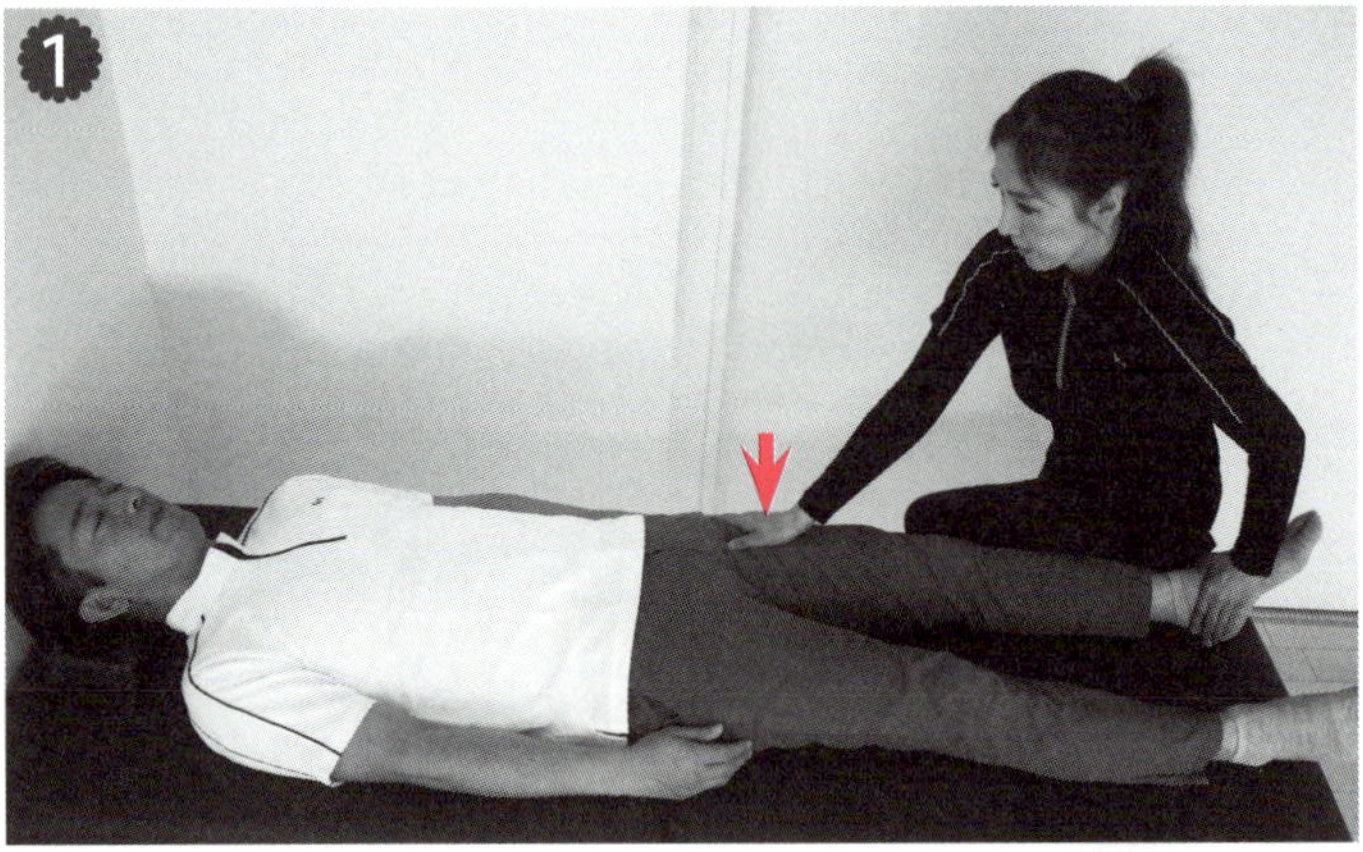

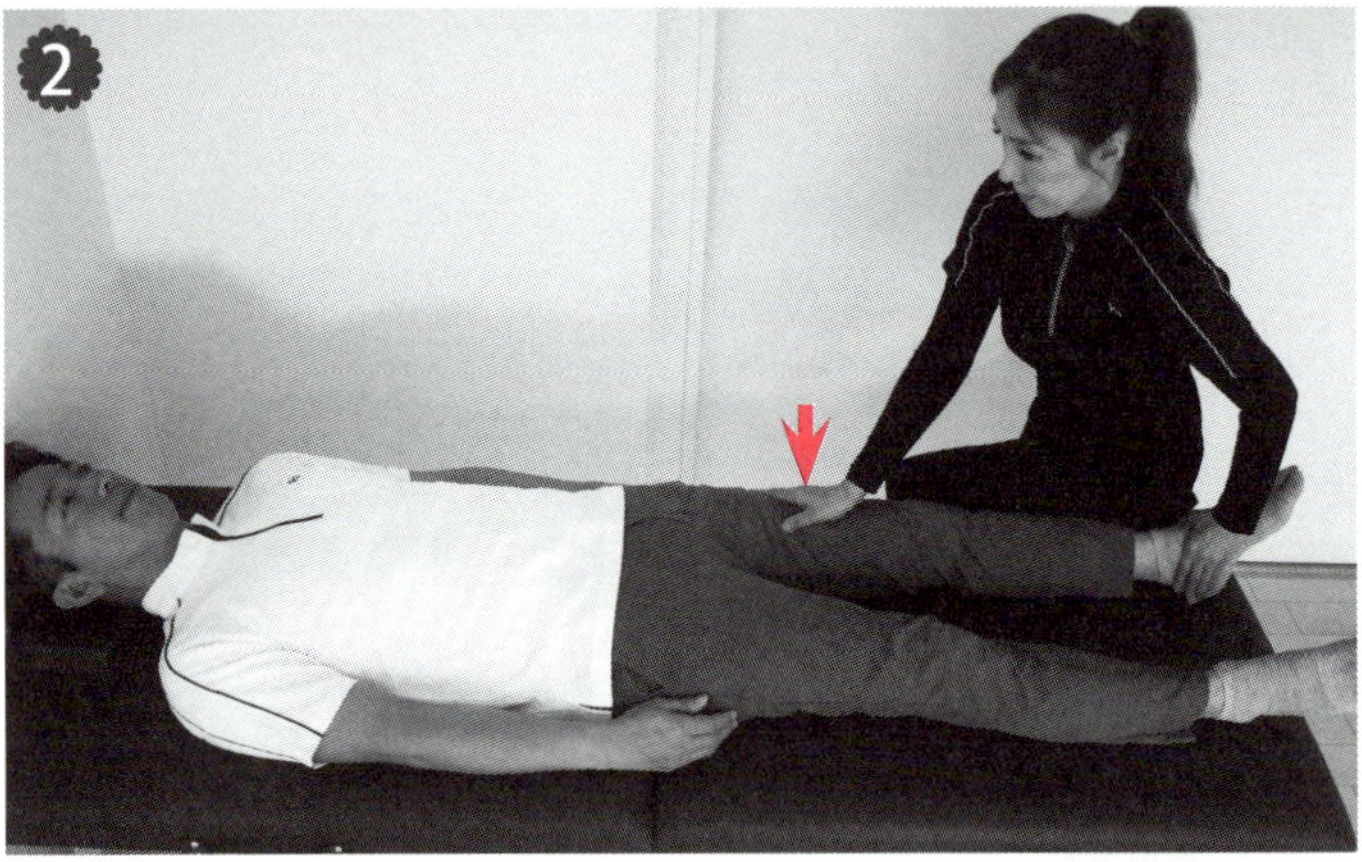

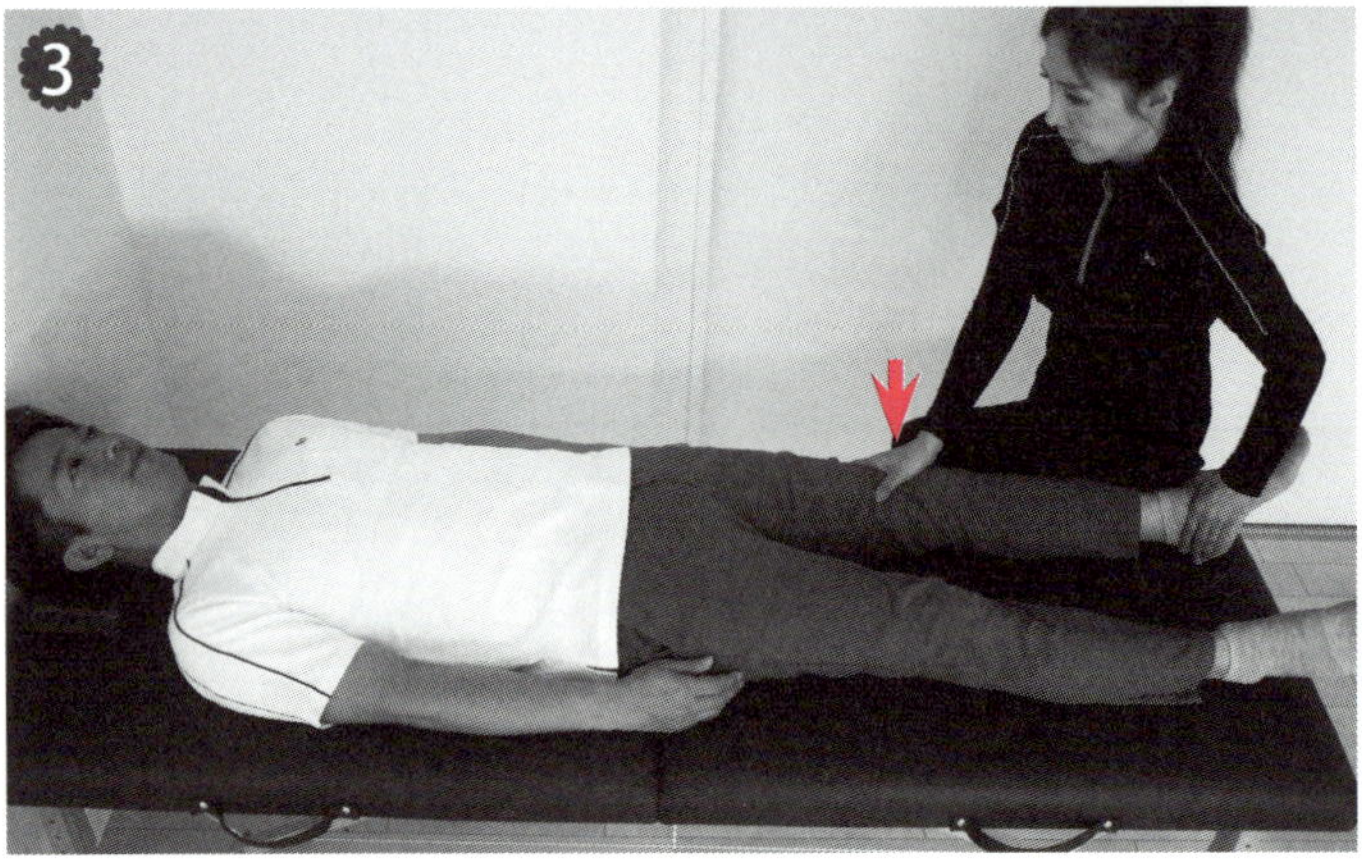

左足を右手で（右足は左手で）大腿四頭筋、縫工筋周辺をていねいに5往復ほどマッサージします。

膝の痛みが強い場合は、膝関節自体よりも周辺の筋肉をほぐす事が重要になります。とくに大腿四頭筋の内側広筋の緊張をほぐす事が重要です（内側広筋のポイント〝血海〟で少し手を止めて圧迫します。

膝上10センチくらいの所に痛みの反応点が出ている事が多いので、重点的に行います。

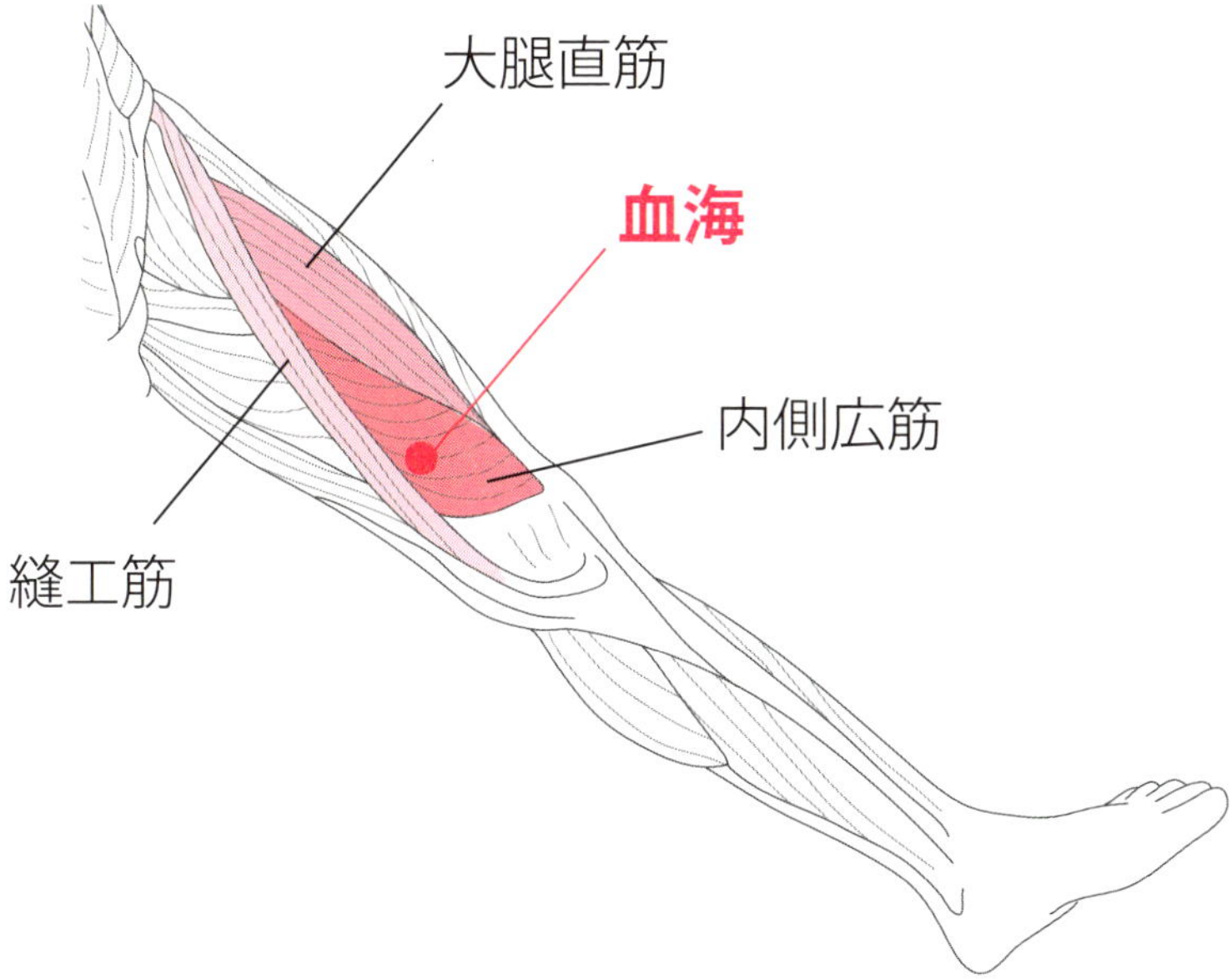
大腿直筋
血海
内側広筋
縫工筋

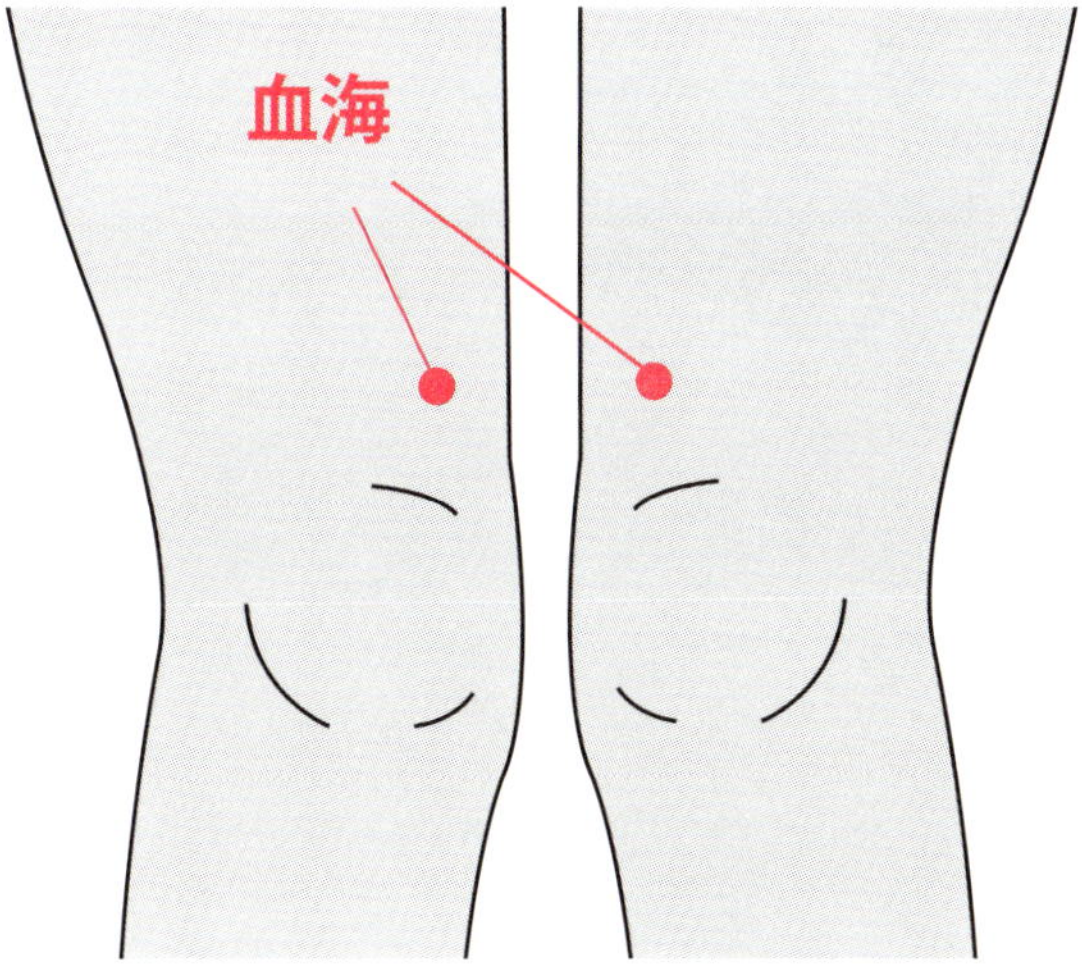
血海

左足を右手で（右足は左手で）、大腿四頭筋の外側広筋を中心に丁寧に5往復ほどマッサージします。

膝の痛みのある方はO脚のため、大腿外側部の緊張が強い場合が多いので、重要なマッサージポイントになります（外側広筋のポイント“梁丘”で少し手を止めて圧迫します。

ここでも、膝上10センチくらいの所に痛みの反応点が出ている事が多いので、重点的に行います。

② 大腿部・前面外側

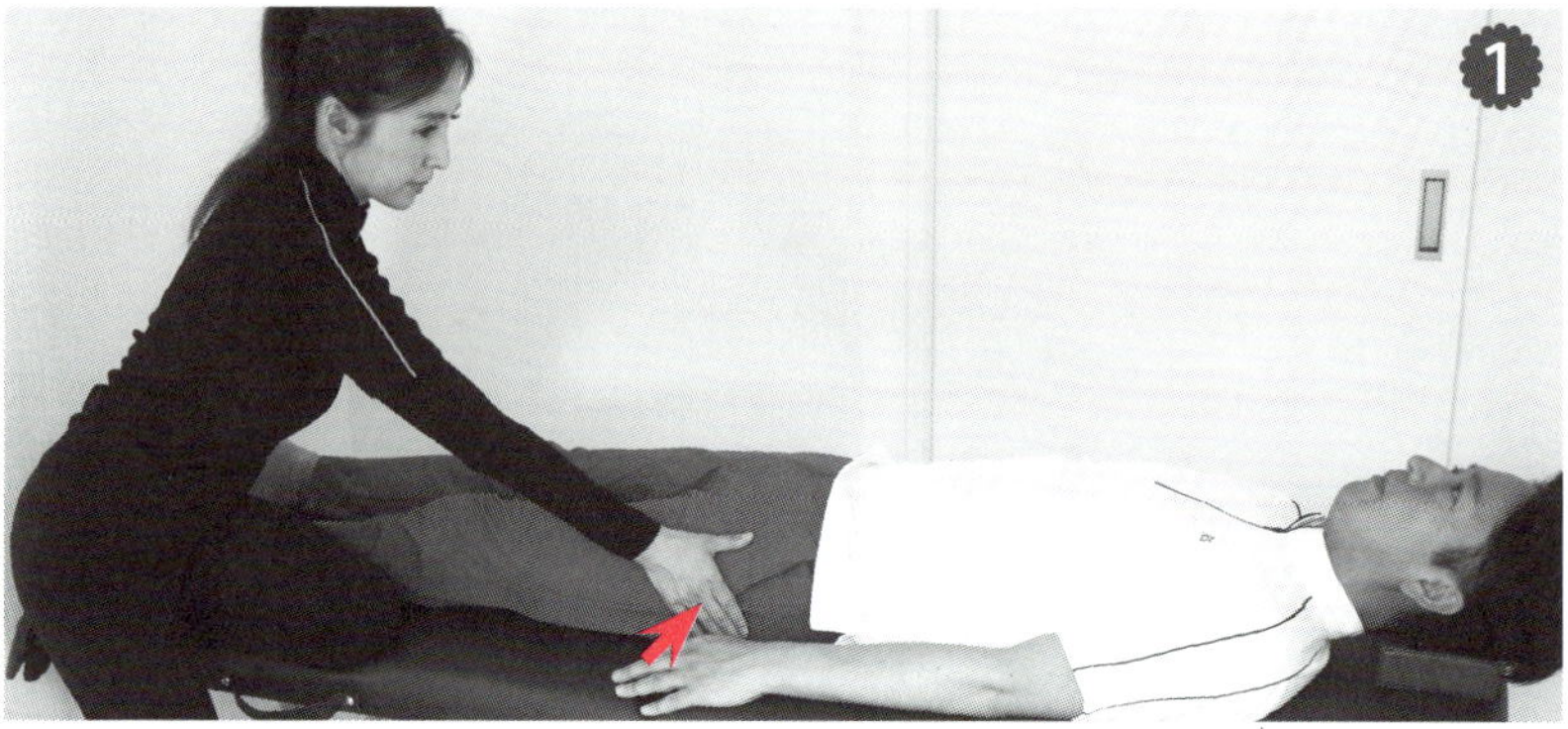

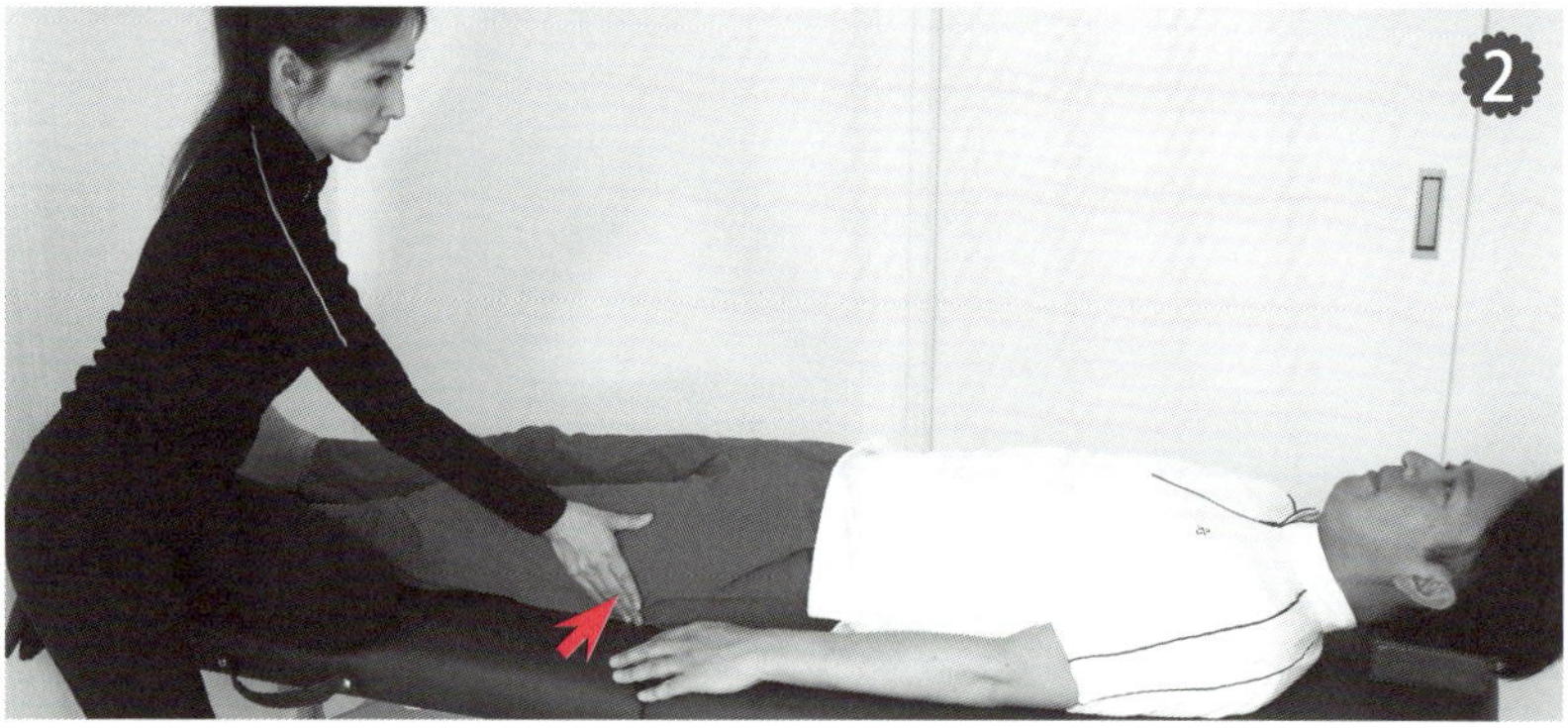

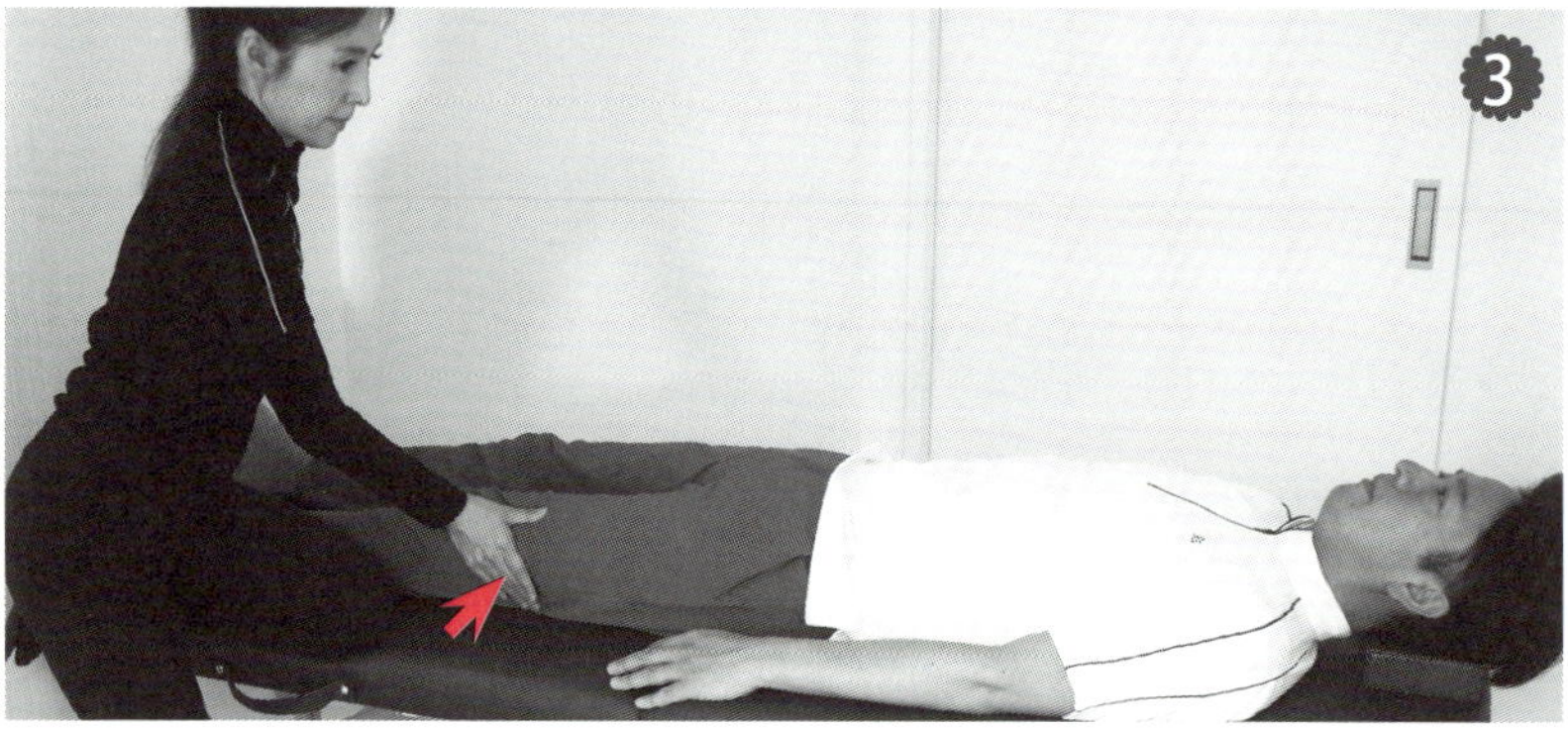

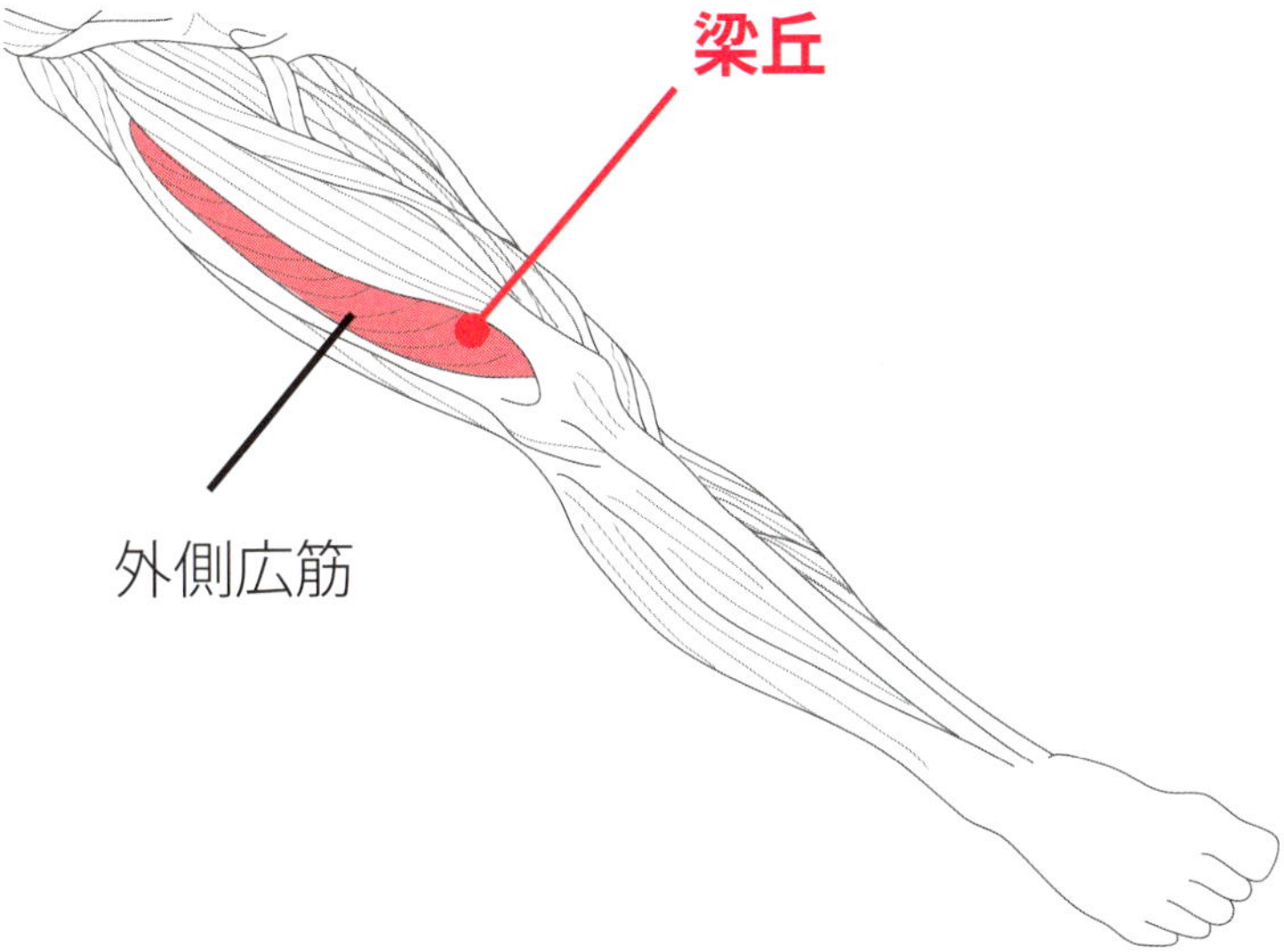
梁丘
外側広筋

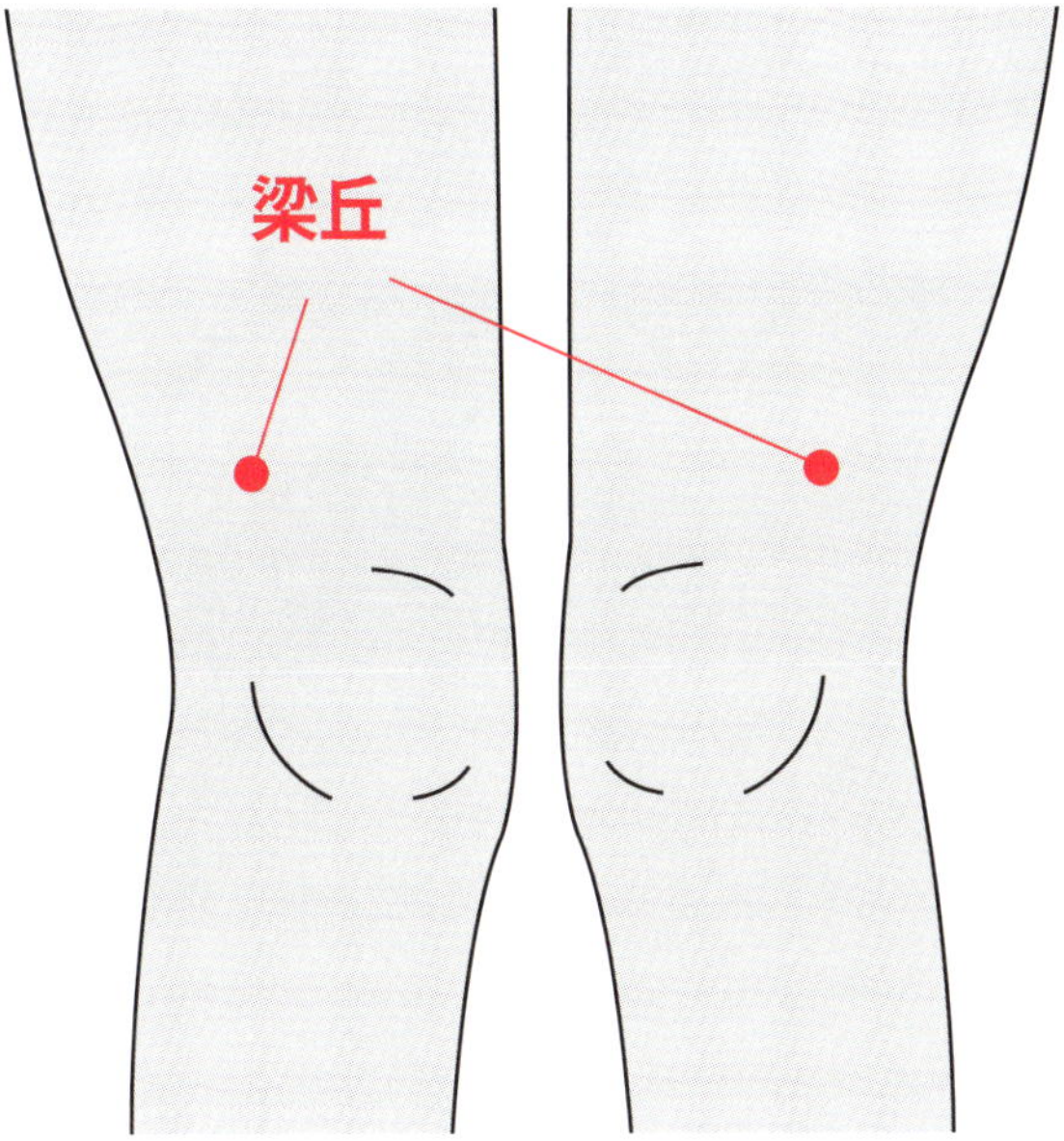
梁丘

緊張が出やすい前脛骨筋を中心に、５往復ほどマッサージします。
膝関節が過伸展しないよう、上から押し付けないよう注意しながら行います。
最後に、脛骨から下３センチくらいの“足三里”というツボに圧迫をかけます。

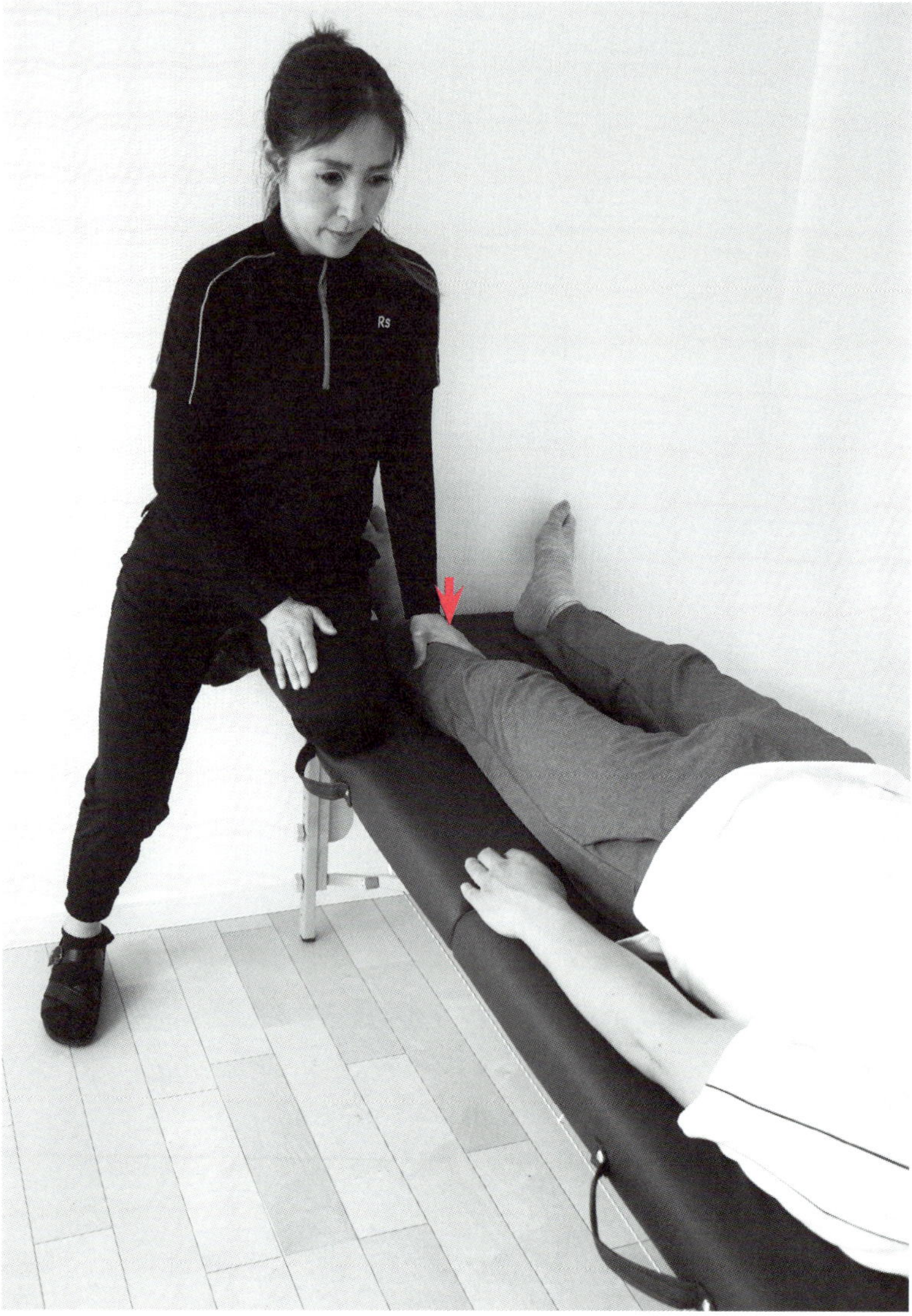

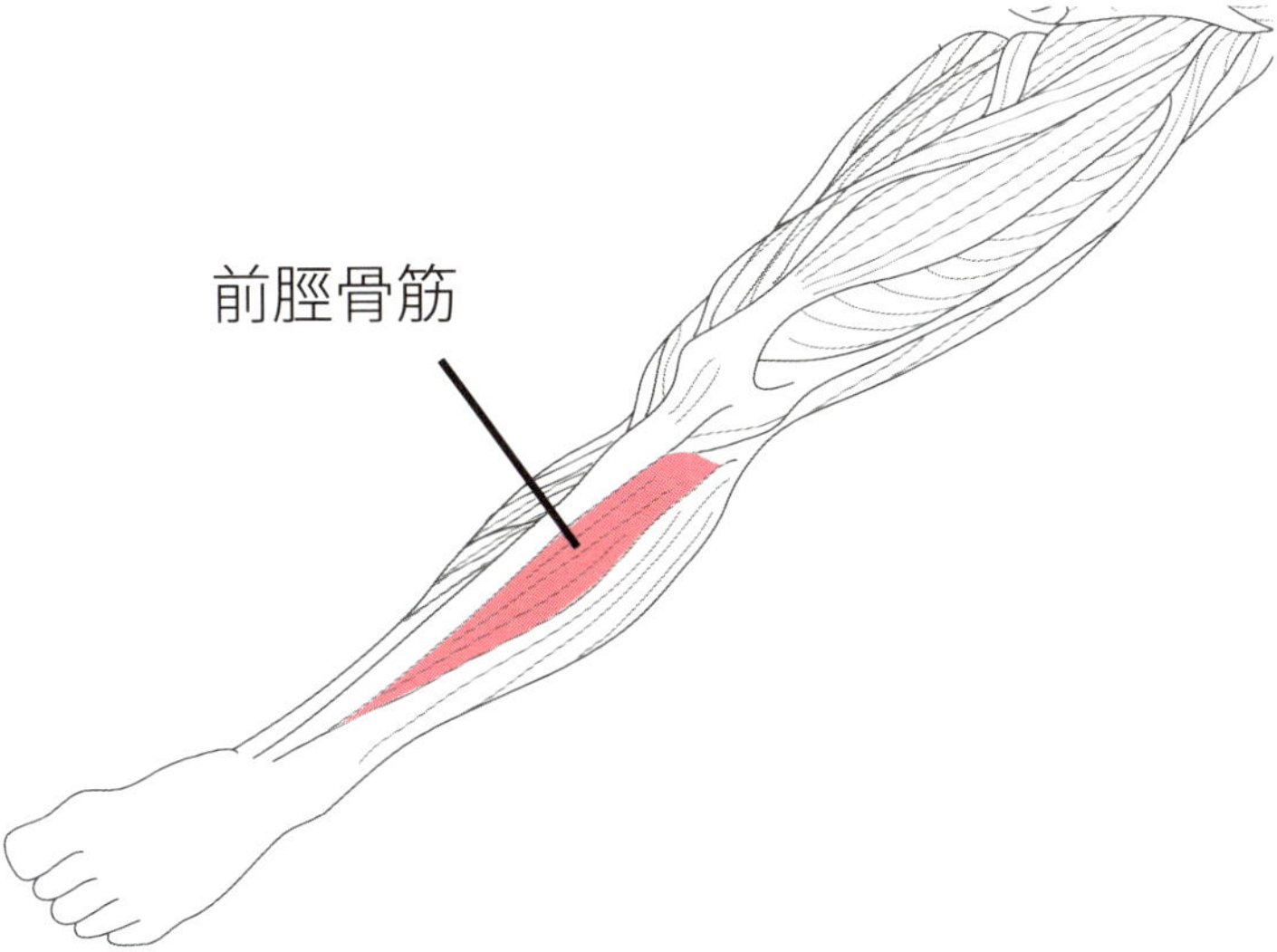
前脛骨筋

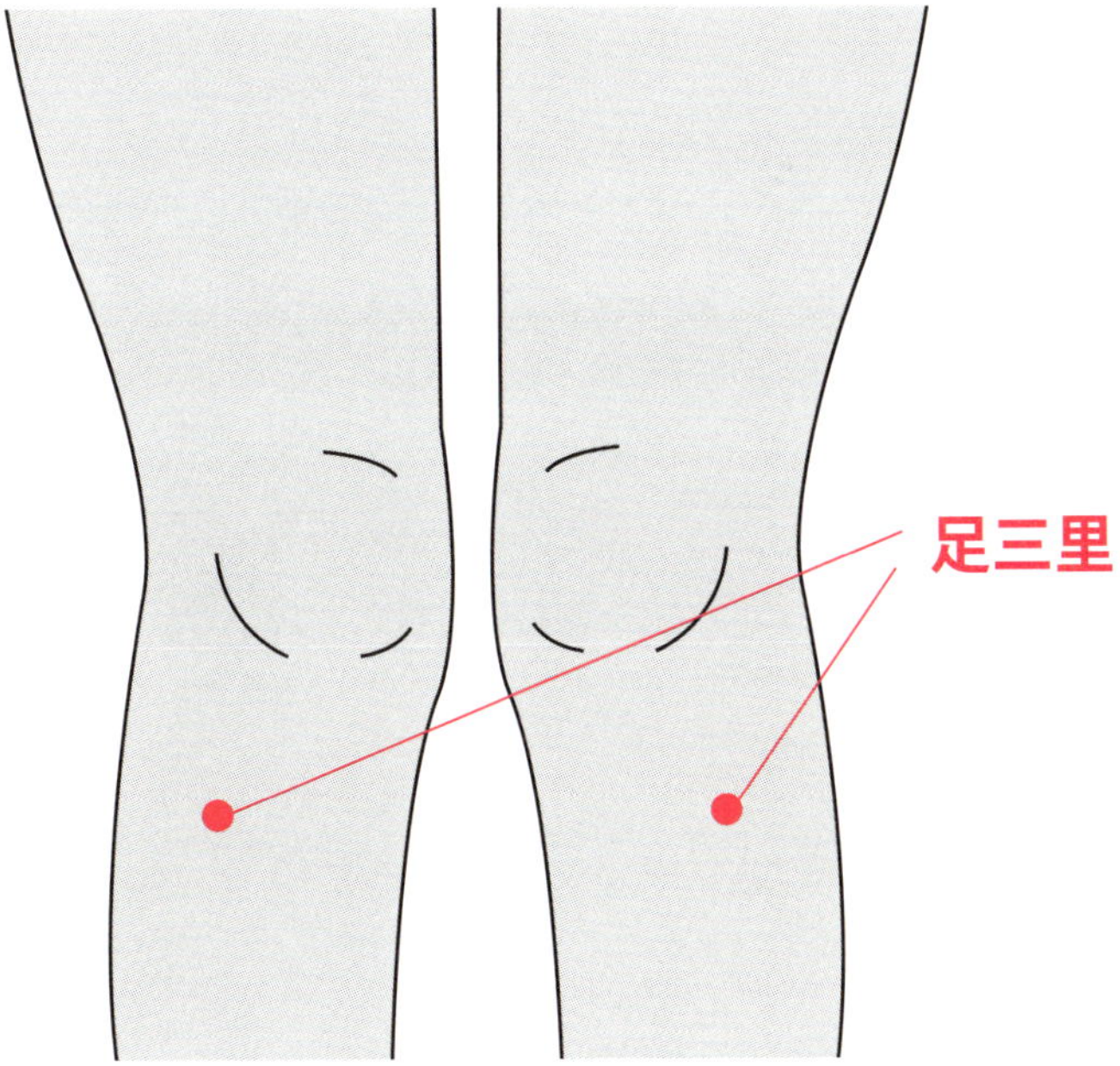
足三里

自分の膝の上にクライエントの足を乗せ、大腿部の内側を、大腿骨に向け真直ぐ押し込むようにマッサージを行います。

５往復ほど行います。次に下からめくりあげるようなイメージで５往復ほど行います。

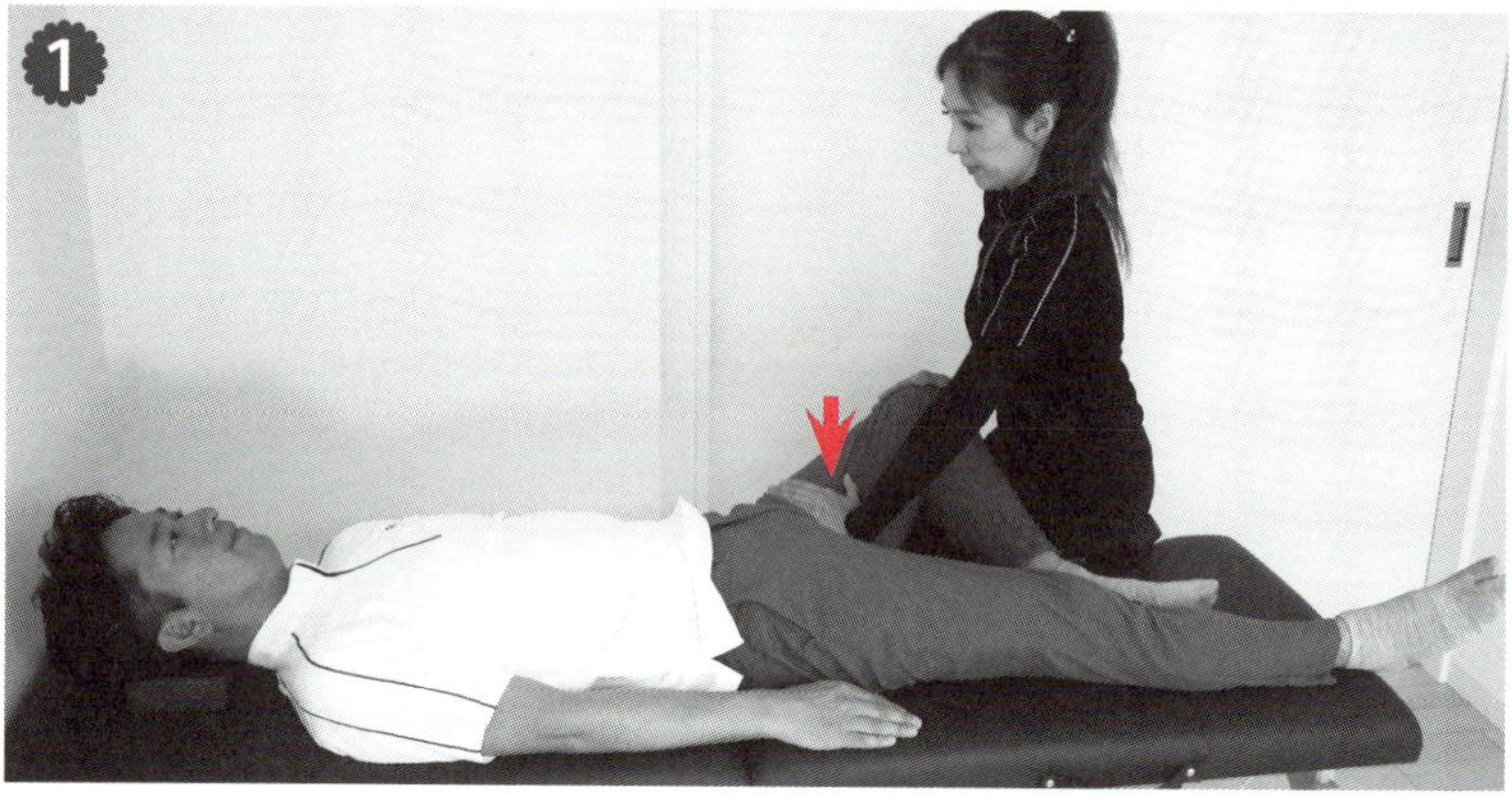

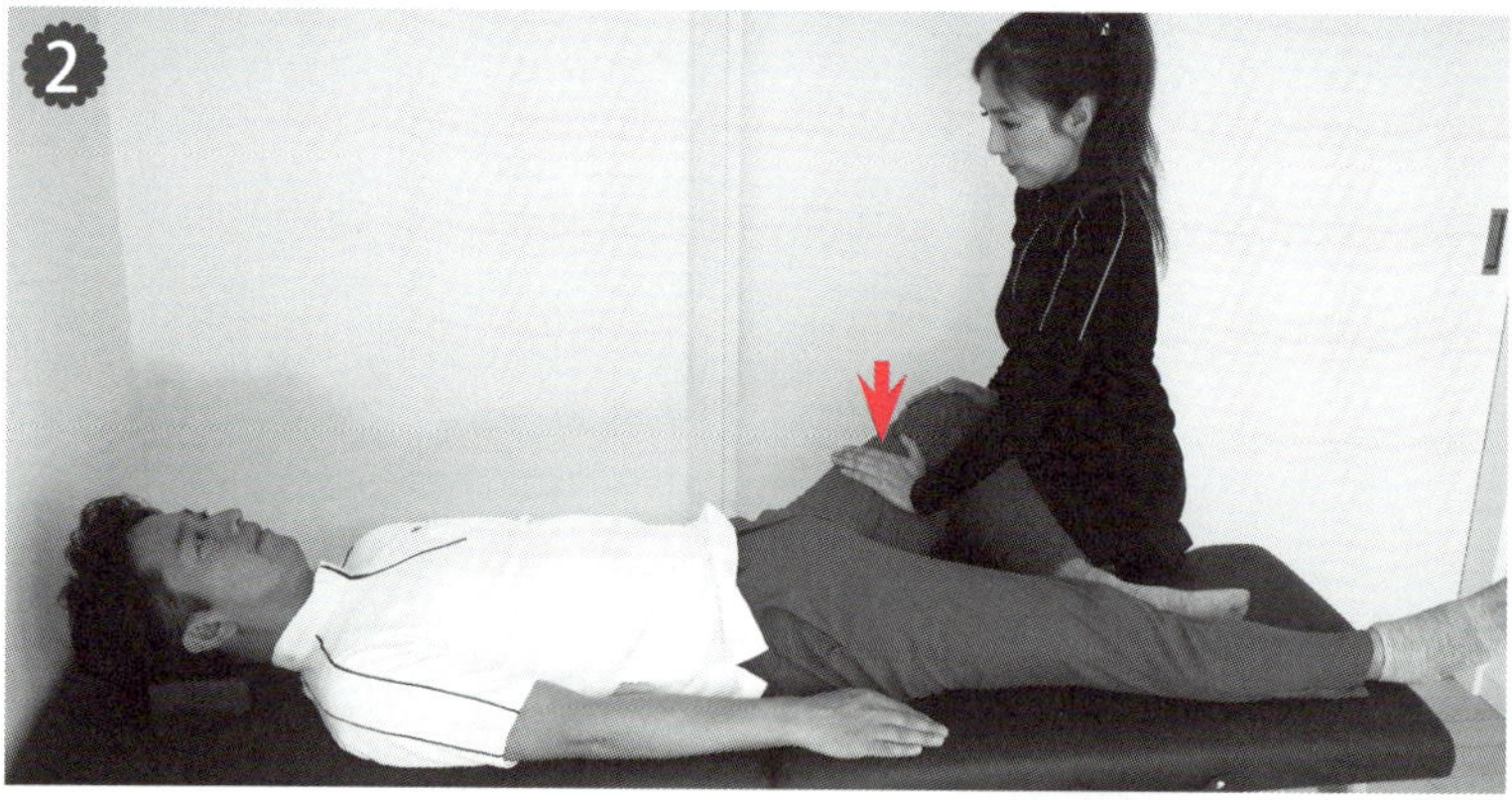

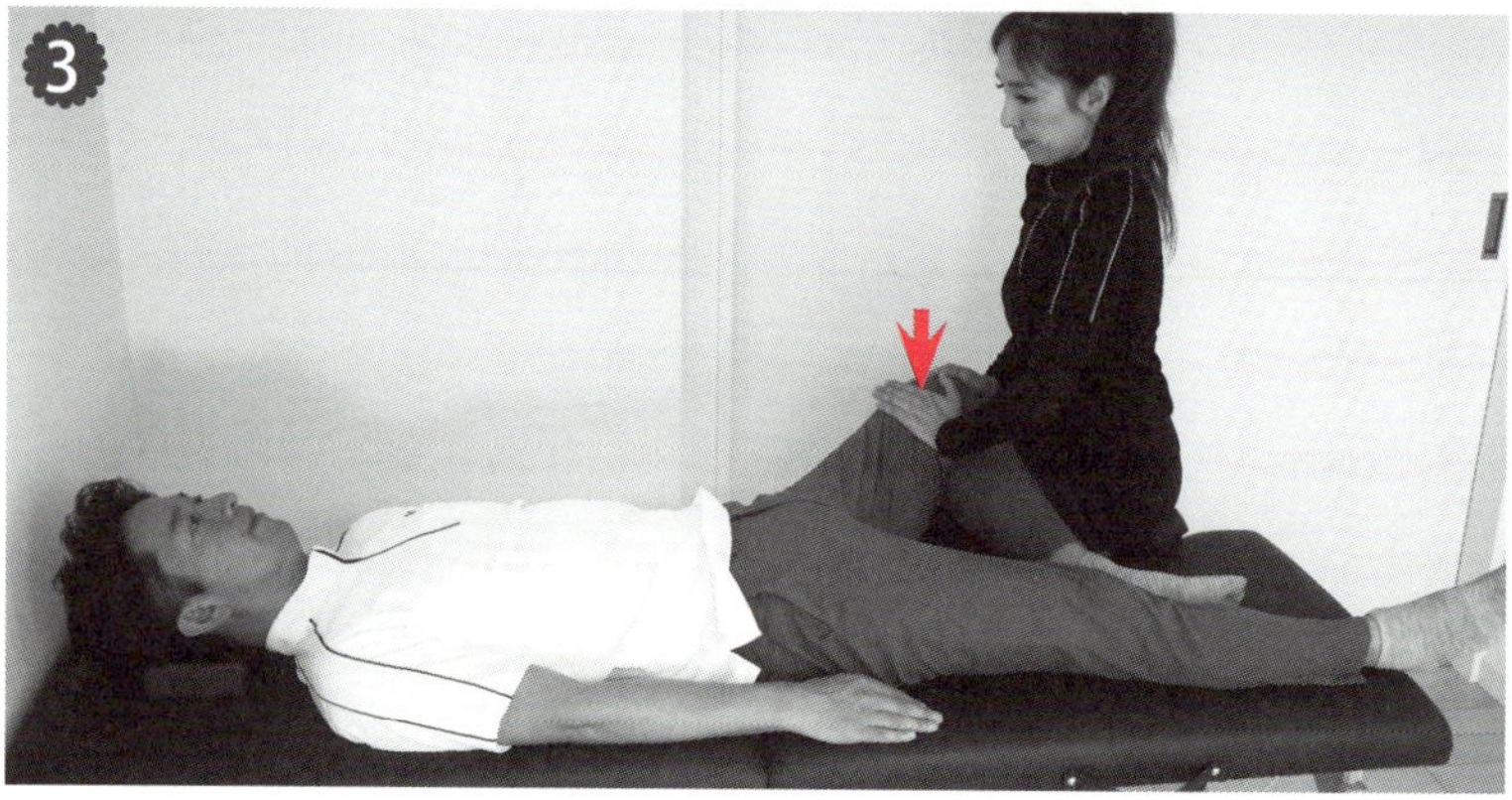

下からめくり上げるように

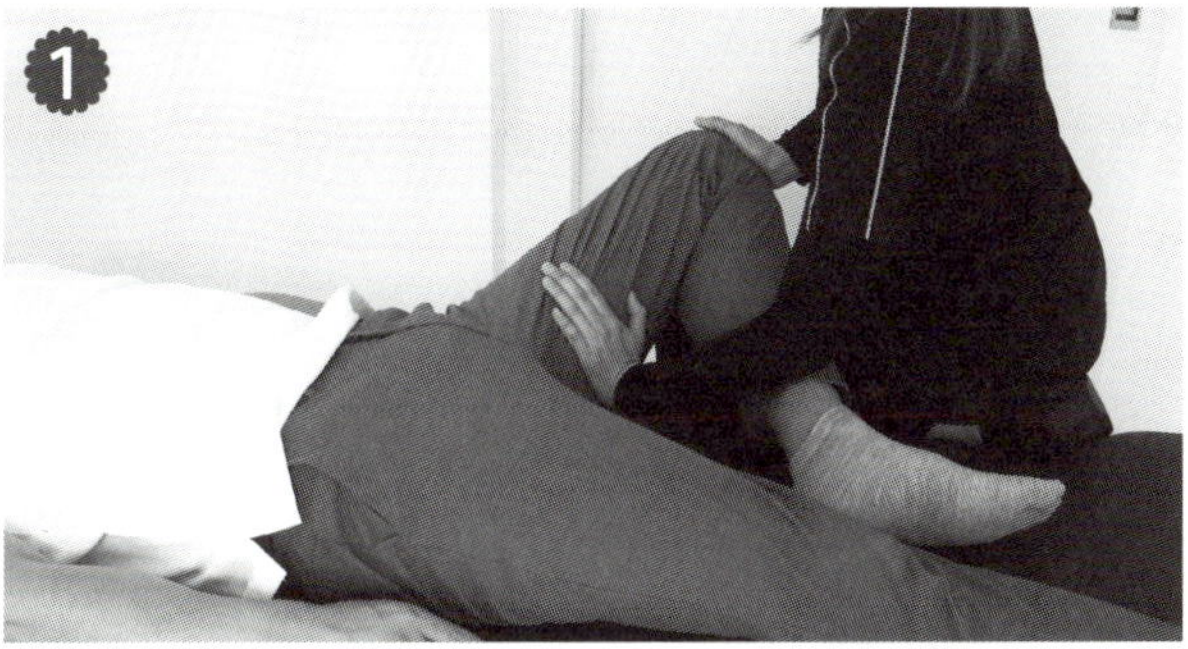

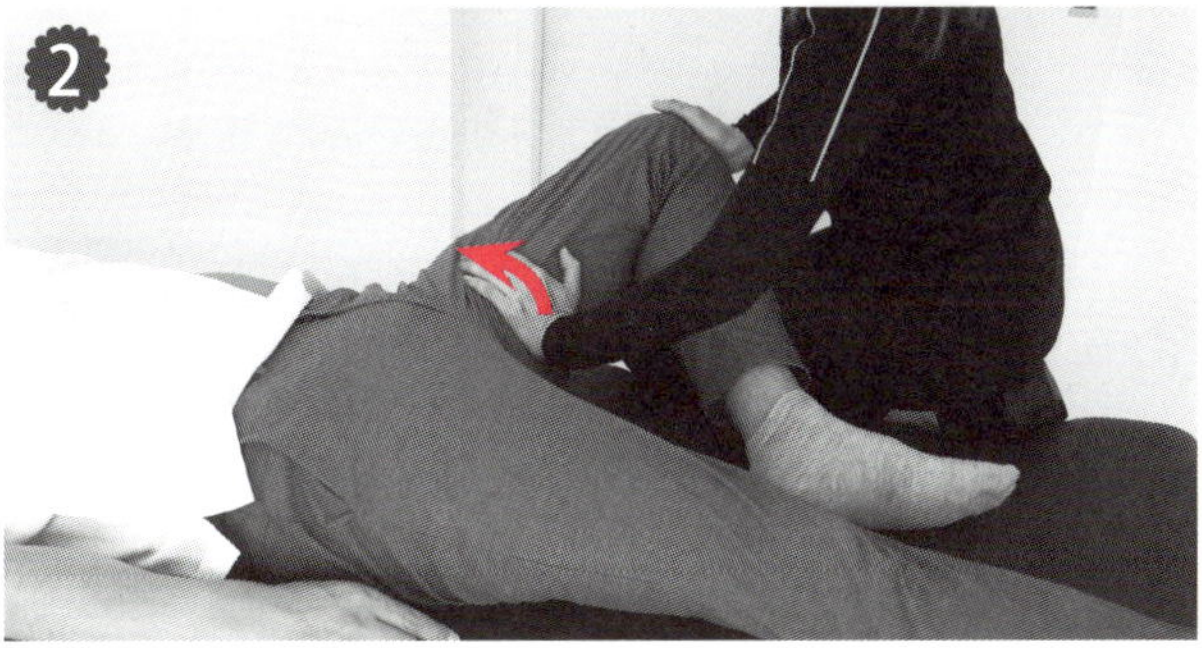

内転筋群は廃用のため痛みが出やすい筋肉なので、母指よりも手掌全体でゆっくりと、手だけでなく体幹全体で押すようなイメージで行います。
大腿内側に加え、大腿後面の屈筋群もほぐすイメージで行います。

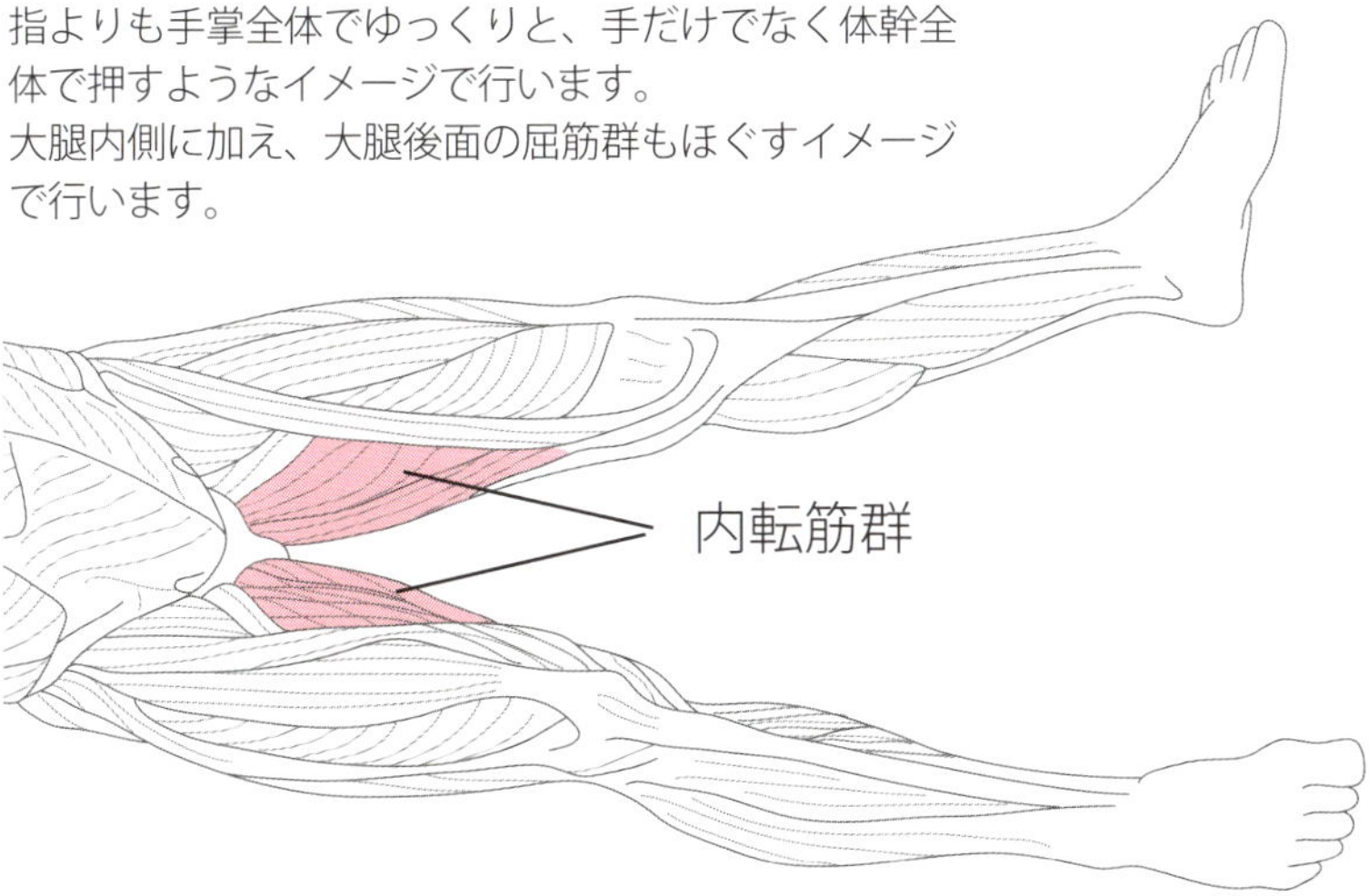

手掌全体を使って圧迫するように、スポンジをしぼるようなイメージでふくらはぎをマッサージします。

膝関節症の方はむくみや静脈瘤を併発する場合が多いため、時間をかけて丁寧に行います。

⑤ 下腿部・後側（ふくらはぎ）

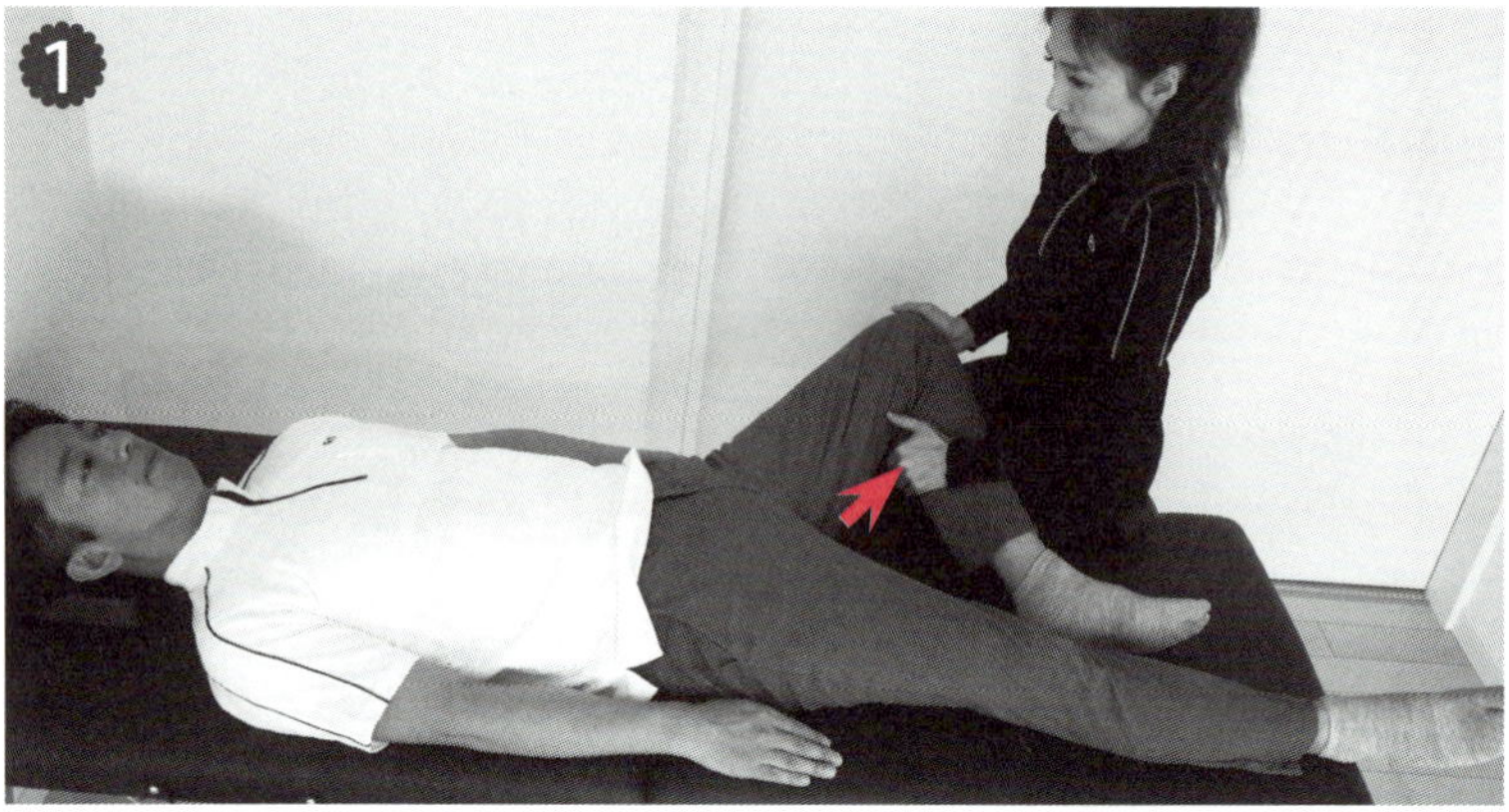

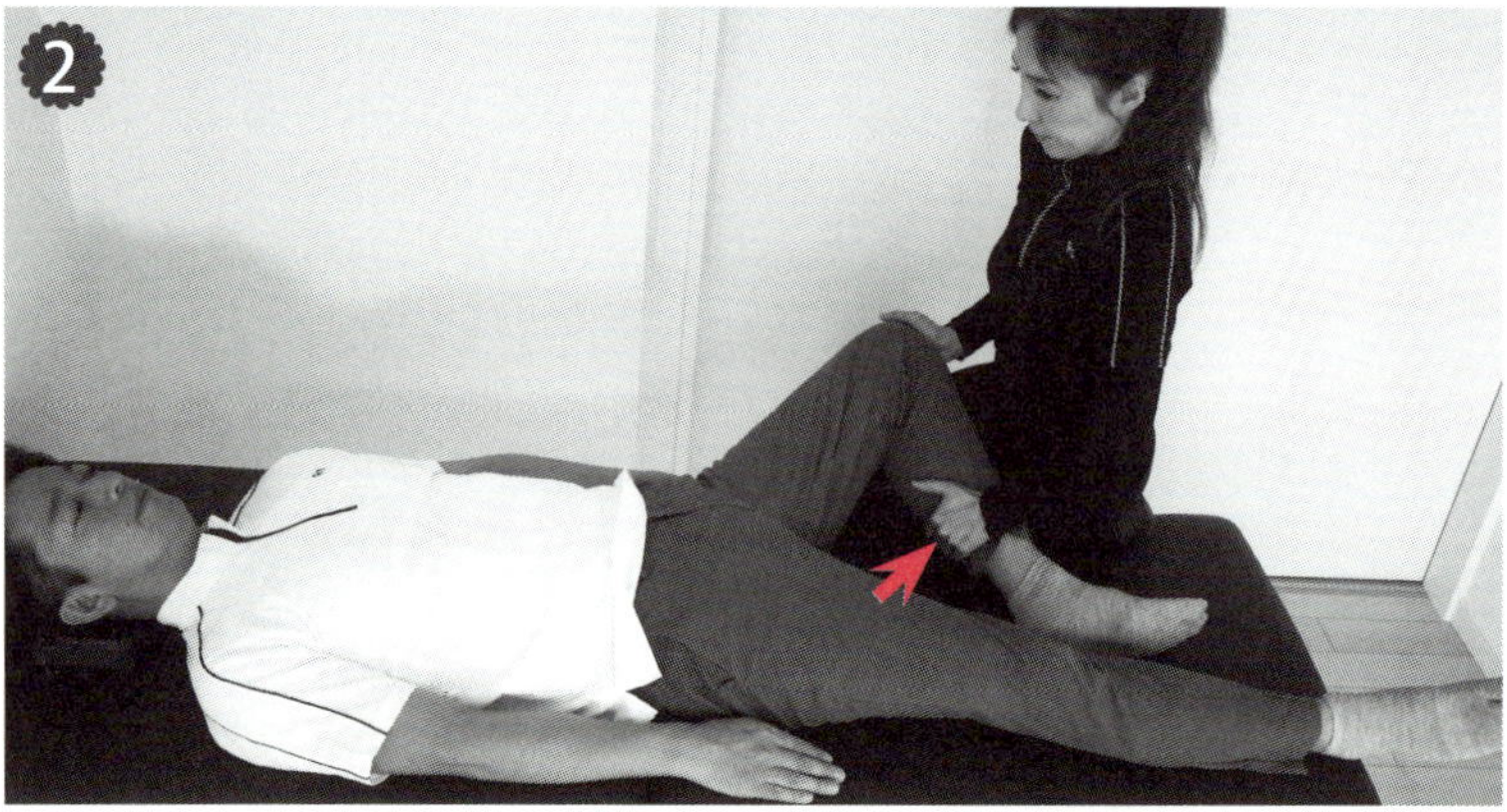

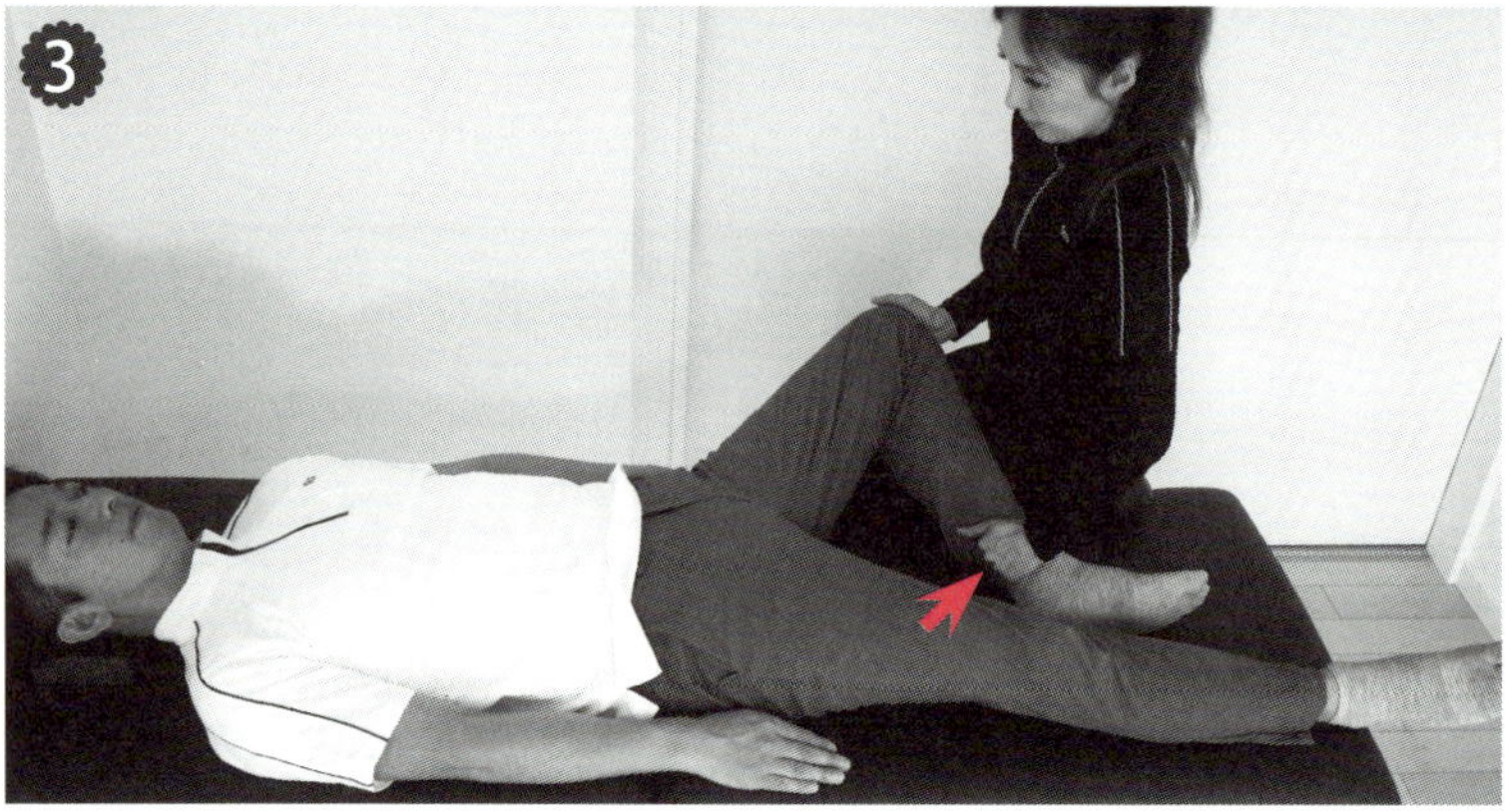

５往復ほど行ったら、最後に、腓腹筋の筋腹の最も太いところの真ん中にあるツボ“承筋”を圧迫します。
深部のヒラメ筋を圧迫するイメージで行います。

承筋を圧迫

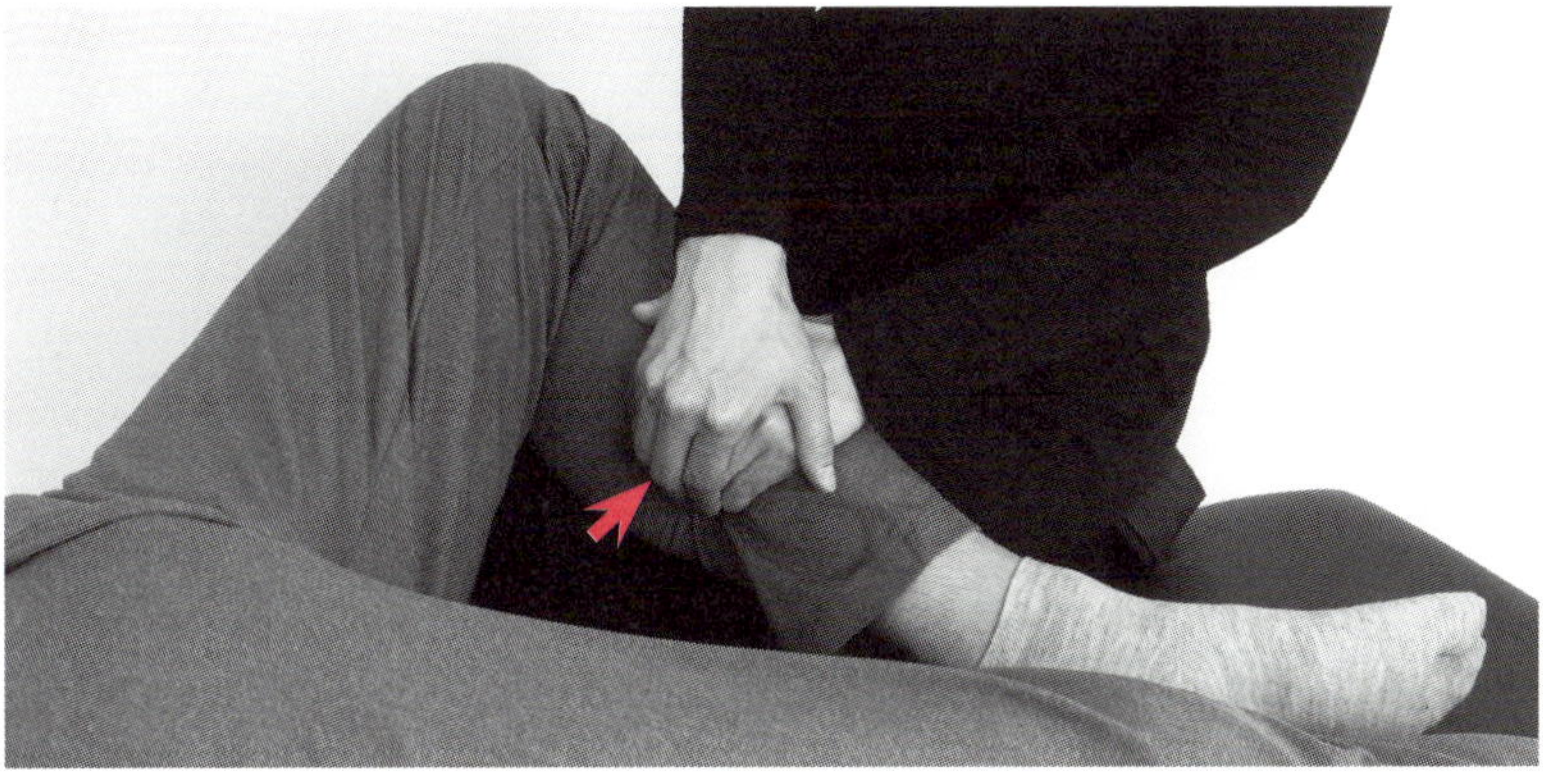

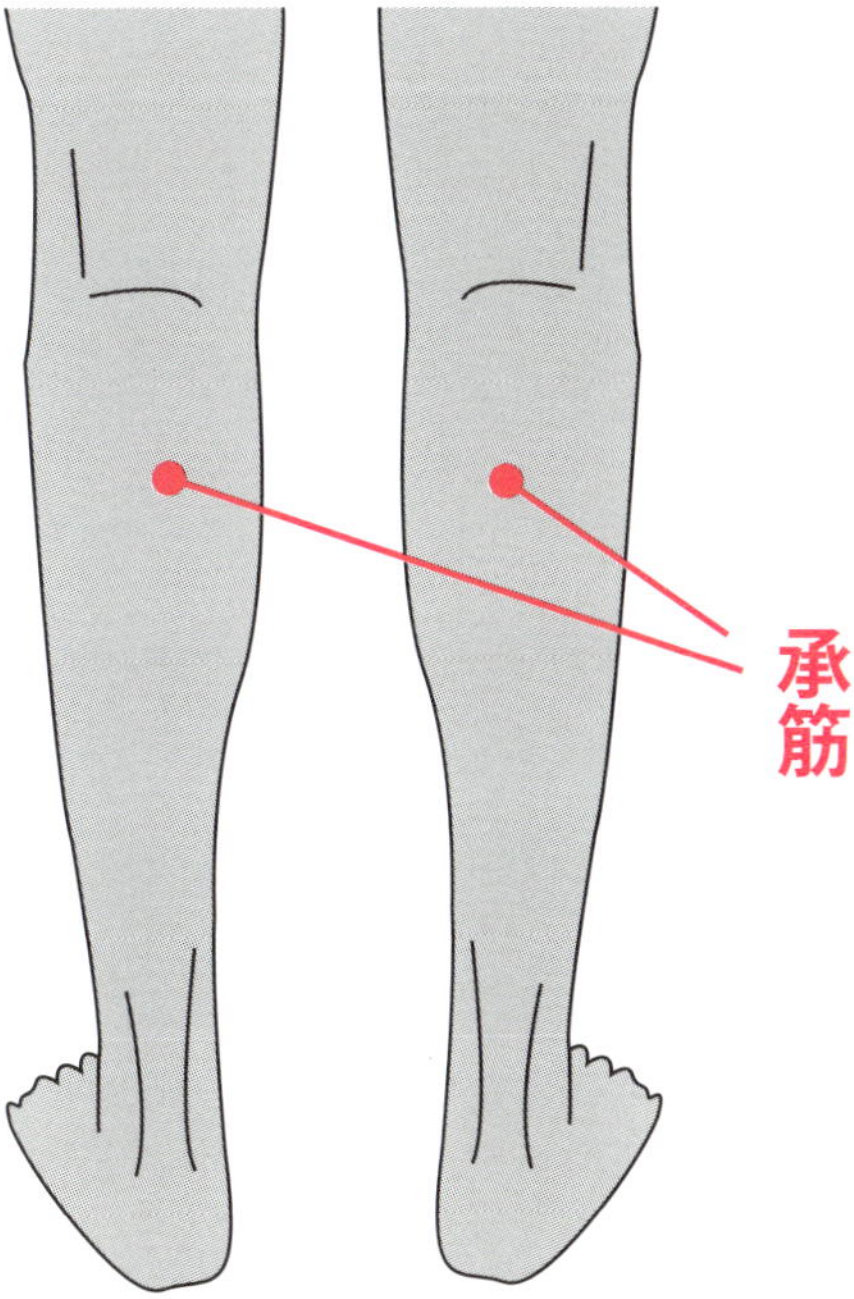

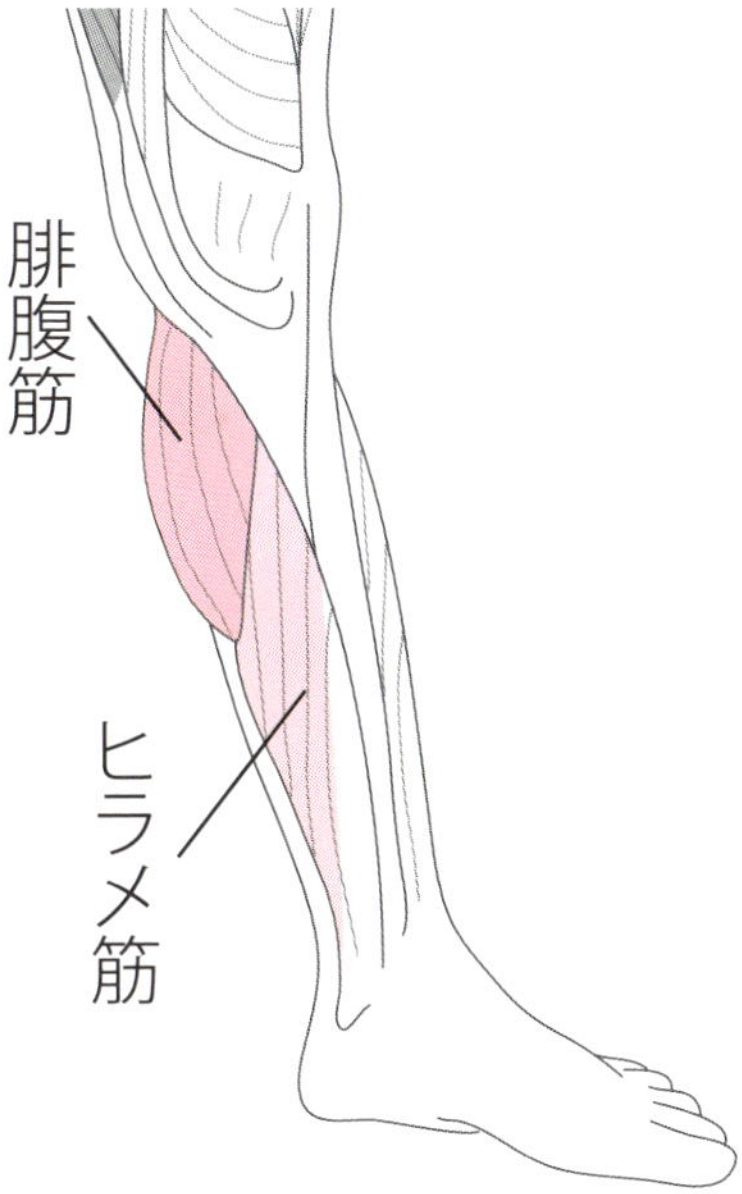

膝痛には、膝前面よりも関節包（膝裏）をほぐす方が痛みの軽減に効果があるので、この部分のマッサージはとくに重要です。

関節包の緊張をほぐすように、中指で上に押し上げるイメージで行います。

両手掌で膝関節全体を包み込みながら、膝裏の委中というツボを中心に関節包マッサージを行います。

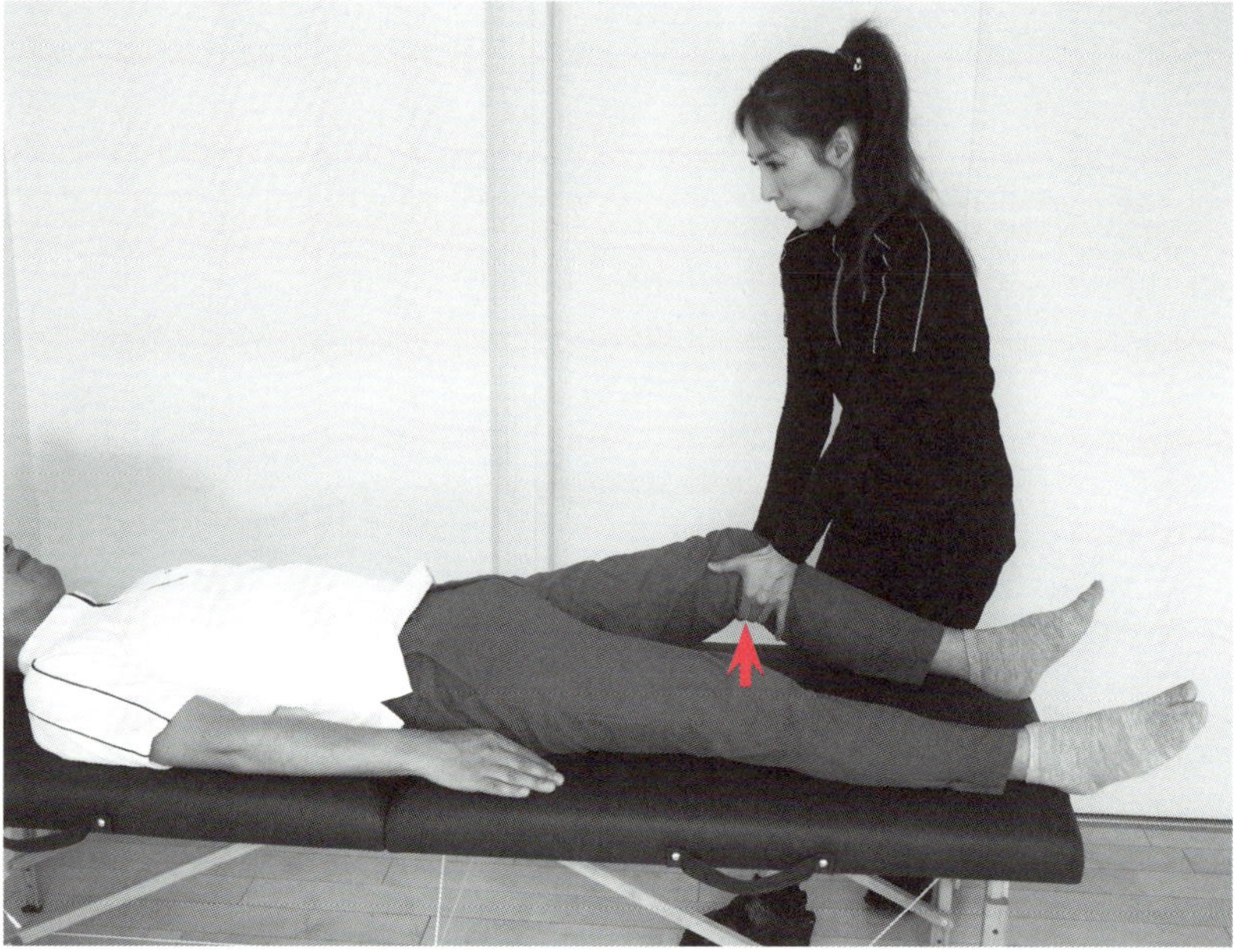

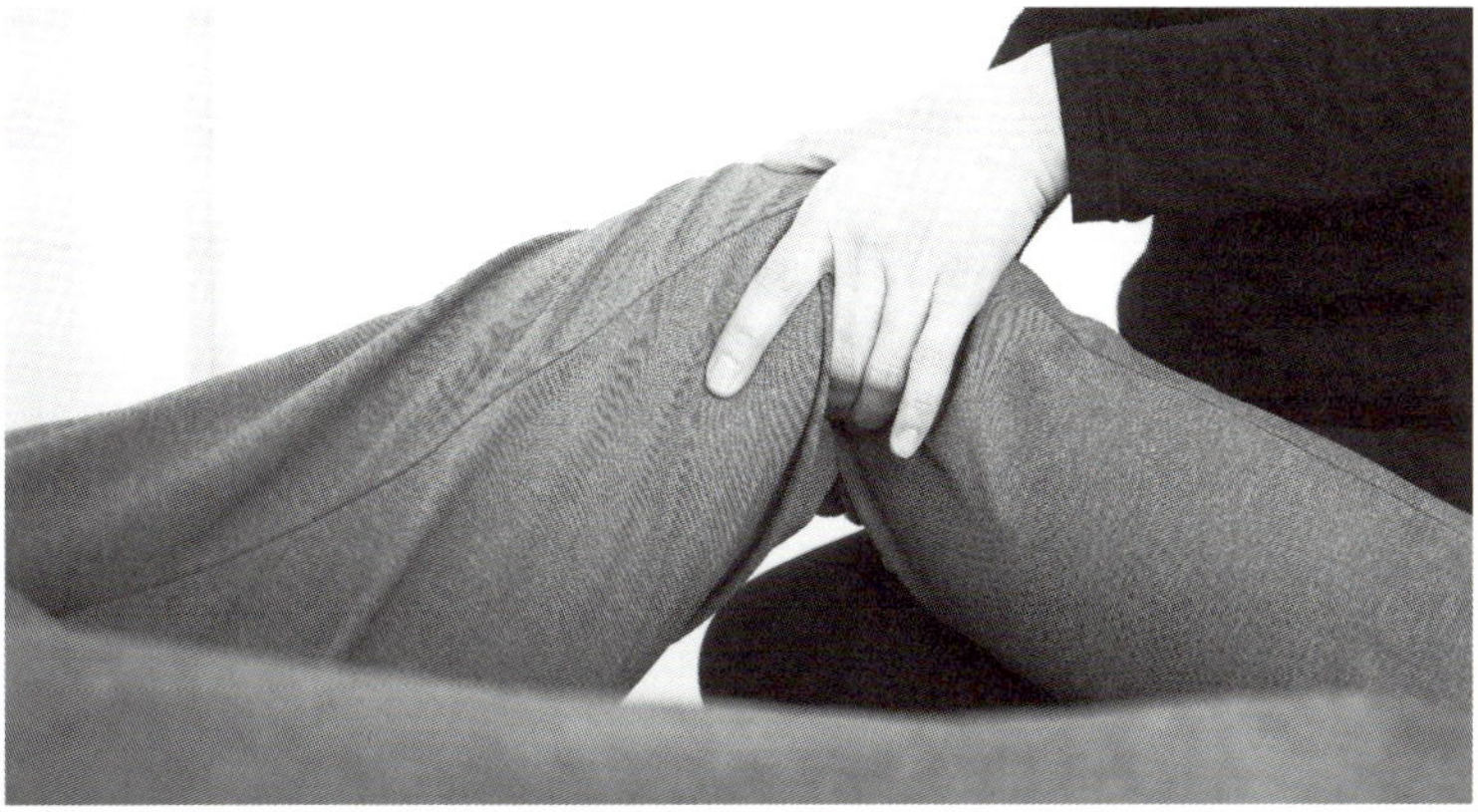

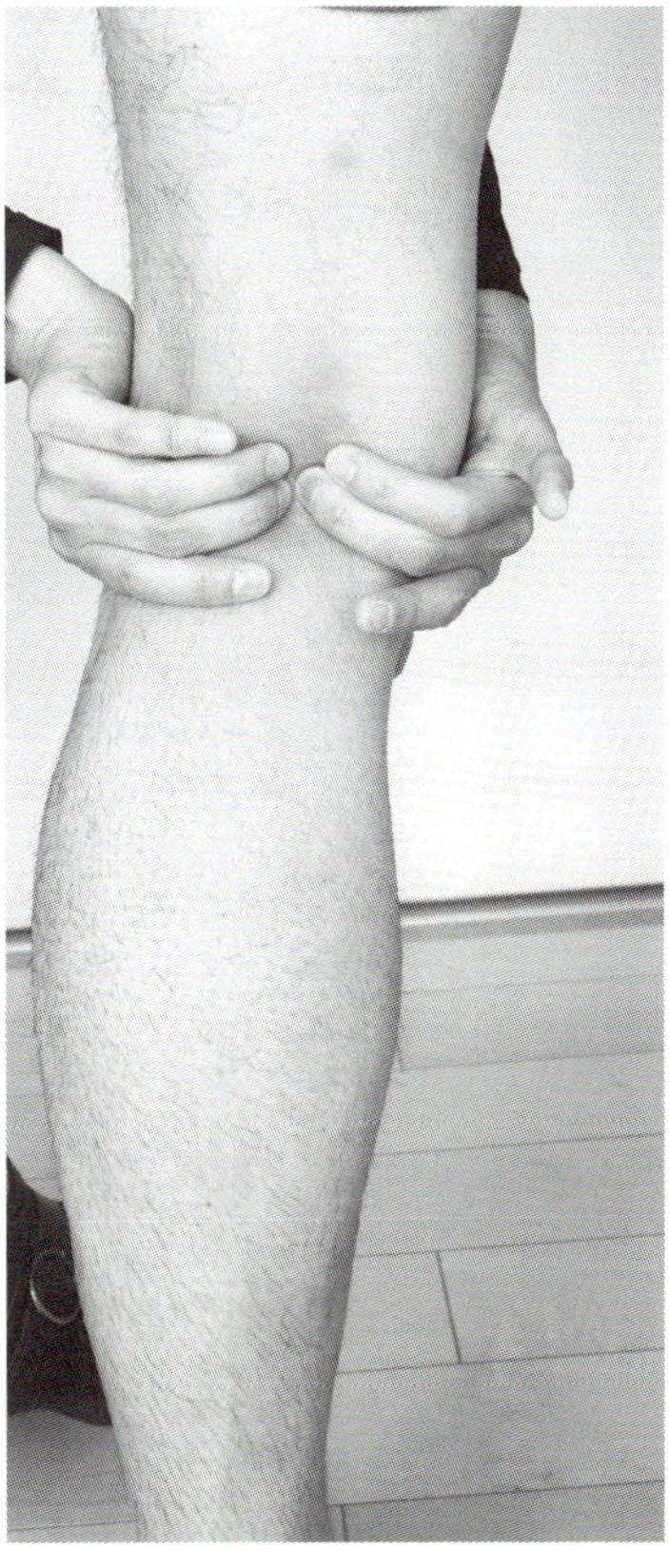

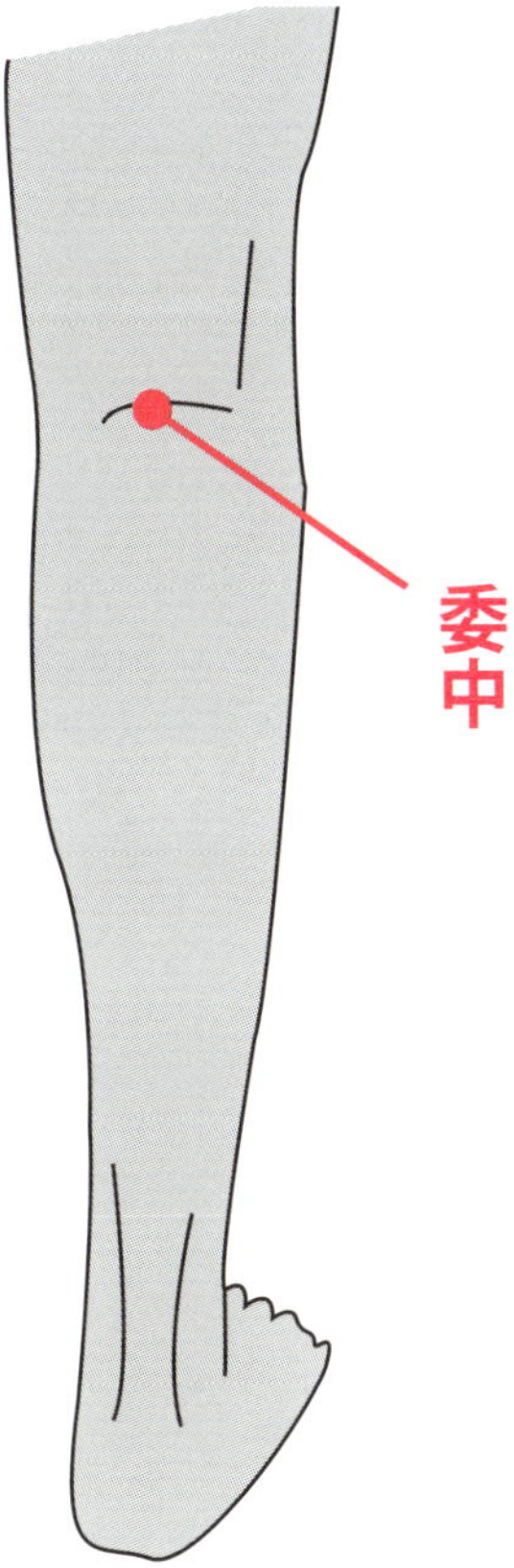
委中

膝痛のある方へマッサージを行う場合の注意点

膝に痛みがある場合、マッサージが痛みを誘発してしまう可能性があります。膝の裏にクッションを置くことによって痛みを軽減できますので、状態のよくない方はそのようにすれば、安全にマッサージを行うことができます。

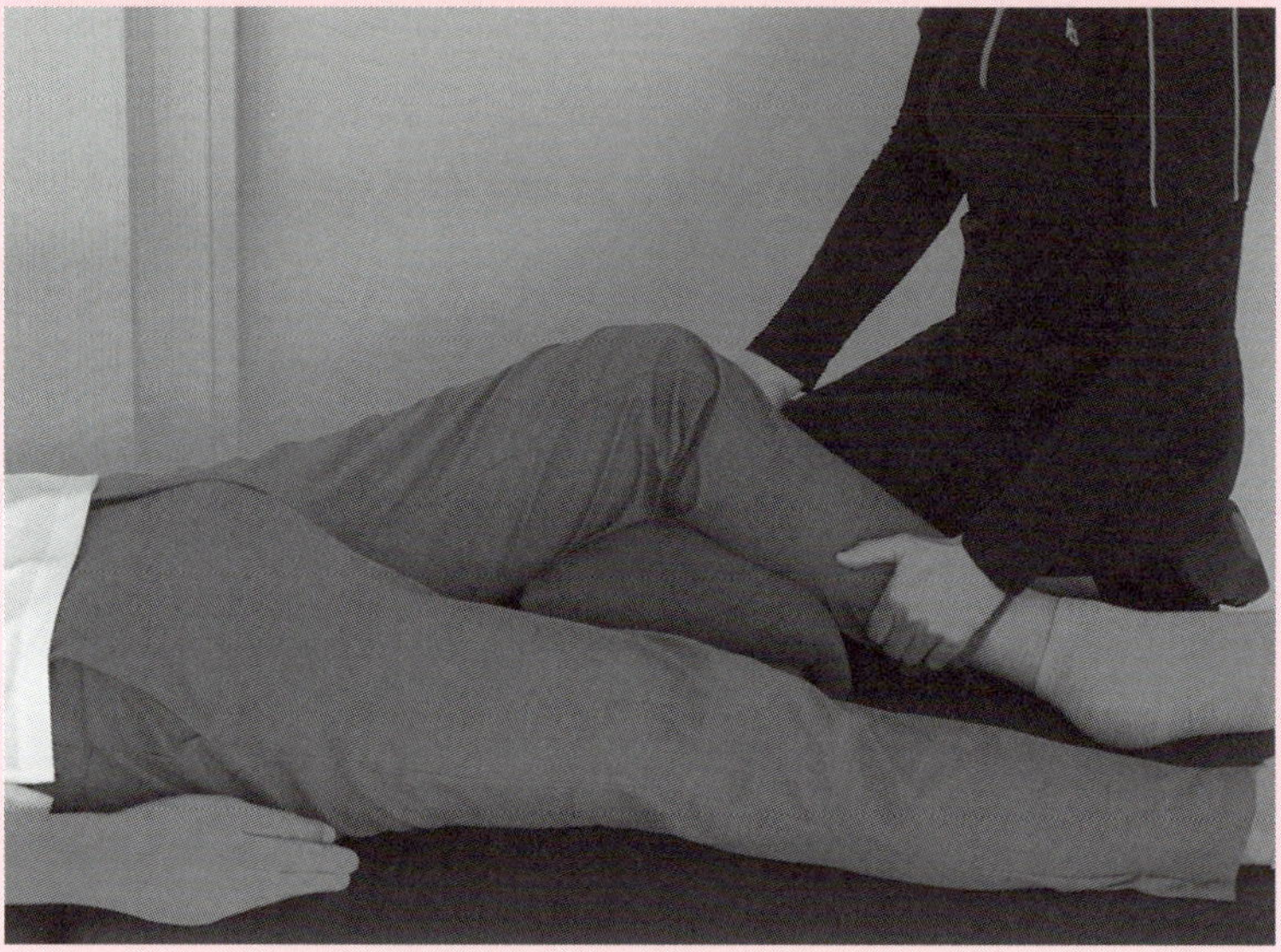

3 エクササイズ

① お尻上げ

膝が痛い方は、長い時間の立位の運動が難しい場合が多いので、体の重みを軽減した仰臥位の状態で行います。

両膝を立て、お尻と腿裏に力を入れて、お尻の上げ下げを10回ほど行います。

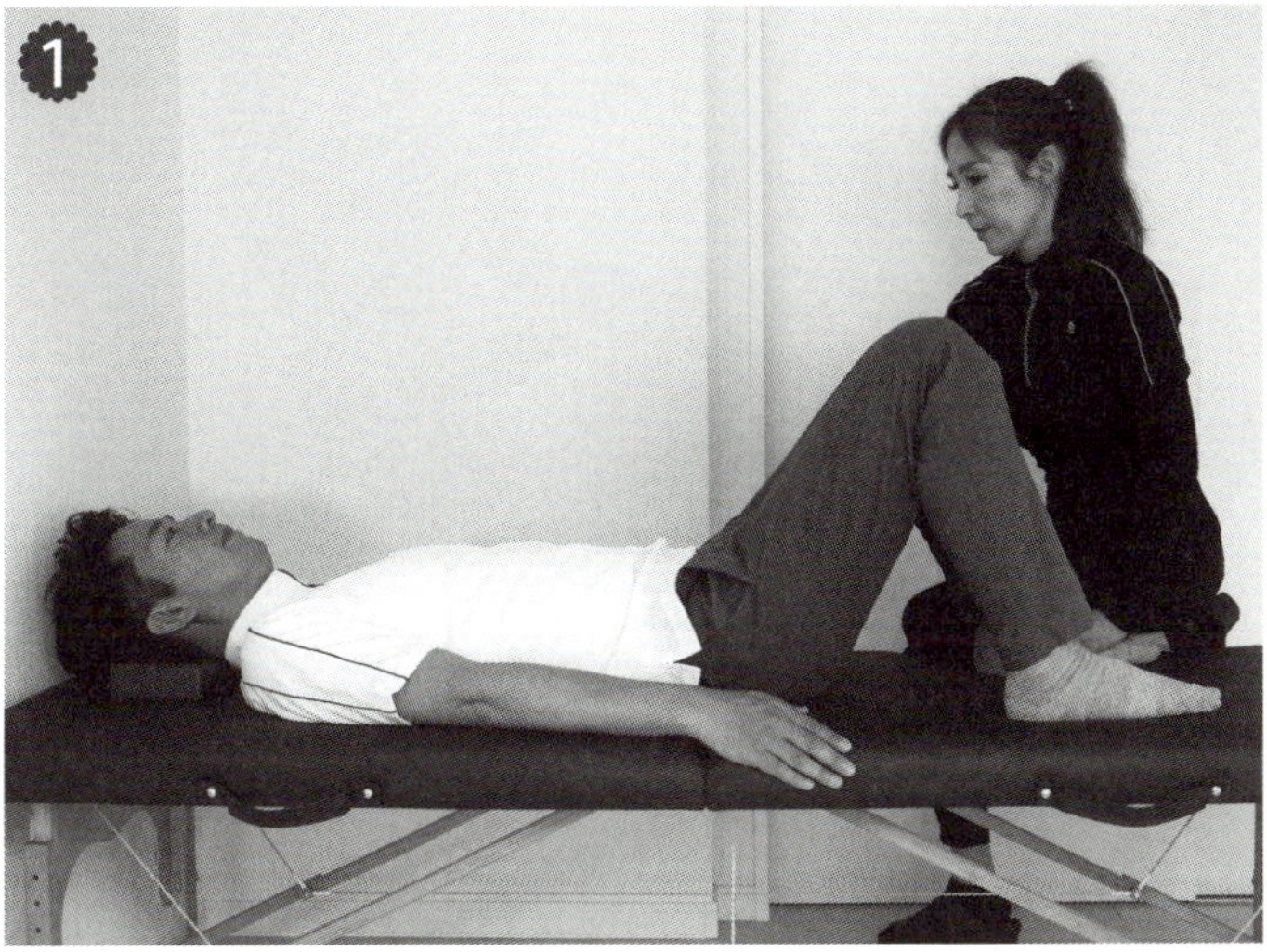

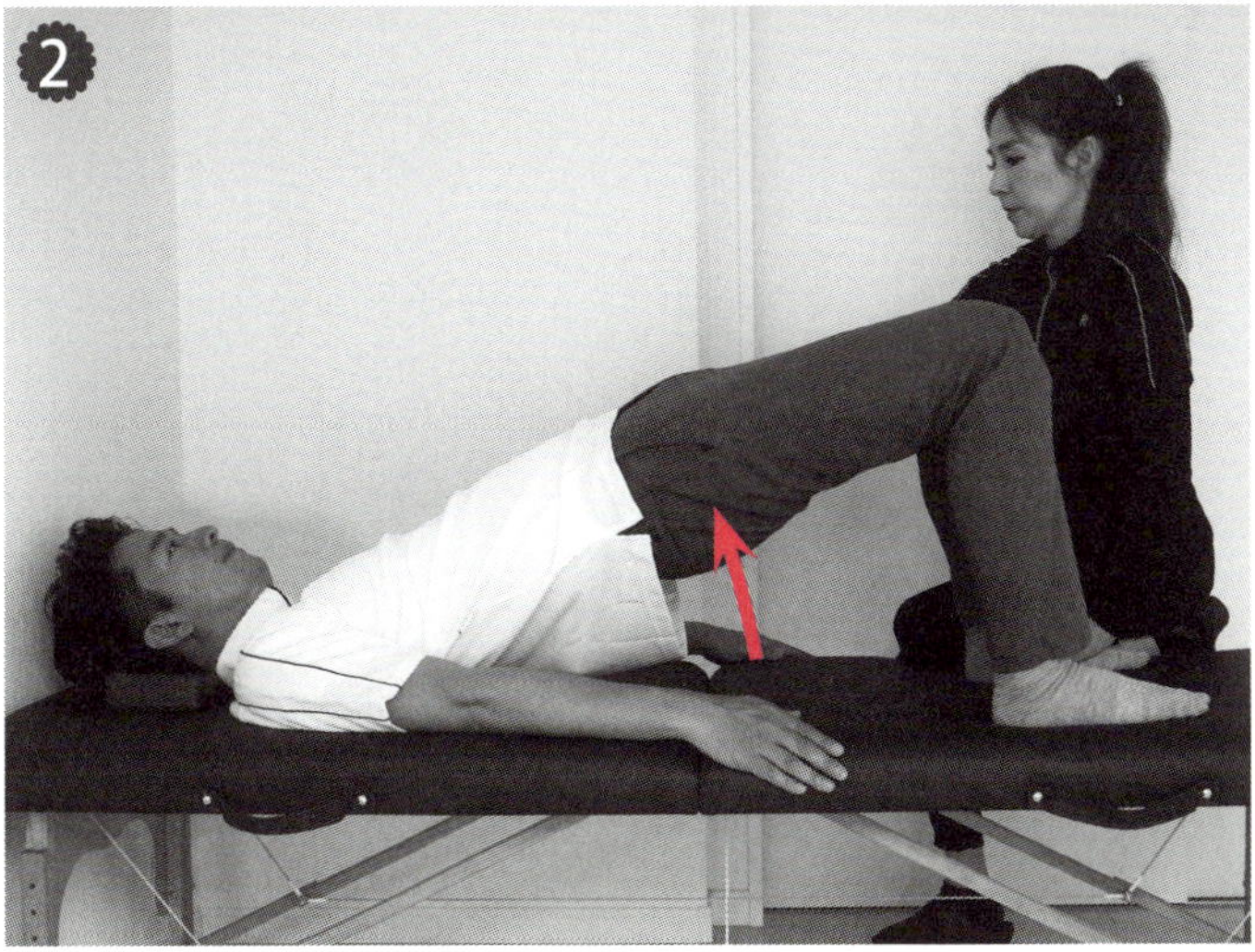

膝が痛い方は、どうしても活動性が低下してしまいますが、痛いからといって動かさないと、逆に膝を守っている筋肉を落としてしまい、余計に痛みが出ることになります。痛くない範囲で動かしていくということが非常に重要です。これを毎日自主トレも合わせて行うことで、筋力の低下が抑えられ、結果として活動性が保たれます。

両膝を開いたり閉じたりする運動を 10 回行います。

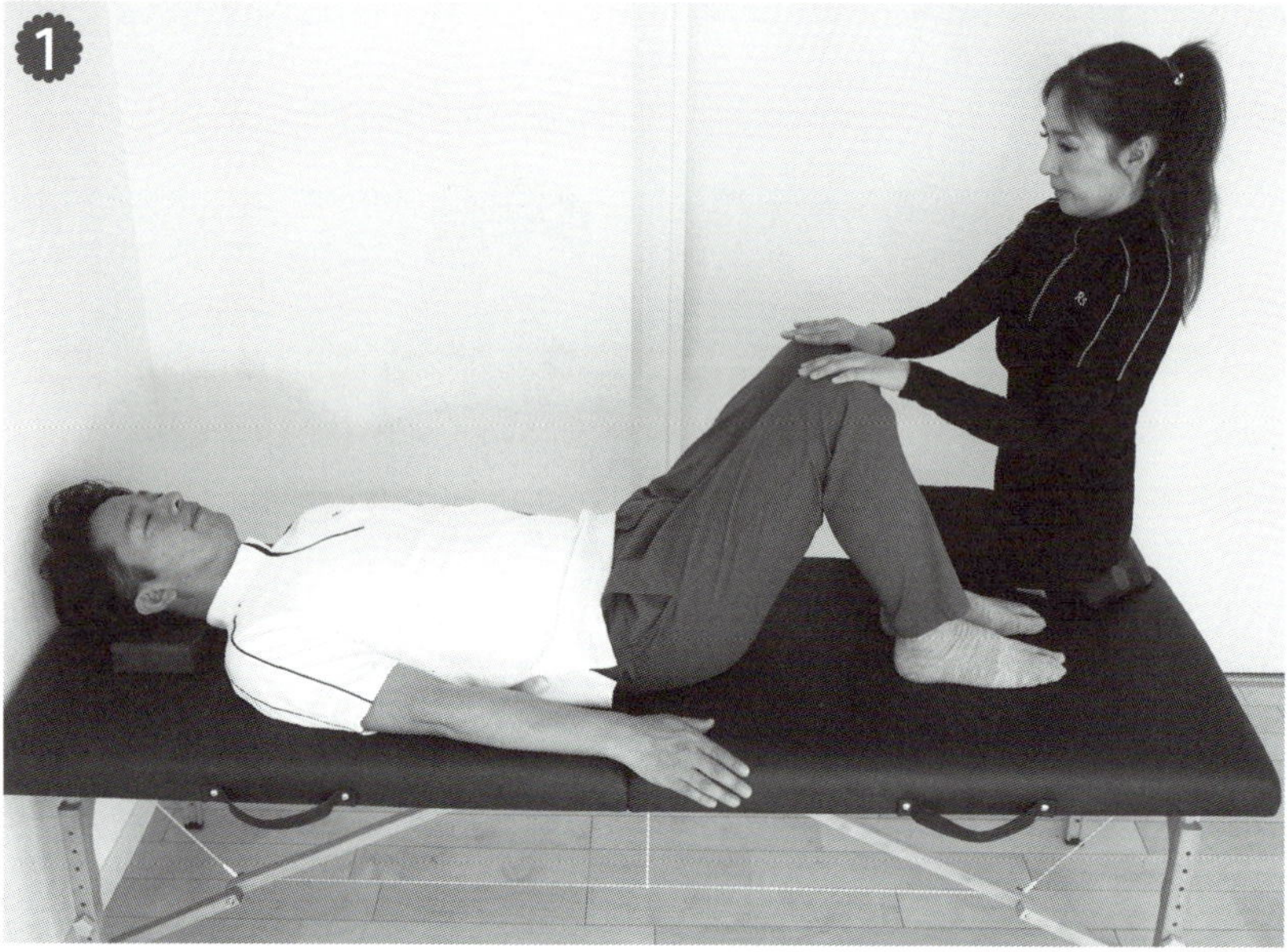

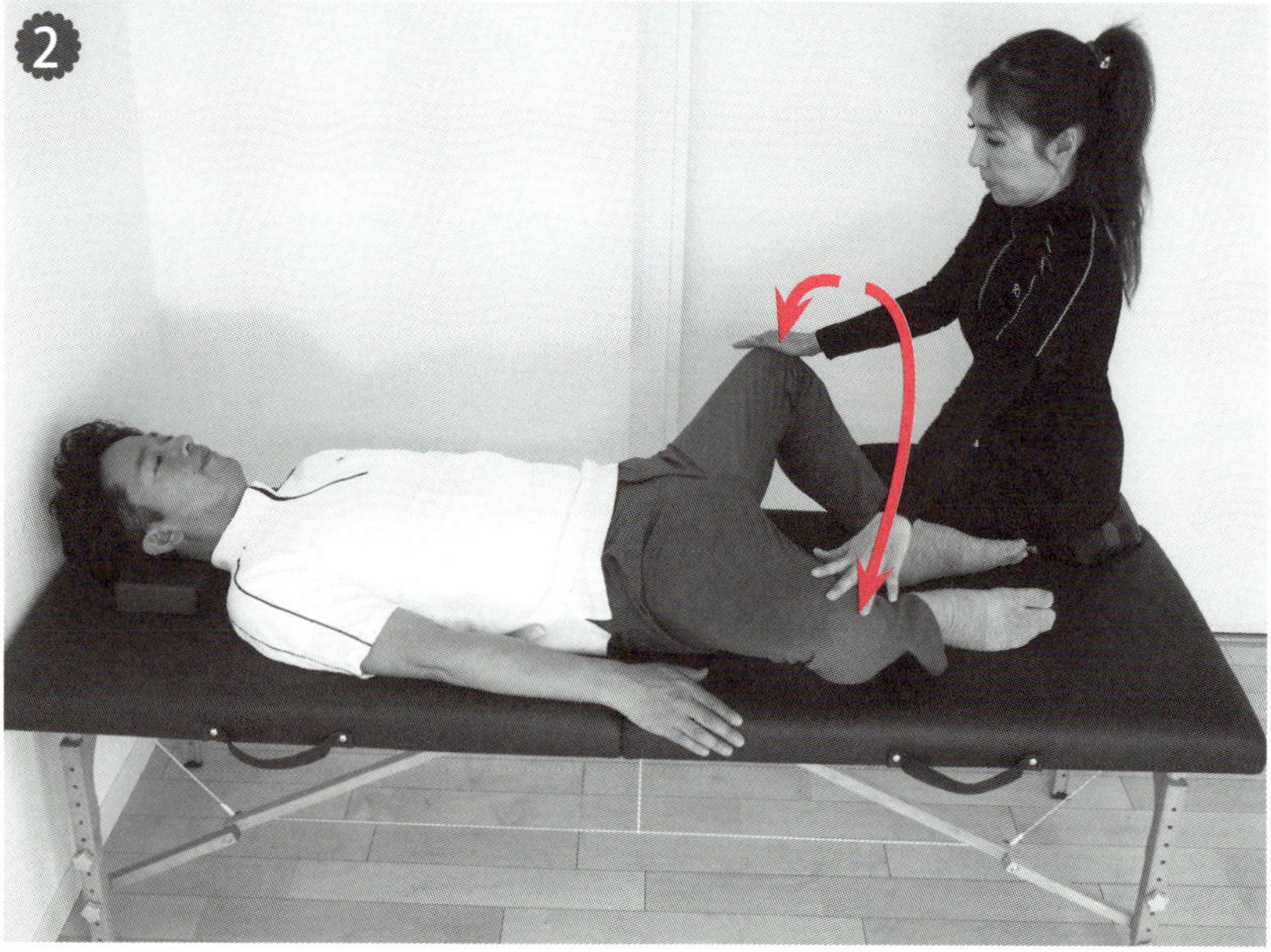

② 両足開き

③ 両足引き上げ

両膝をお腹の方へ、お尻が軽く浮くくらいまで上げて下ろします。
10 回行います。

❶
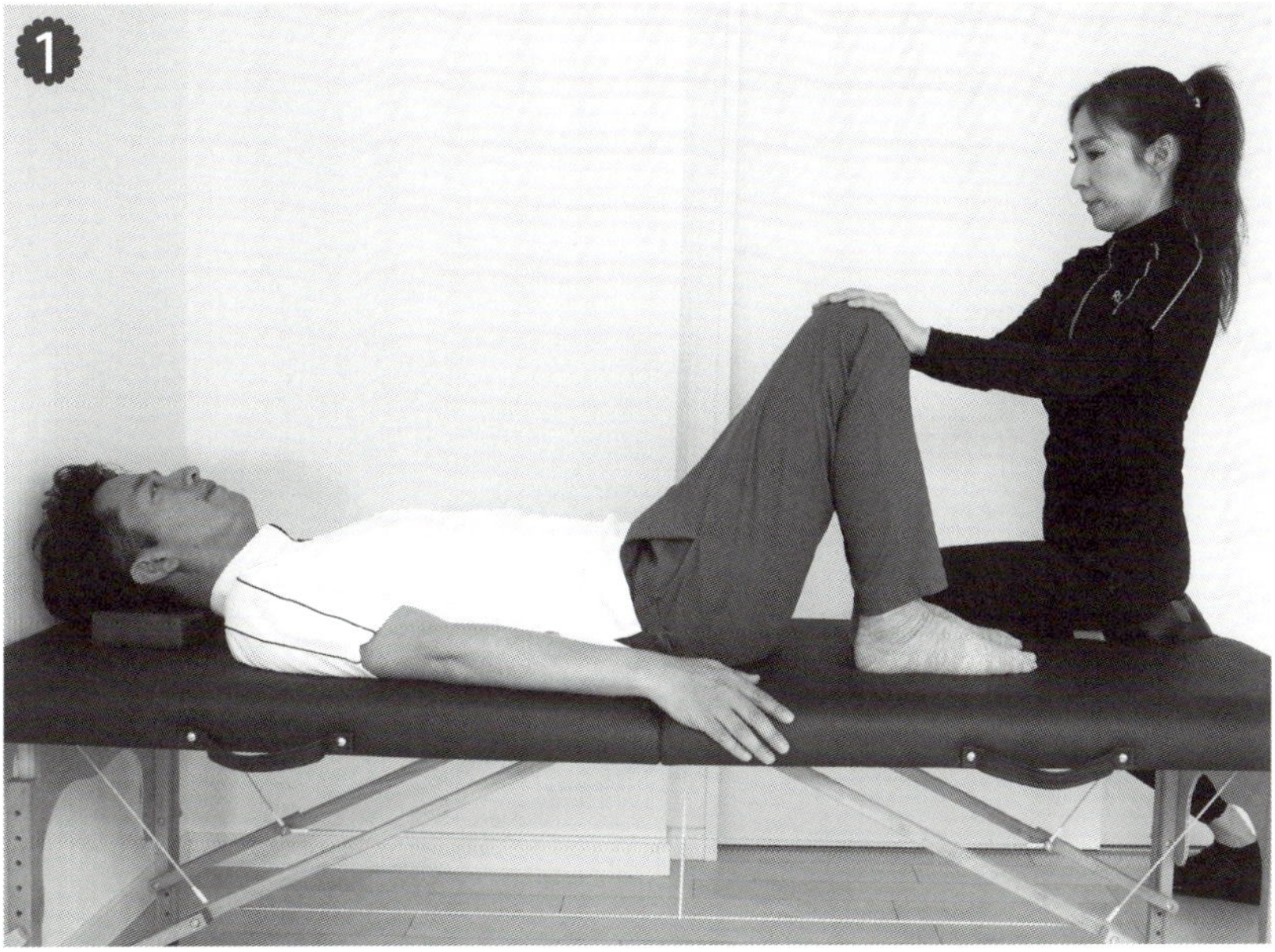

❷
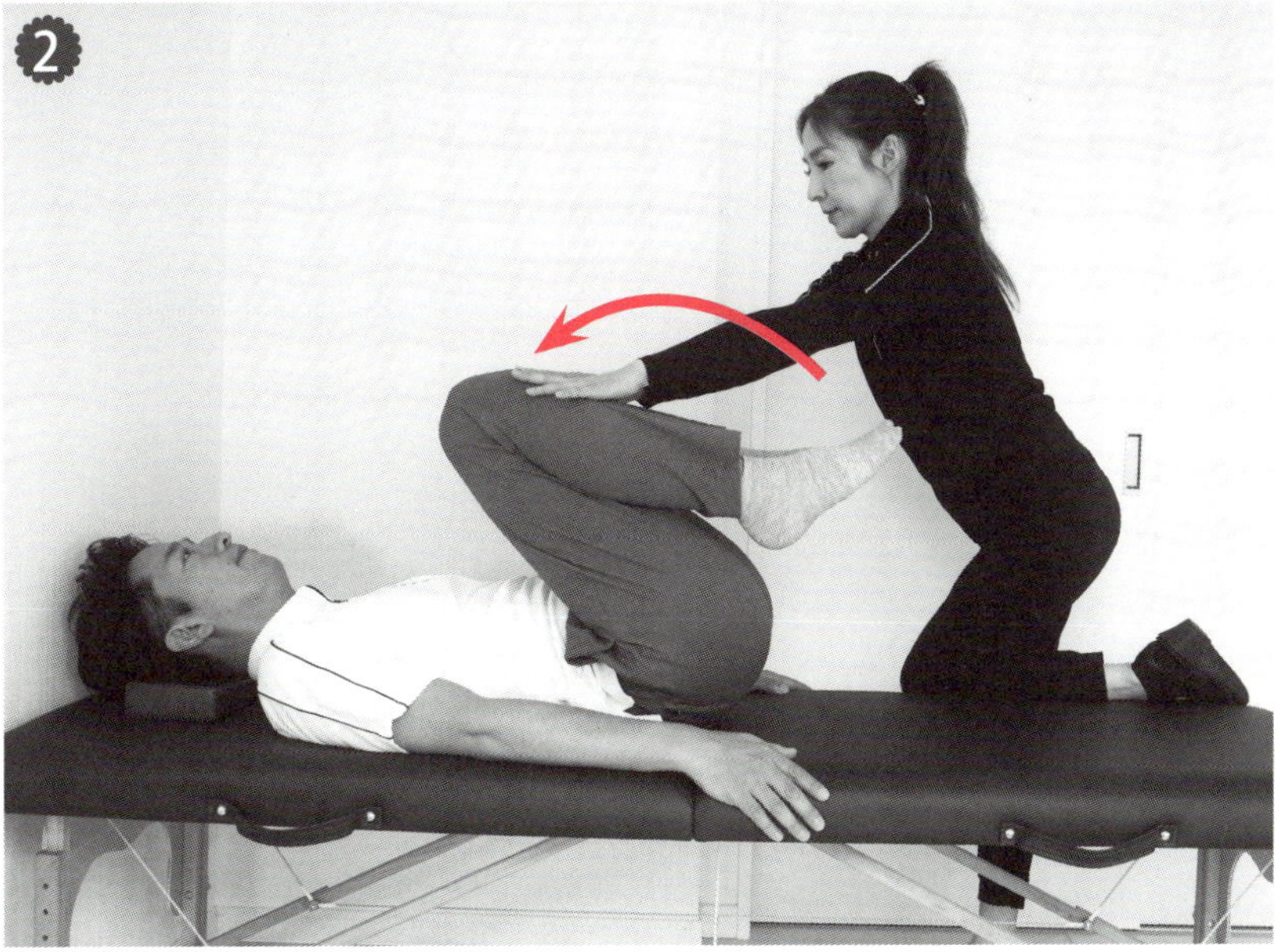

④ スイング

膝を左右に振ってお腹を捻ります。
10 往復行います。

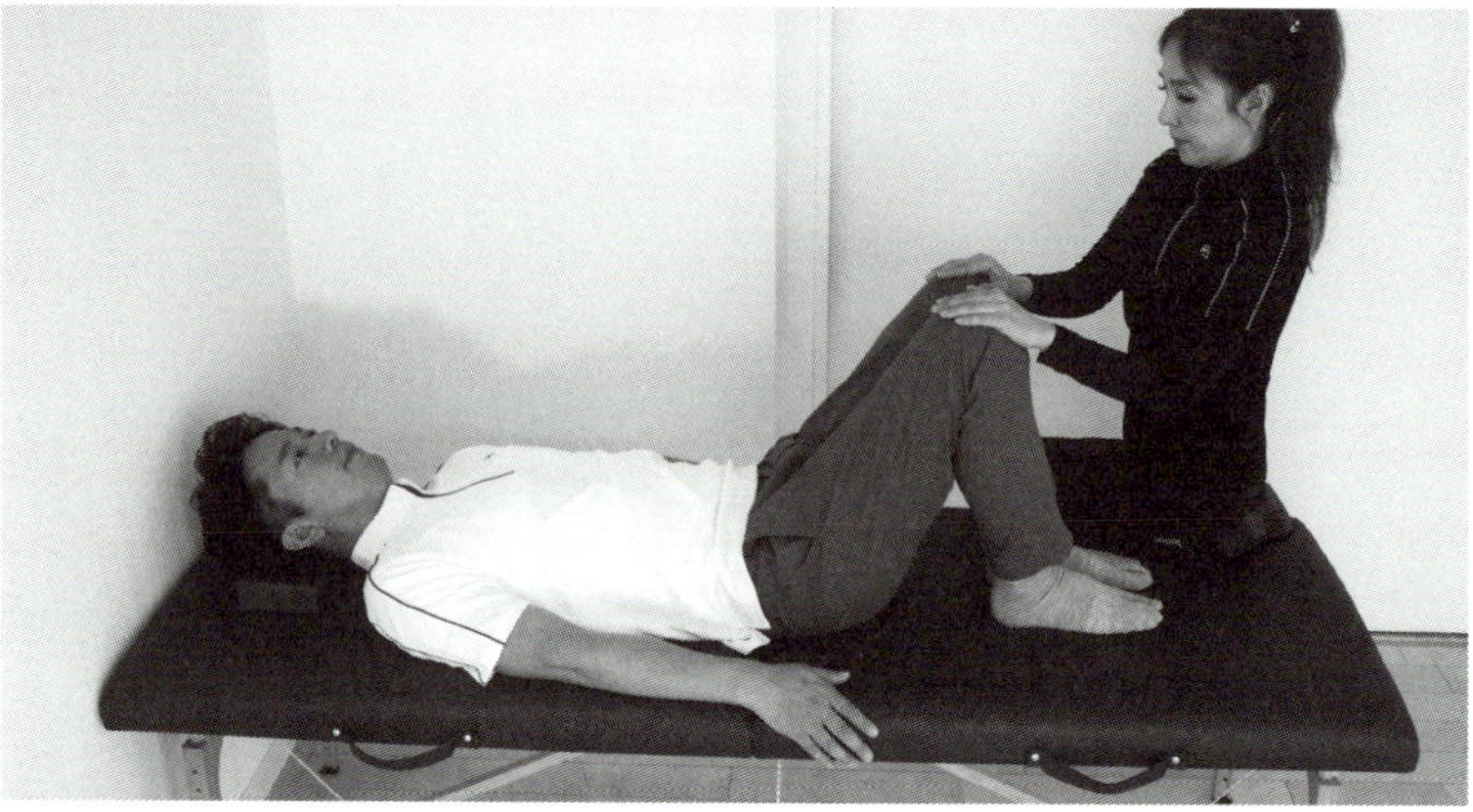

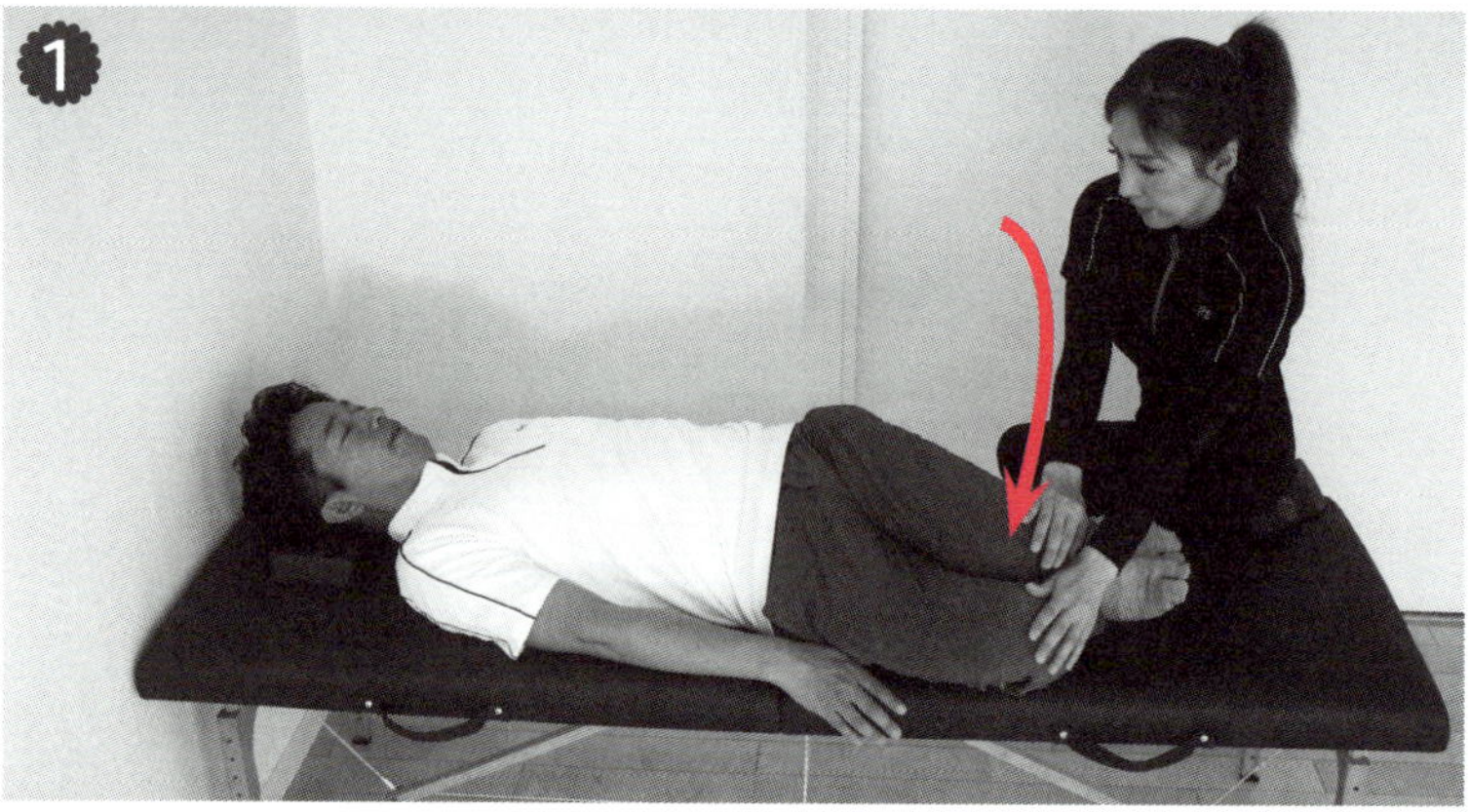

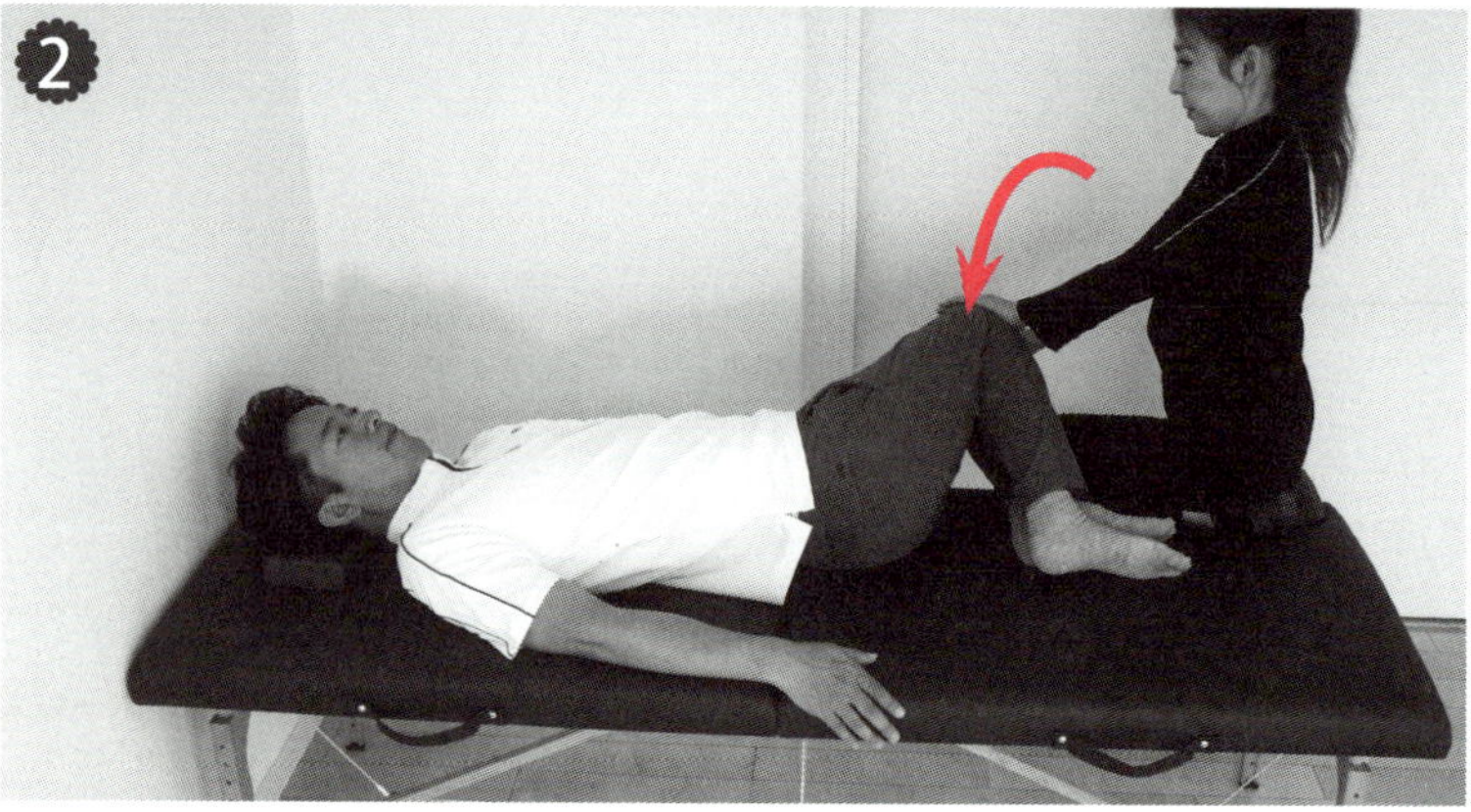

⑤ 腿上げ

片足ずつ、お腹の方に引き上げ、踵から押し出すように。力を入れながら下ろします。10 回ずつ行います。

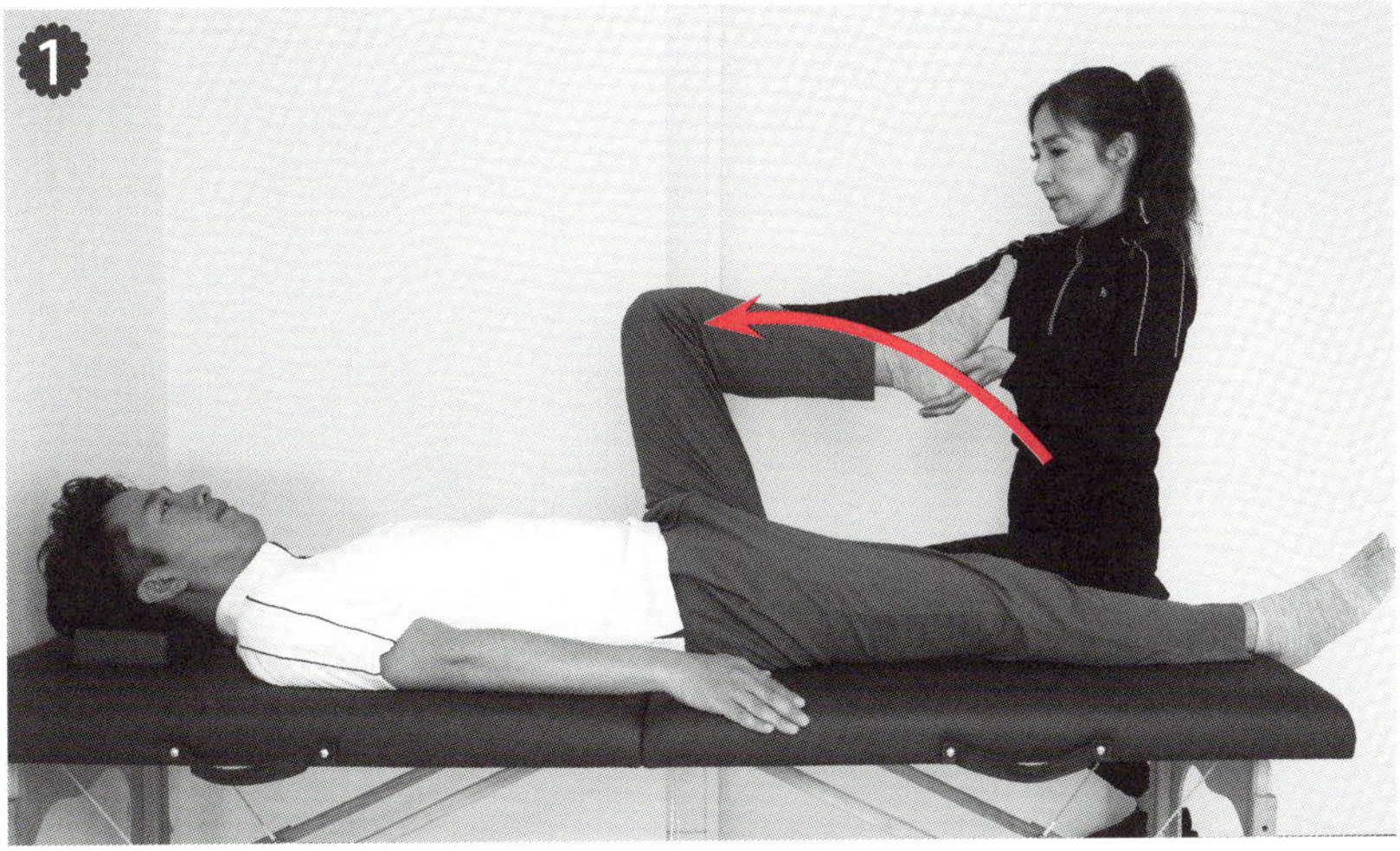

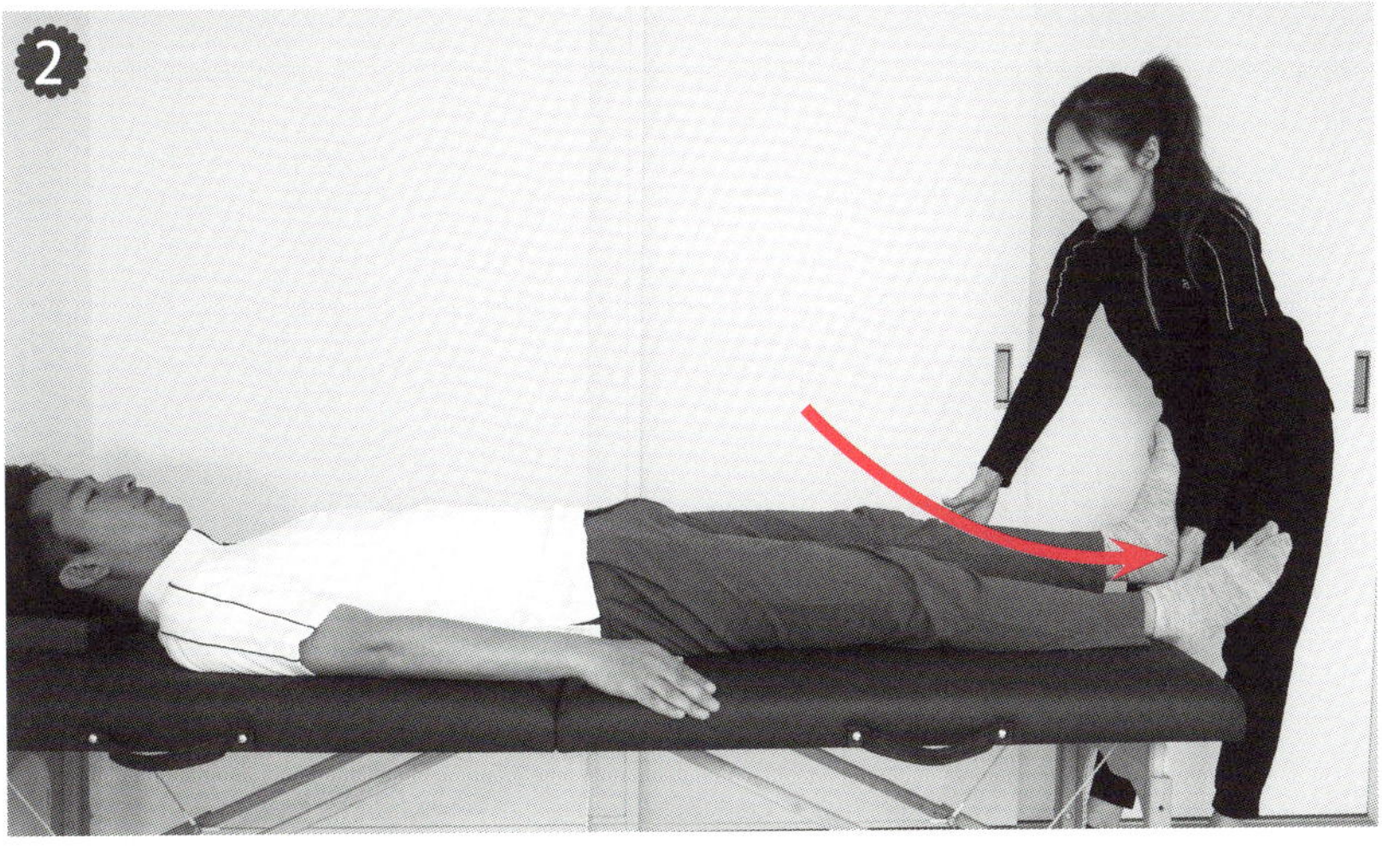

片足ずつ、足を伸ばしたまま天井方向へ上げ（45度くらい）、下ろします。

⑥ 足上げ

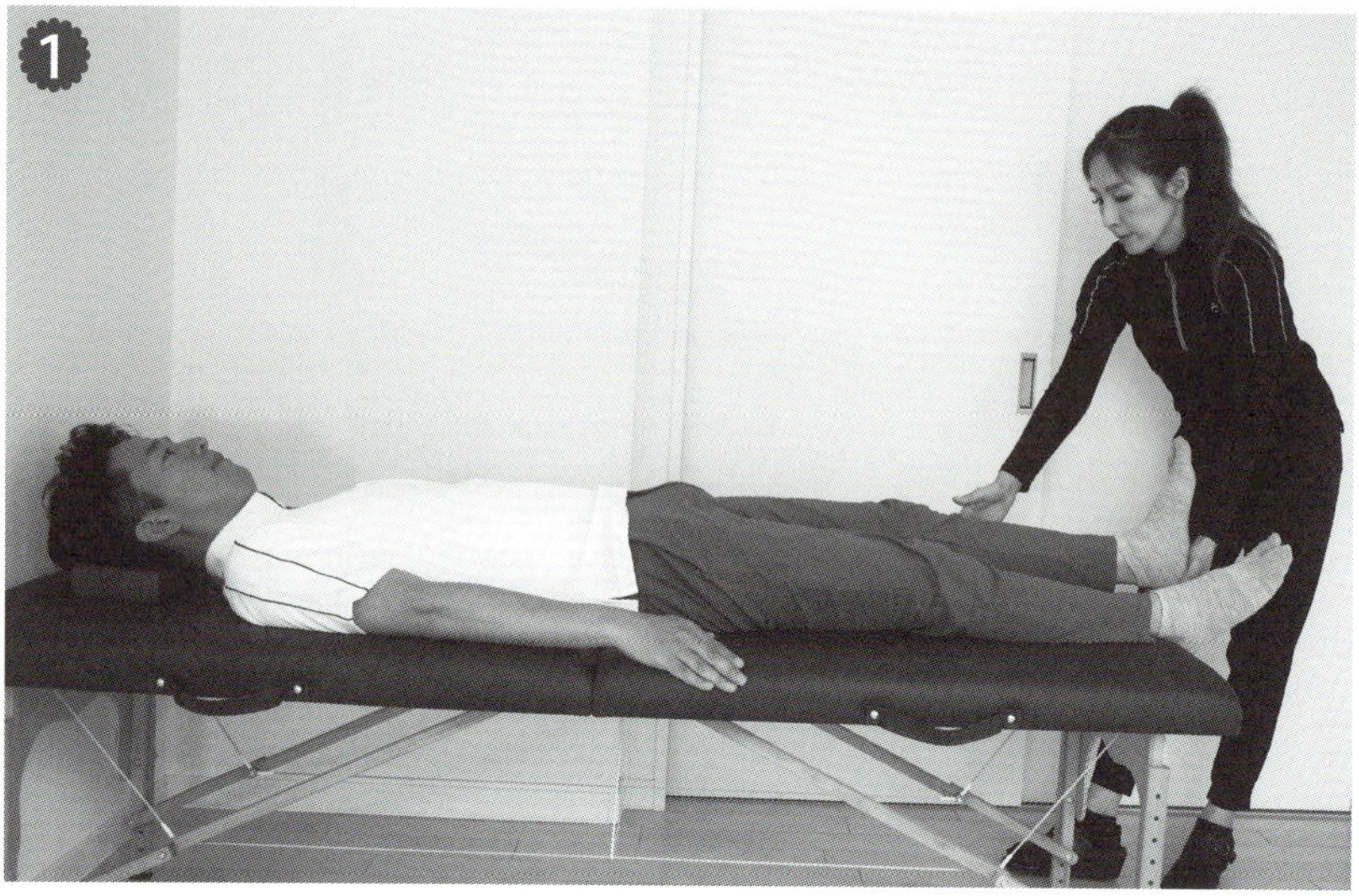

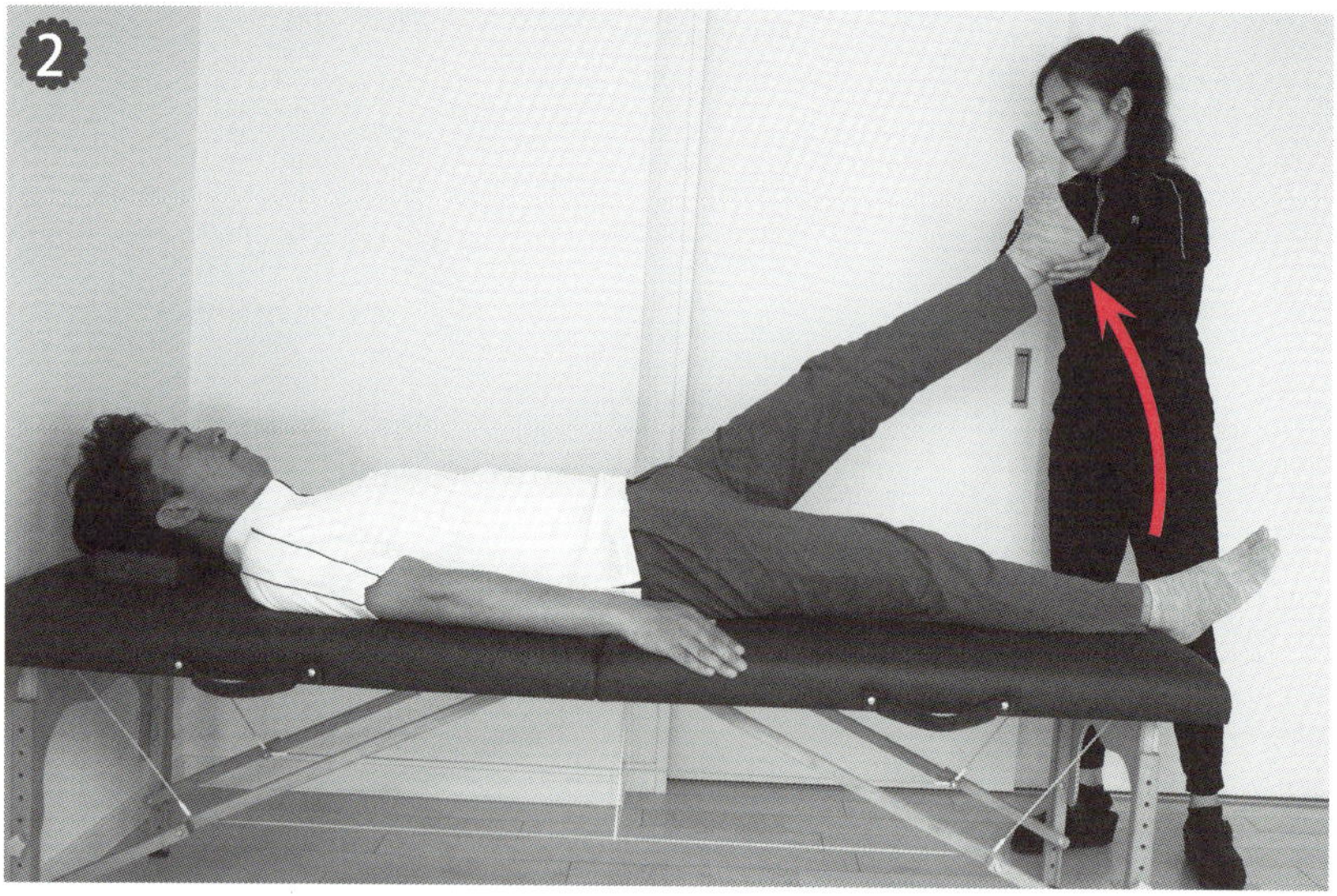

⑦ 足開き

片足ずつ、足を伸ばしたまま外側へ開いて、戻します。この時、つま先が外側に向かないよう、天井方向を向けたまま行います。

10回ずつ行います。

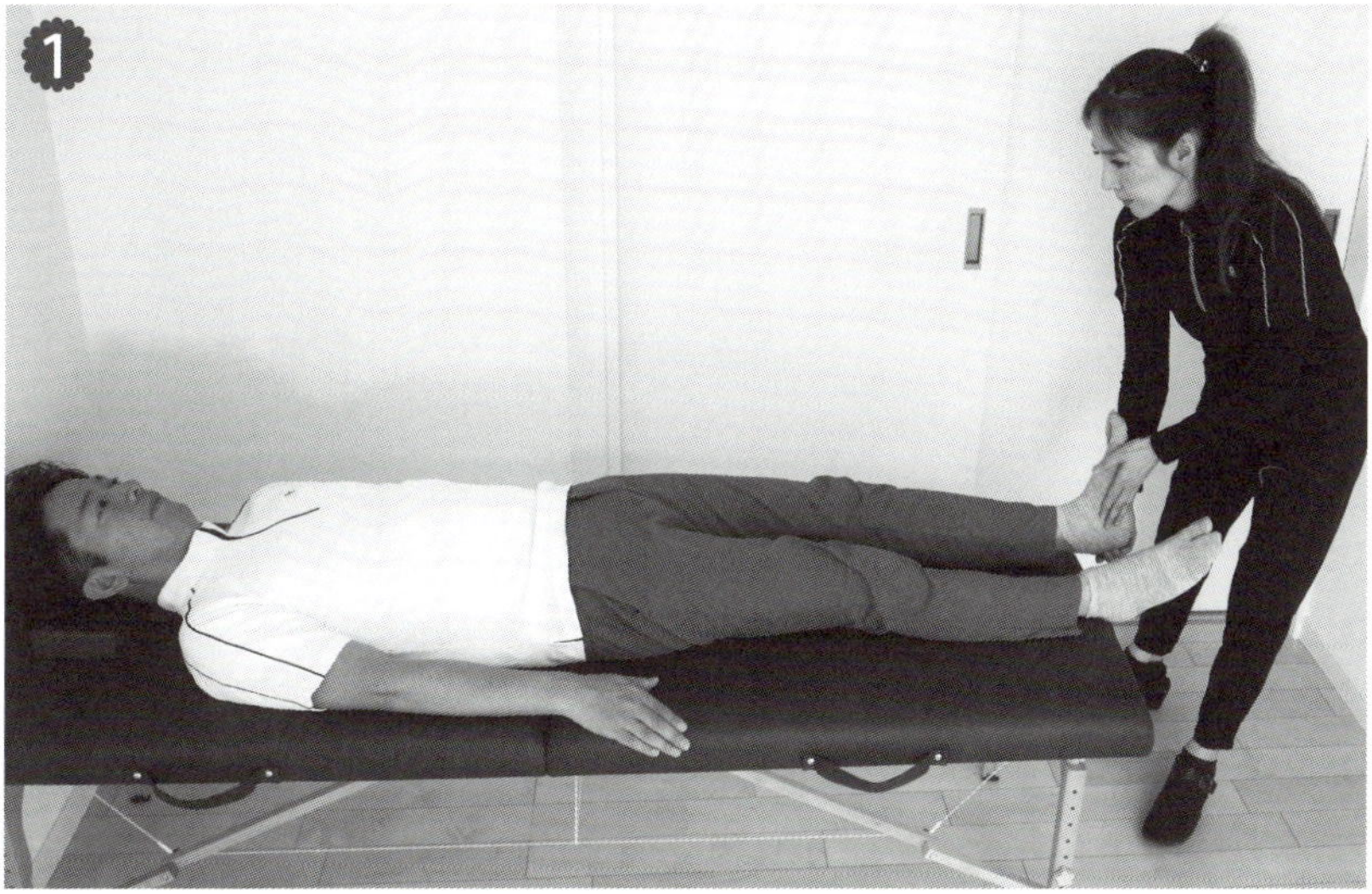

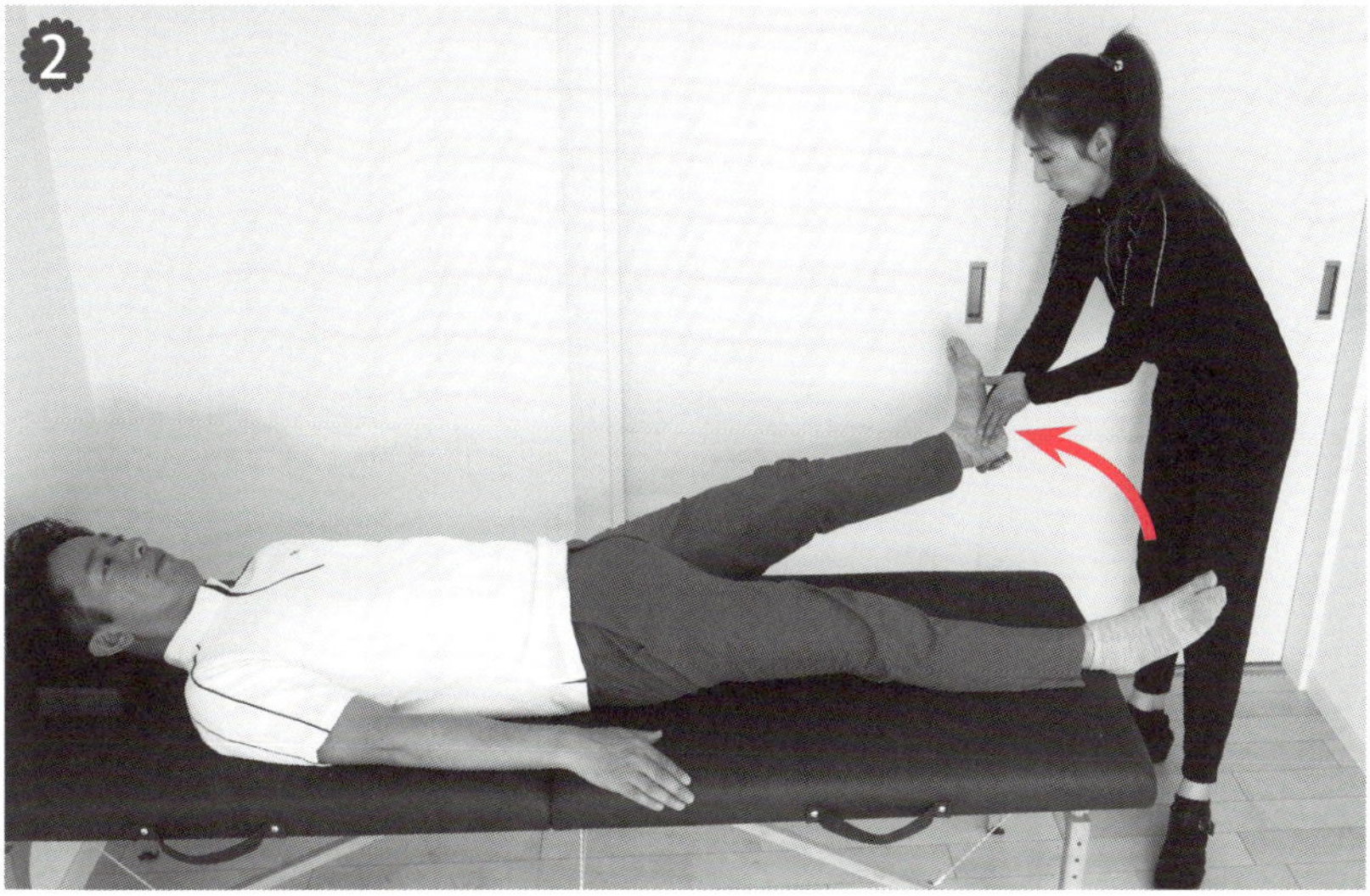

⑧ボール　足閉じ

内側の膝関節症の場合、内転筋群と大腿四頭筋の内側広筋が萎縮している場合が多いので、それらを重点的に鍛えて行きます。

立てた膝にボールをはさみ、それを押しつぶすようにして、戻します。

10回行い、10回目で10カウントそのまま止めます。

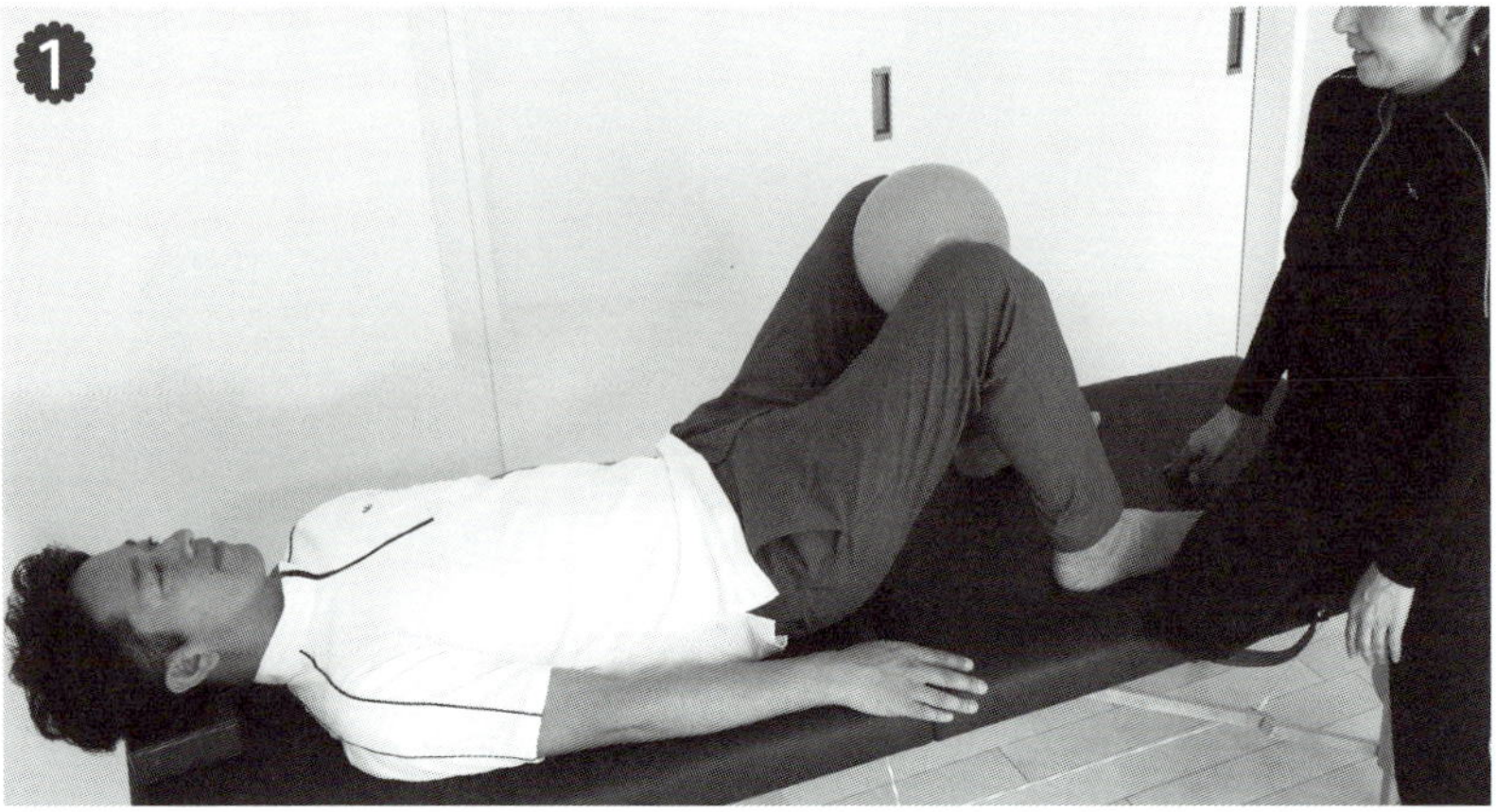

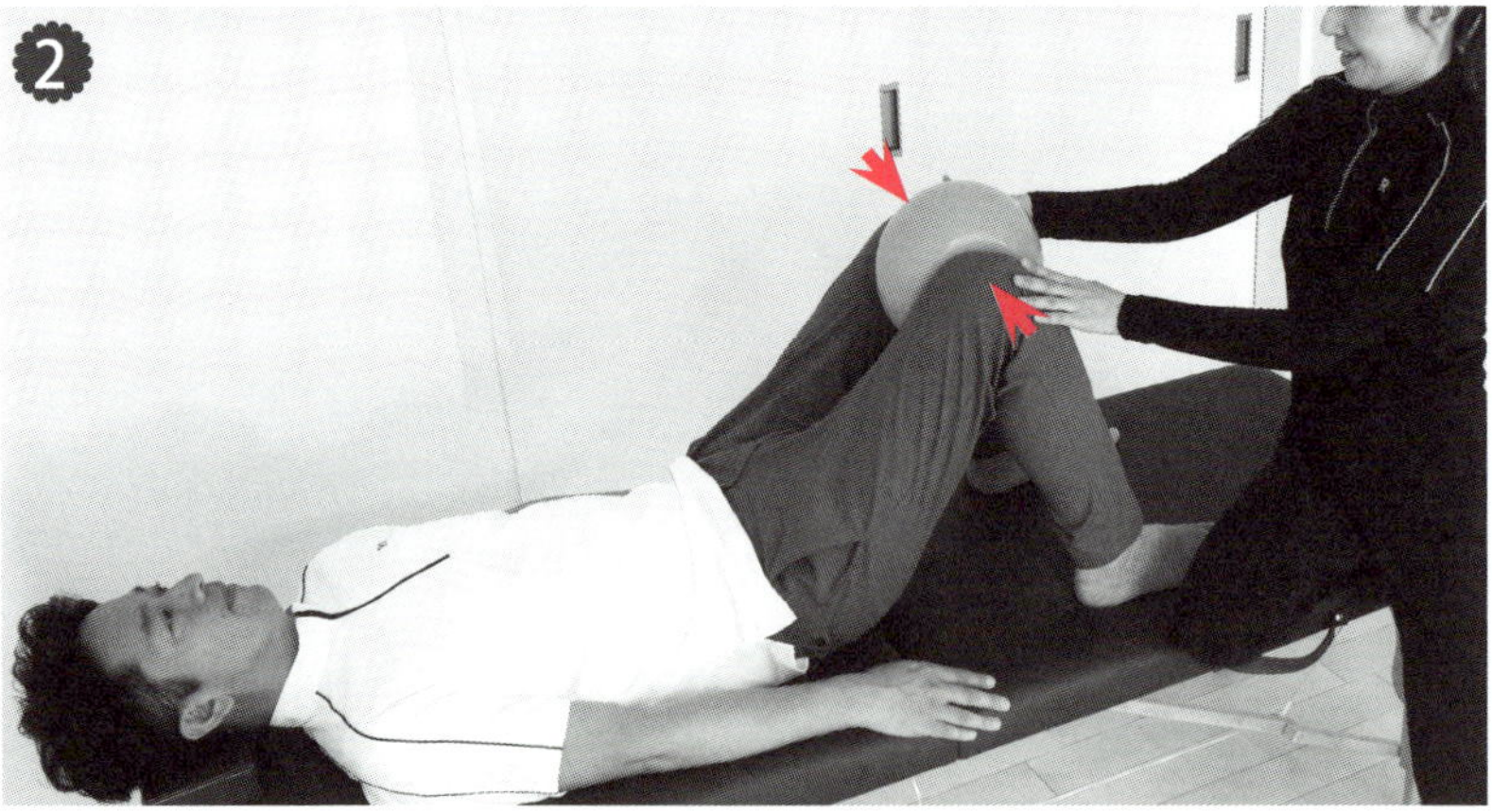

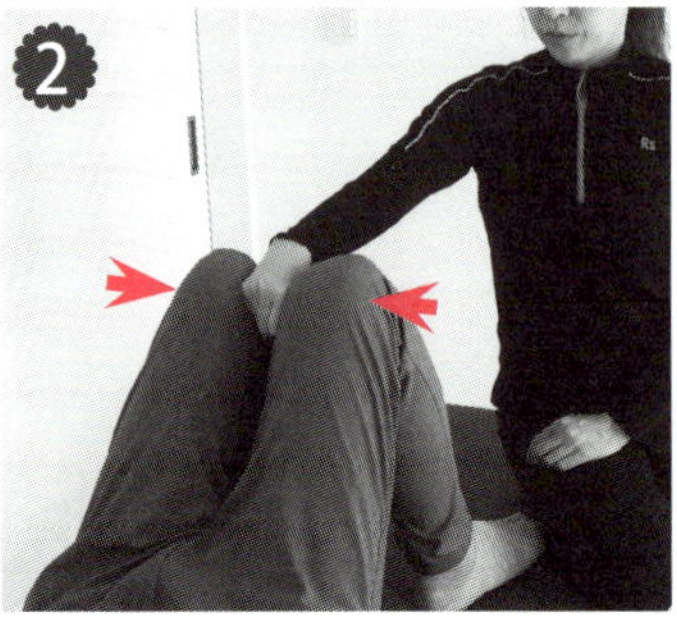

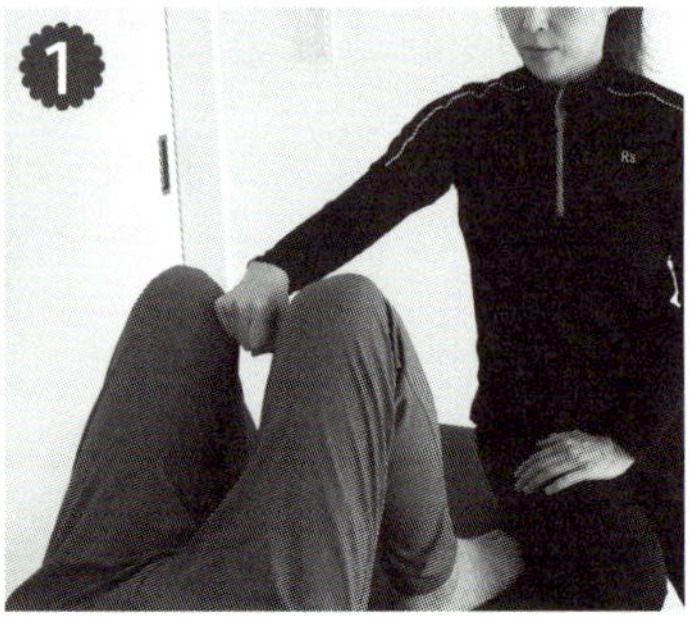

ボールがない時でも、拳を両膝の間にはさませ、その拳を押しつぶすようにしてもらうことによって行えます。

⑨ ボール　両足上げ

両膝でボールを押しつぶした状態のまま、お腹の方へ、お尻が軽く浮くくらいまで上げて下ろします。
10 回行います。

❶
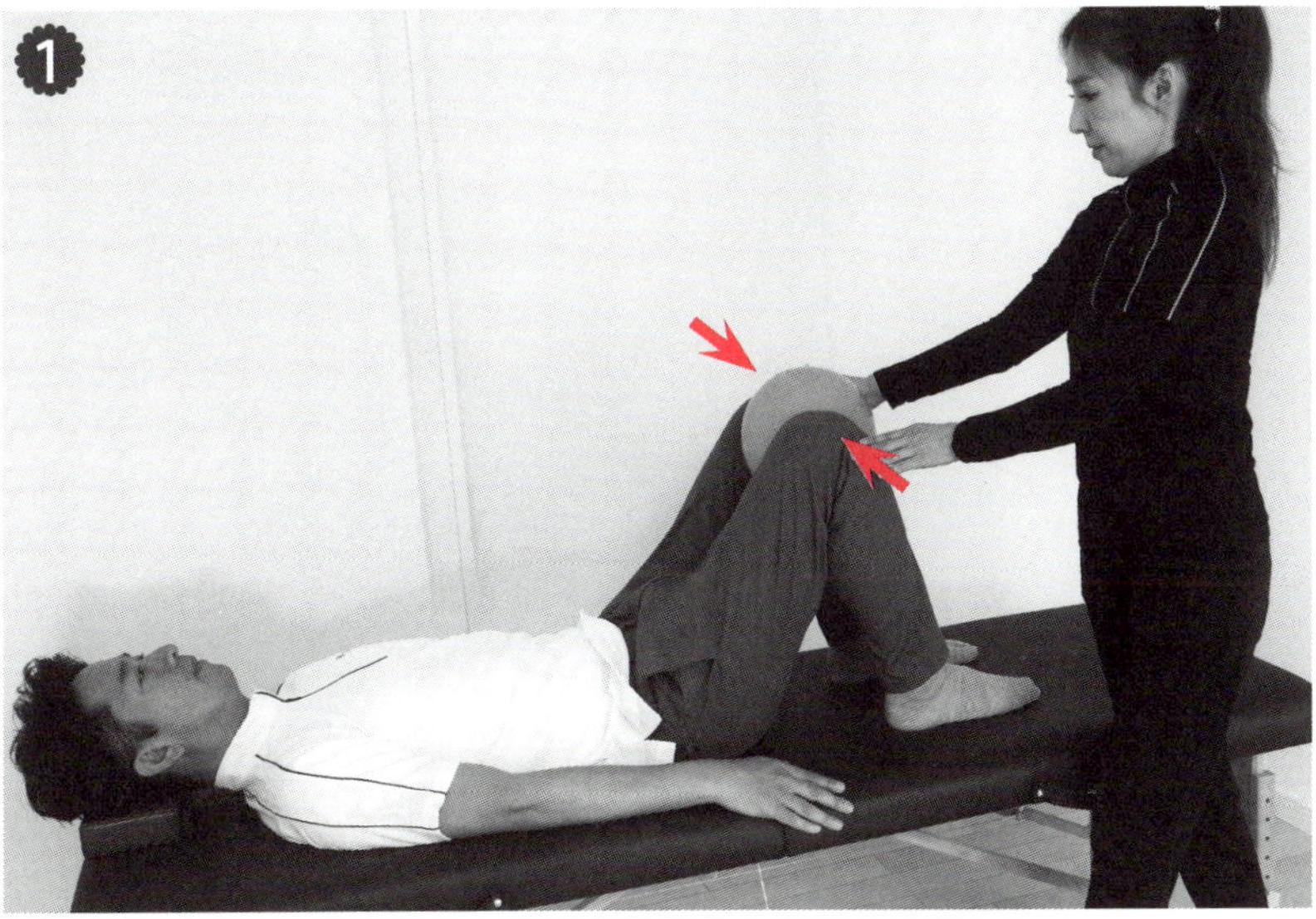

❷
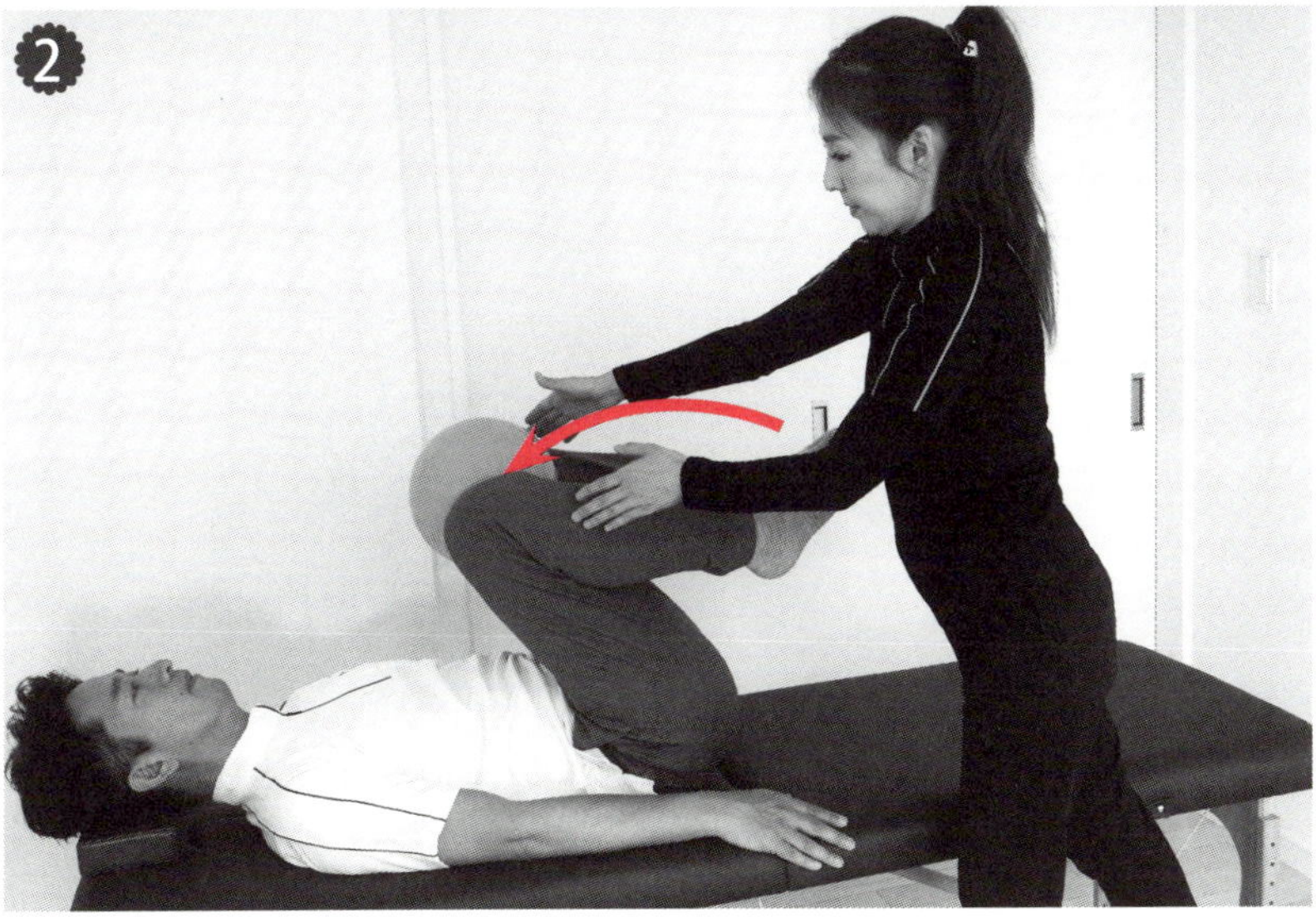

両膝でボールを押しつぶした状態のまま、左右に振ってお腹を捻ります。ボールを押しつぶす方が重要なので、前出④の運動の時よりも左右の振りは浅めで構いません。
10 往復行います。

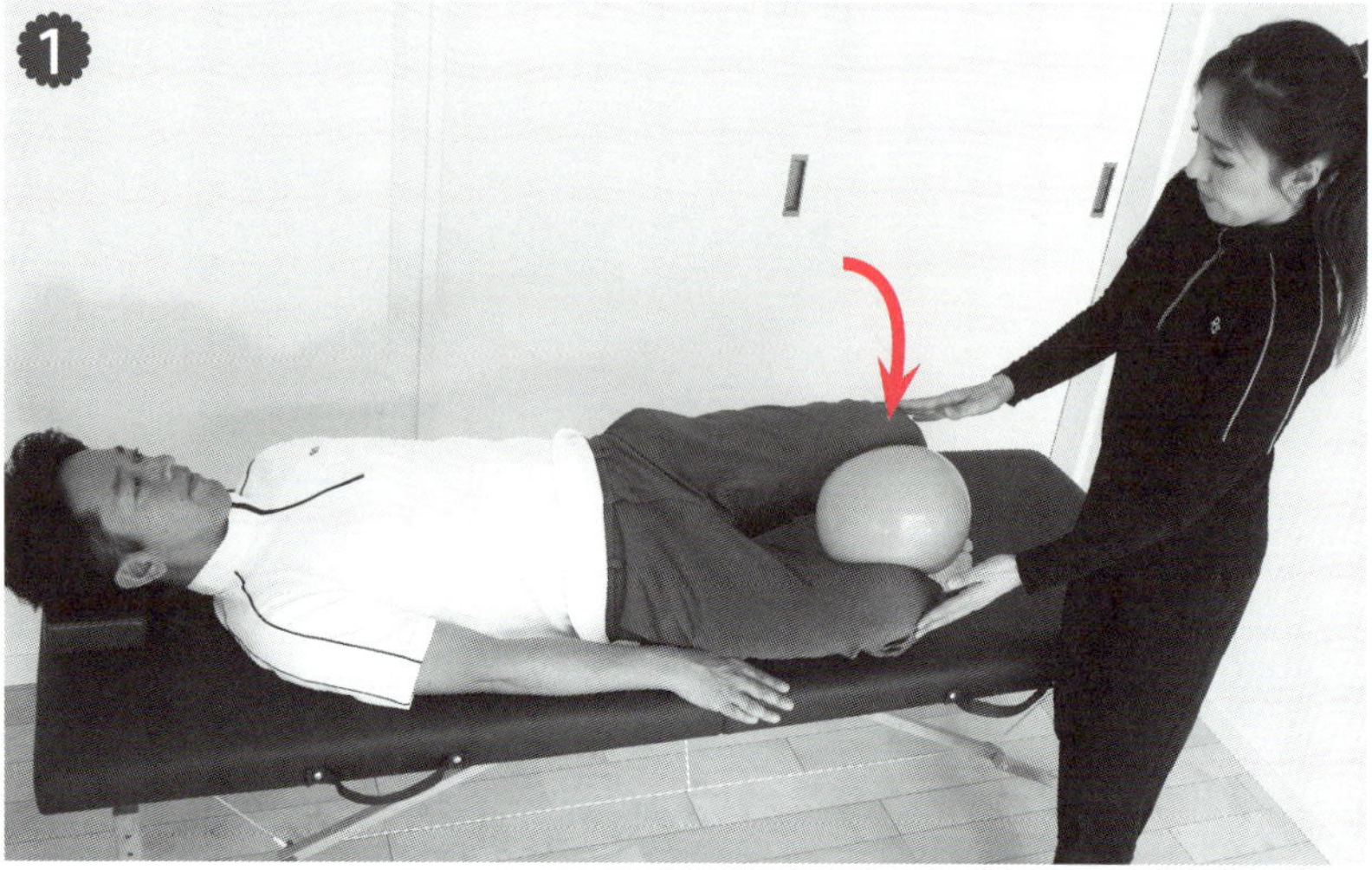

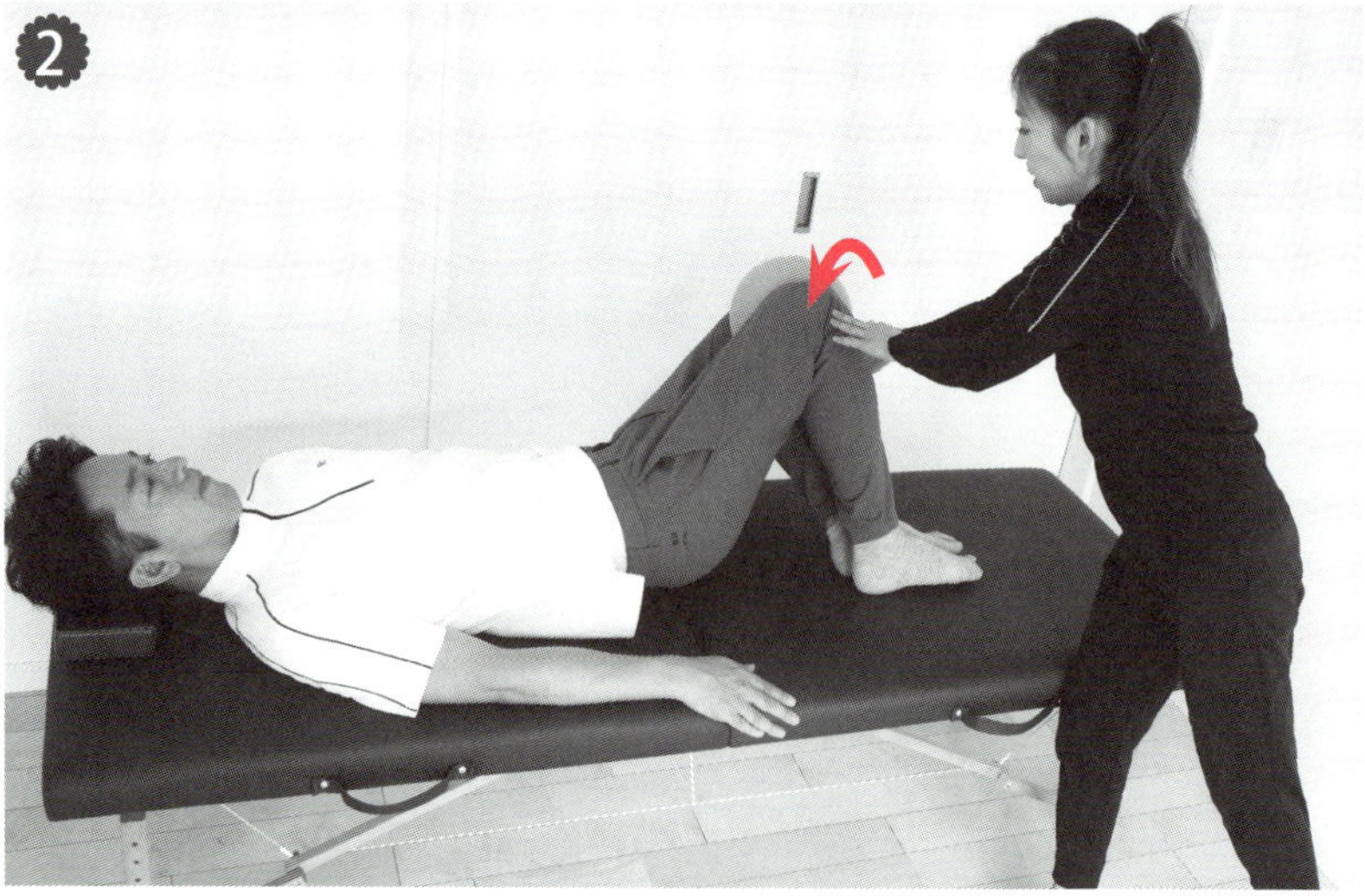

変形性膝関節症は普通に座ると骨盤が後ろに倒れ、がに股になってしまう方が多いので、まず骨盤を立てて足がフラットになる程度に膝を締め、姿勢を作ることから始めます。

⑪ 座位　ボール　足閉じ

座った状態で両膝にボールをはさみ、押しつぶして戻す、を繰り返します。10回ほど繰り返し、10回目で10秒ほどキープします。

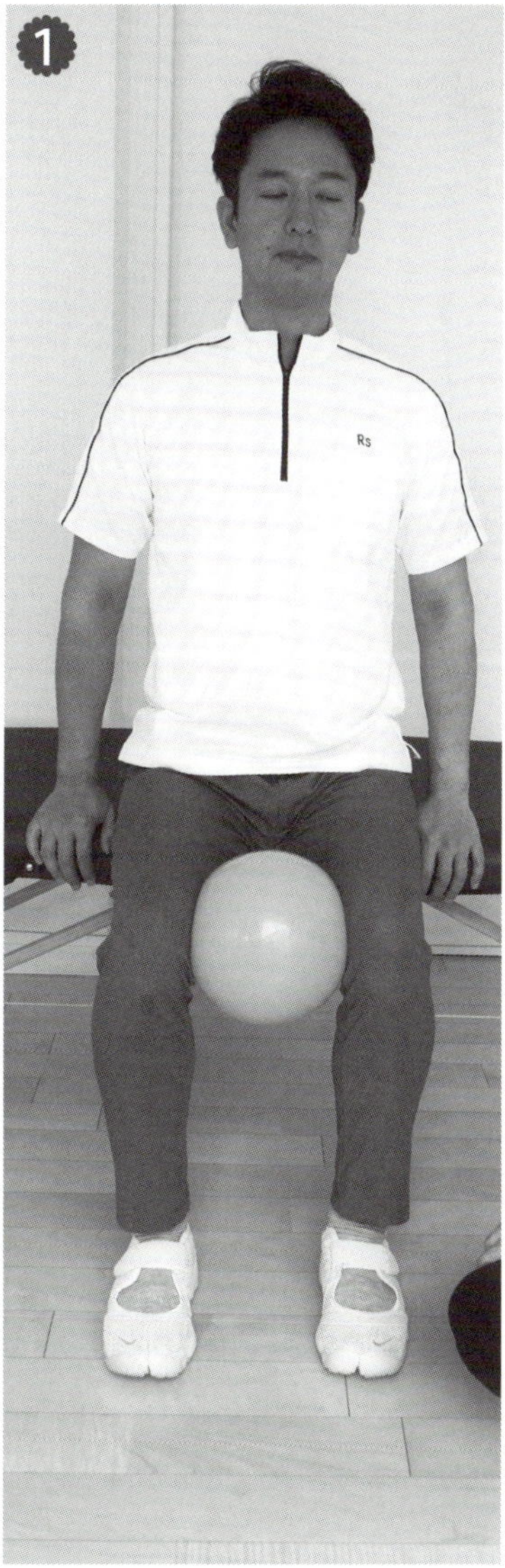

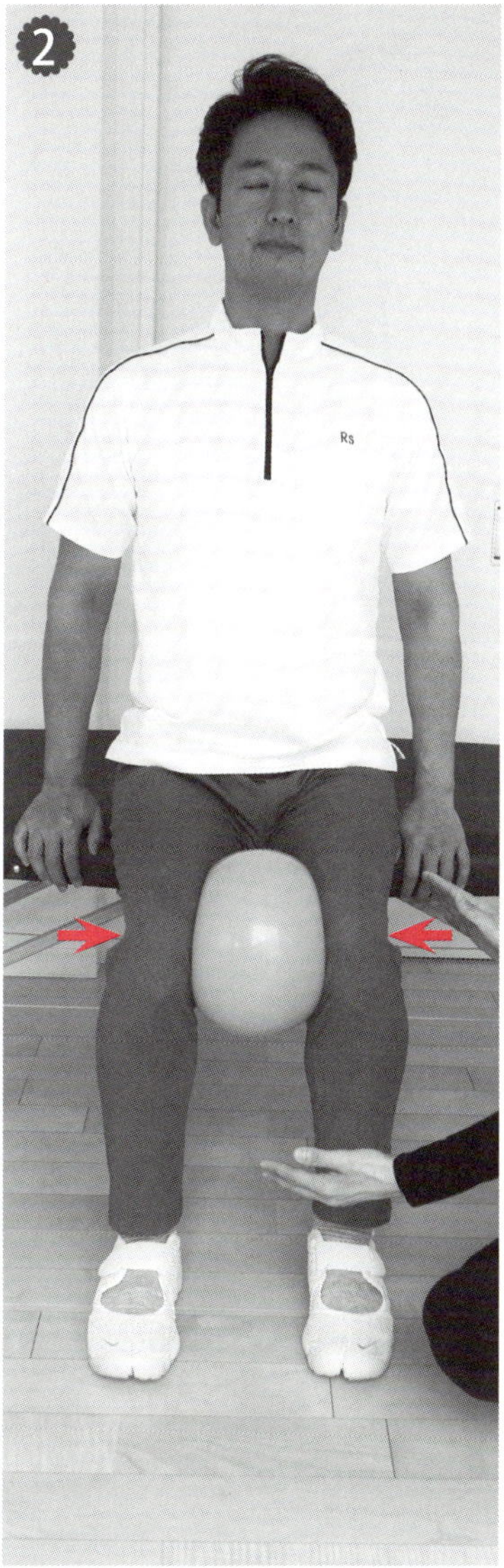

⑫ 座位　ボール　腿上げ

両膝でボールを押しつぶした状態のまま、なるべく背中を後ろに倒さないようにしながら、お腹と背中にも力を入れつつ、腿を上に引き上げます。
10 回ほど行い、10 回目で 10 秒ほどキープします。

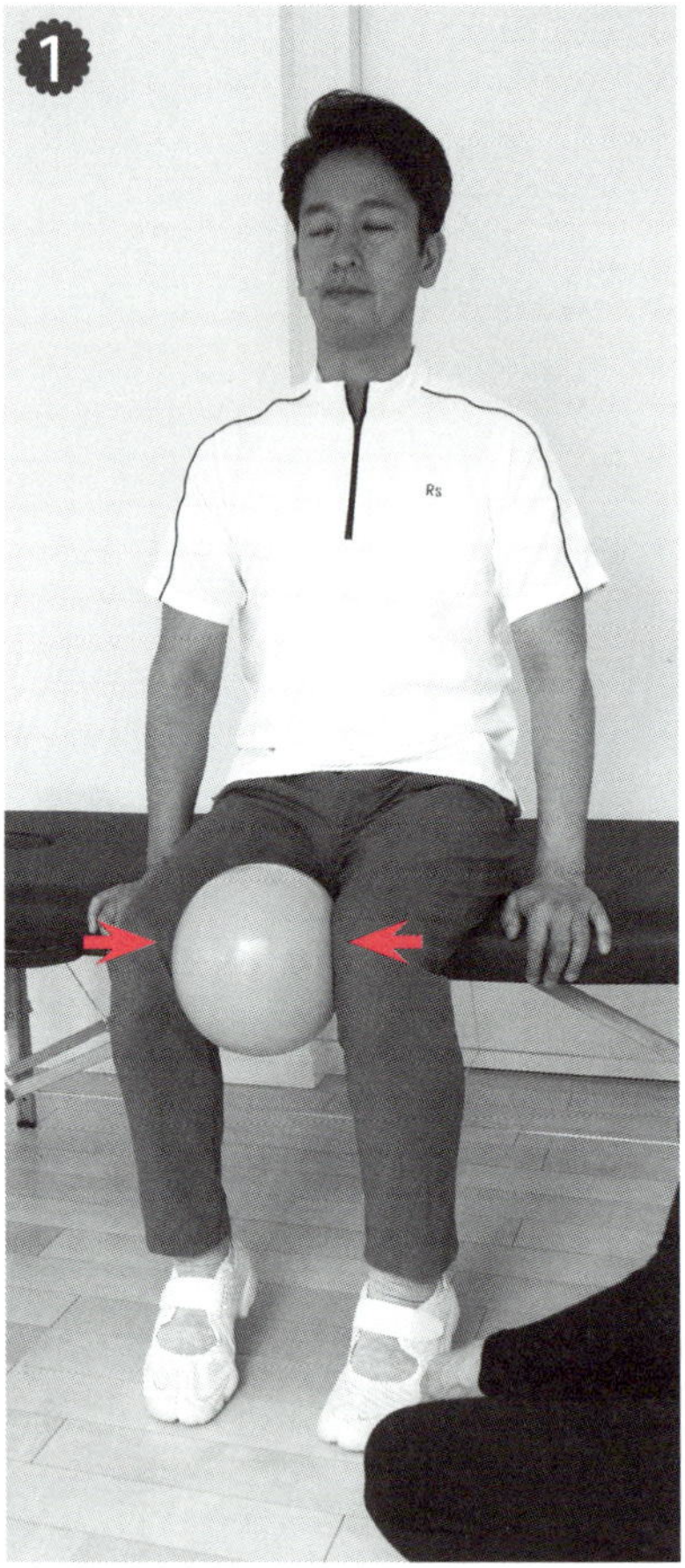

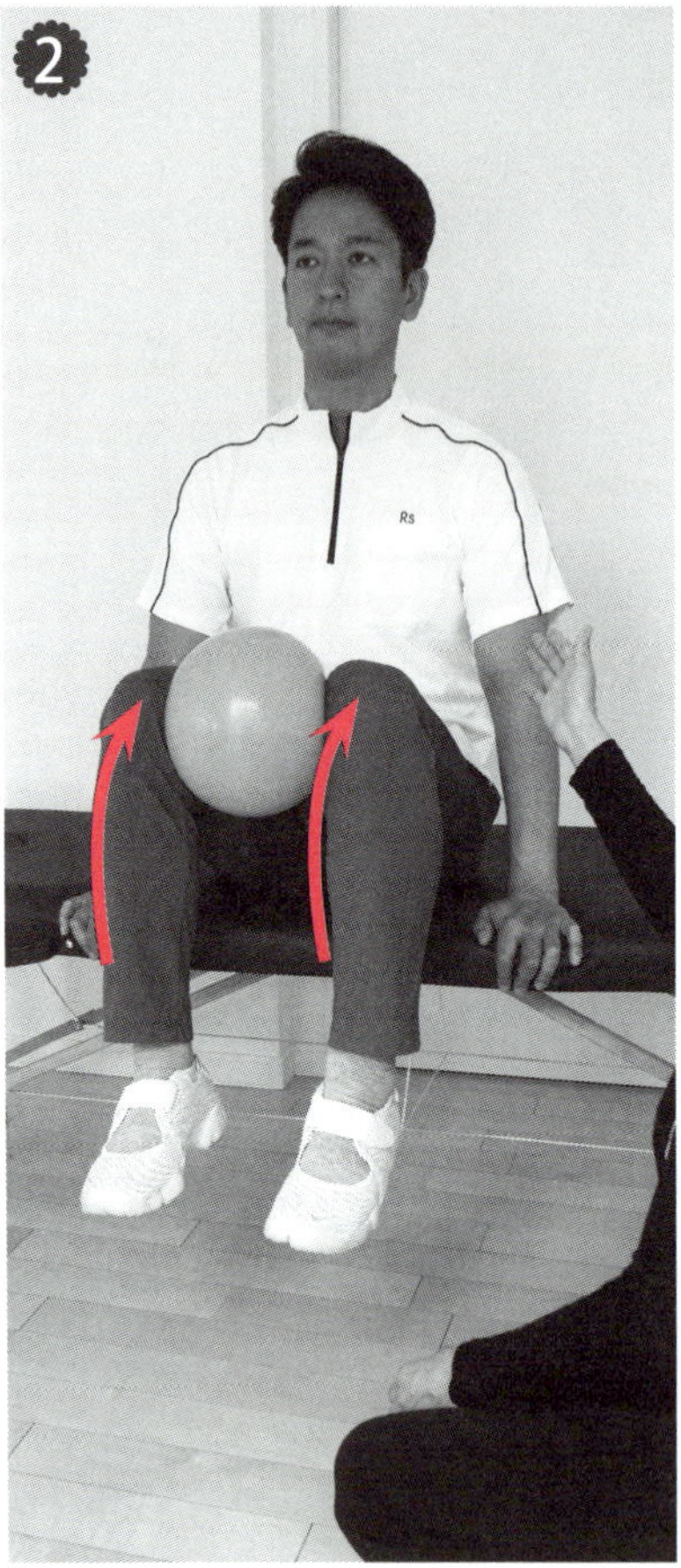

⑬ 座位　ボール　足伸ばし

両膝でボールを押しつぶした状態のまま、膝を伸ばし、戻します。
10回ほど行い、10回目で膝を伸ばしたまま10秒ほどキープします。

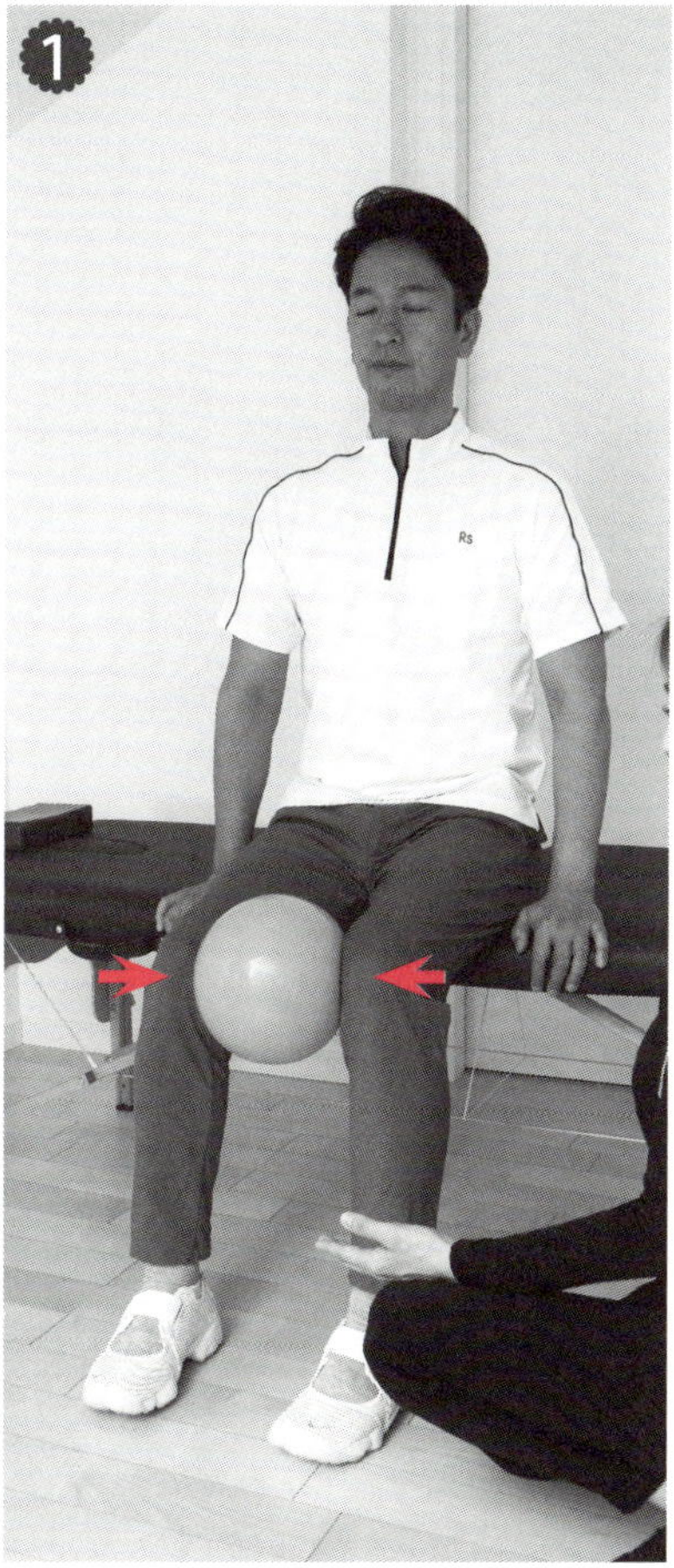

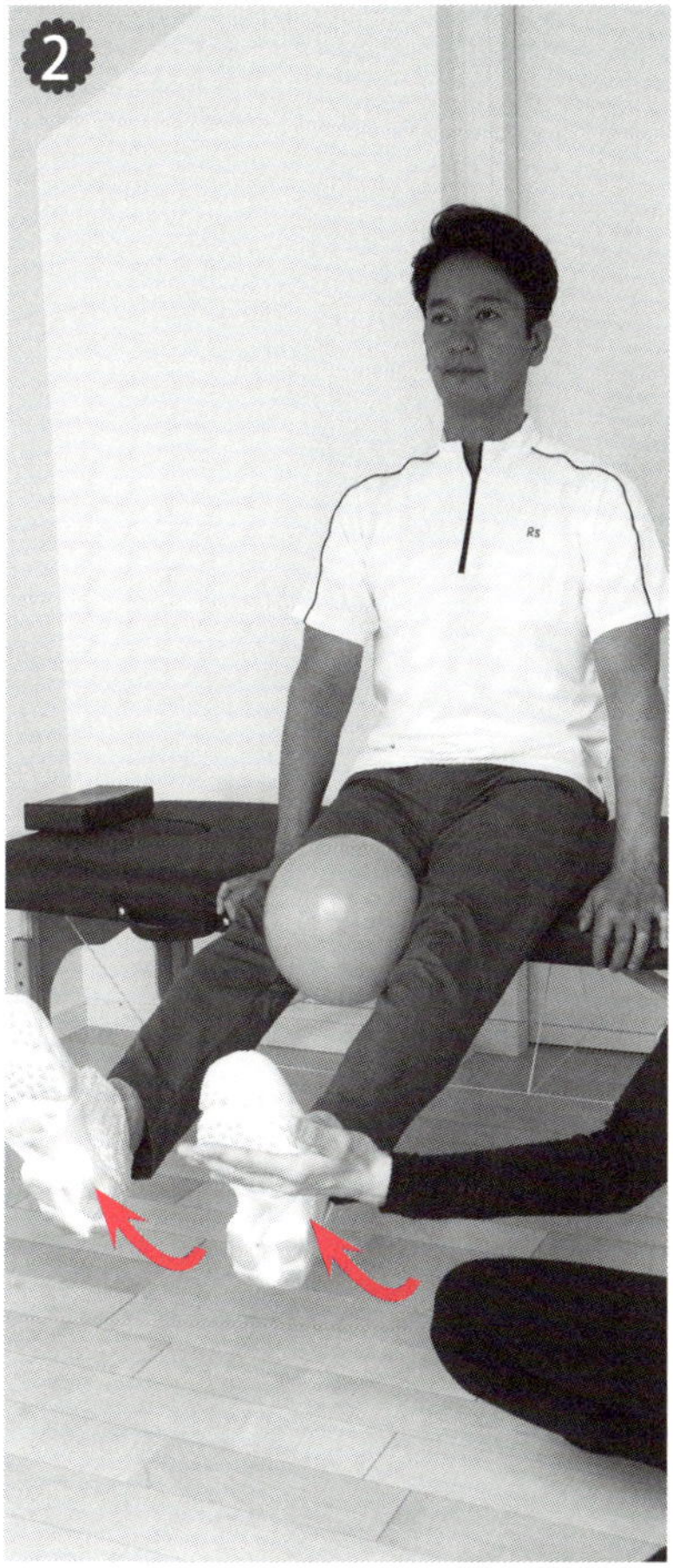

⑭ 座位　ボール　回旋

片足をボールに乗せ、転がすようにしながら。お腹と太腿にしっかり力を入れつつ、足を円状にできるだけ大きく回します。逆回しも行います。

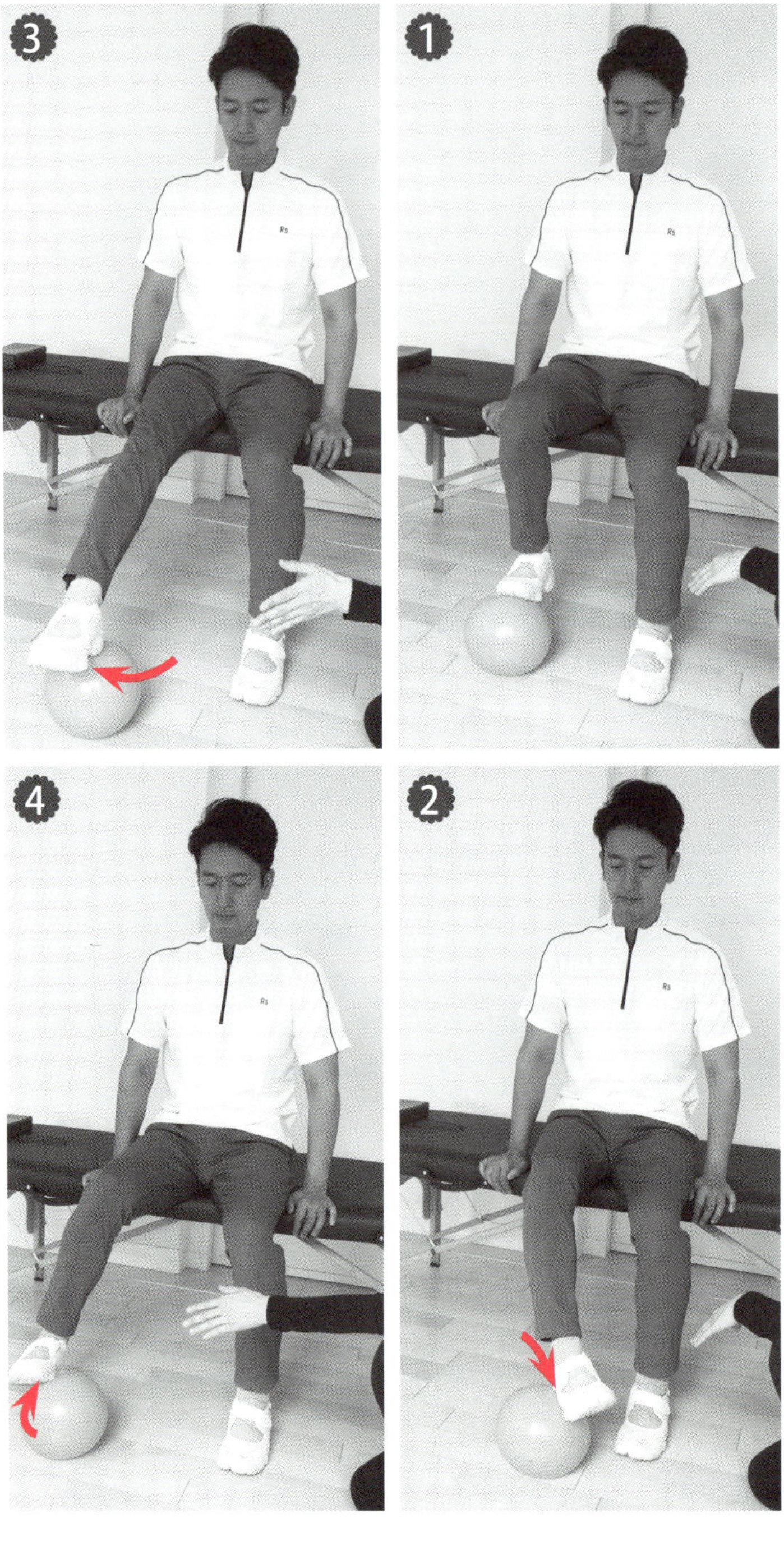

⑮ 座位 ボール 前後

片足をボールに乗せ、太腿にしっかり力を入れつつ真直ぐ前に転がして、転がし戻す、という事を繰り返します。10往復ほど繰り返します。

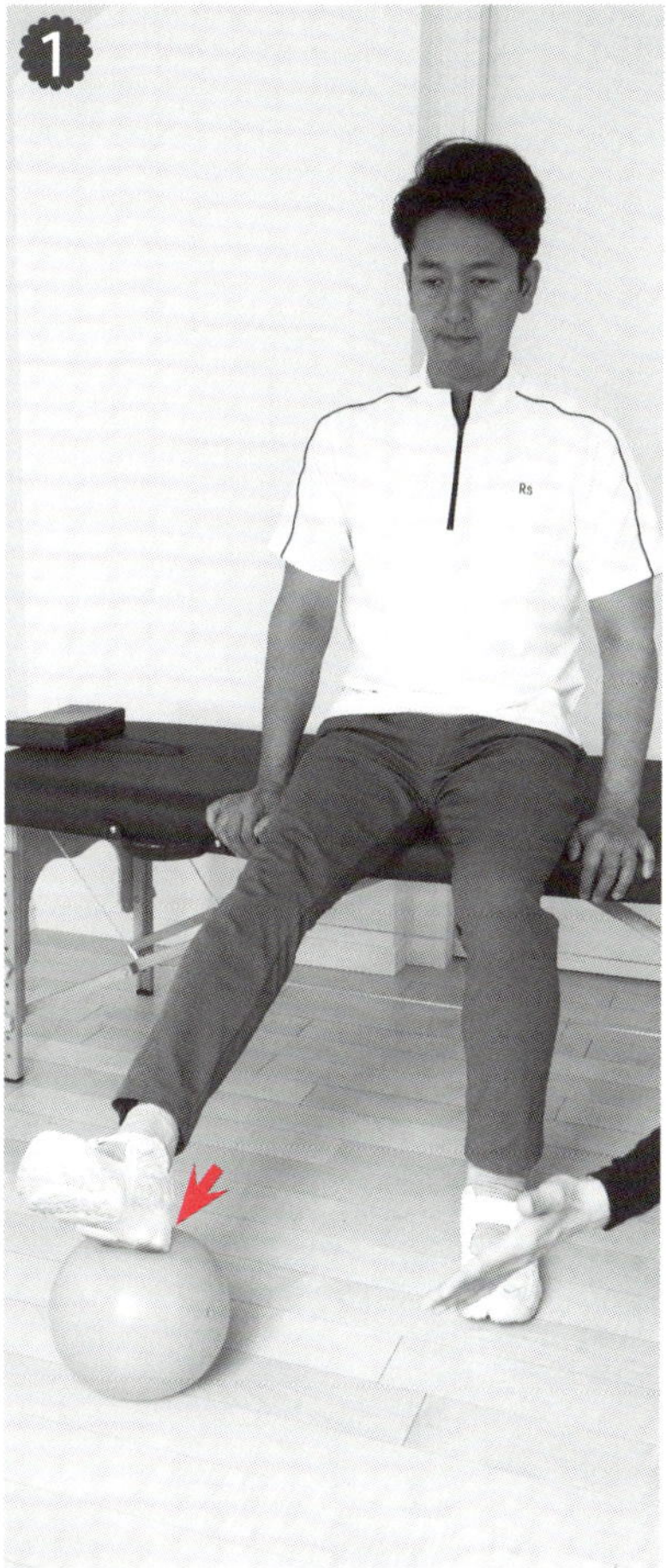

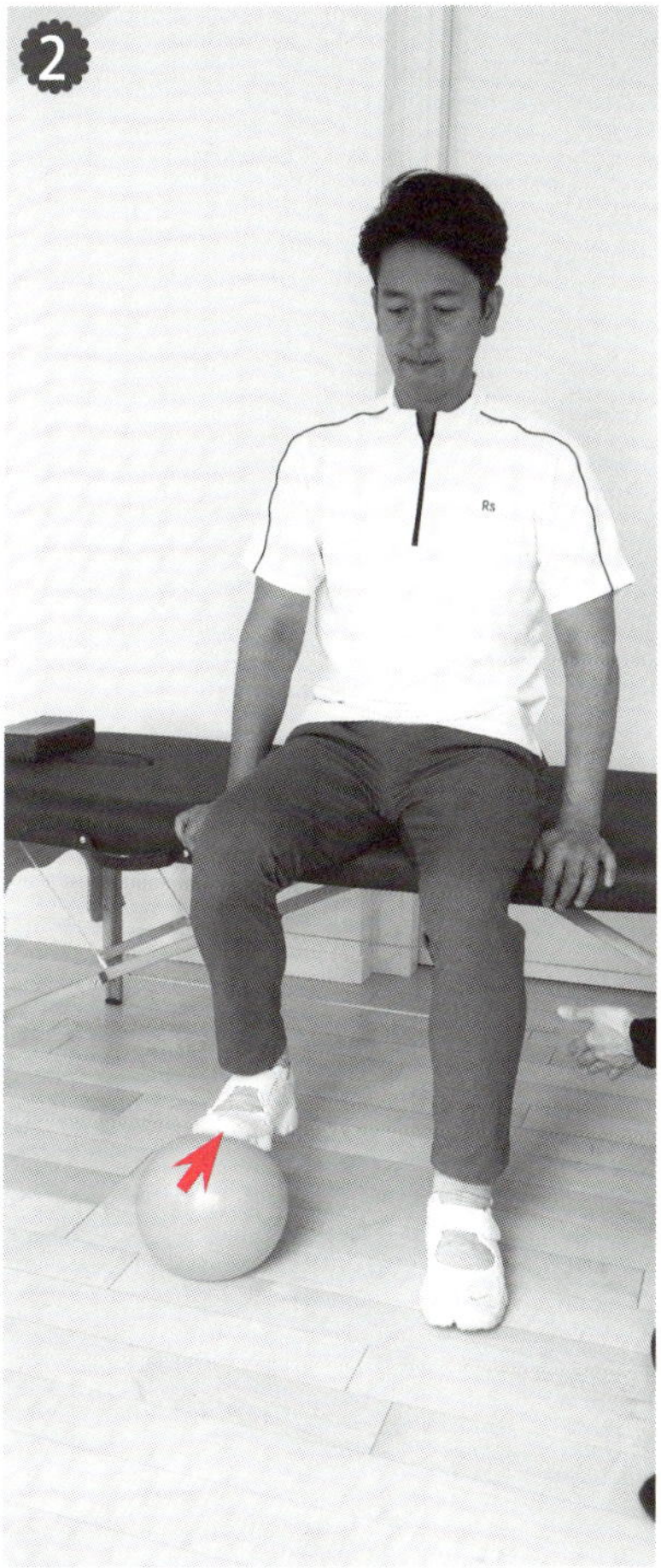

片足をボールに乗せ、体重をかけるようにしながら真直ぐ下に踏みつぶし、戻します。
10 回行い、10 回目で 10 秒ほどキープします。

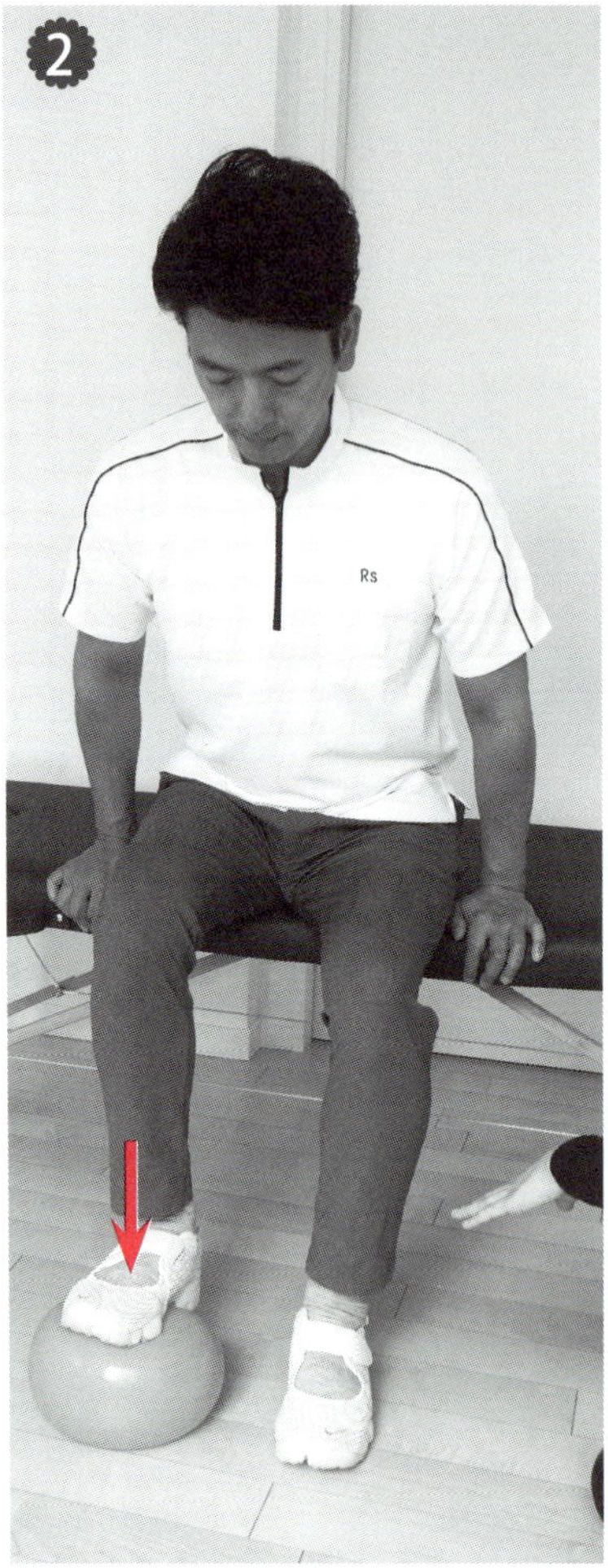

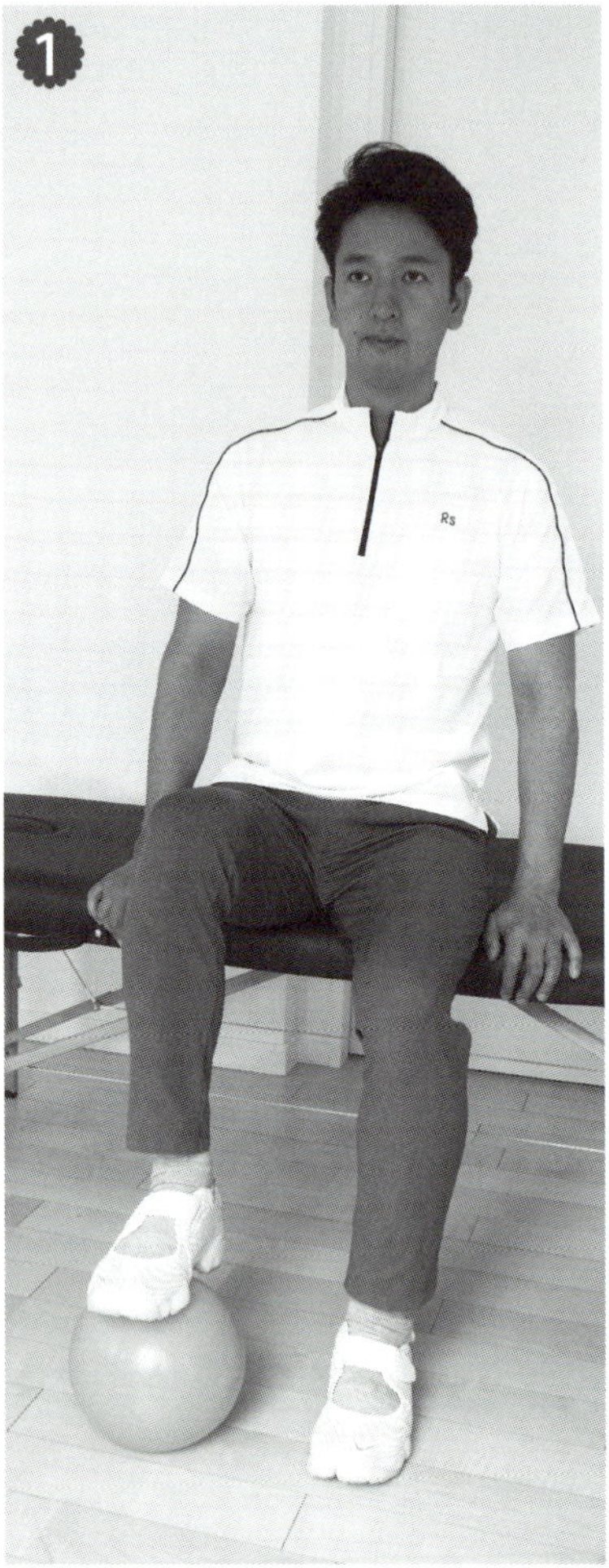

⑯座位　ボール　踏みつけ

ケーススタディ②　脳卒中後遺症

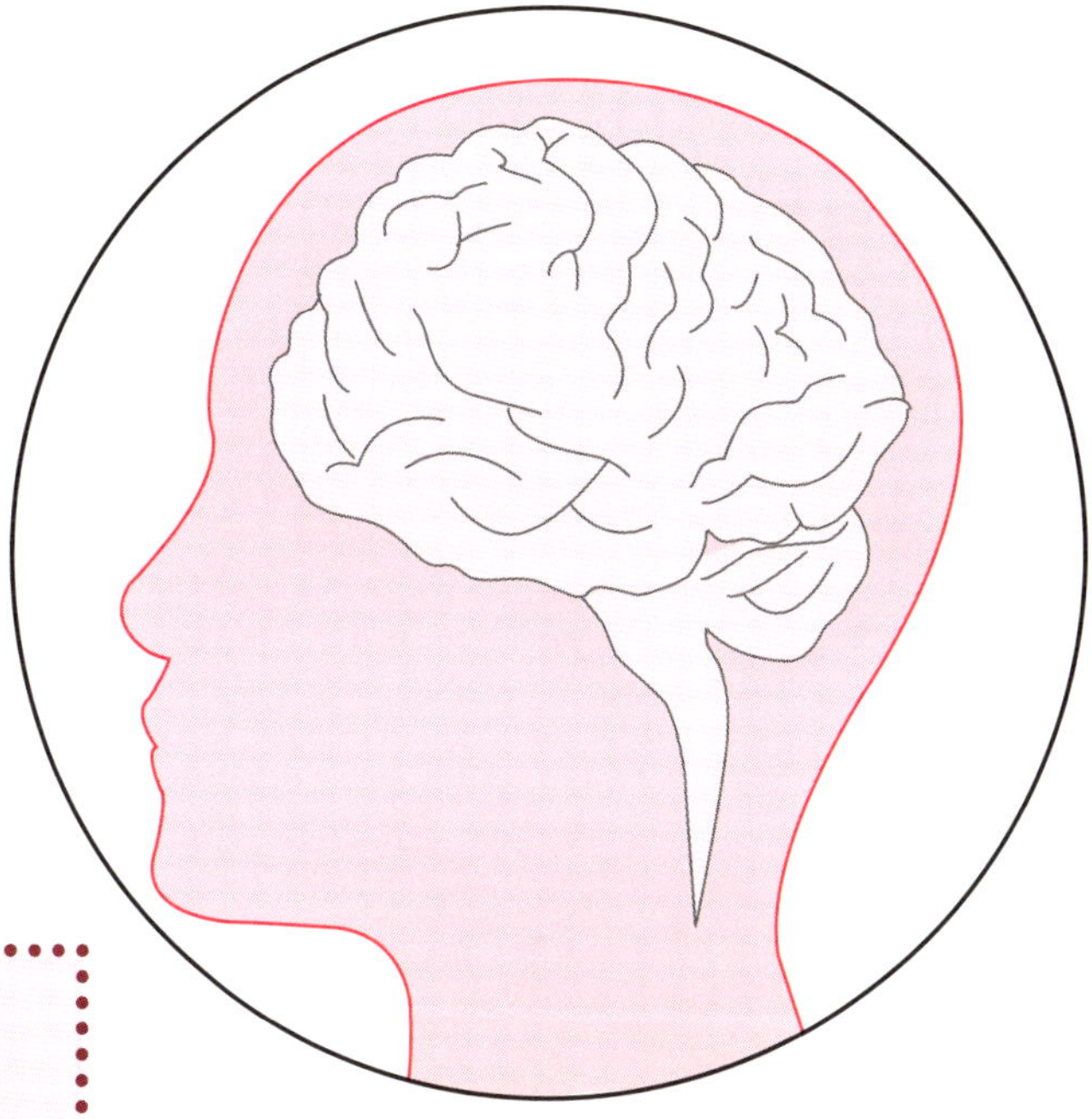

ケーススタディの二つ目は、〝脳卒中後遺症〟です。脳血管障害による上肢痛や腰痛も高齢者の症状としてあらわれやすいものですが、ここでは片麻痺（身体の片側に麻痺が発生）の方を想定したメニューをご紹介していきます。

脳卒中後遺症としては上肢や下肢の関節拘縮の他、体幹の横隔膜や腰の筋肉も衰えて、腰痛を併発している方もいます。

まさにその症状は全身に及んでいるのですが、ＳＭＥのメニューは、キメ細かく、全身の細部にその効果が及んでいるのが特長です。

メニューの一つひとつは簡単にできることですし、時間もかかりません。そういったことを数多く、バリエーション豊かな動きを含めて行うことが大事です。

基本方針

脳卒中後遺症の主症状である上肢と下肢の関節拘縮を防ぎながら、エクササイズで筋力の向上をはかります。

① 肩回旋

脳卒中右片麻痺の方の想定で、右肩への施術からご紹介していきます。片麻痺の方は肩の筋肉が落ち、肩が上がり気味で、肘・手首が拘縮した、非常に緊張の高い状態にあります。

横向きに寝かせ、痛みの出ないよう、拘縮に逆らわないよう、右手を下から差し添えて、左手で肩甲骨全体をサポートします。そして肩で円を描かせるように動かします。痛みが出ないよう、小さな円からスタートします。ゆっくりと丁寧に、指先に力を加えすぎず、体幹で動かすようにして5回回します。

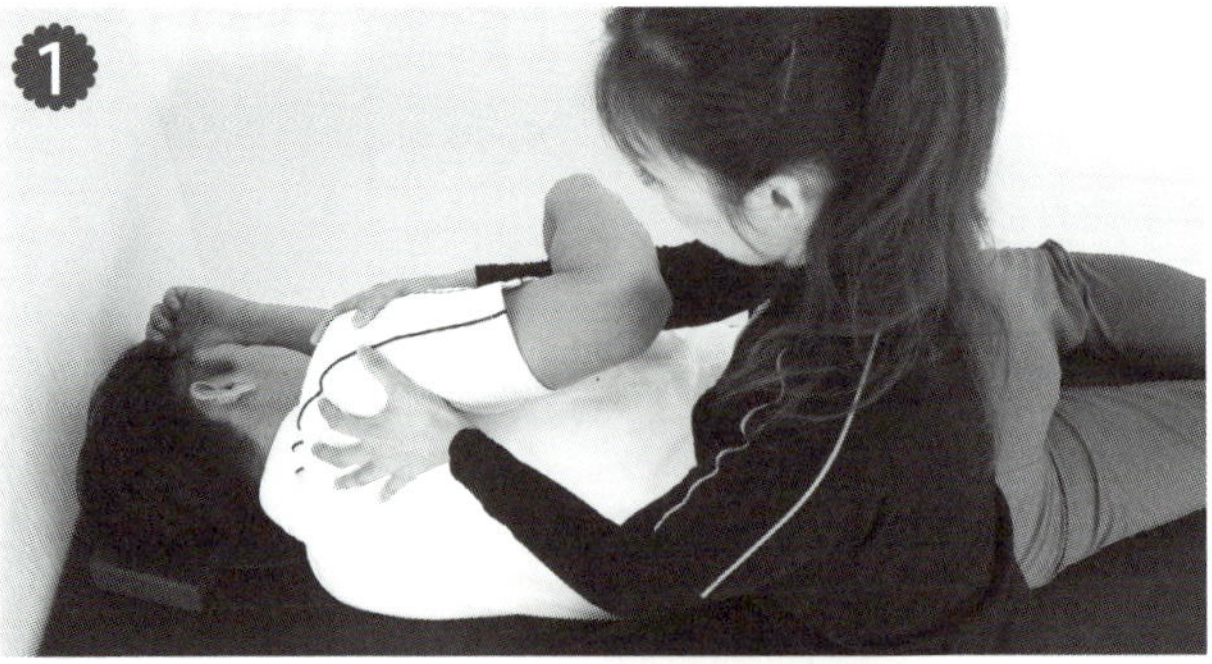

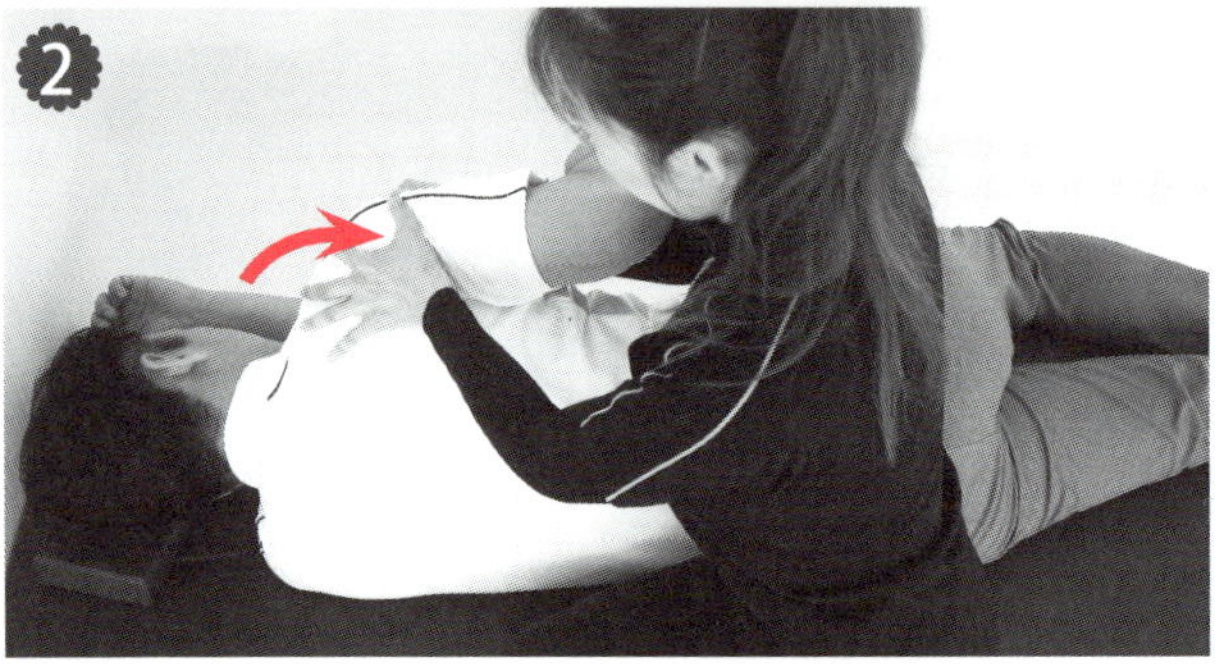

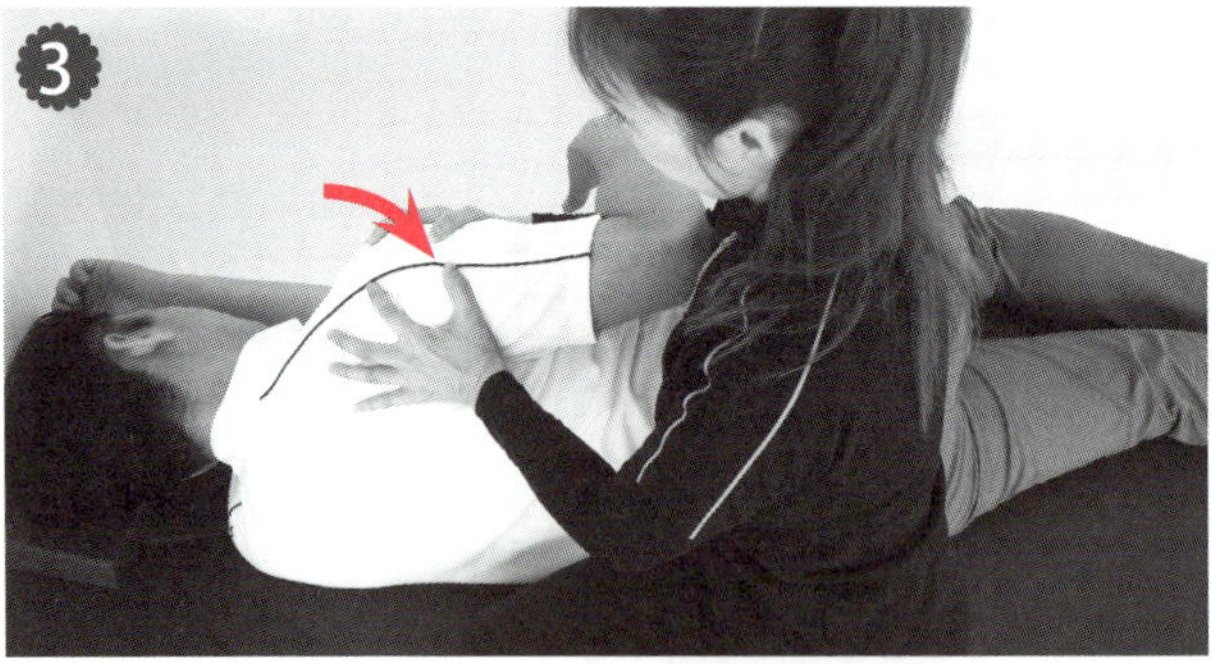

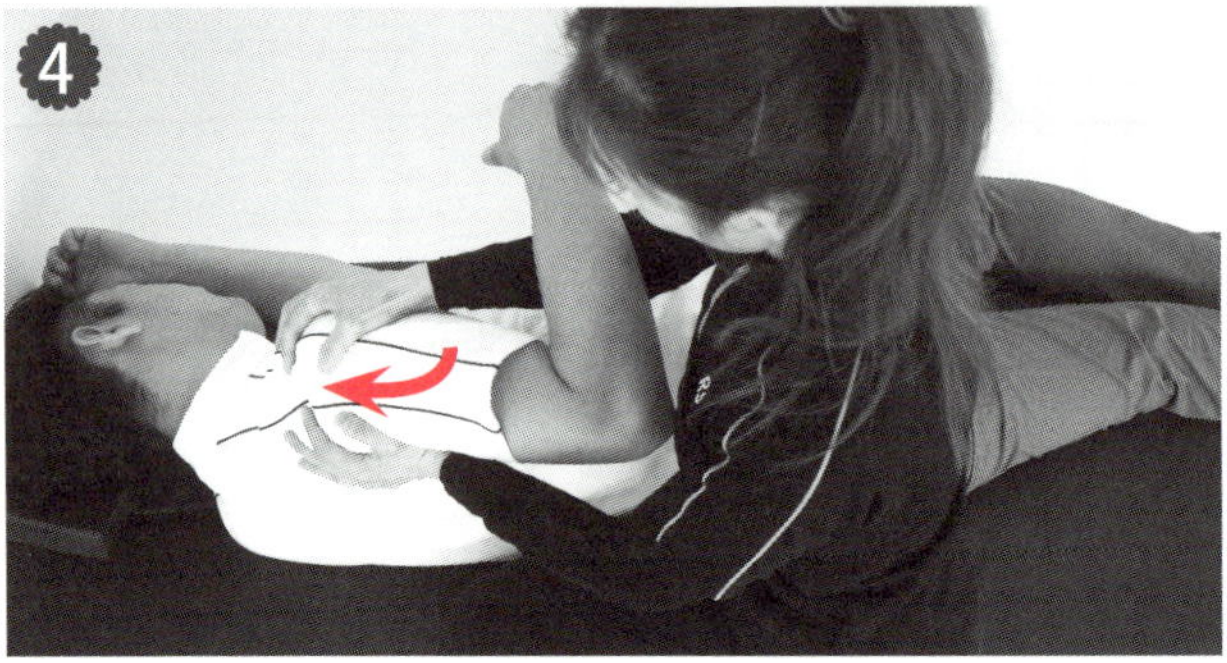

② 肩引下げ

肩が上がっている方が多く見られますので、それを気持ちよく引き下げるように行います。

痛みが出ないようにゆっくりと、クライエントの表情を見ながら行います。

５回行い、最後に一番伸びた所（写真２）でしばらくキープします。

耳の後ろから肩峰までの僧帽筋が気持ちよく伸びるようなイメージで行います。

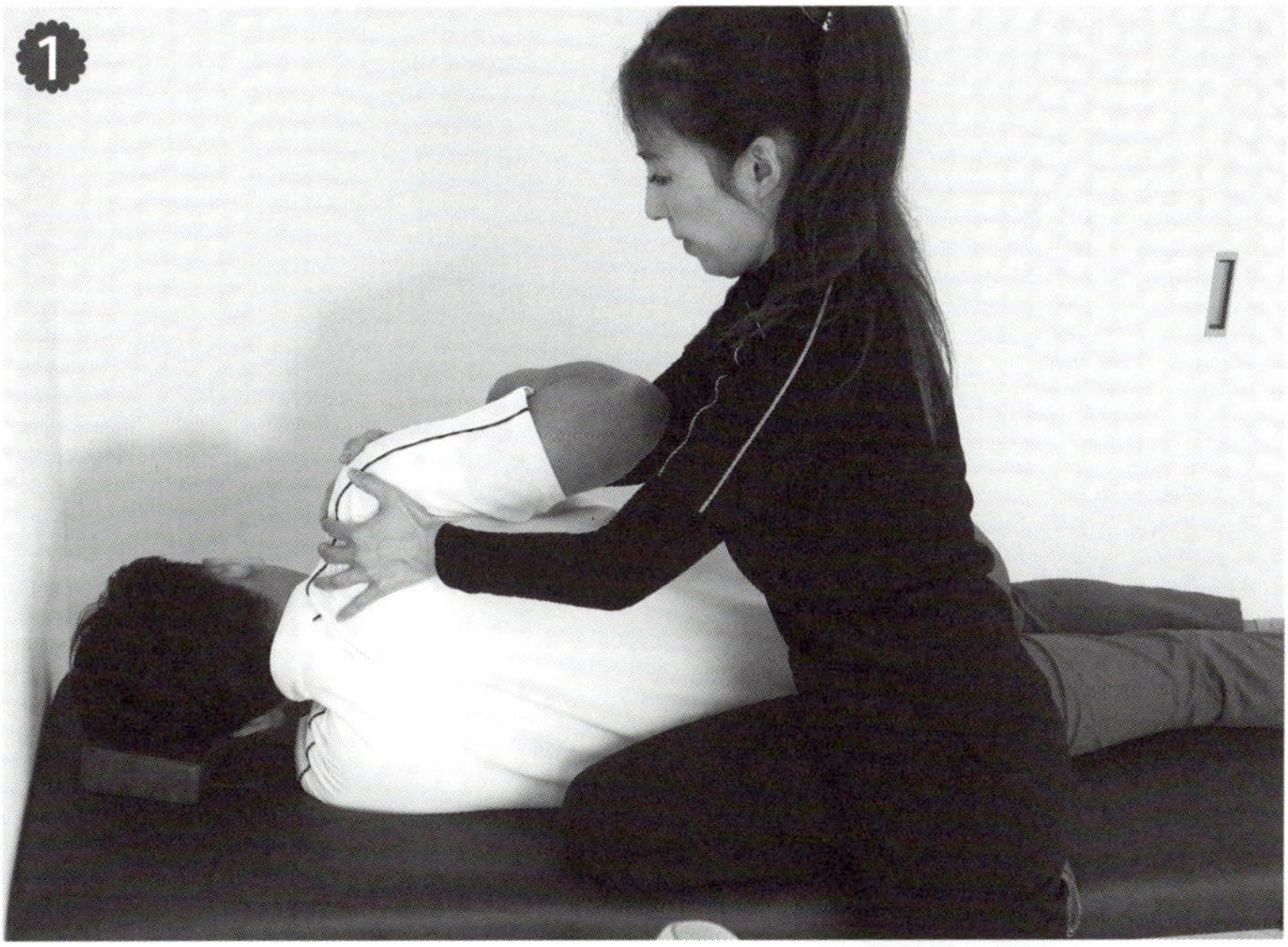

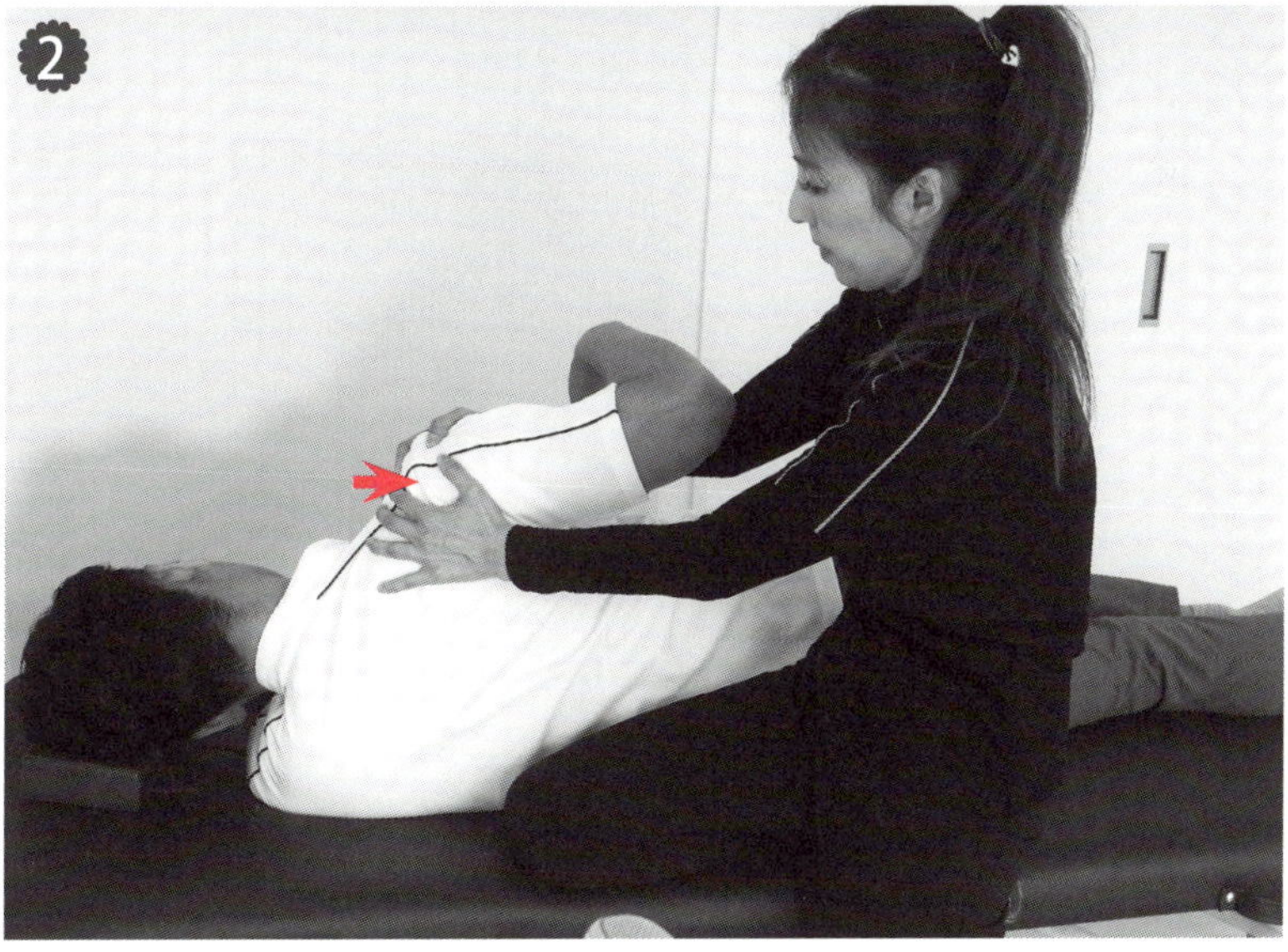

肩関節を下→上方へと上げます。

脳卒中片麻痺の方は 90 度くらいで痛みが出る場合も多いので、この 90 度の位置（写真２）を丁寧に行います。

無理に上げる事はせずに、痛み、可動域をみながら 90 〜 100 度くらいの範囲を丁寧に行います。

右手で肩甲骨の下角をサポートしてあげると、動きが広がります。

５回くらい行って、最後に痛みの出る手前の所まで動かしてキープします。

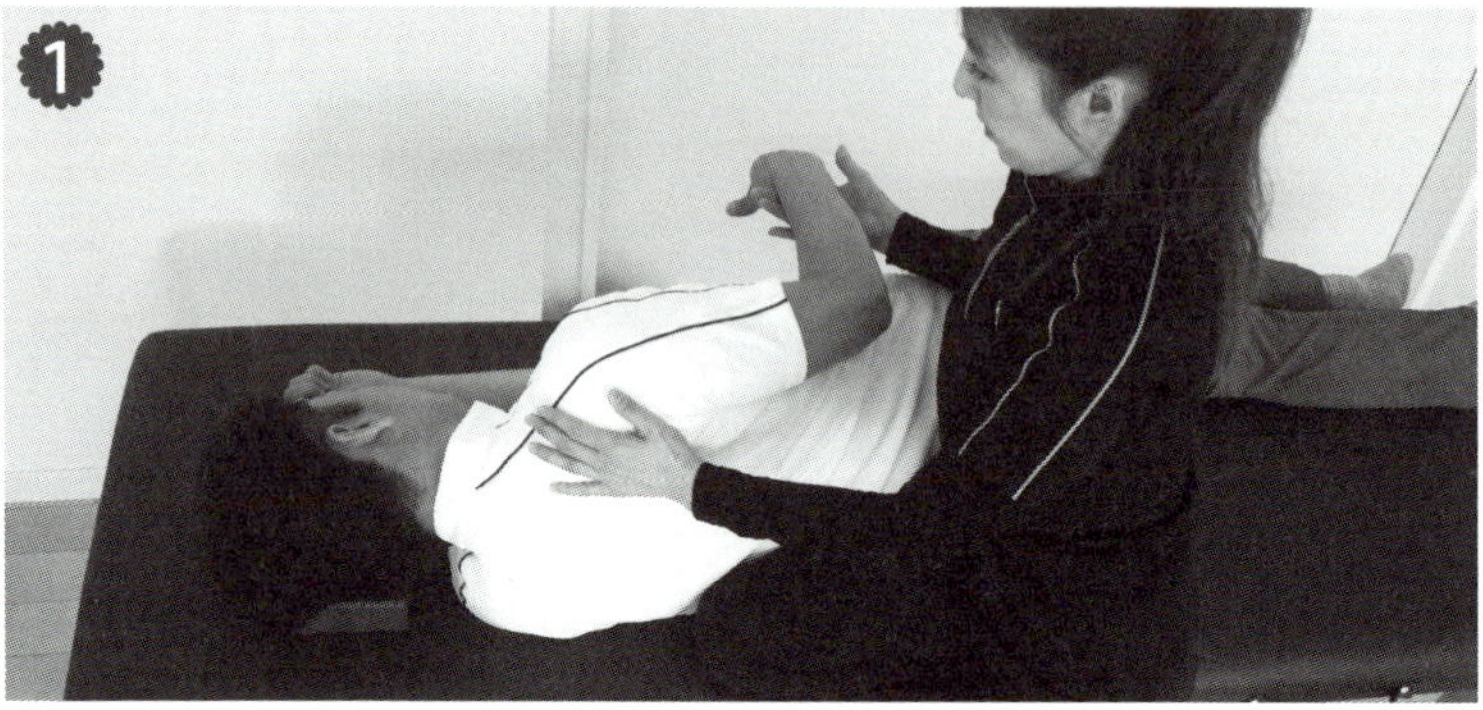

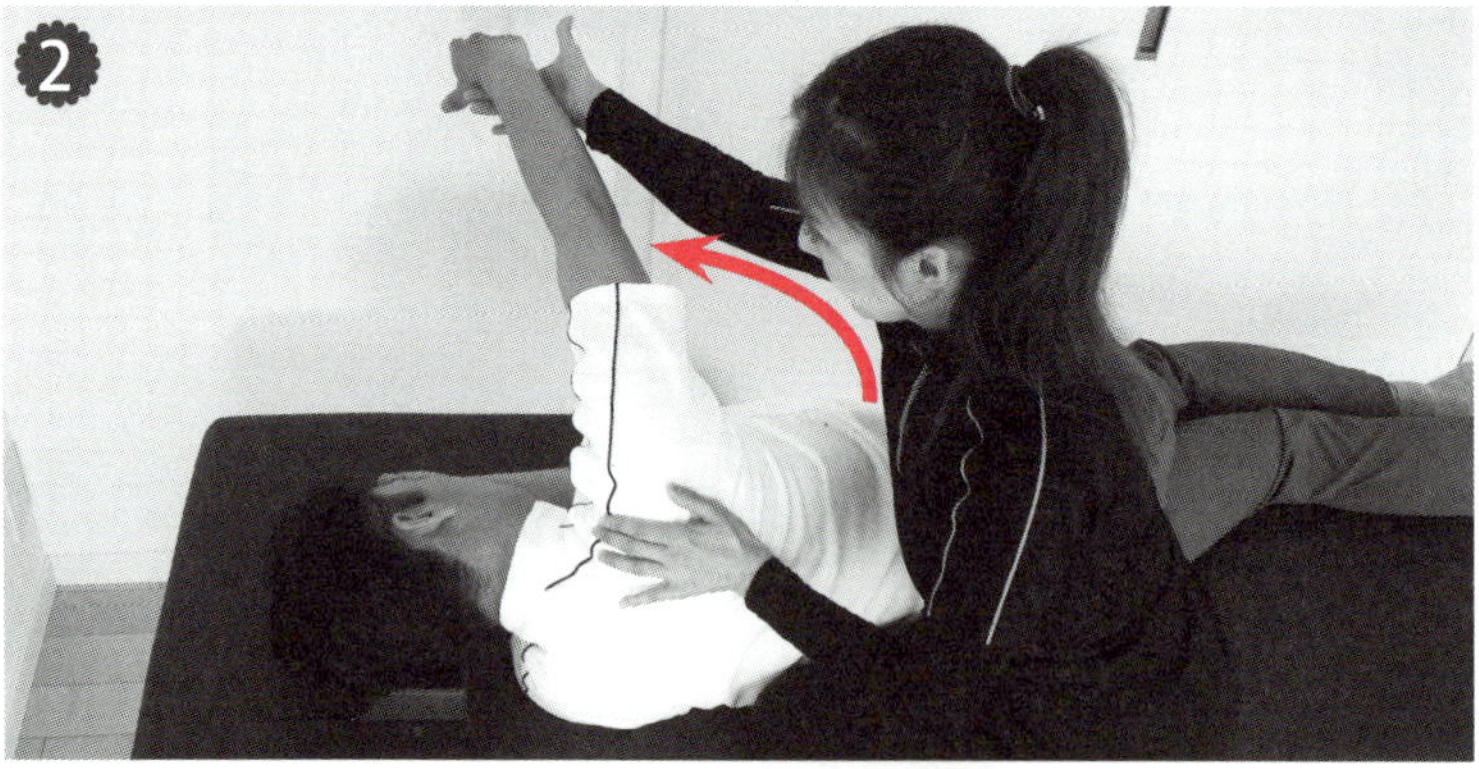

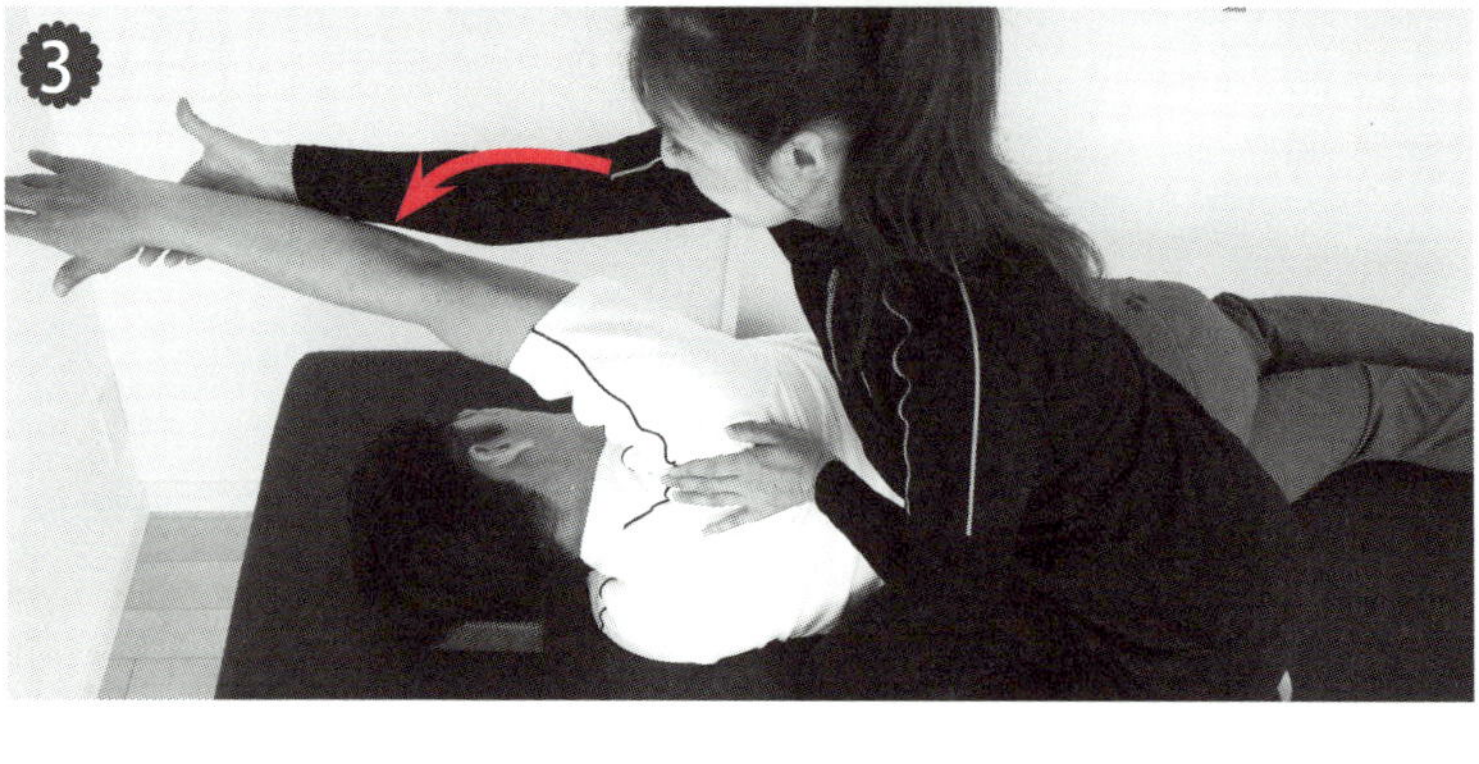

④ 肩甲帯を後ろに引く

肩甲帯・上肢帯全体を後ろに引きますが、拘縮の強い方の場合、引く時に上半身全体が後ろに来てしまいます。そうならないよう、体幹はそのままの位置にキープします。肩だけで引いてしまうと痛みが出やすいので、肩甲骨内側あたりをタッピングしたりさすることで、背中の筋肉から大きく、肩甲骨全体を動かすようにします。この動きによって呼吸も楽になってきます。

５回ほど繰り返し、最後に一番気持ち良く伸びた所（写真２）でしばらくキープします。

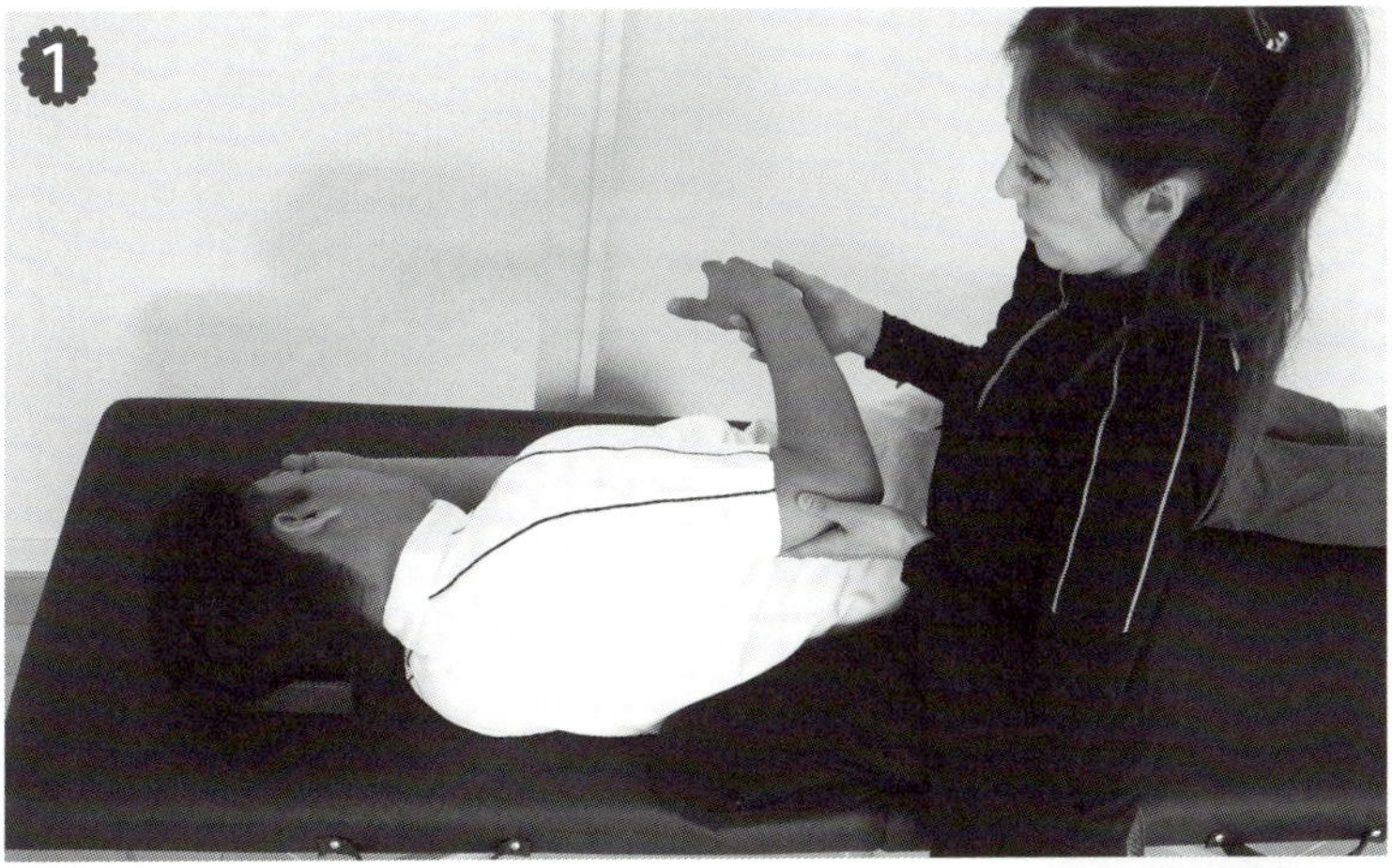

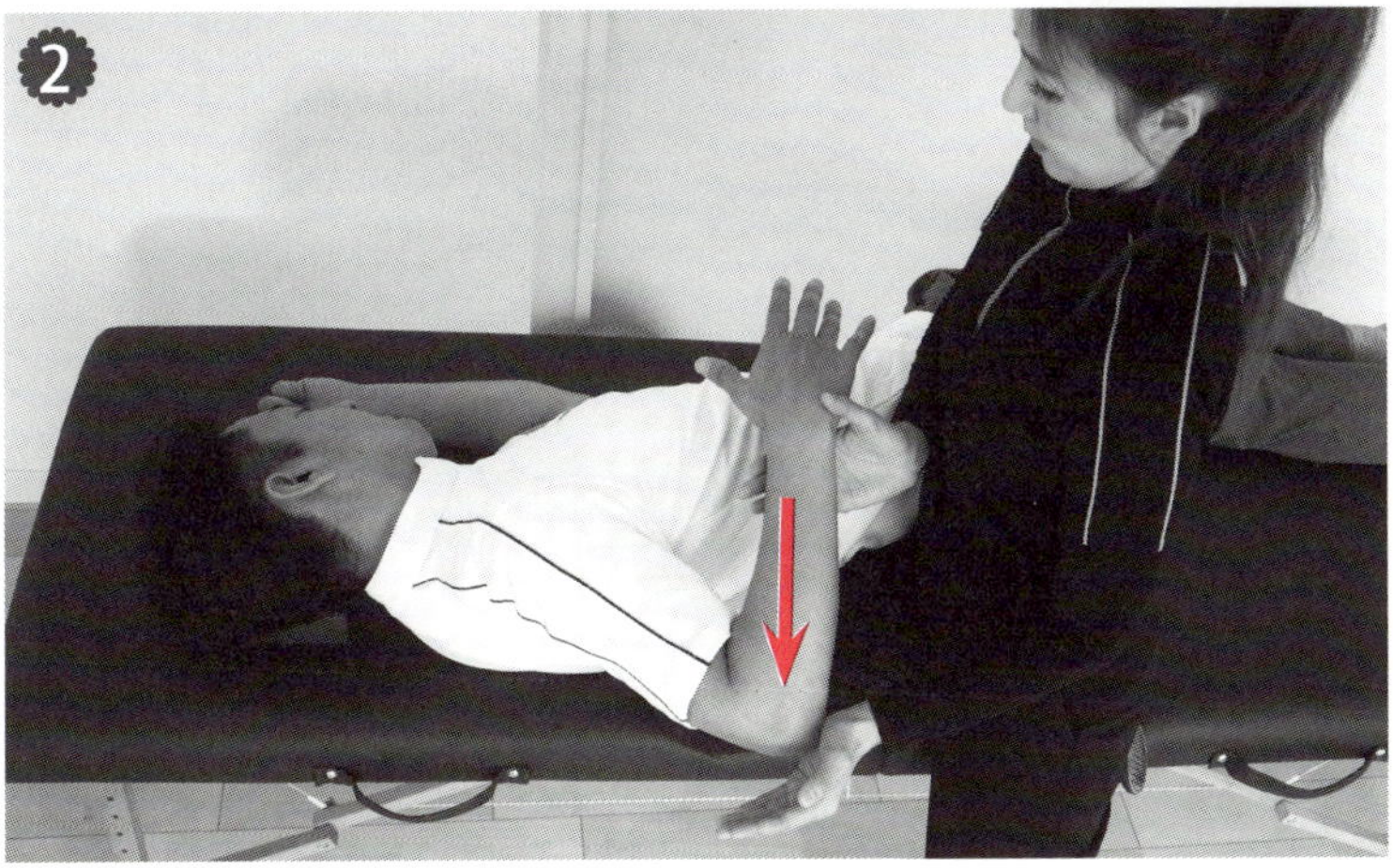

肘を伸ばします。上腕二頭筋が強く拘縮している方は 90 度行かない場合もあります。無理に伸ばそうとせずに、まずは可動範囲でゆっくりと丁寧に行っていきます。

この時、肘を左手で軽くサポートしてあげると、無駄な動きがなく、安全に誘導することができます。

５回ほど繰り返し、最後に最大可動域のところでしばらくキープします。この時にゴムのように収縮する動きを示す方もいますので、キープすることによって過剰な筋緊張をゆるめるイメージで行います

⑤ 肘の伸展

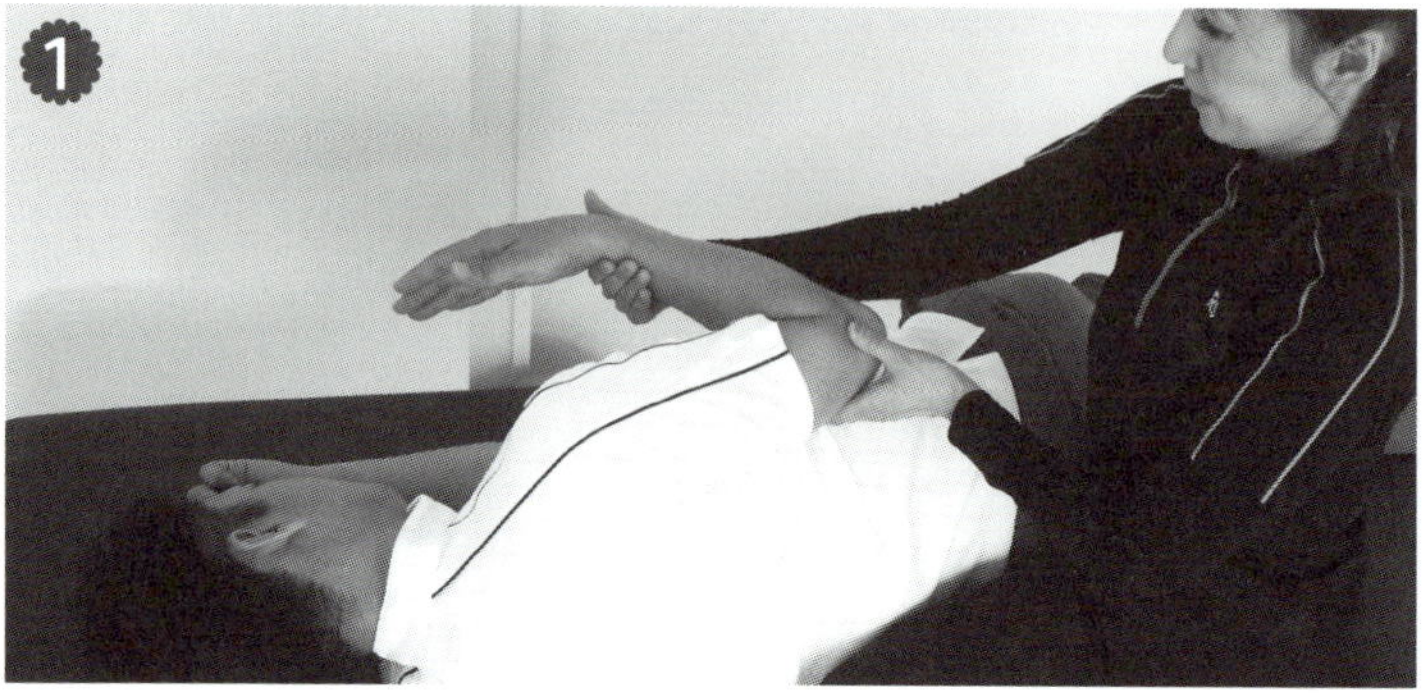

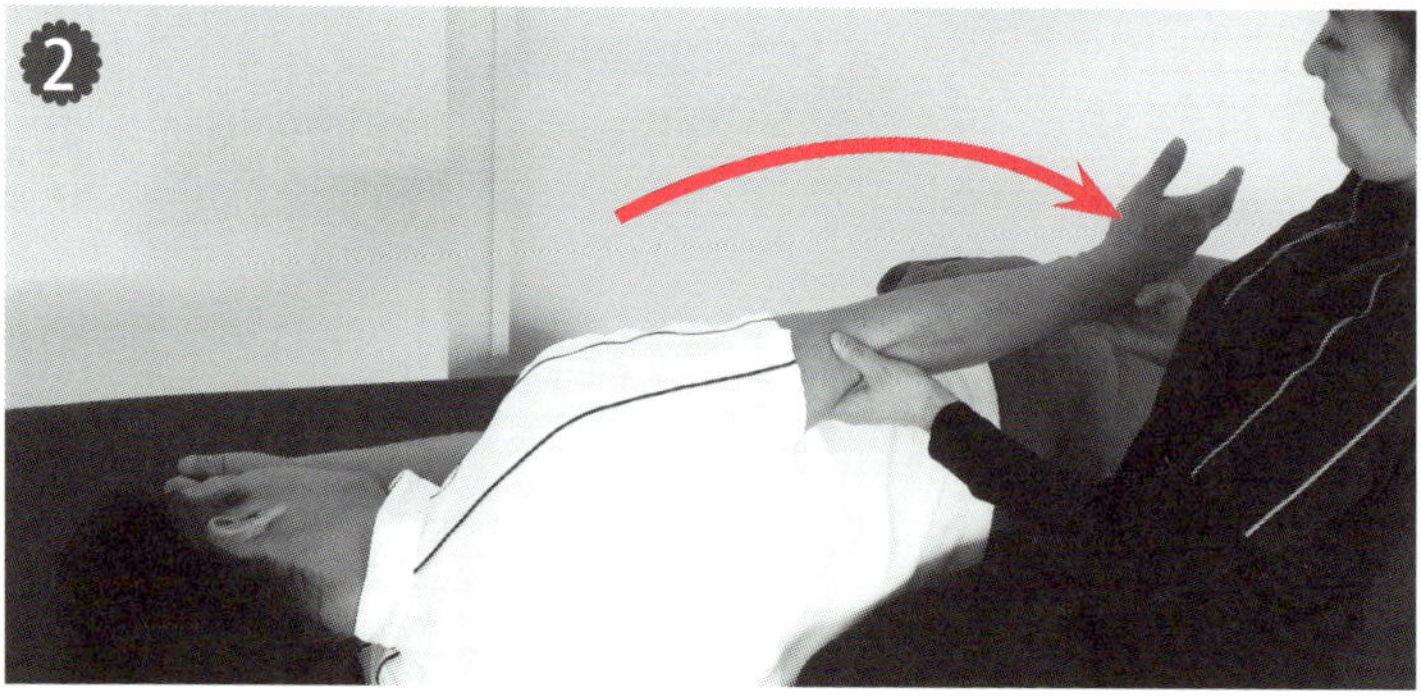

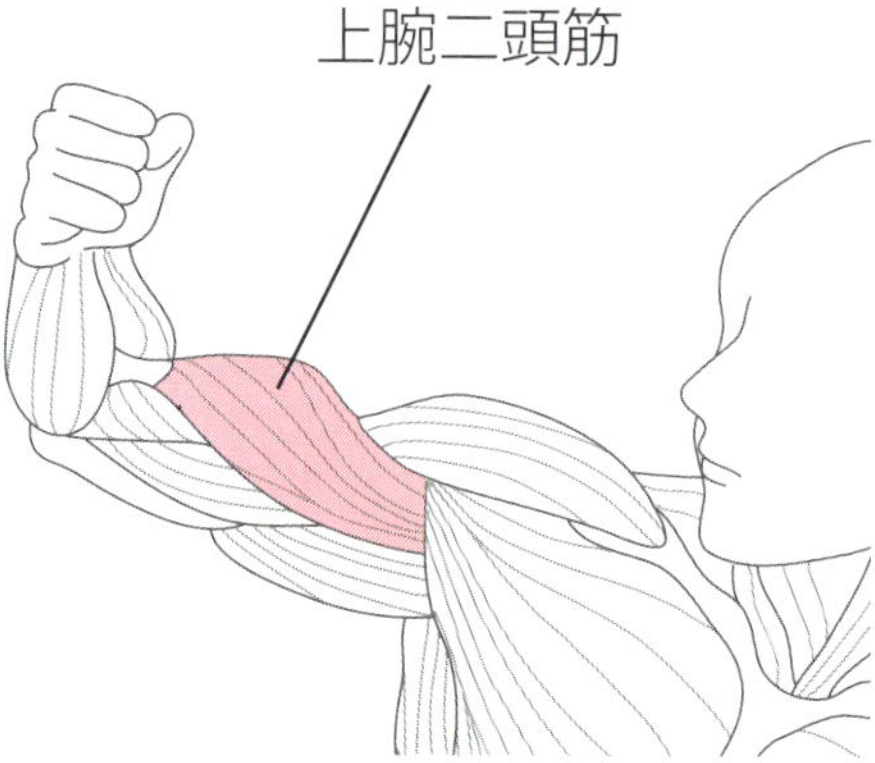

⑥ 手関節の伸展

手首も指も屈筋が強く拘縮されている方がいますので、無理に行わないようにしてください。肘を曲げた方が腱がゆるみ、痛みが出にくい状態で行えます。

掌全体でサポートしながら、手首の曲げ伸ばしを行います。

５回ほど行い、最後に一番伸びた所（写真２）でしばらくキープします。

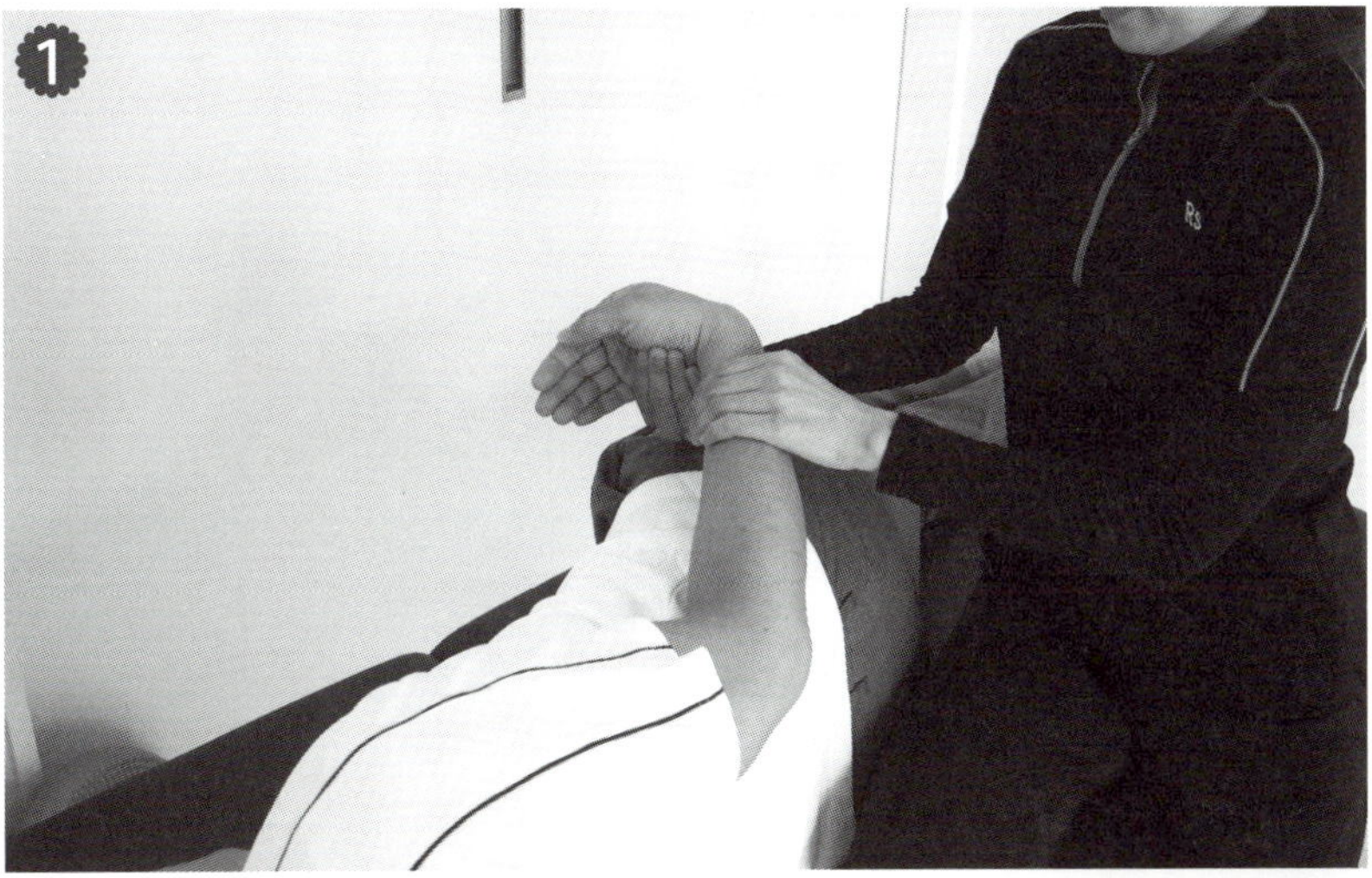

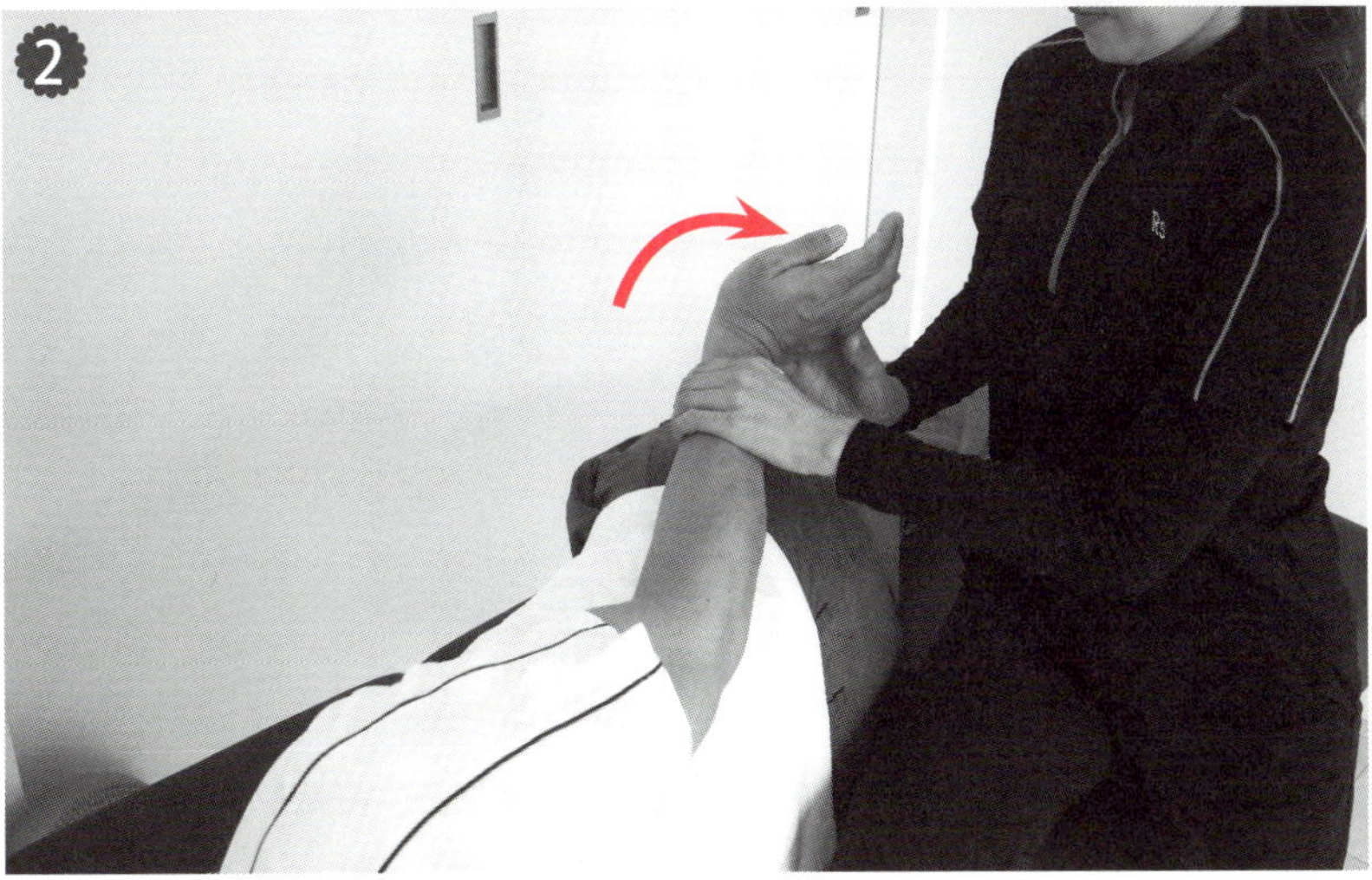

① 肩上部の筋肉をゆるめる

第７頚椎の横から、肩甲骨上角に向かっての菱形筋の縁のラインを中指の腹を中心とした３本の指でマッサージしていきます。痛みが出ないように、体幹の圧を指先にやさしくかけるイメージで、丁寧に行います。

上角はよく痛みを訴えられるポイントなので、"肩外兪" のツボでしっかり圧をかけます。

僧帽筋、菱形筋の下にある肩甲挙筋もしっかり圧をかけます。

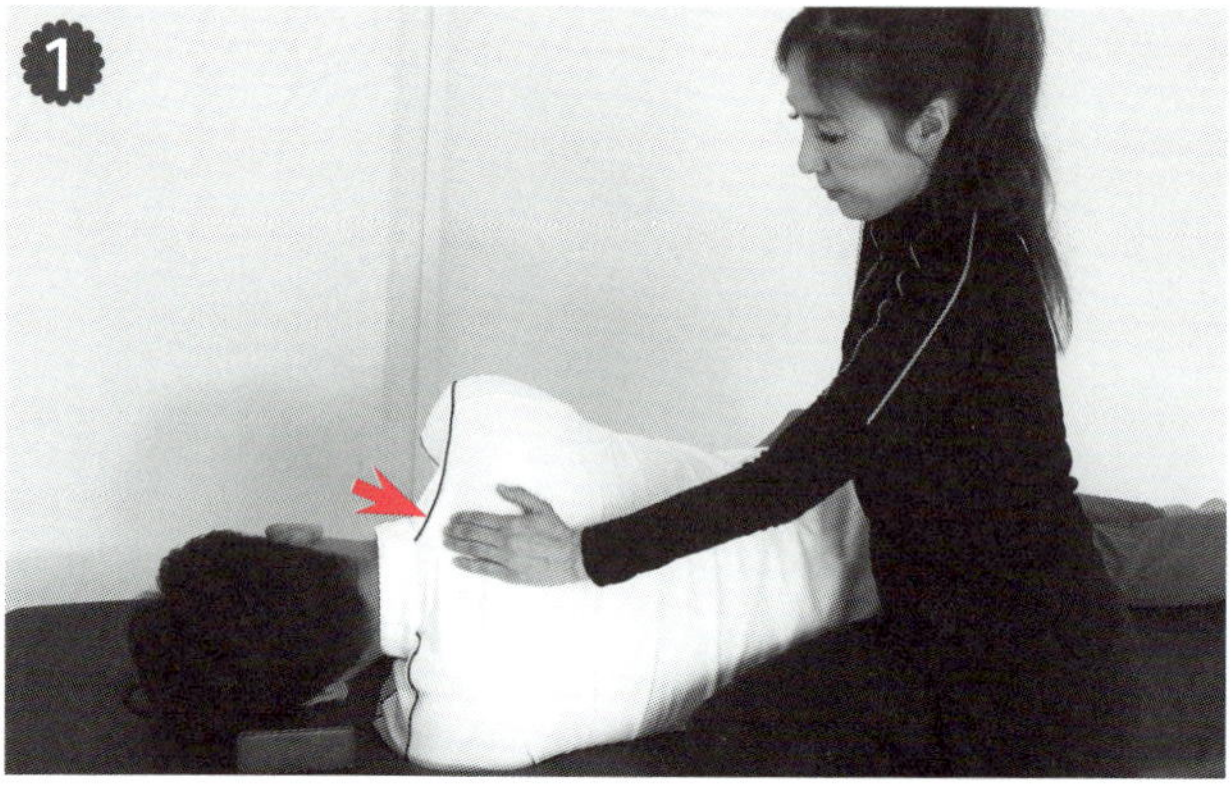

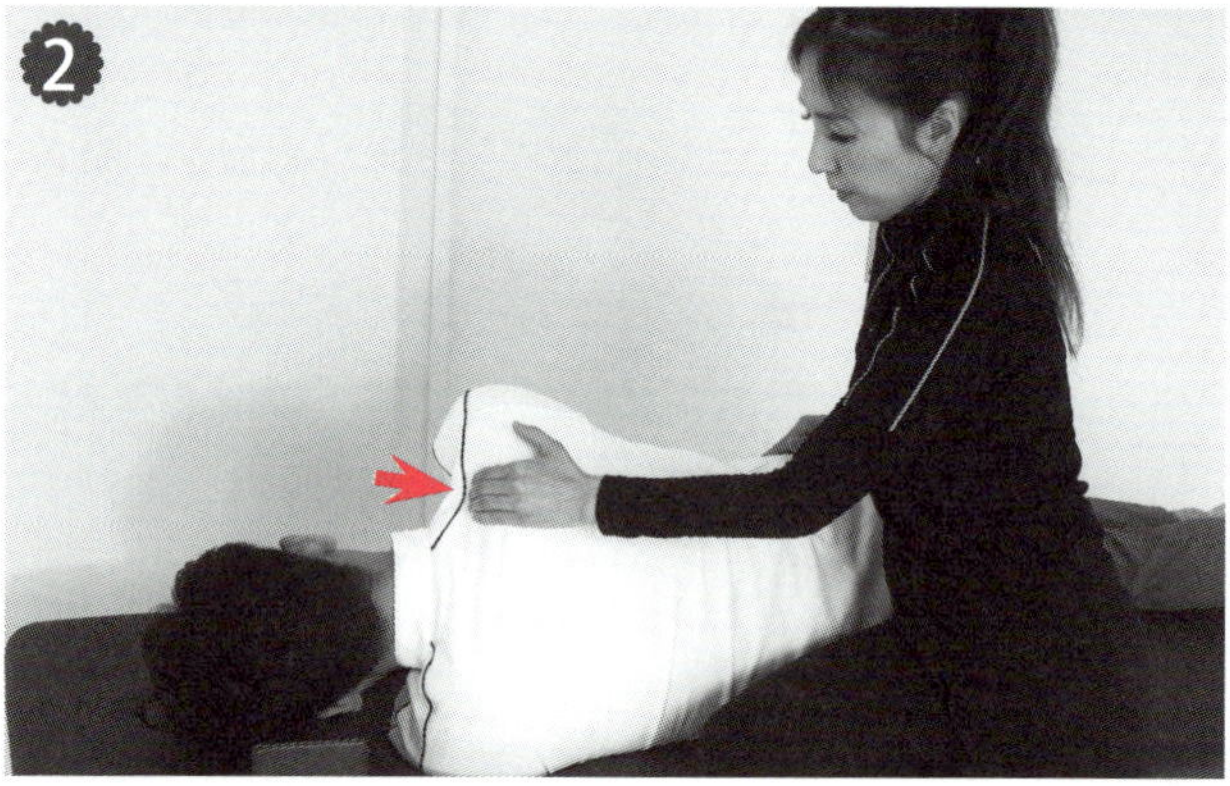

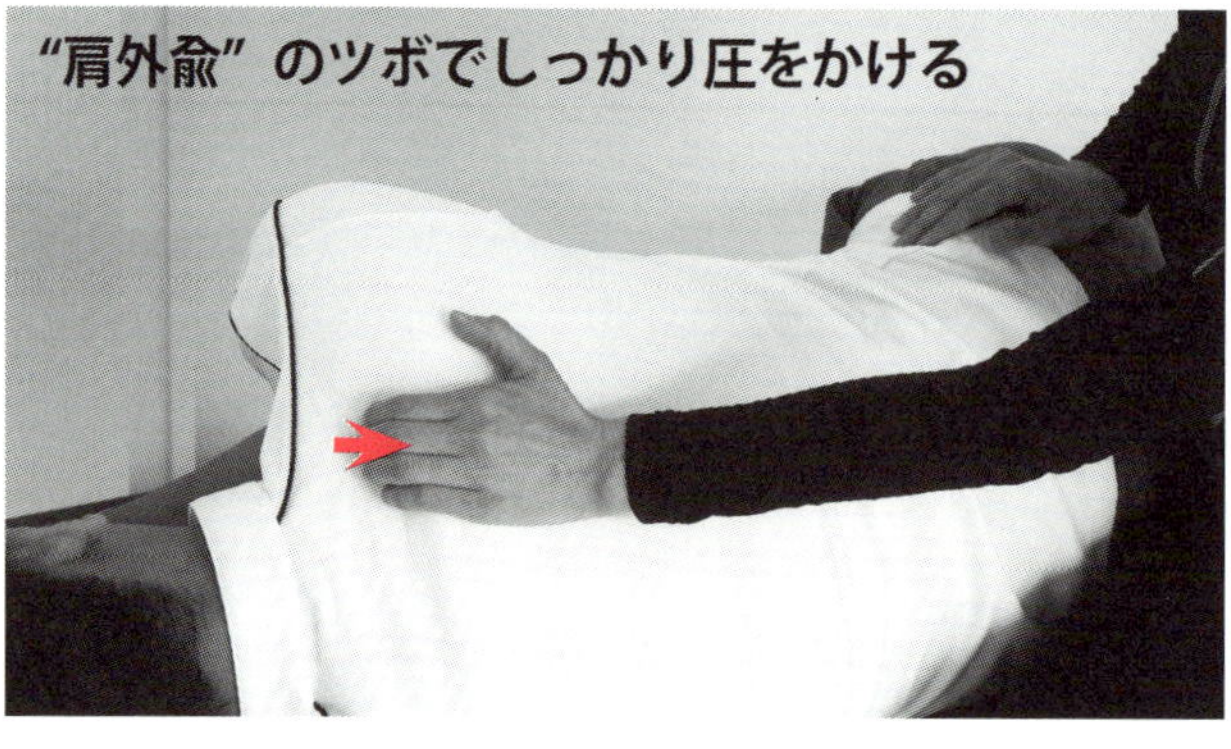

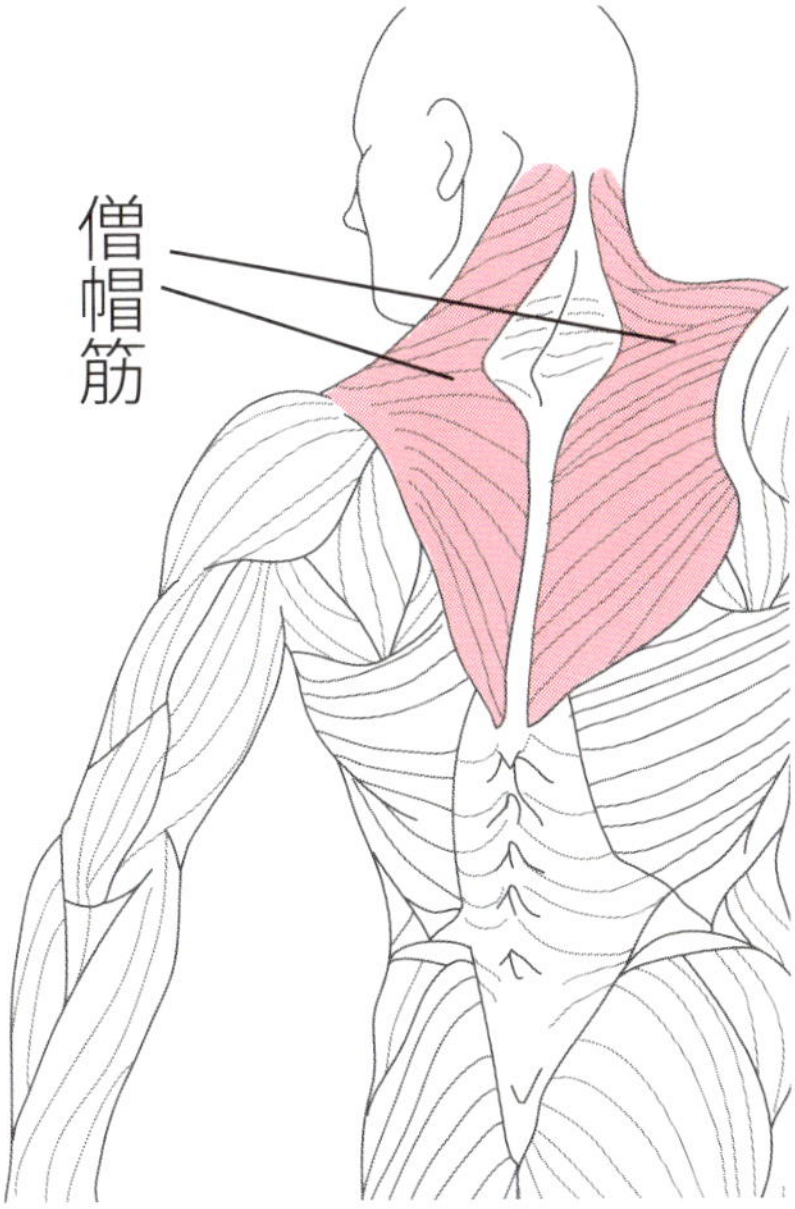
僧帽筋

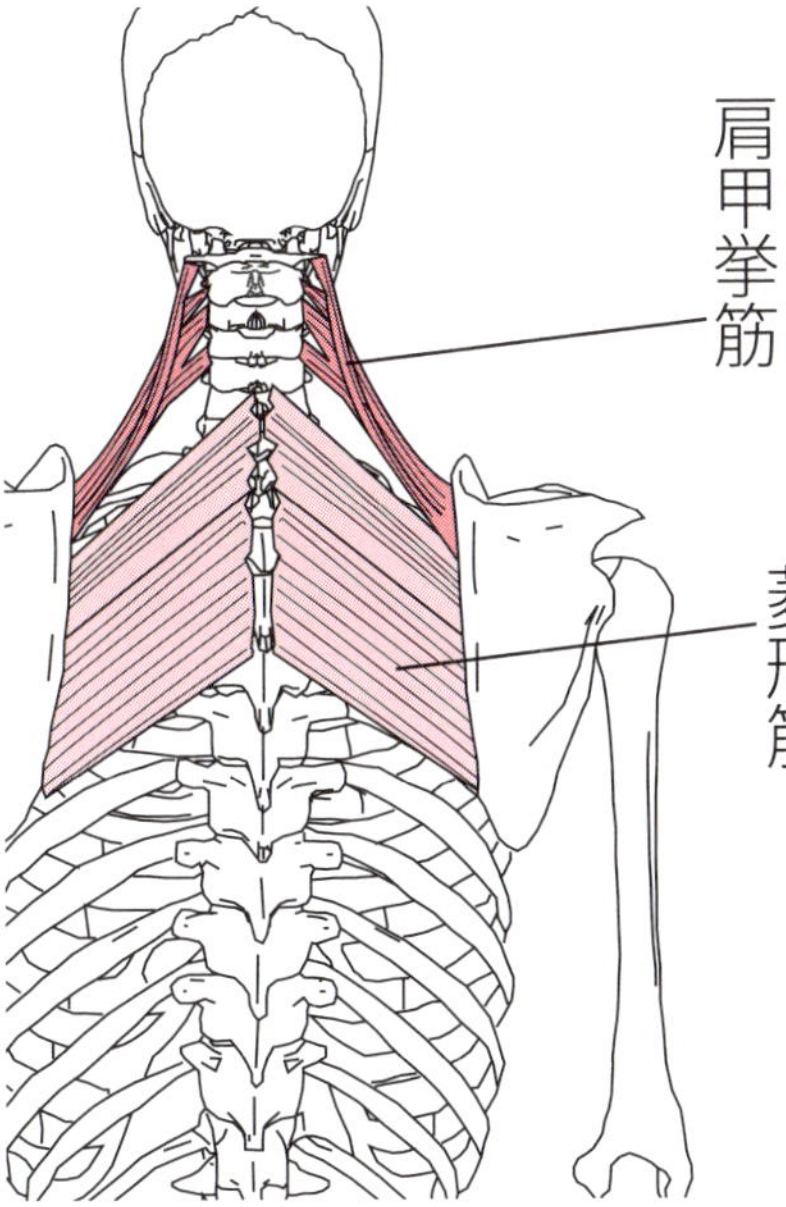
肩甲挙筋
菱形筋

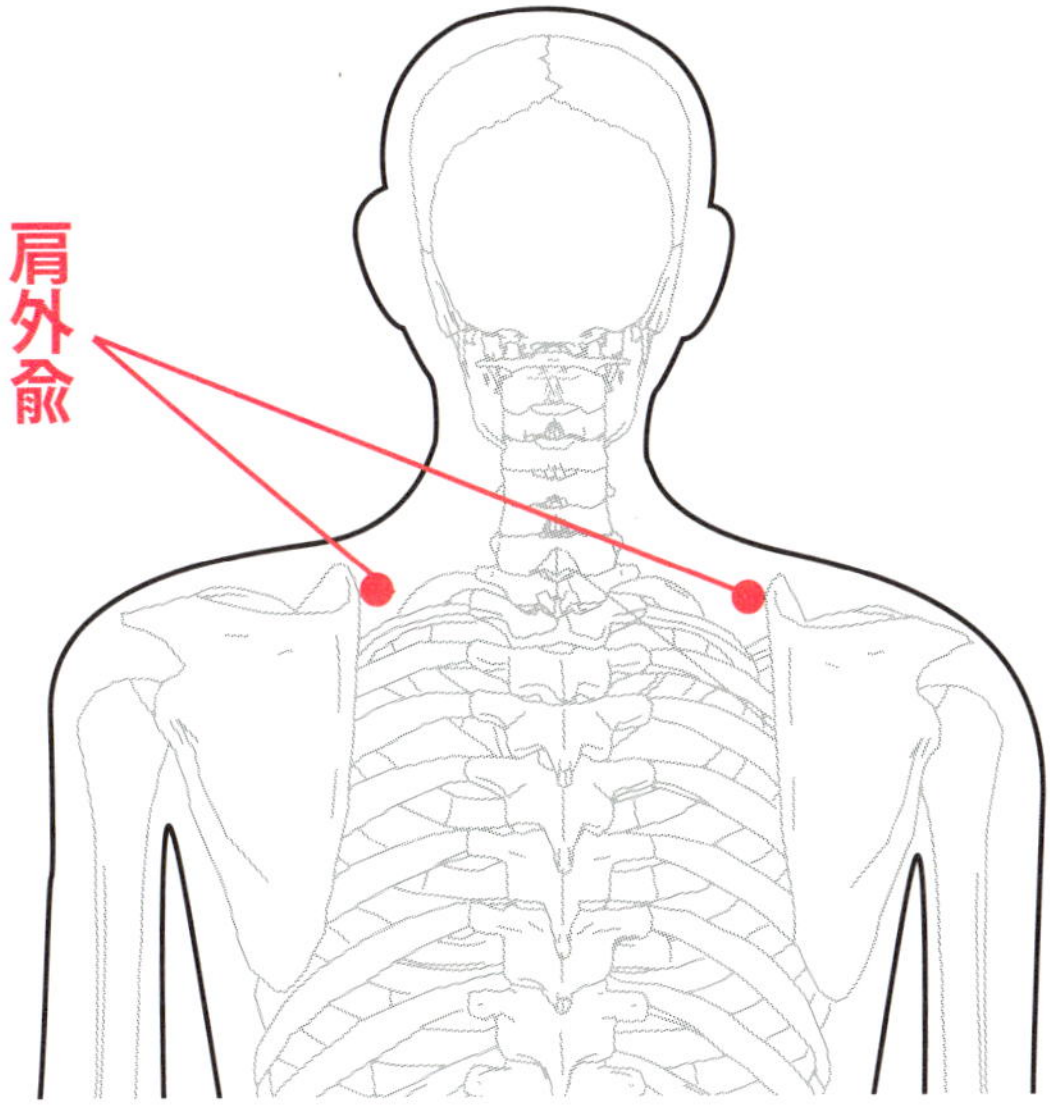
肩外兪

首肩の移行部から“肩井”のツボを圧迫します。そして僧帽筋の上の縁を中指でマッサージしていきます。

体幹の圧を指先に届けるようなイメージでしっかり圧をかけていきます。

５回ほど繰り返し、表面の緊張が取れたところで再び“肩井”のツボを圧迫します。

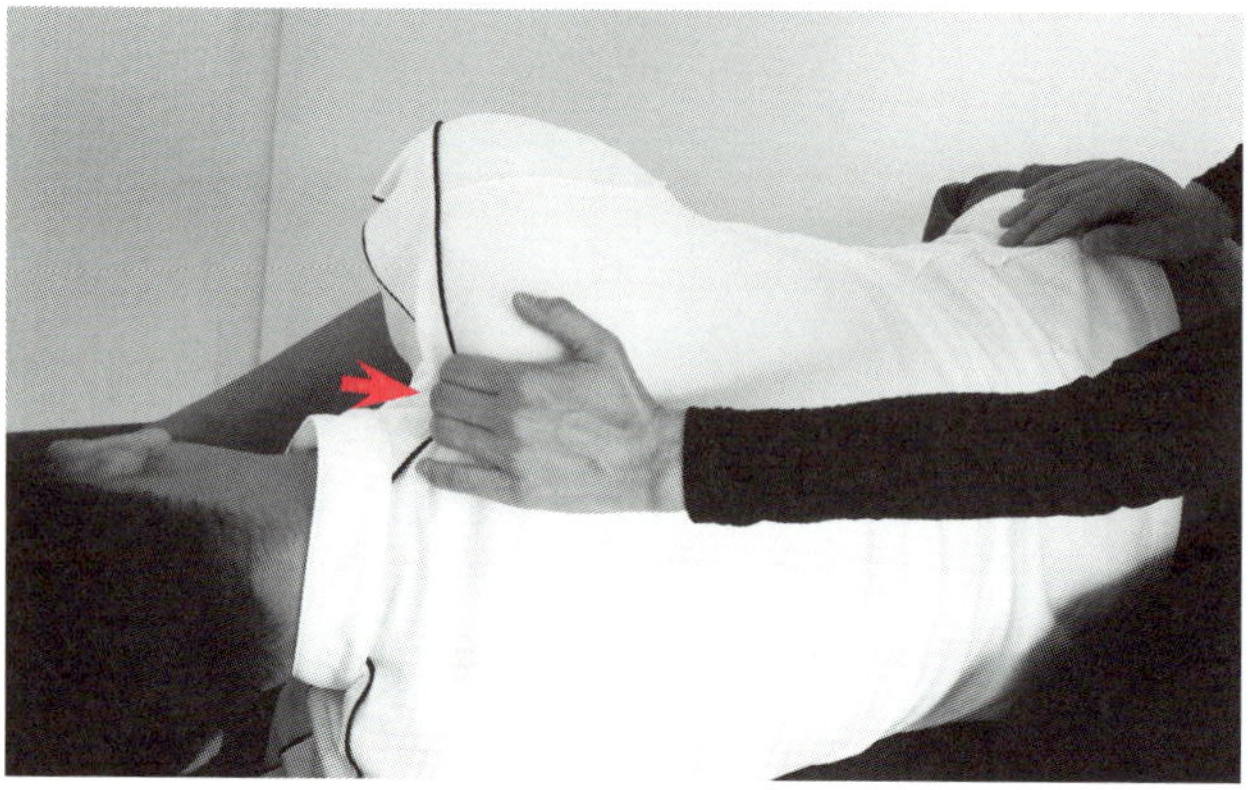

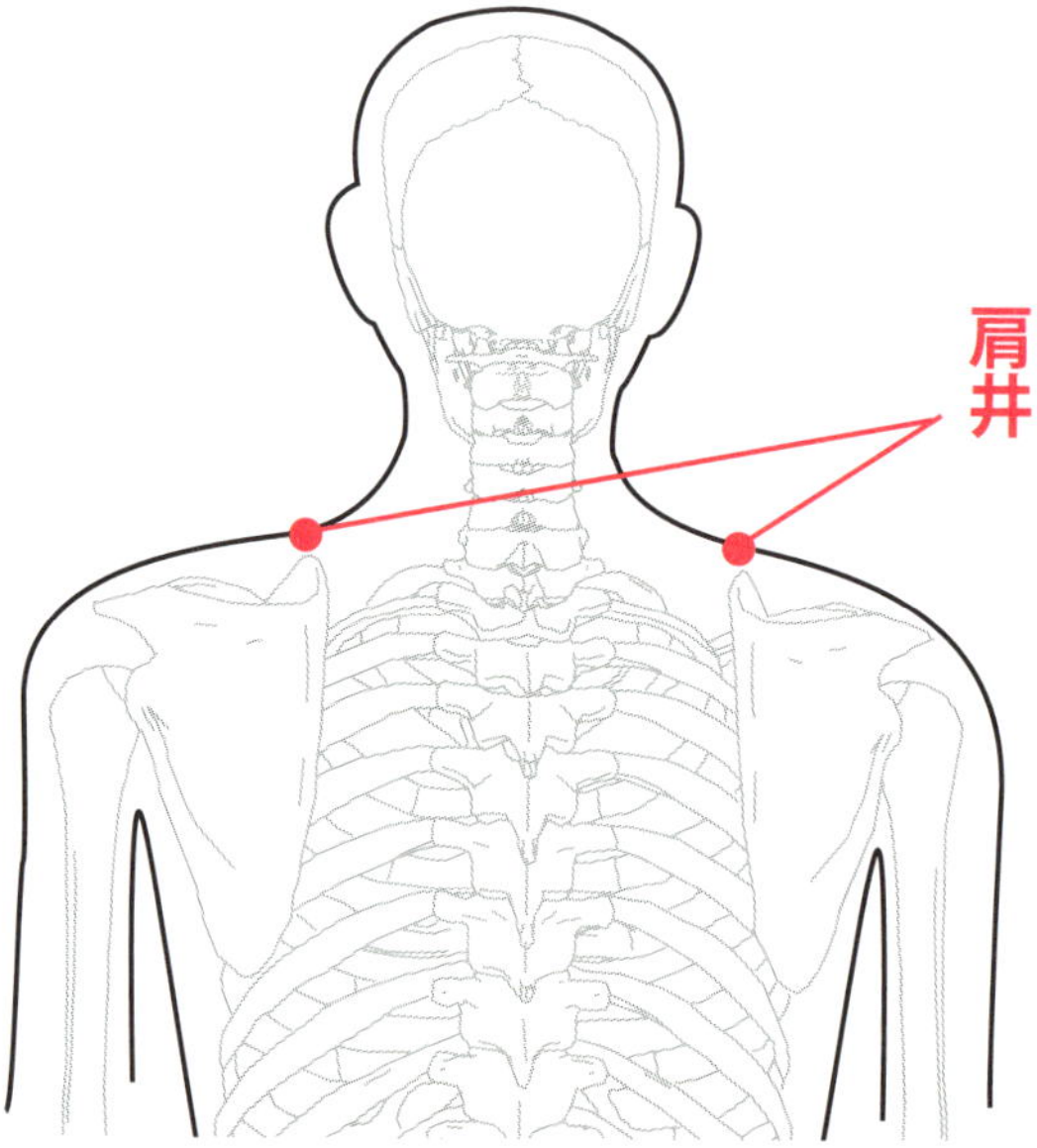

② 脊柱起立筋をゆるめる

脊柱起立筋のラインをゆるめて行きます。
脊柱起立筋の高まりを、中指を中心にした3本の指でマッサージしていきます。
肩甲骨の間は、メンタル症状や呼吸器症状のある方には重要なポイントです。
筋肉だけでなく、心もほぐすような気持ちで丁寧に行っていきます。

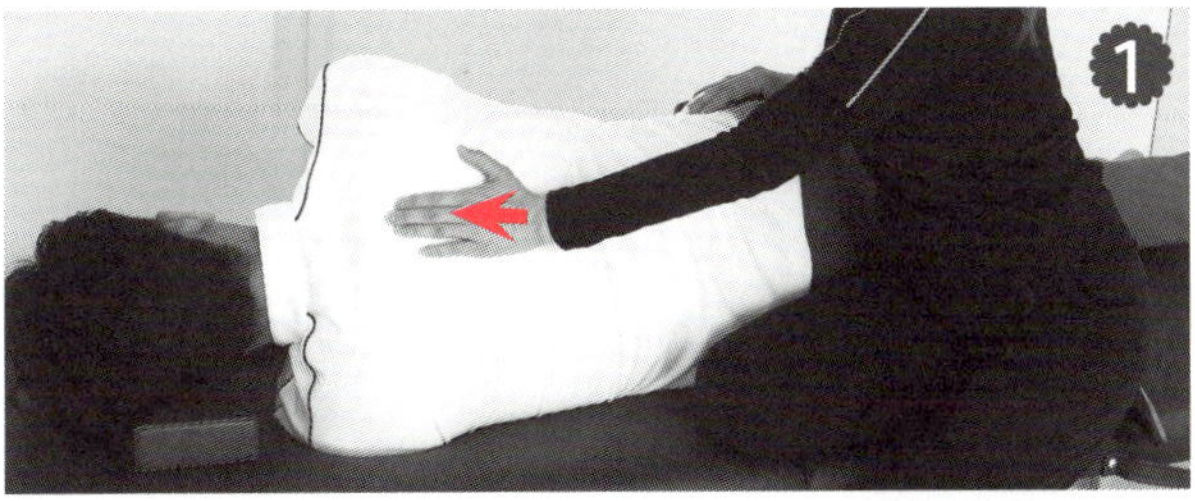

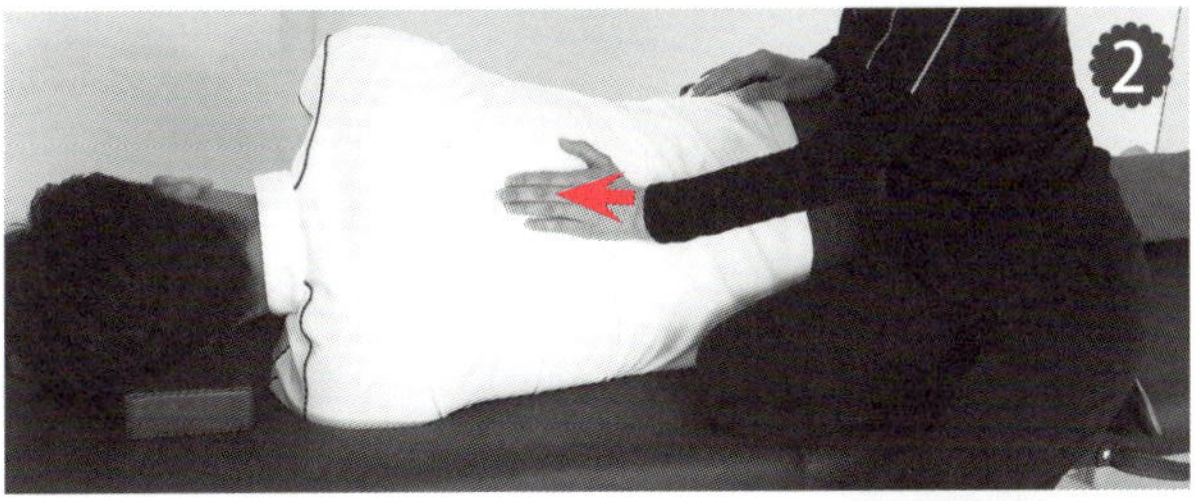

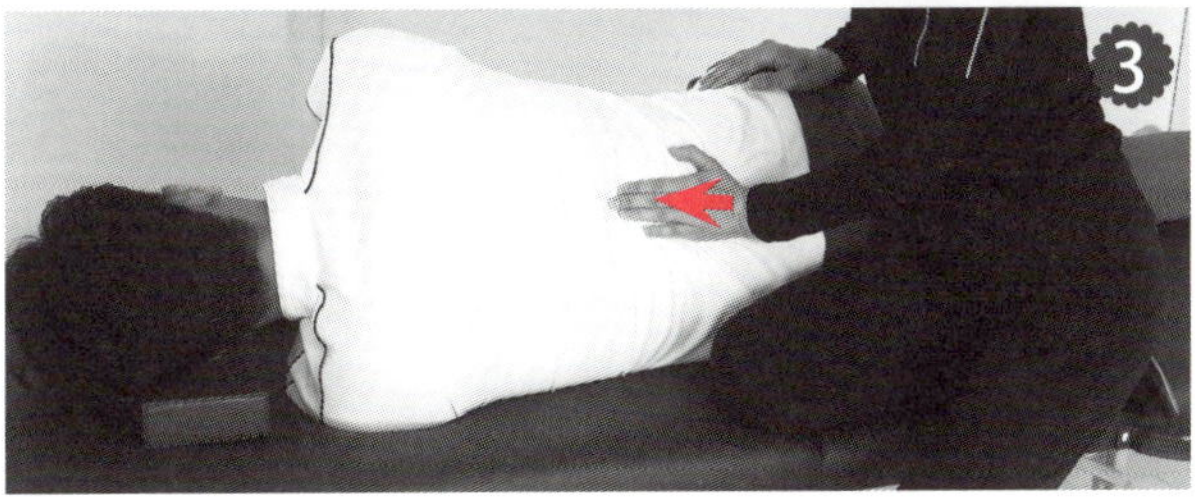

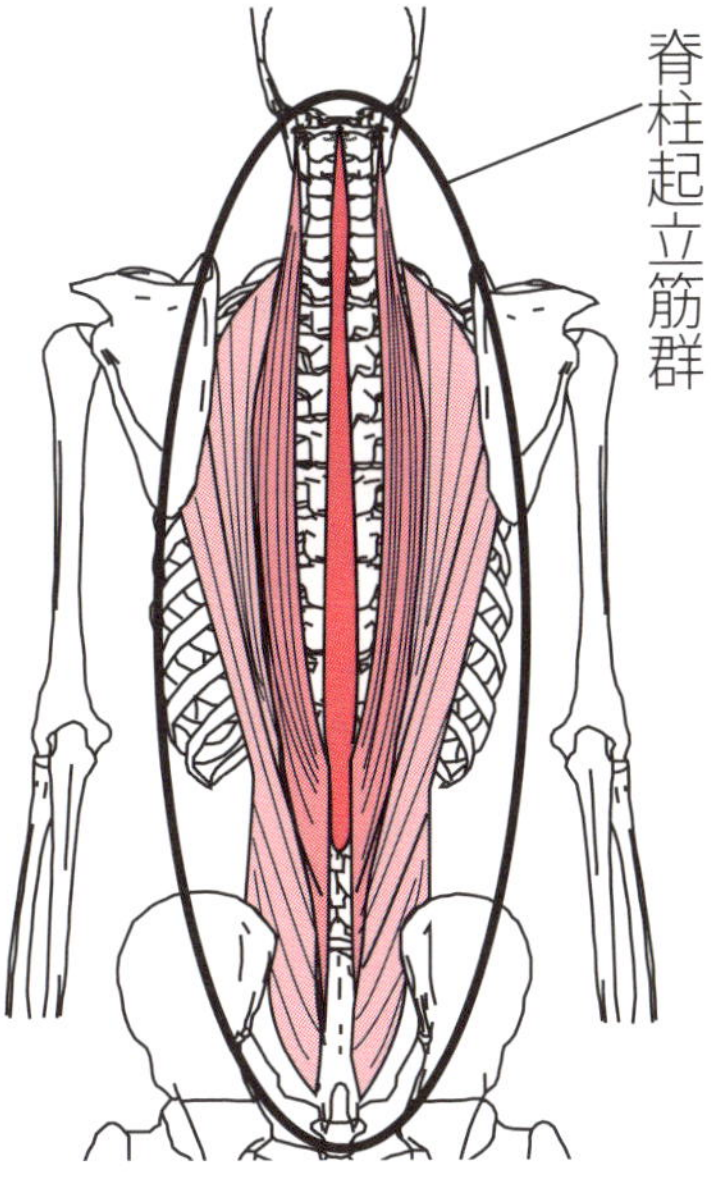

肩甲骨の上角から、肩甲骨内縁に沿って、表面にある僧帽筋、菱形筋、深部の肩甲挙筋や腸肋筋などまでも拘縮が進んでいますので、しっかり丁寧に行います。
“肩外兪” のツボは、ここでも重要なポイントになります。

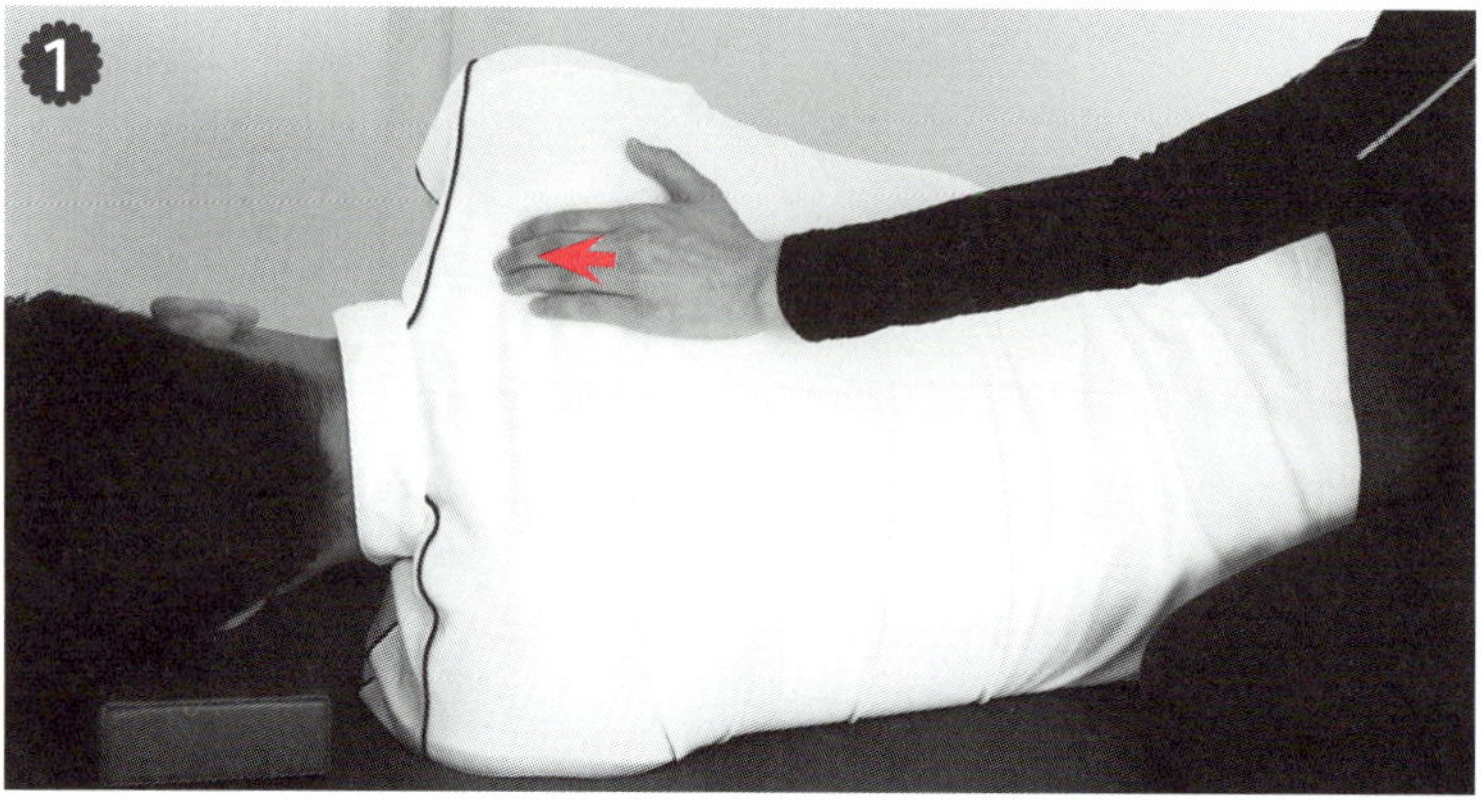

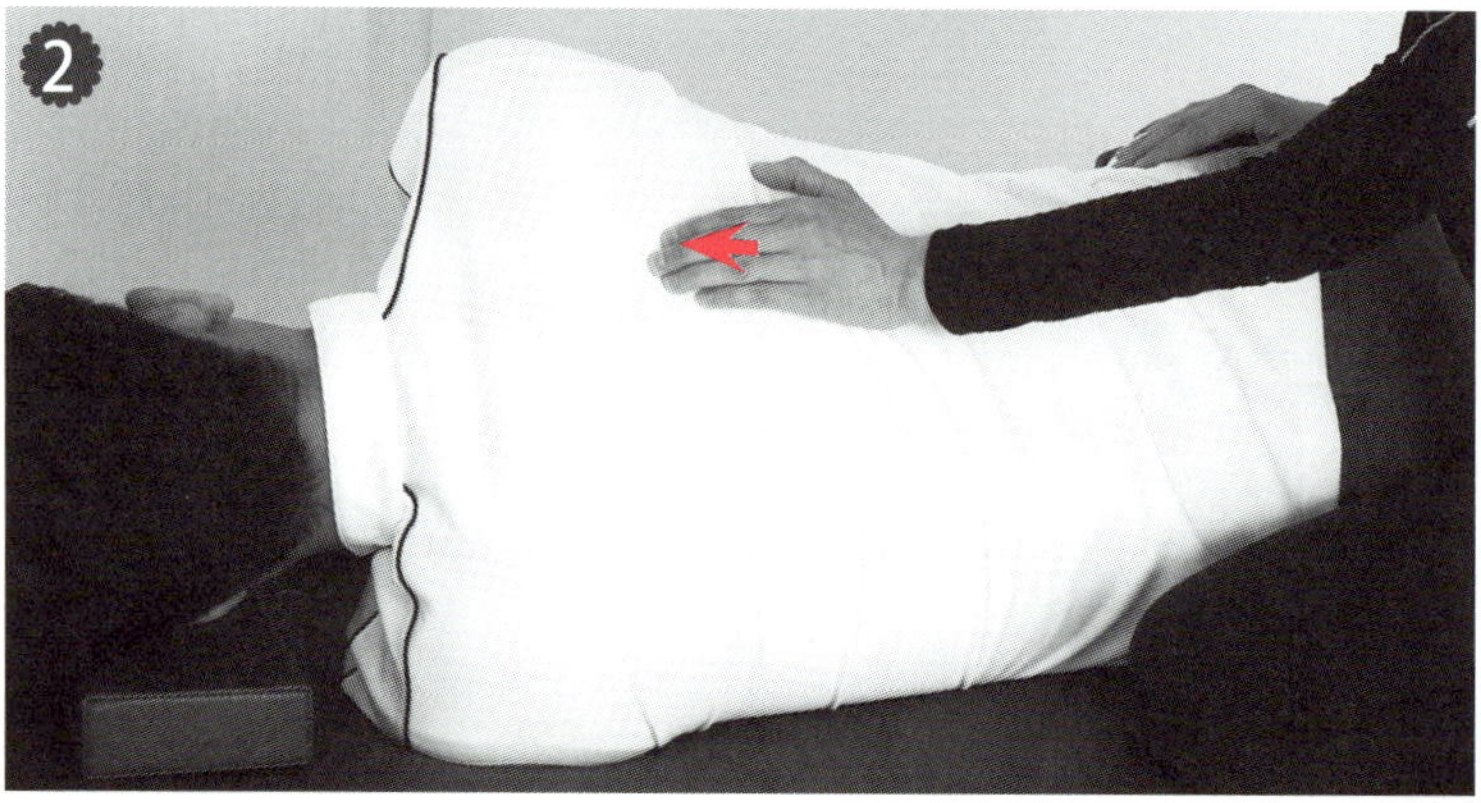

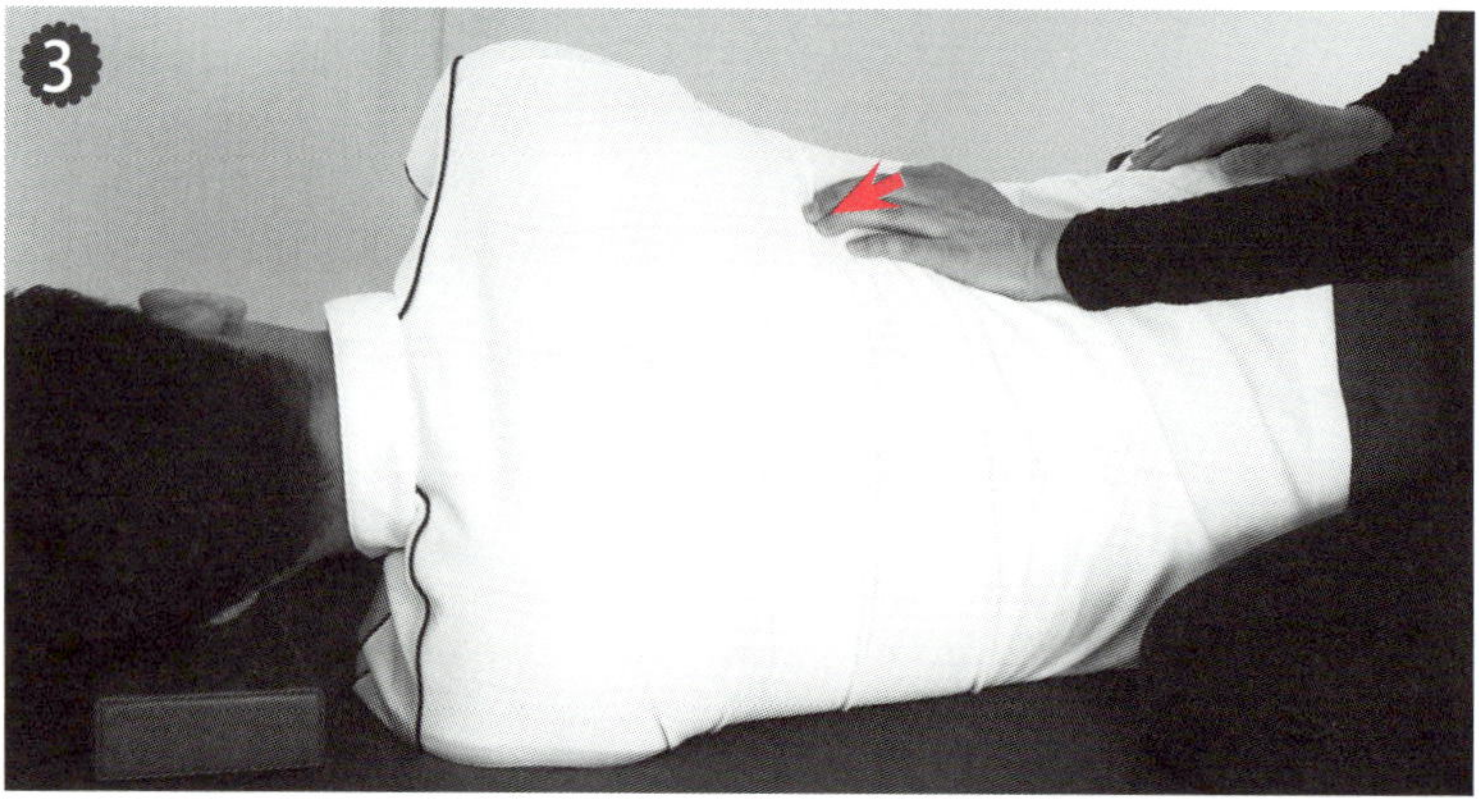

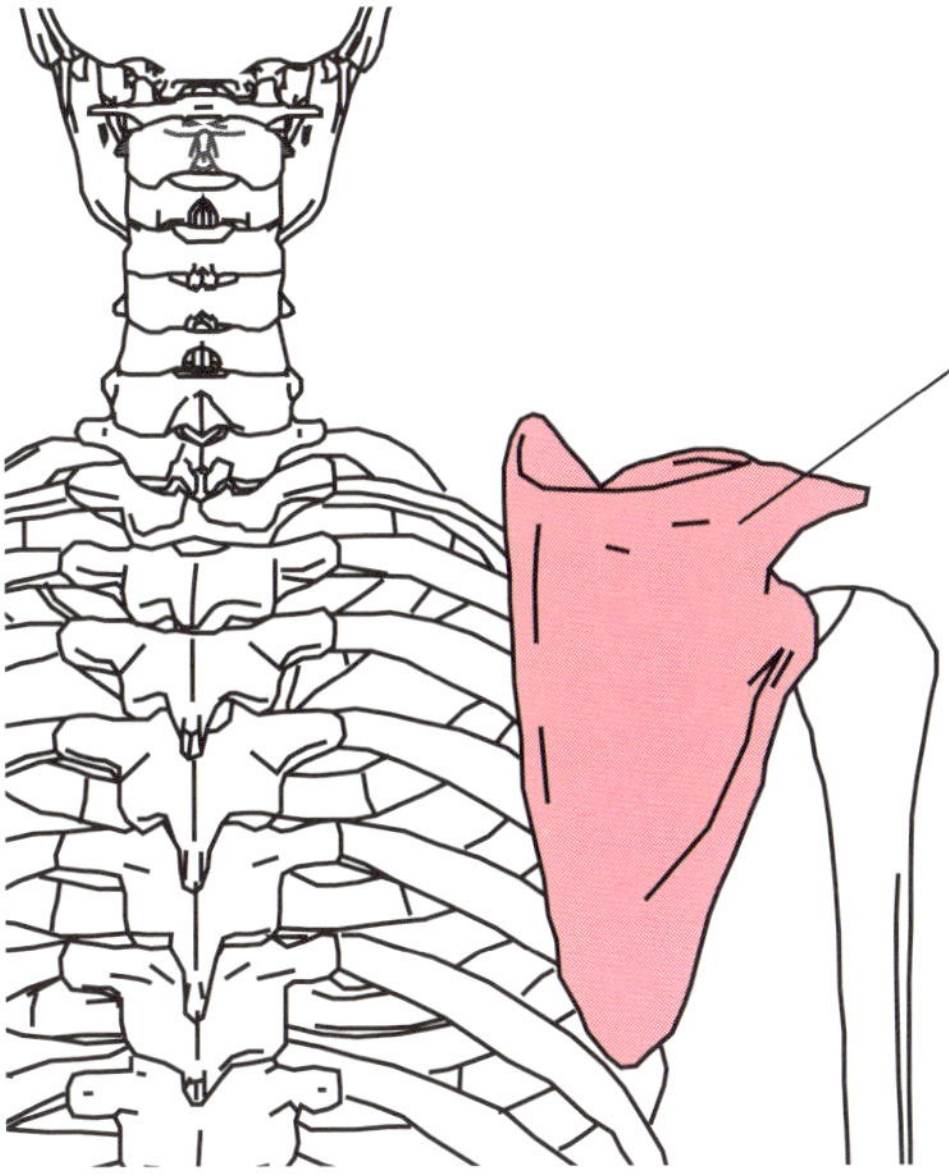
肩甲骨

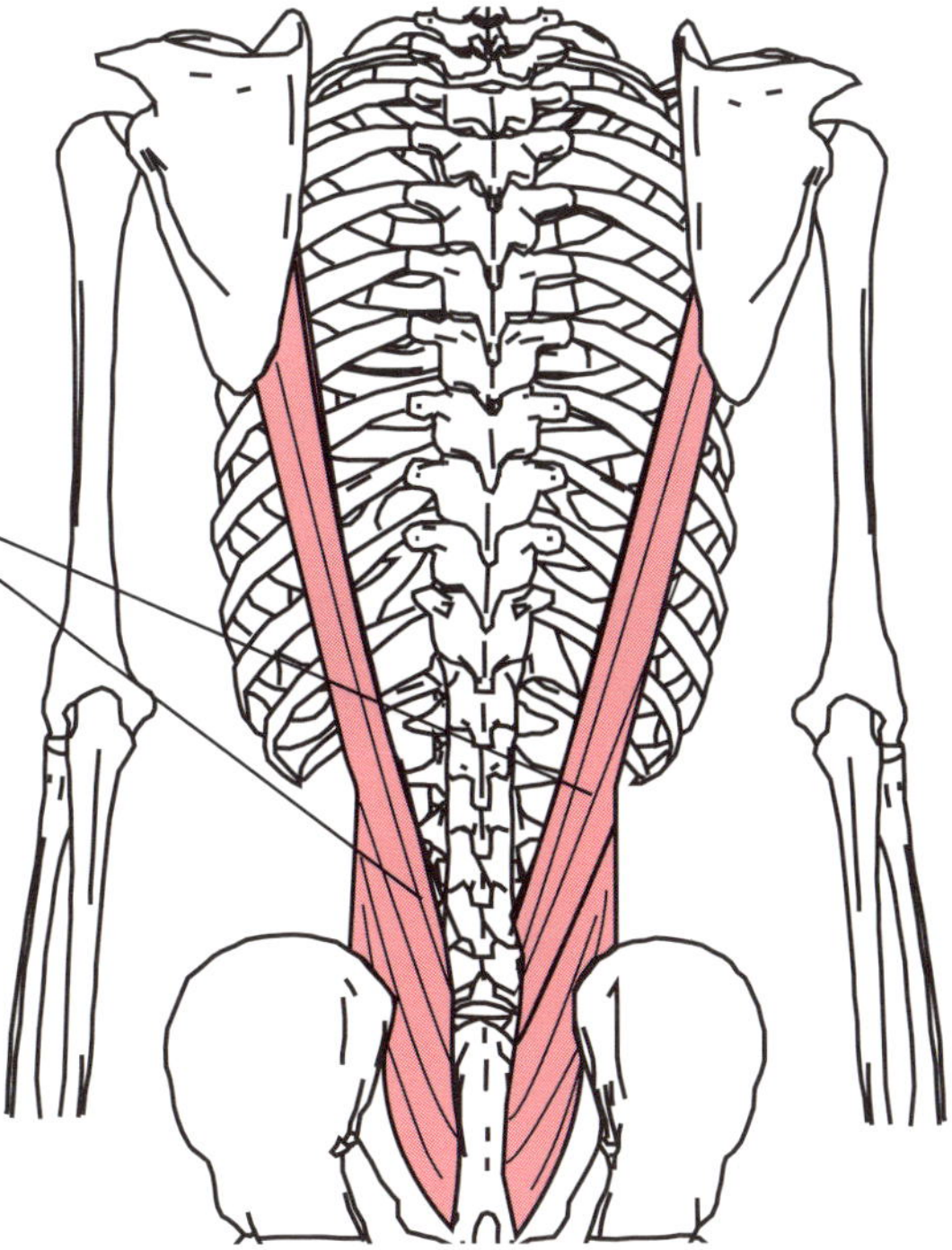
腸肋筋

手を体側に置かせて左手を添え、右手で三角筋を意識しながらマッサージを行っていきます。

母指だけでなく、中指、手掌全体で三角筋を包み込むように行います。

3点ほどを5往復ほど、繰り返します。

片麻痺の方は筋肉が落ちて亜脱臼のような状態になって痛みが出ている場合もありますので、ここは丁寧に行うべきポイントです。

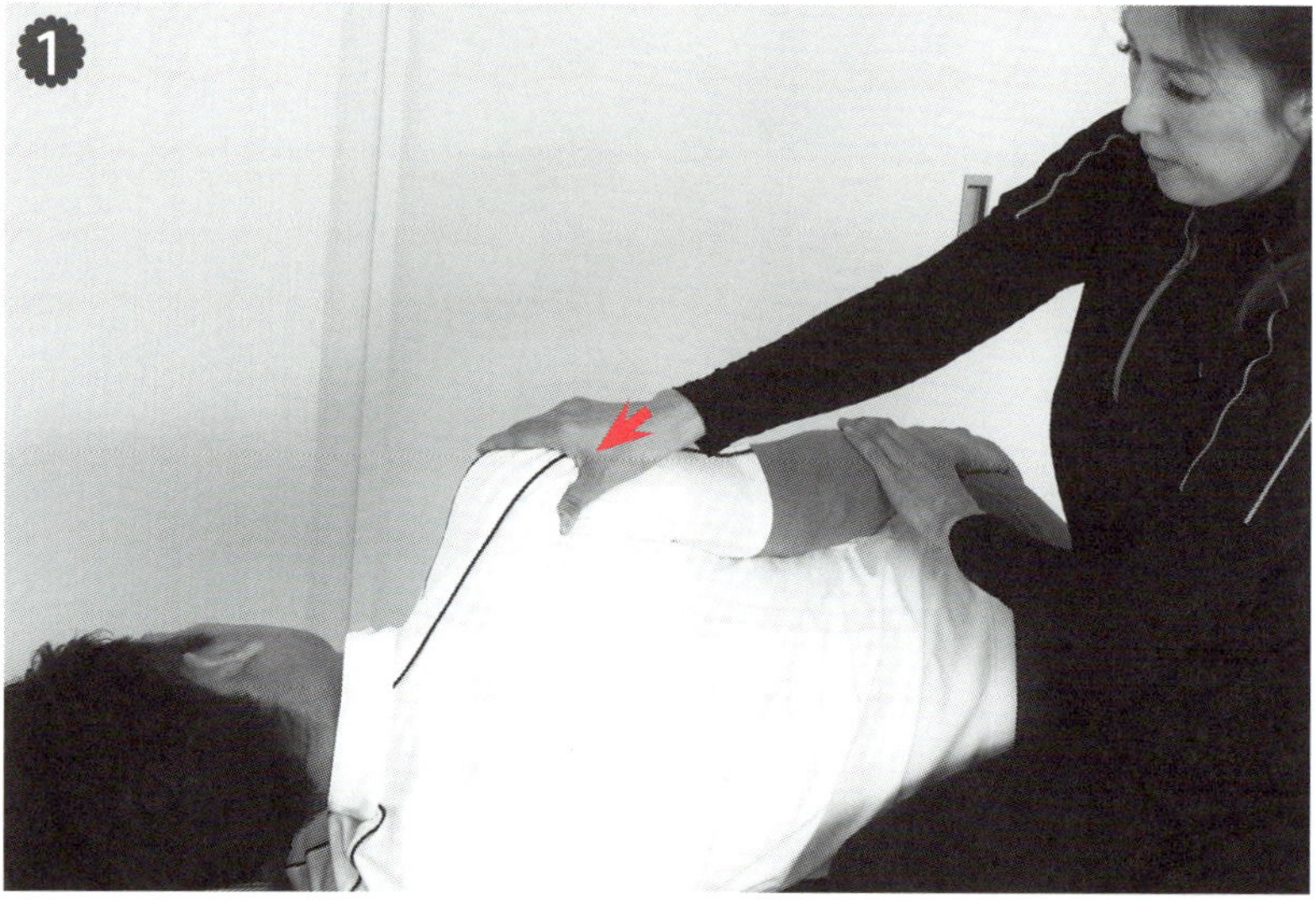

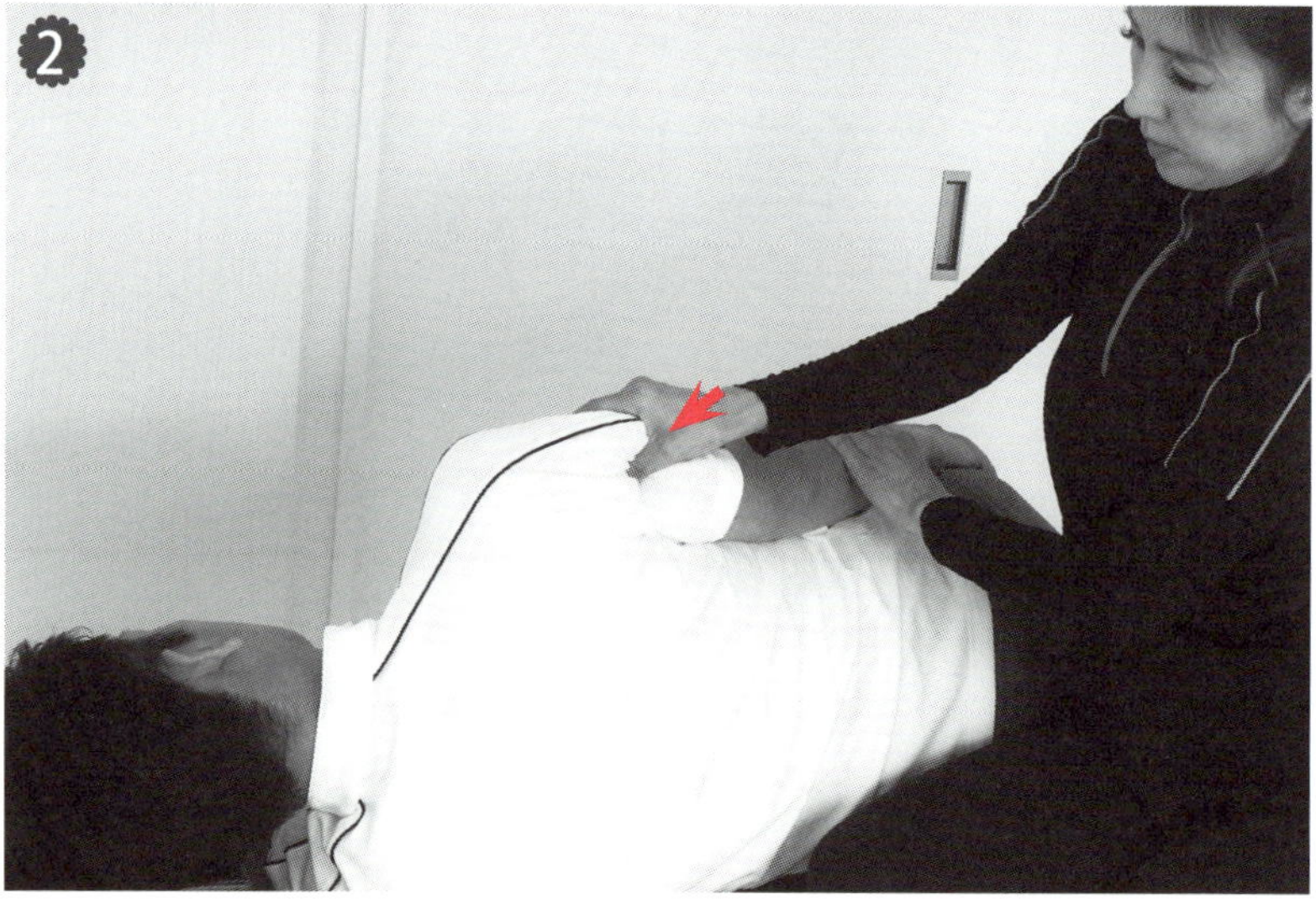

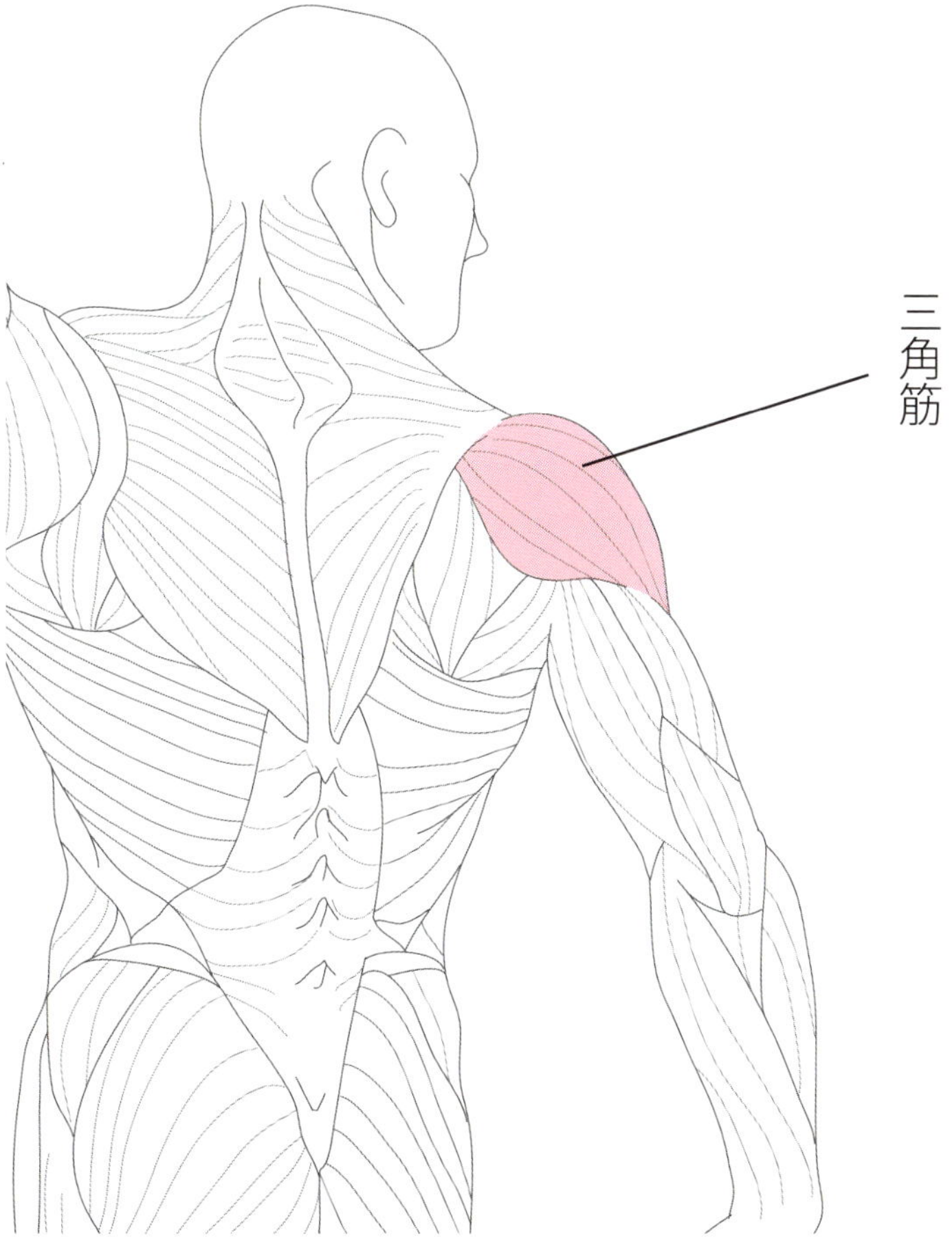
三角筋

中指の方で上腕二頭筋（屈筋）を、親指で上腕三頭筋（伸筋）をマッサージします。

片麻痺は、屈筋である上腕二頭筋の側の拘縮が強いですが、反対の上腕三頭筋も引っ張られ続けて痛みが出ていますので、伸筋もマッサージする事が大事です。

場所を移していき。５往復ほど行います。

⑤ 上腕をゆるめる

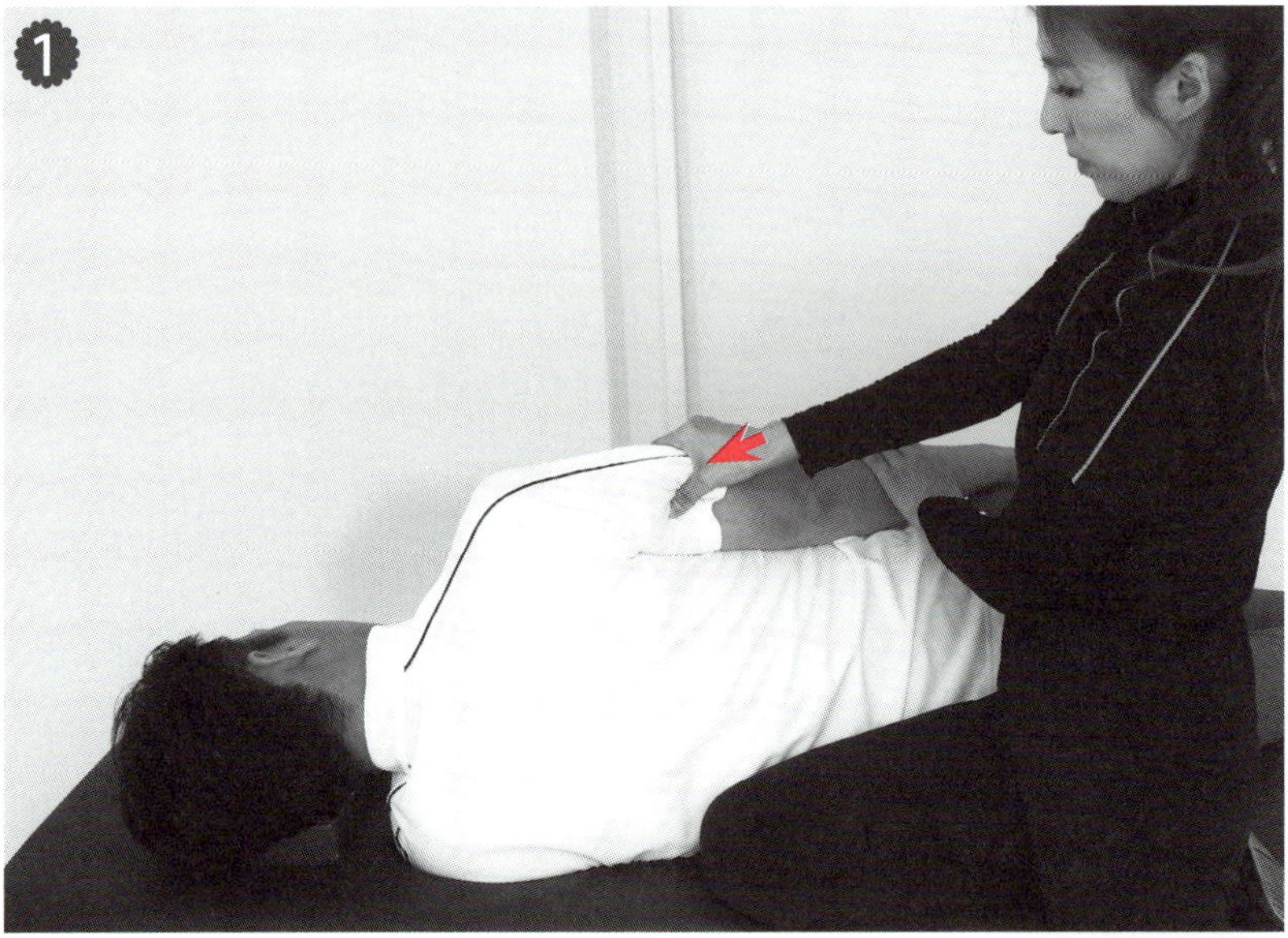

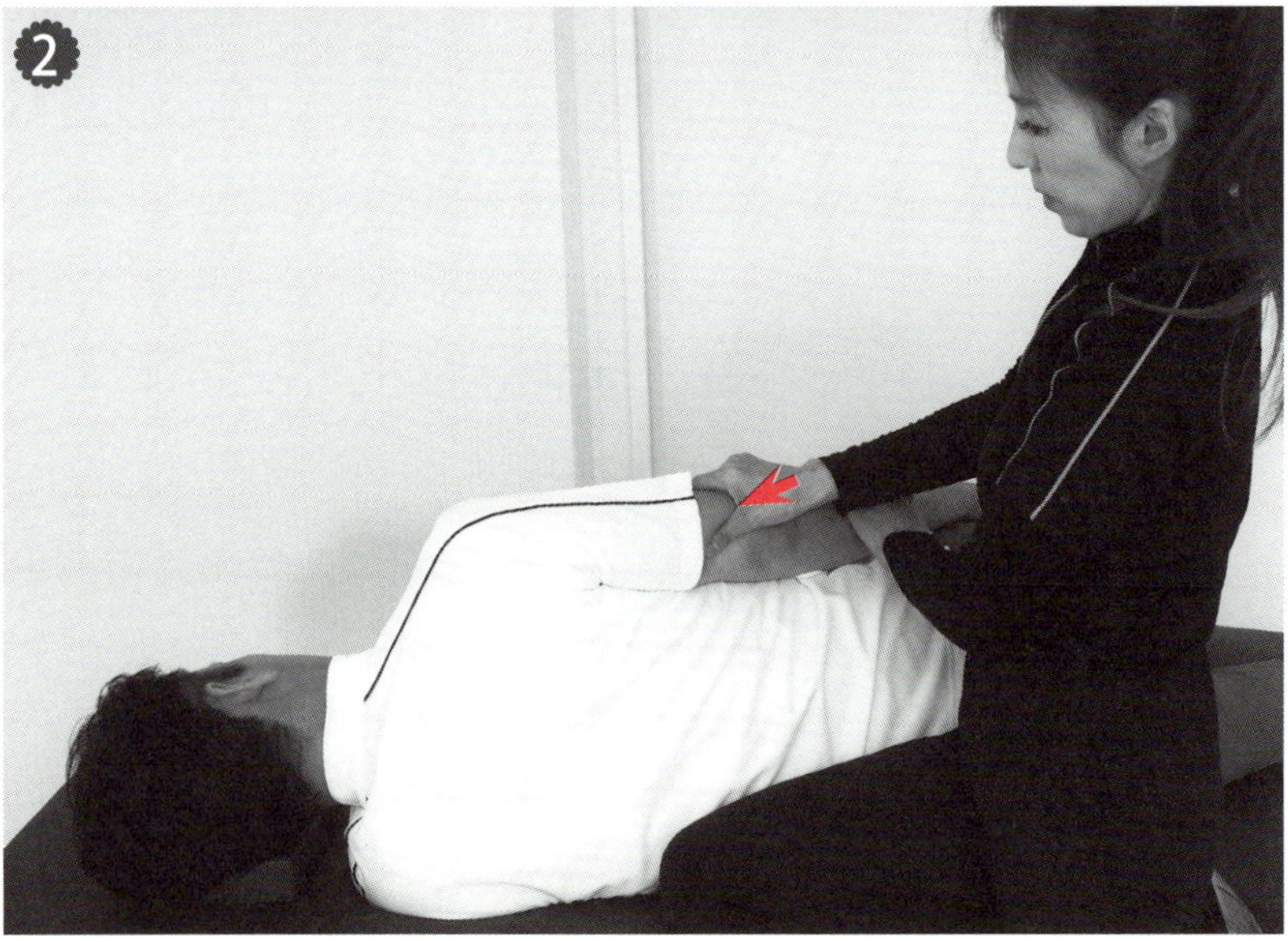

⑥ 腕橈骨筋をゆるめる

前腕部の前面、腕橈骨筋のあたりを親指と中指ではさむようにしながらマッサージしていきます。

筋肉の形や緊張を指先で感じ取りながら、丁寧に行います。

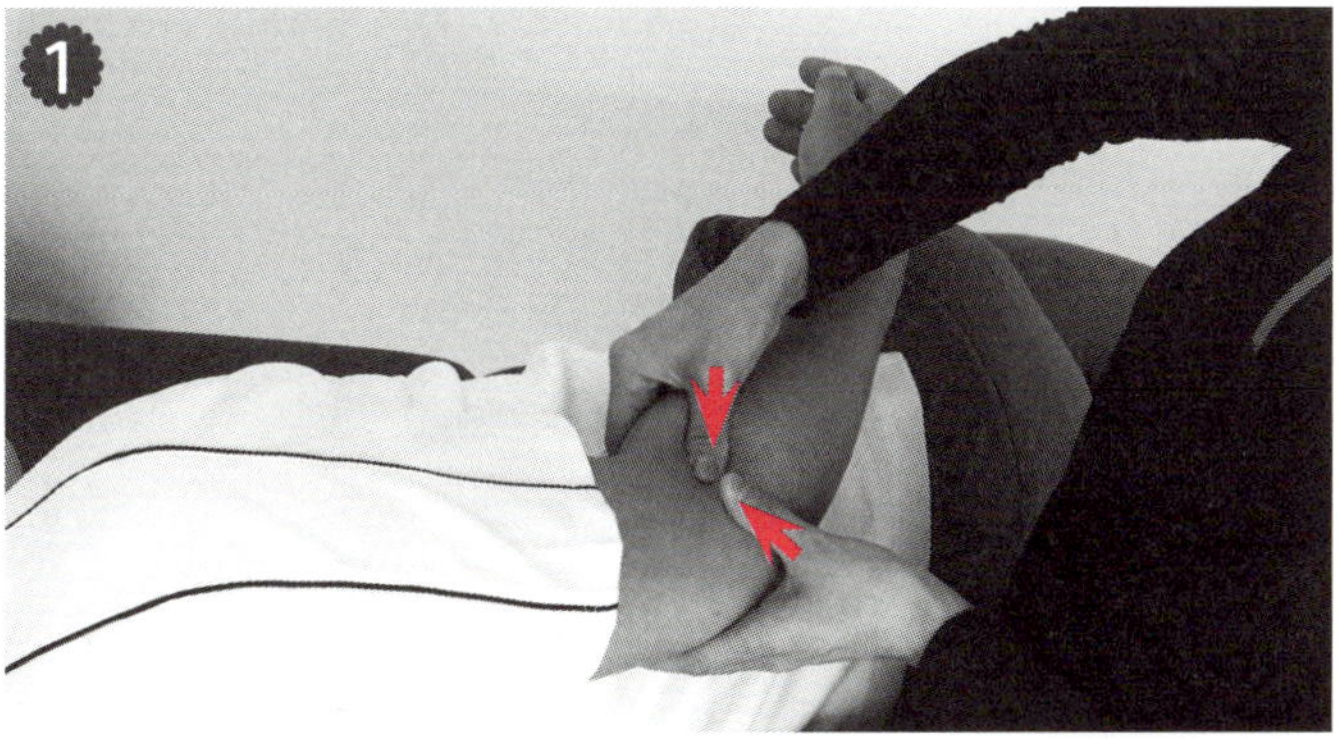

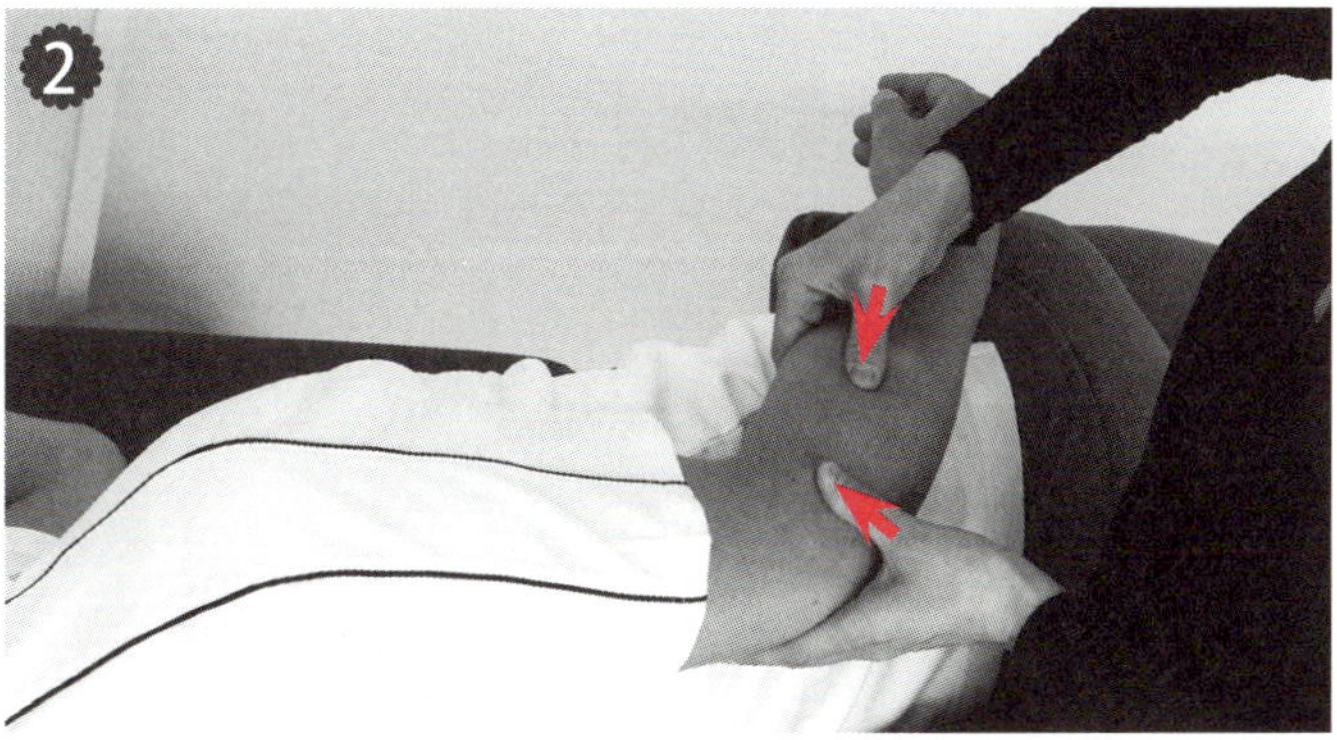

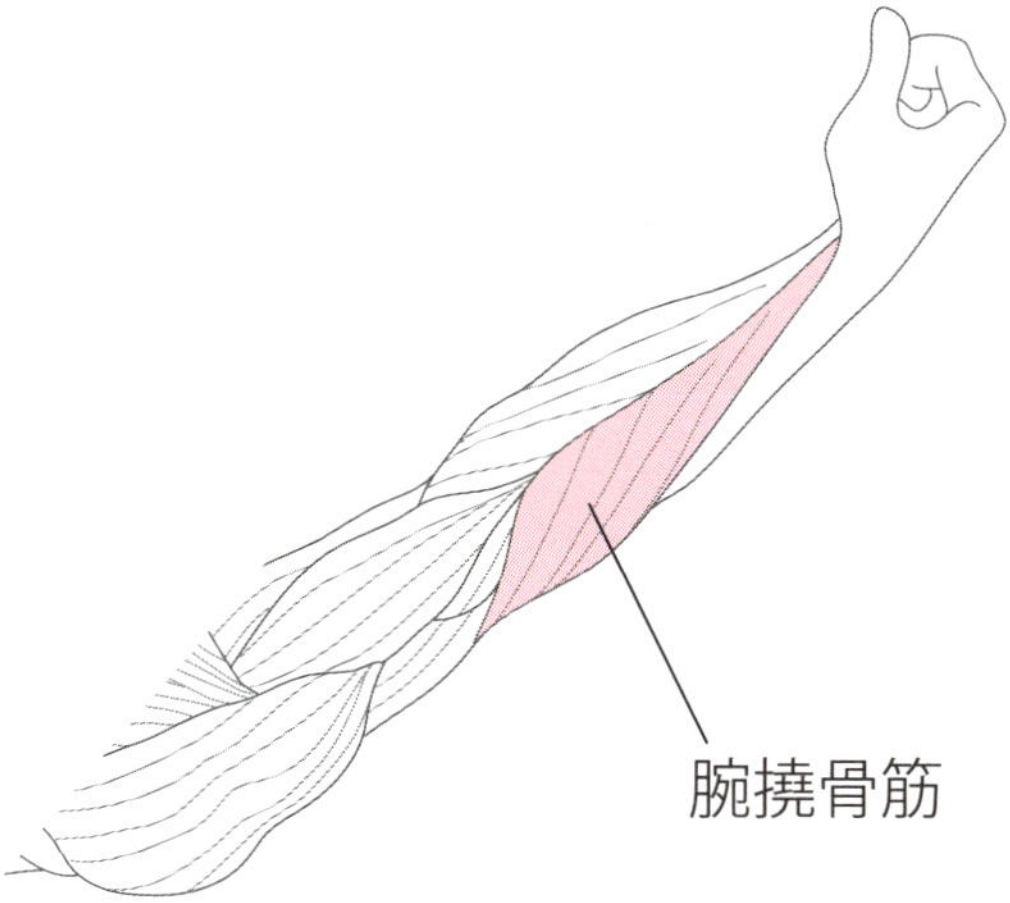

⑦ 前腕内側をゆるめる

マッサージしやすい体勢のつくり方

左写真のような手順で手首から腕をゆっくり返してあげて、手の甲がお尻に着くようなポジションにすると前腕内側部のマッサージがしやすくなります。

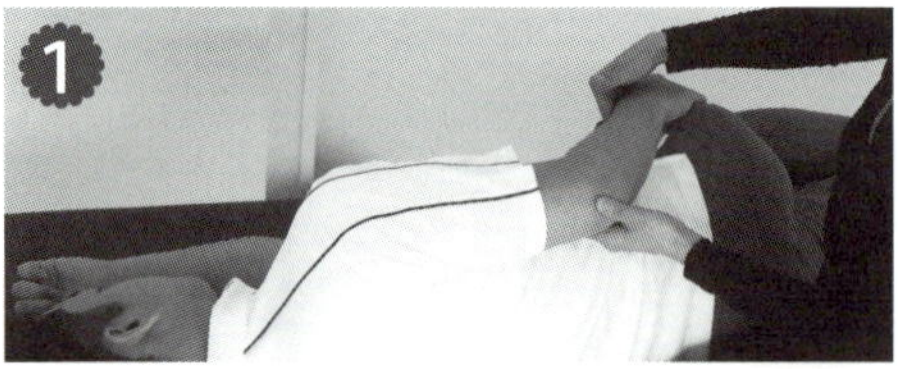

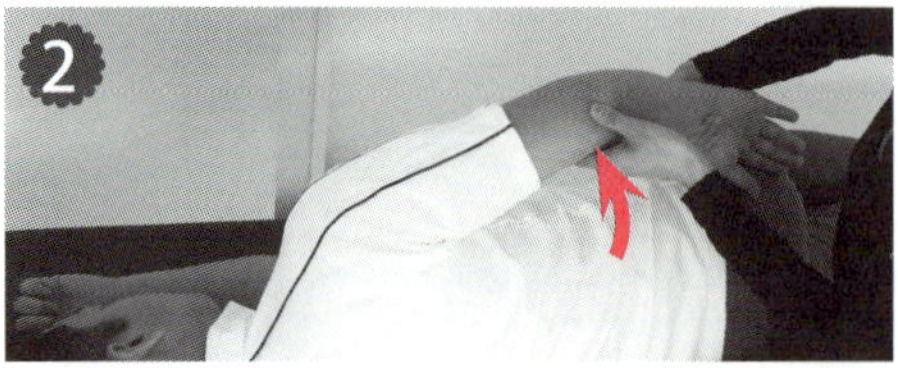

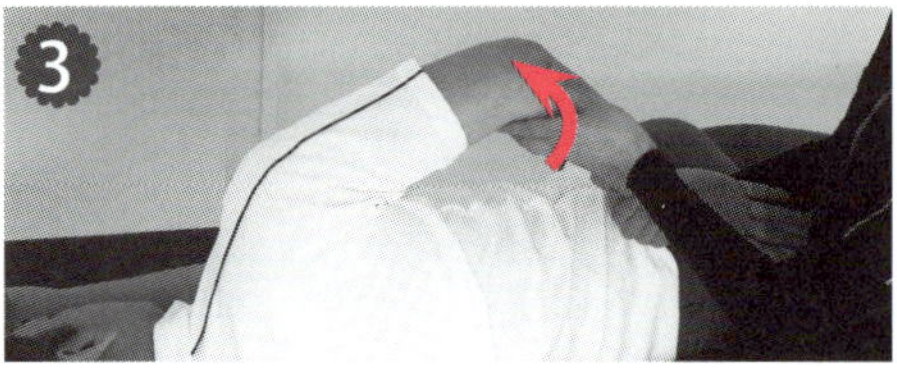

肘関節から手関節に向かってマッサージしていきます。この時、肩の痛みなどが出ないよう、全体を見て、クライエントの表情を鑑みつつ丁寧に行います。前腕部はほぐれるとメンタル的にもとてもすっきりするポイントです。

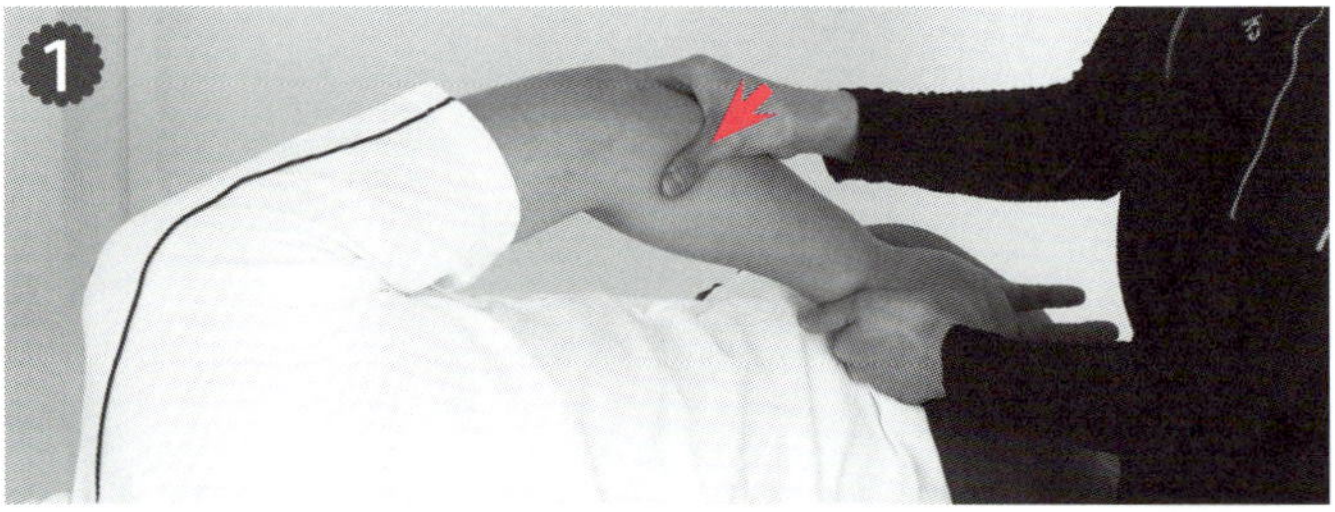

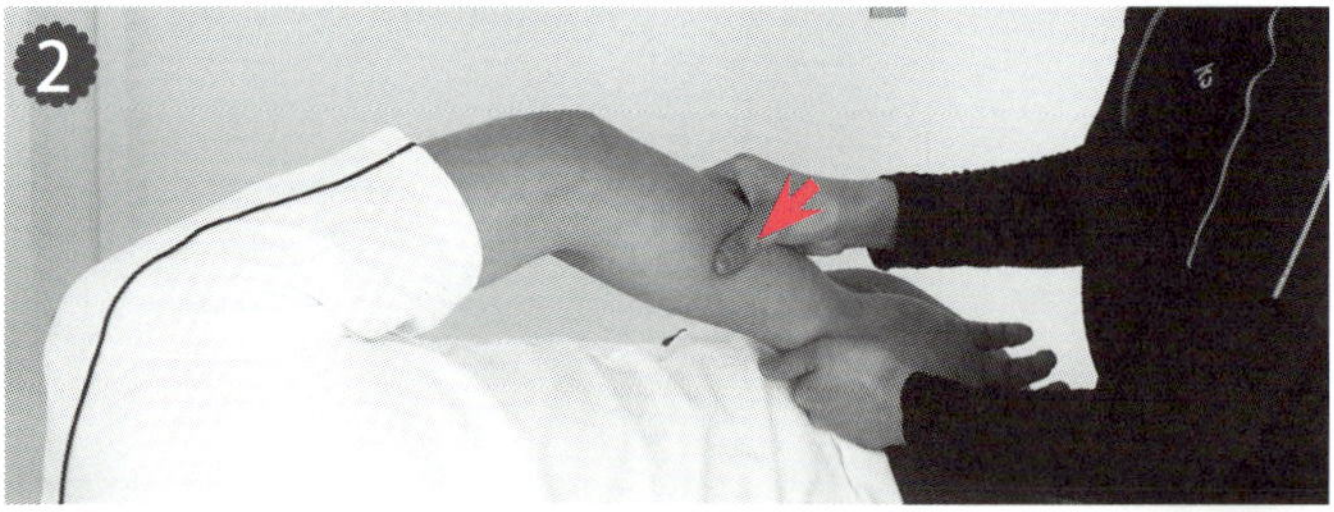

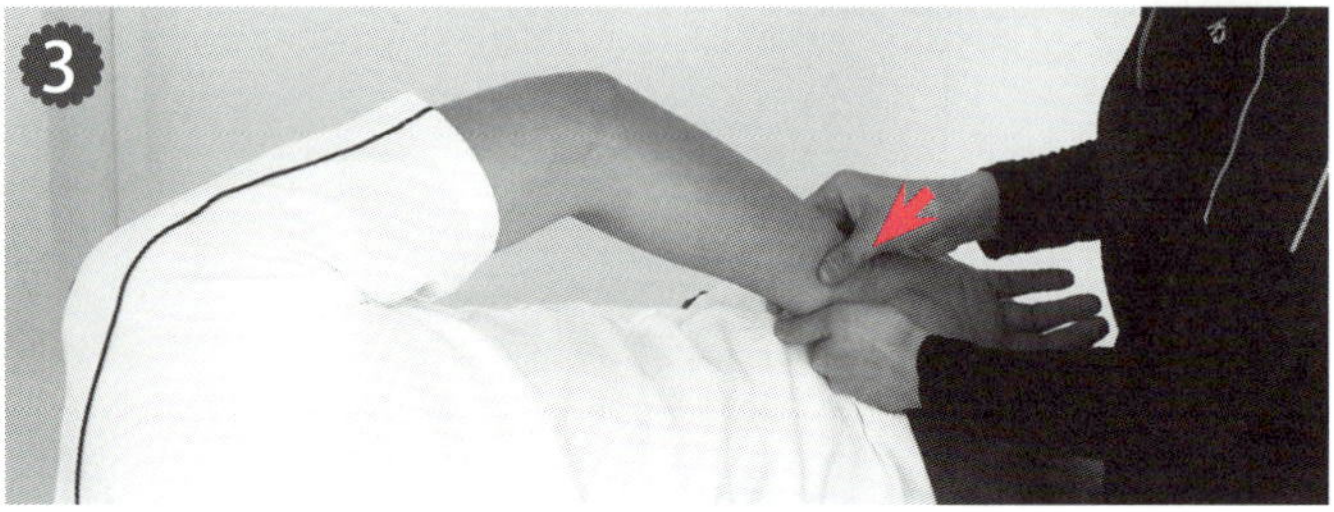

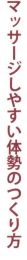

⑧ 手掌をゆるめる

前出⑦前腕内側のマッサージから続けて（同じ姿勢のまま）手掌のマッサージを行います。

掌～手指が拘縮して常に握り込んでしまい、内側が不衛生になっている場合もありますが、このポジションだと腱がゆるんで指が開きやすくなっているので、なるべく普段握り込んでしまっている手を伸ばすイメージで、手の深い所、虫様筋などもほぐすイメージで行ってください。

労宮など、メンタル症状に効くツボもあります。

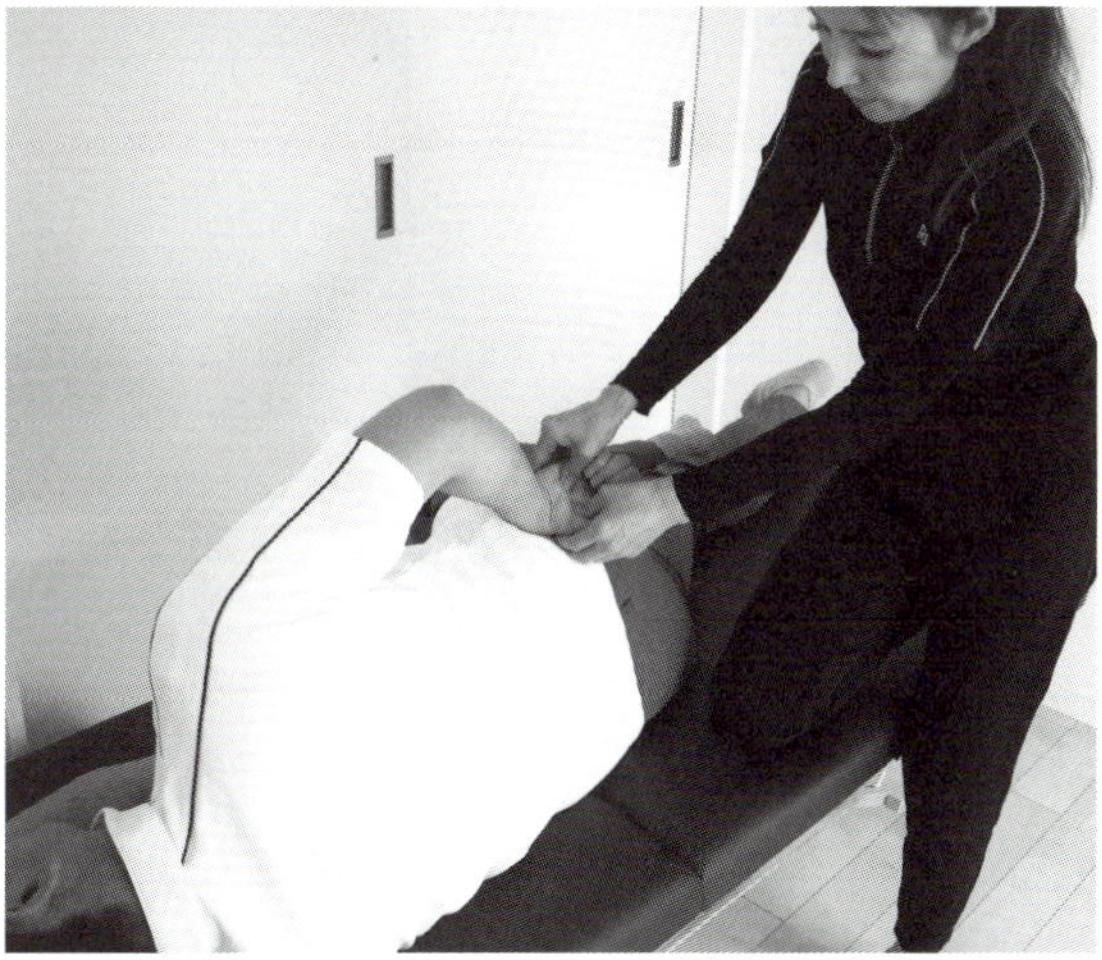

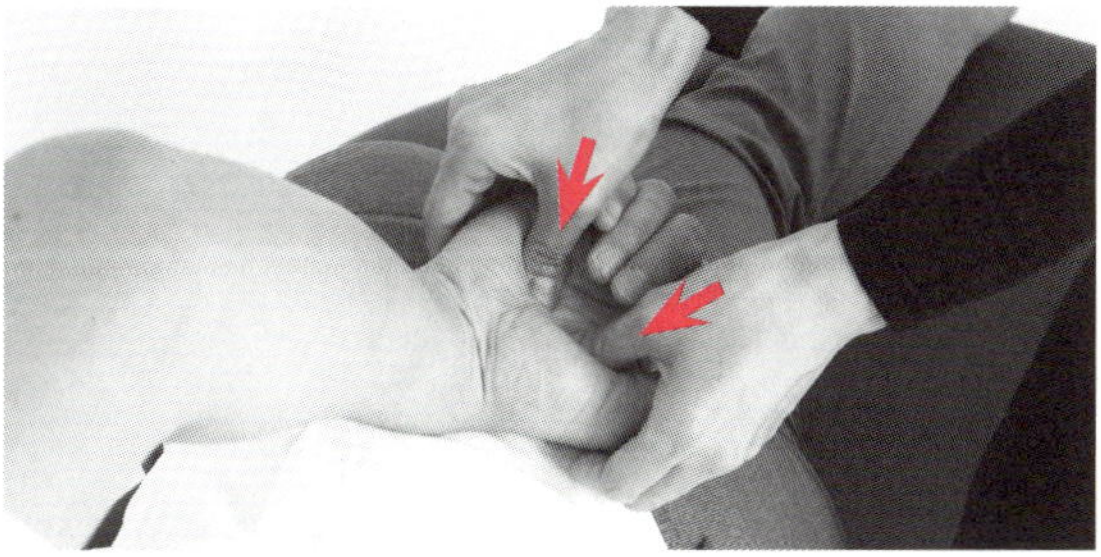

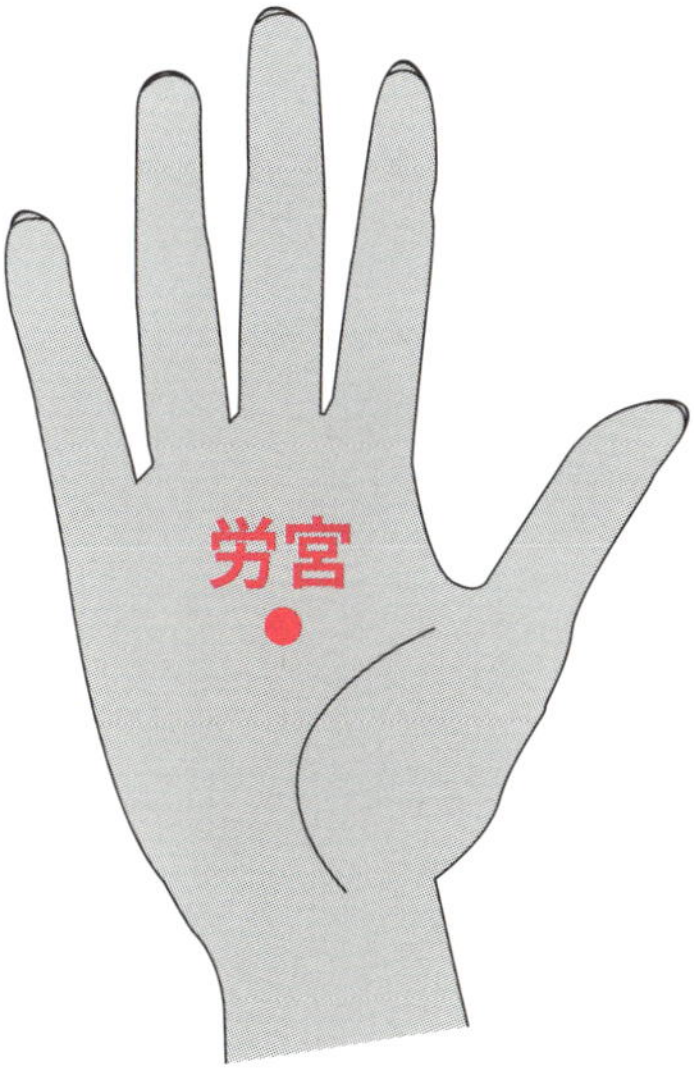

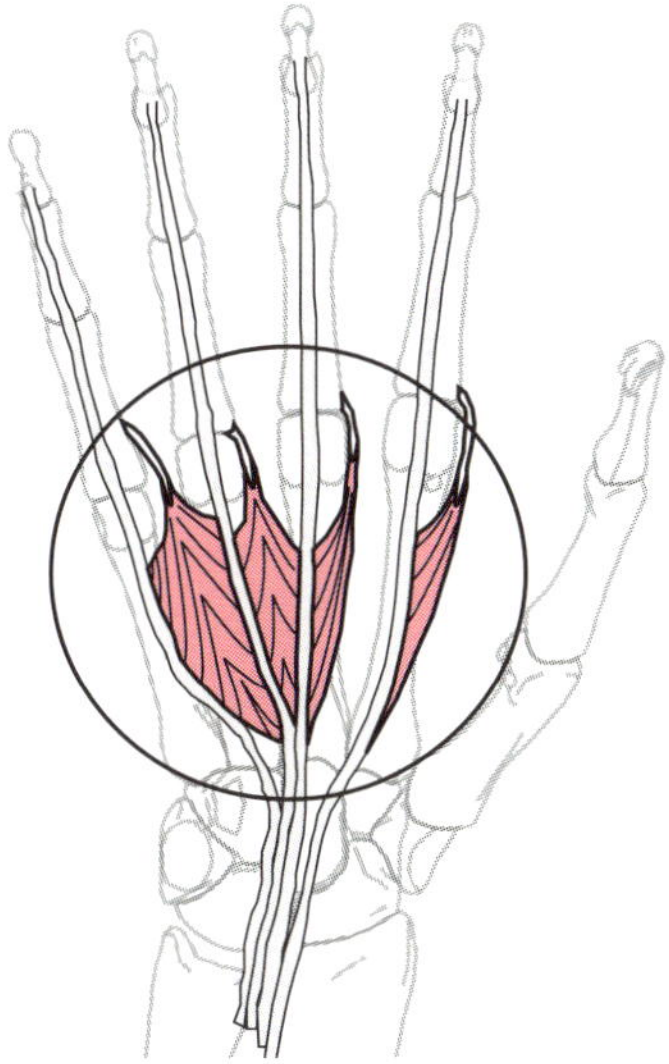

横隔膜の下あたりから、脊柱起立筋のラインに沿って、背部から腰部まで、掌全体でマッサージしていきます。5回ほど繰り返します。

片麻痺の方は上肢、下肢の麻痺が目立ちますが、実は横隔膜や腹筋群にも麻痺がみられ、この結果として便秘や胃腸症状が出る場合も多いです。丁寧に行いましょう。

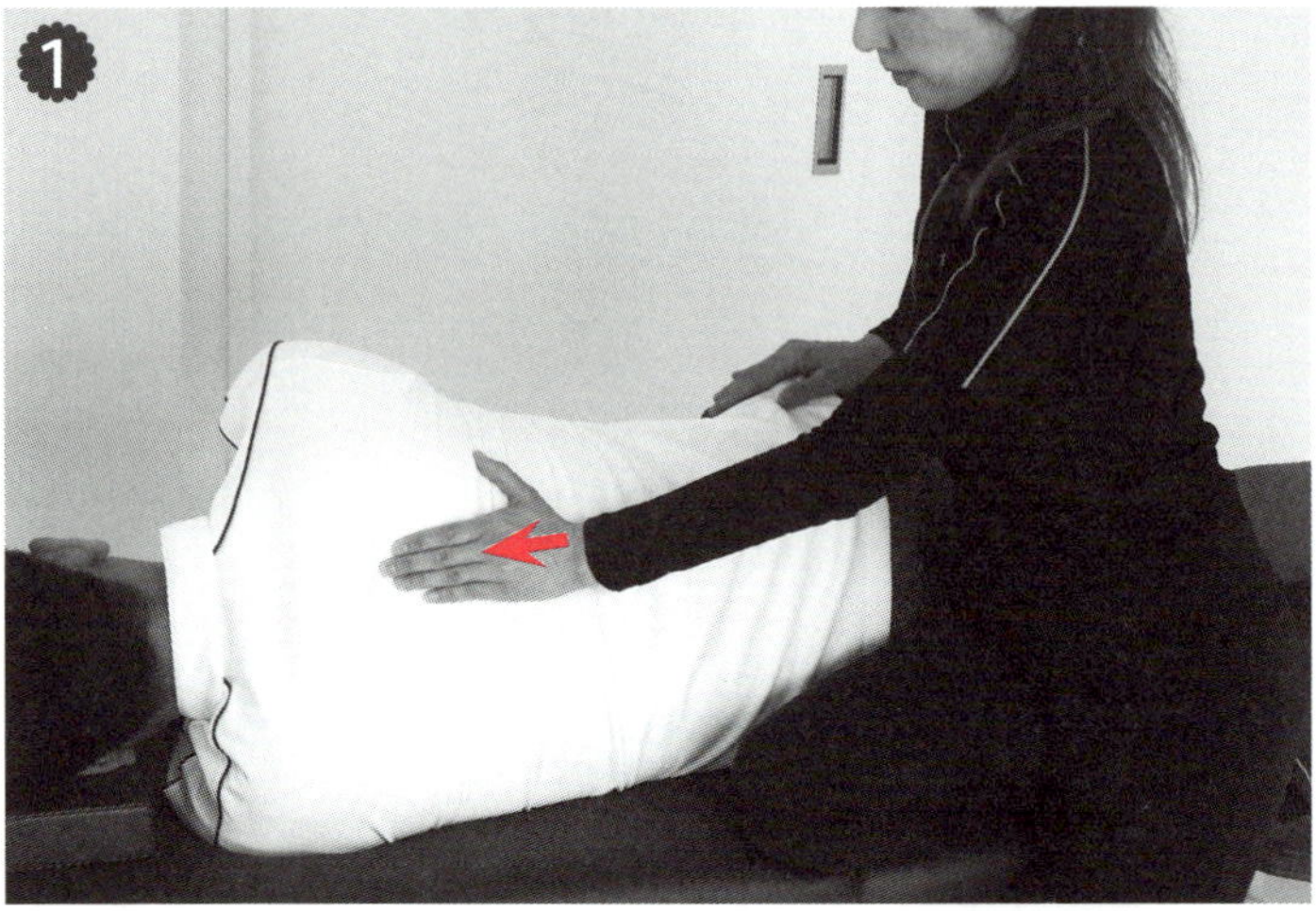

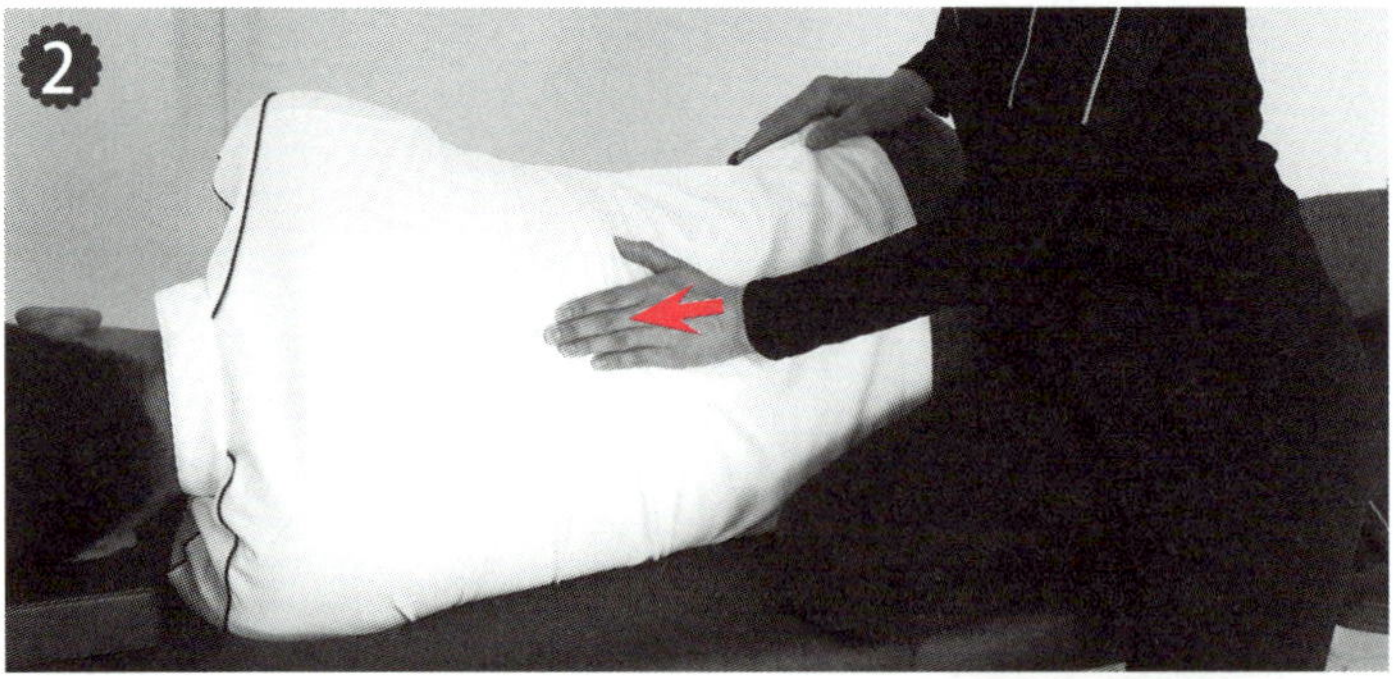

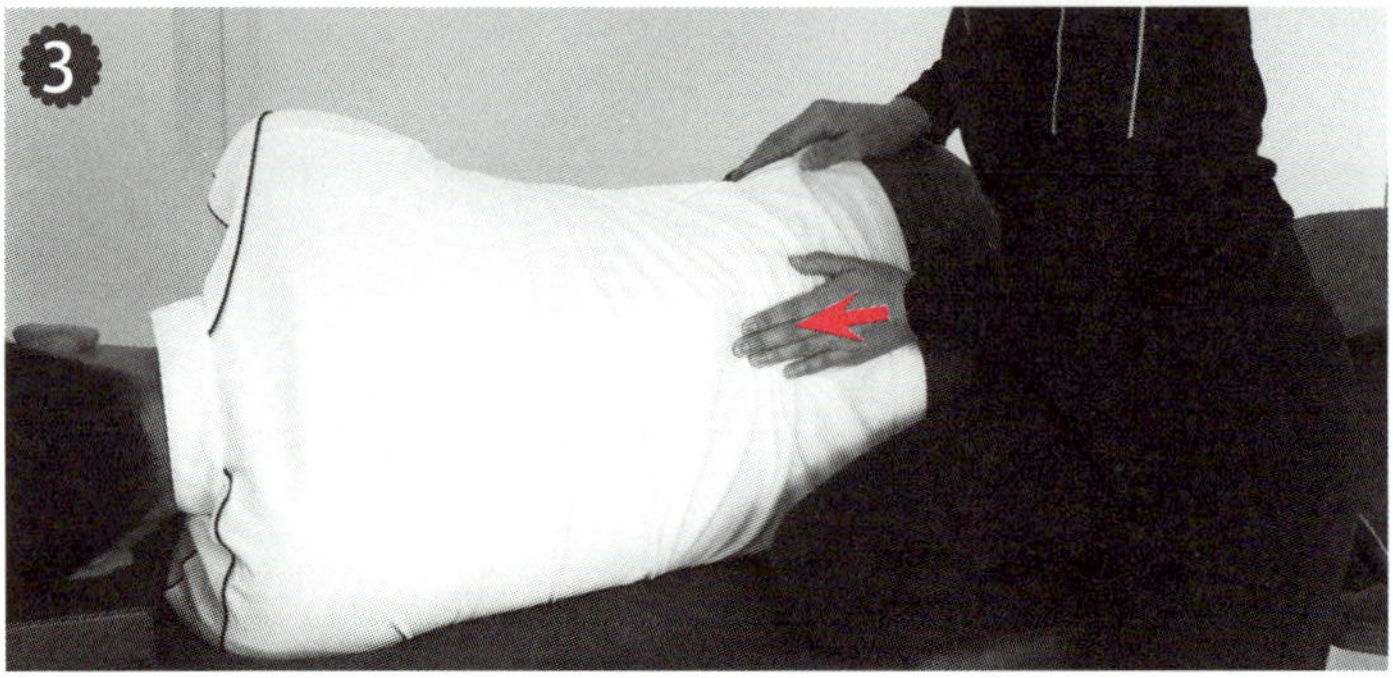

腰椎２・３番のあたりには“腎兪”という生命力のツボ、腰椎４・５番あたりの“大腸兪”というツボはまさに大腸のツボなので、便秘症状、循環器症状、消化器症状が出ている方にはとても大事なポイントになります。

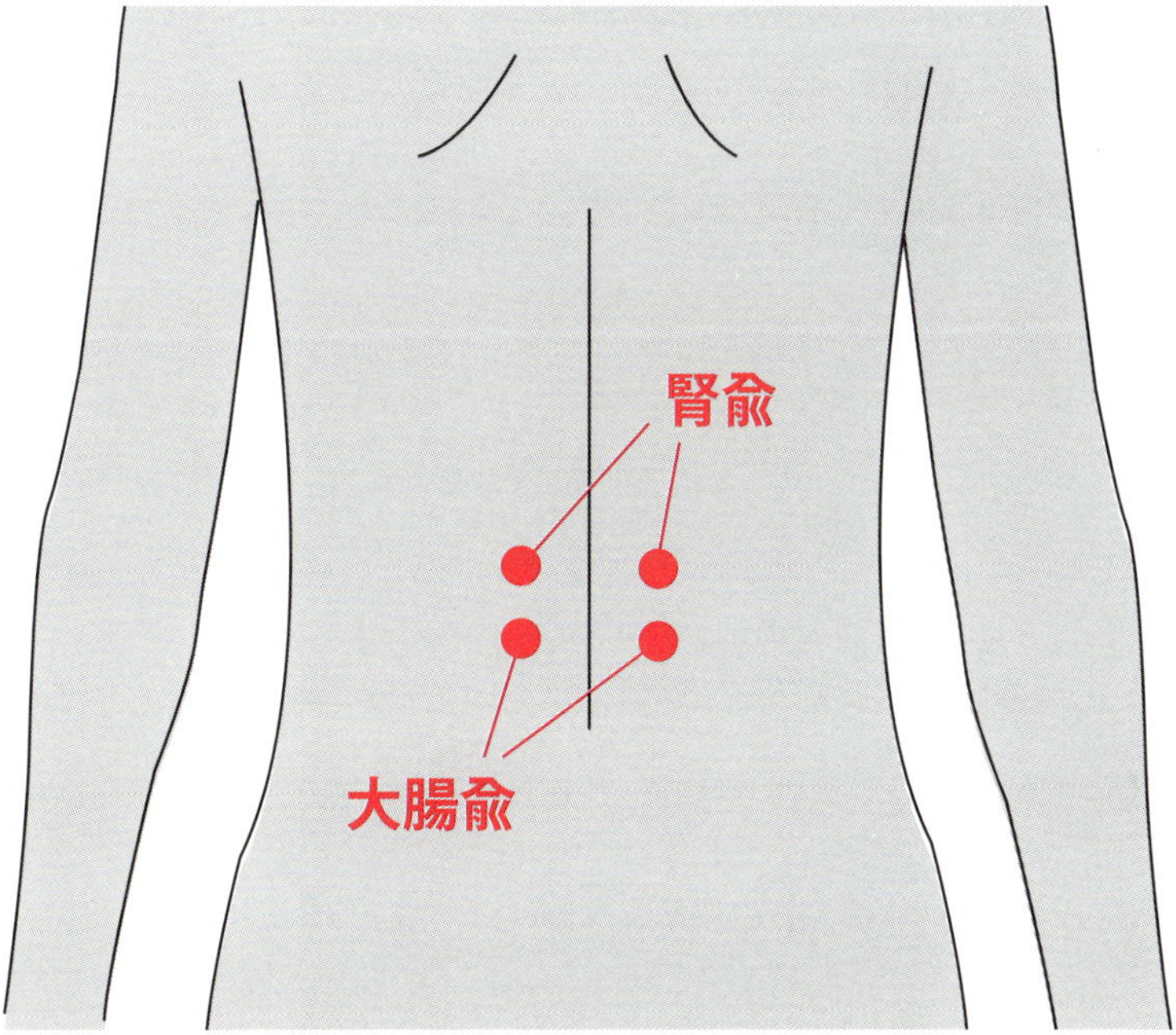

⑩ 殿部　腸骨稜に沿って3点

腸骨稜の高さをイメージしながら、上後腸骨棘の隣のあたりから、腸骨に沿って3点ほど、親指でマッサージを行っていきます。腰の痛みというものは、実はウエストあたりよりも殿部や下肢の方に痛みが出ている場合が多いので、殿部をほぐすことで腰痛の症状がなくなることも多いのです。

5回ほど繰り返したら、2点目のポイントである中殿筋のポイントに移ります（写真2）。中殿筋は廃用症候群による筋の萎縮が出やすい、とても大事なポイントなので、しっかり奥にまで圧をかけ、5秒ほど持続圧迫を行います。

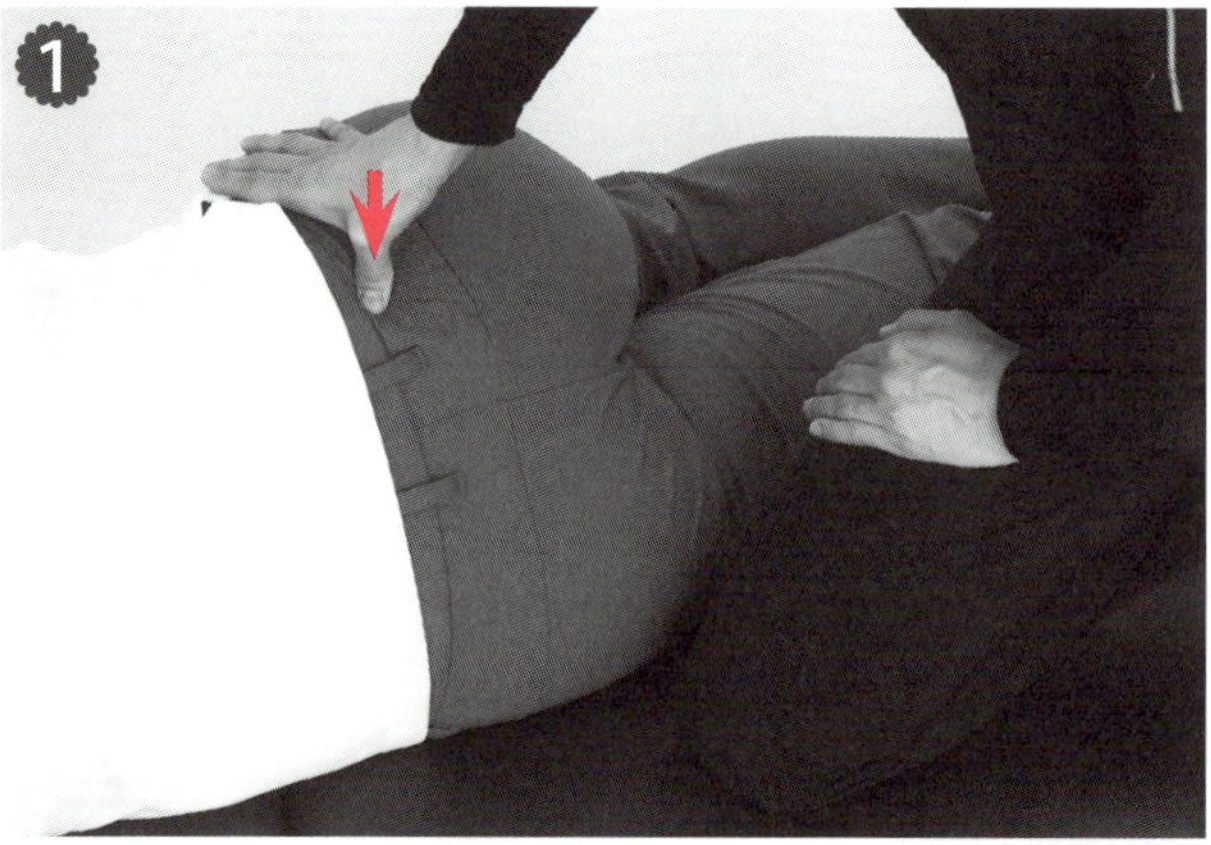

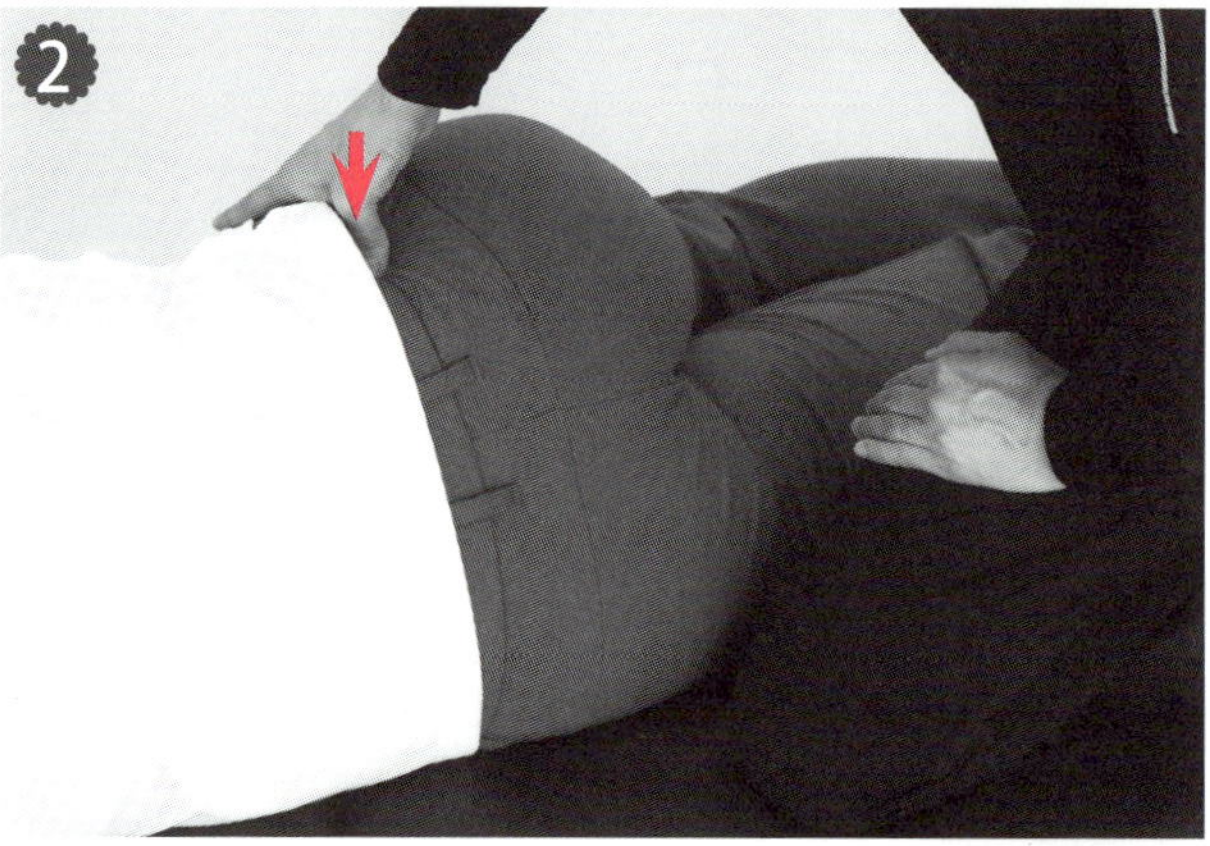

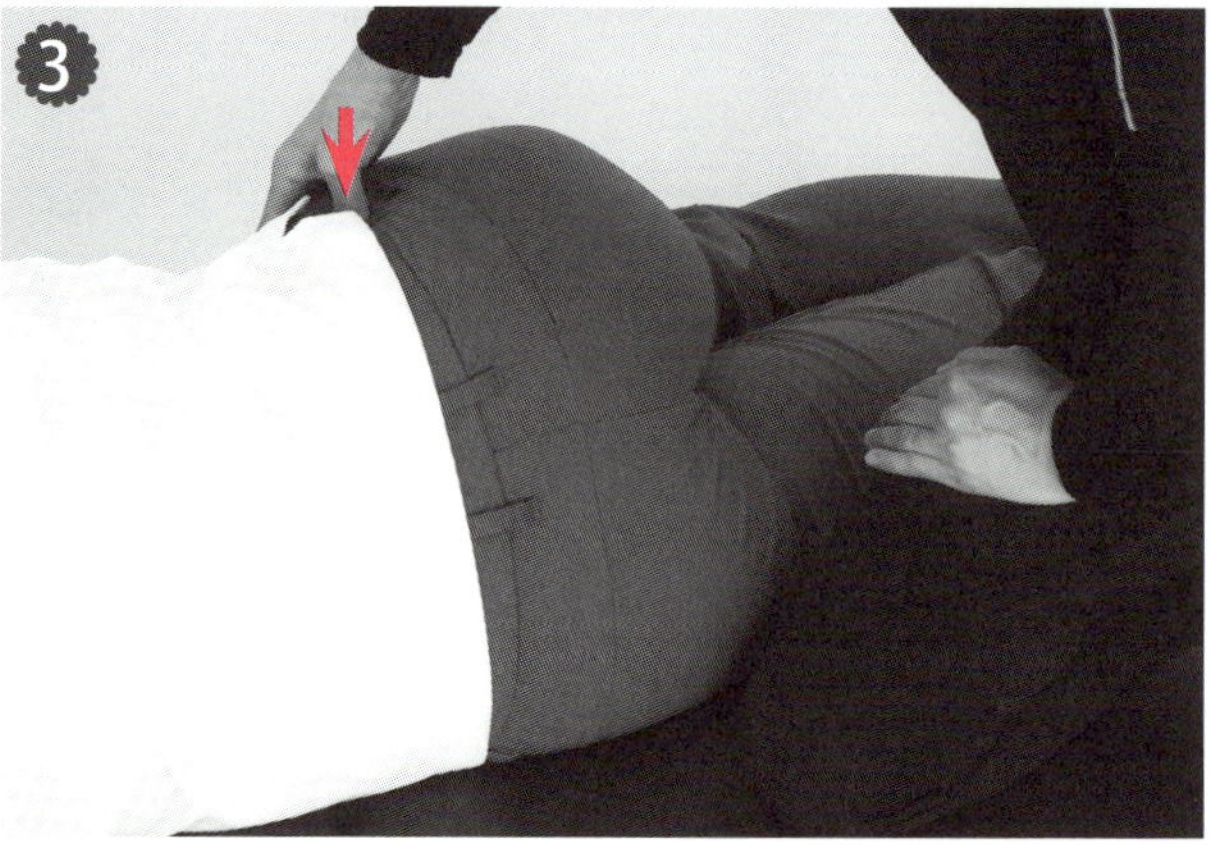

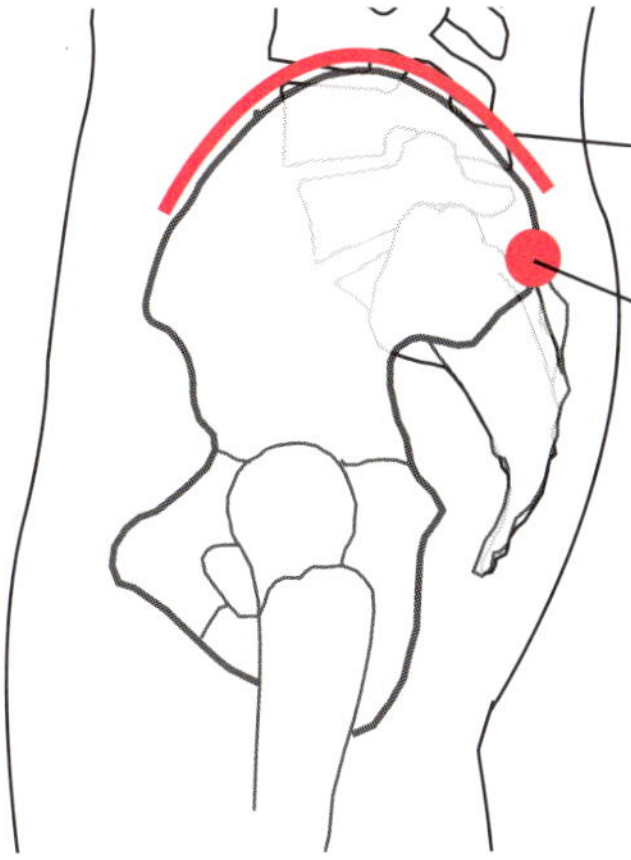
腸骨稜
上後腸骨棘

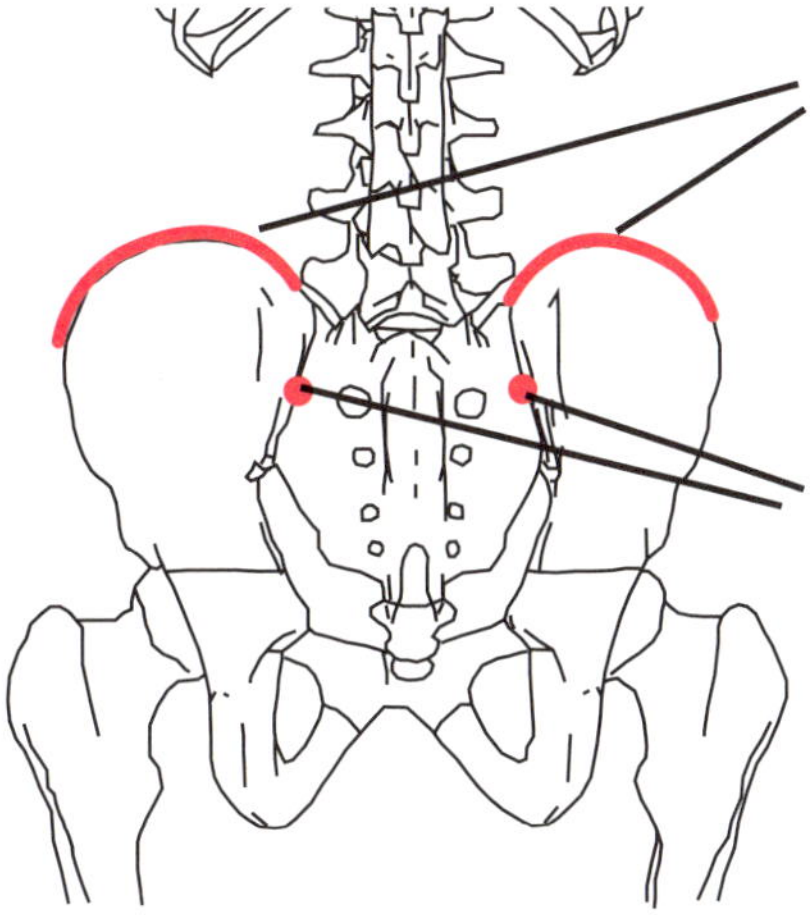
腸骨稜
上後腸骨棘

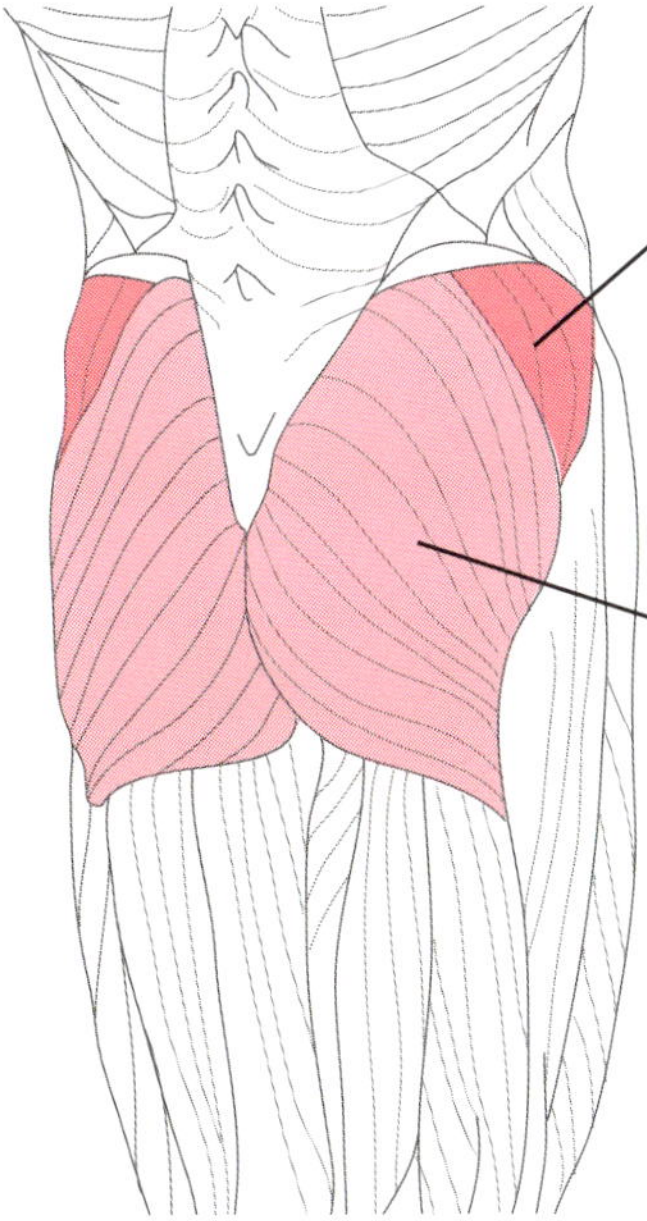
中殿筋
大殿筋

⑪ 殿部　仙腸関節をゆるめる

仙腸関節に沿って、親指でマッサージを行います。
泌尿器系の反応も出るポイントですので、ここもゆっくりと丁寧に行っていきます。

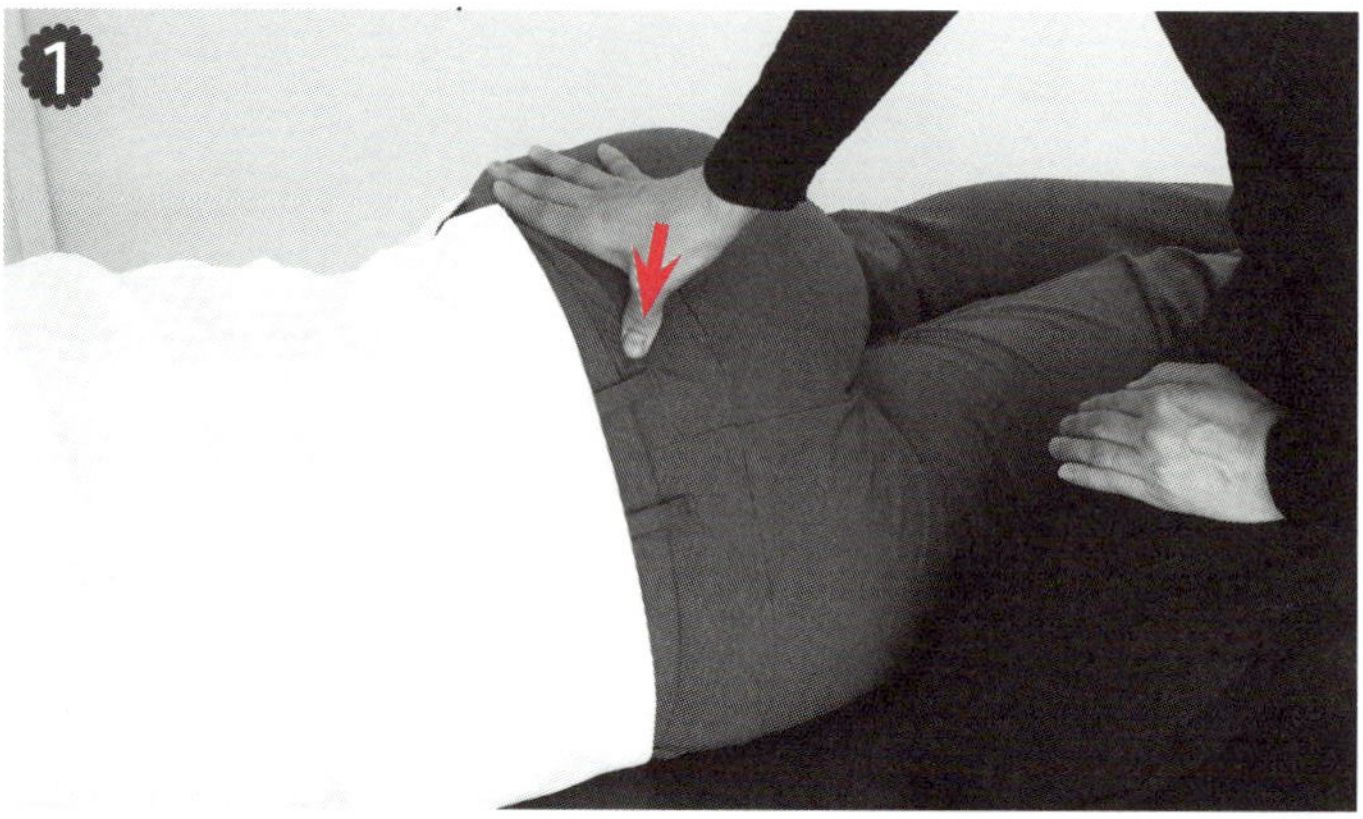

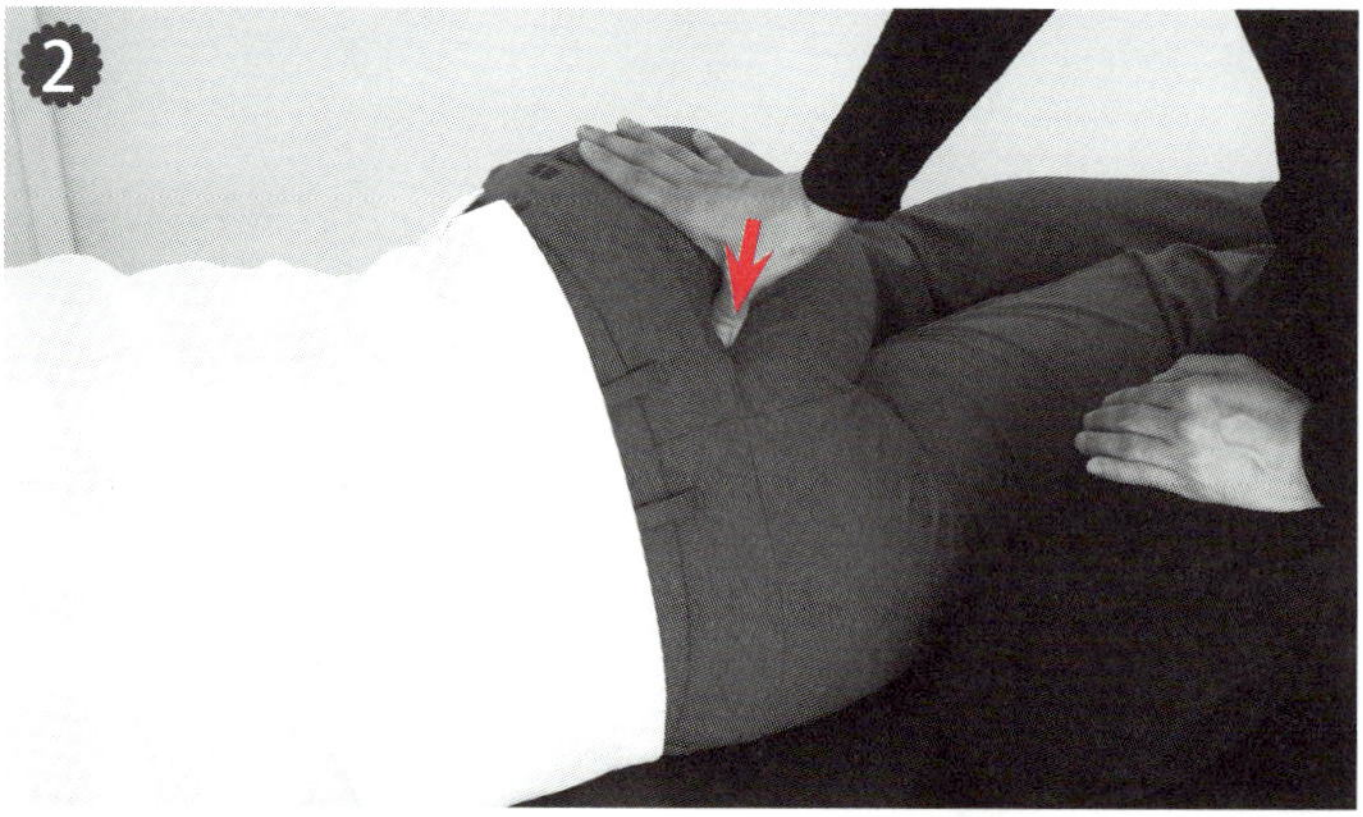

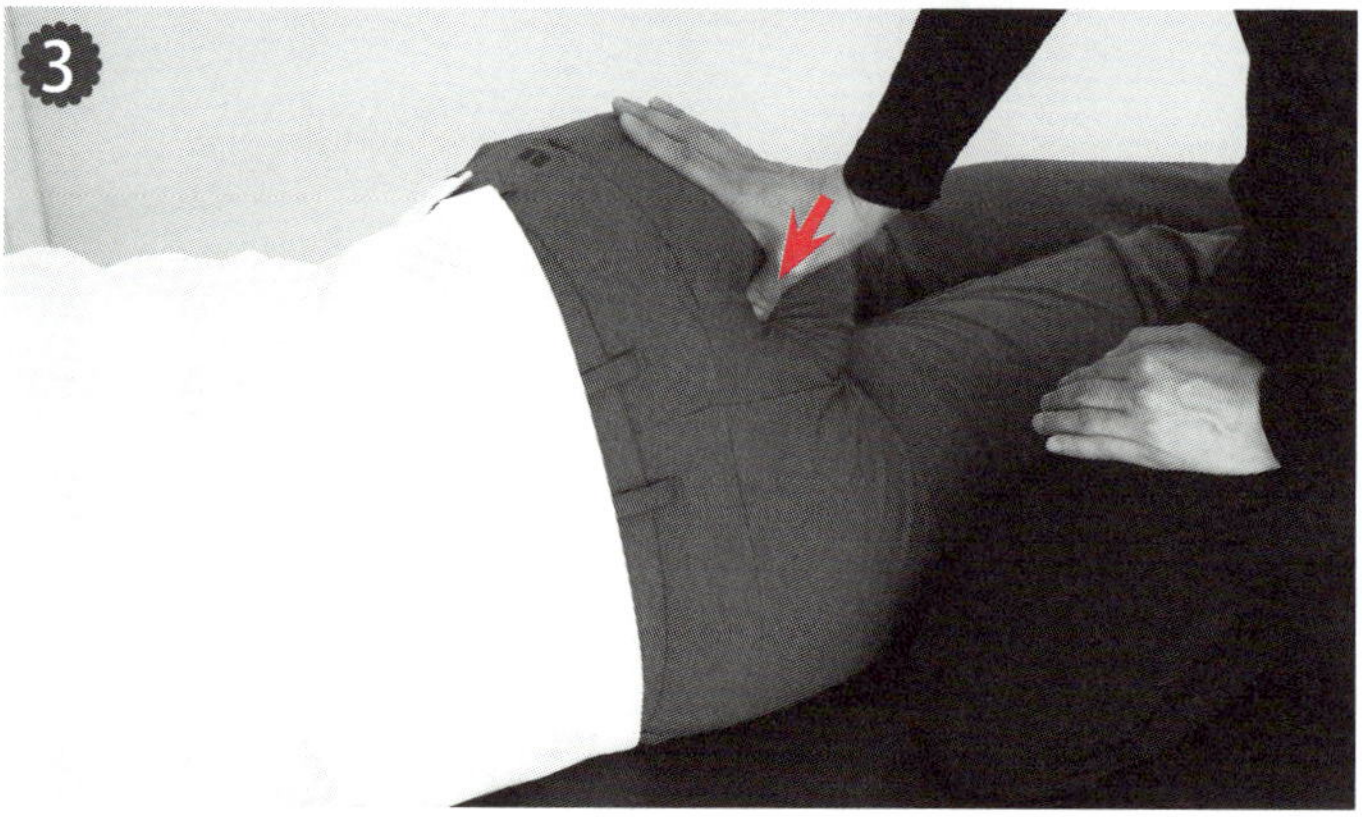

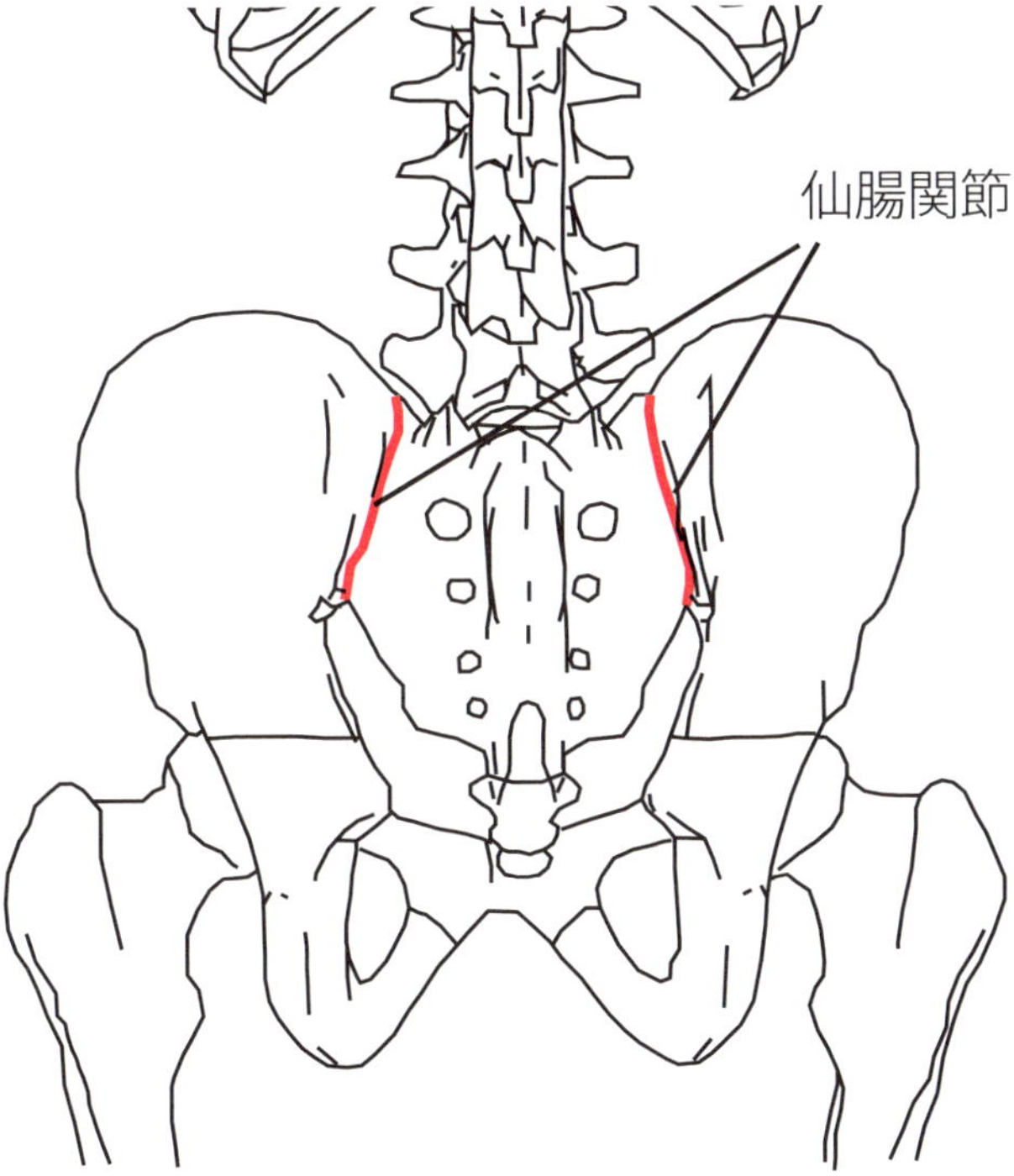
仙腸関節

⑫ 殿部　坐骨神経をゆるめる

殿部の最後に、坐骨神経のラインをマッサージしていきます。

脊椎の変形などで神経が圧迫されると、症状が坐骨神経、馬尾神経に出る場合がありますので、ここも重要なポイントです。

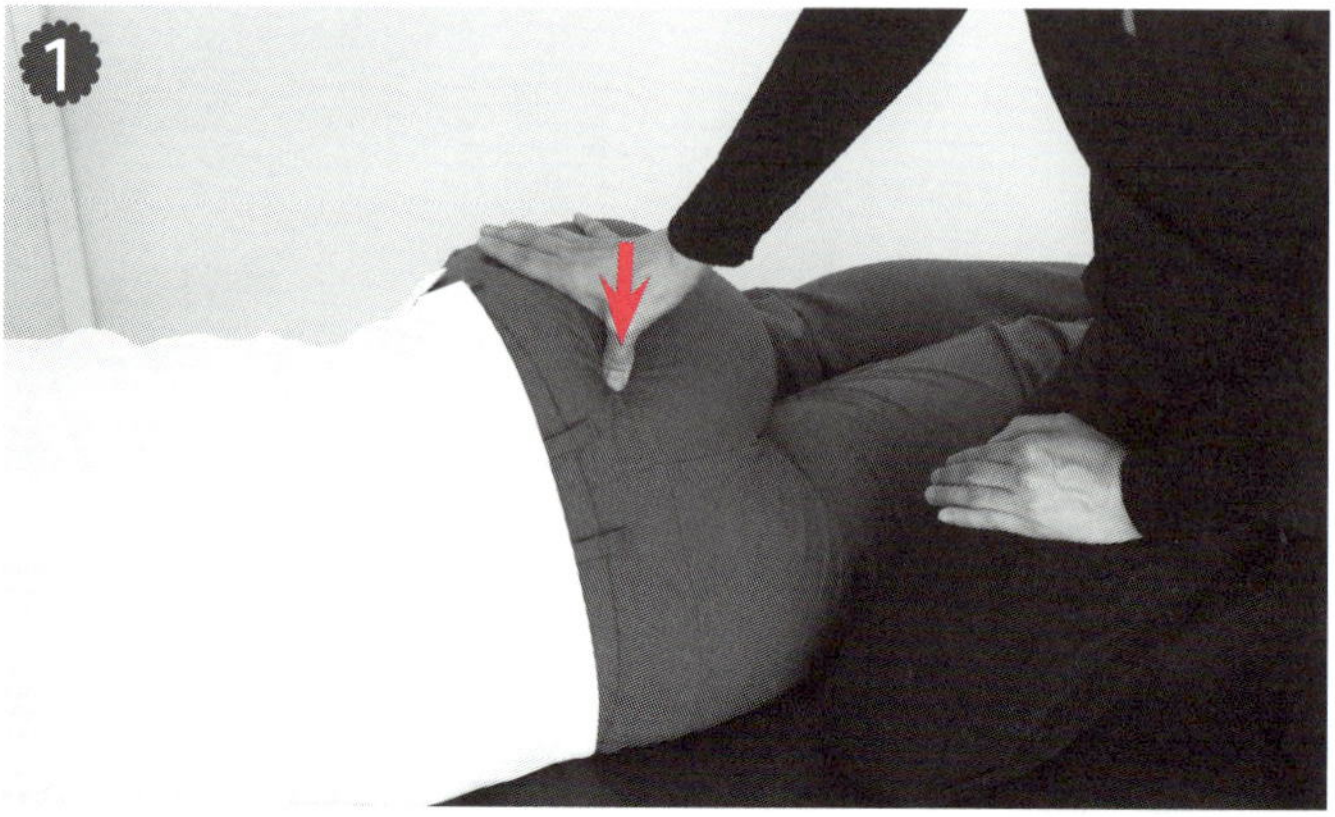

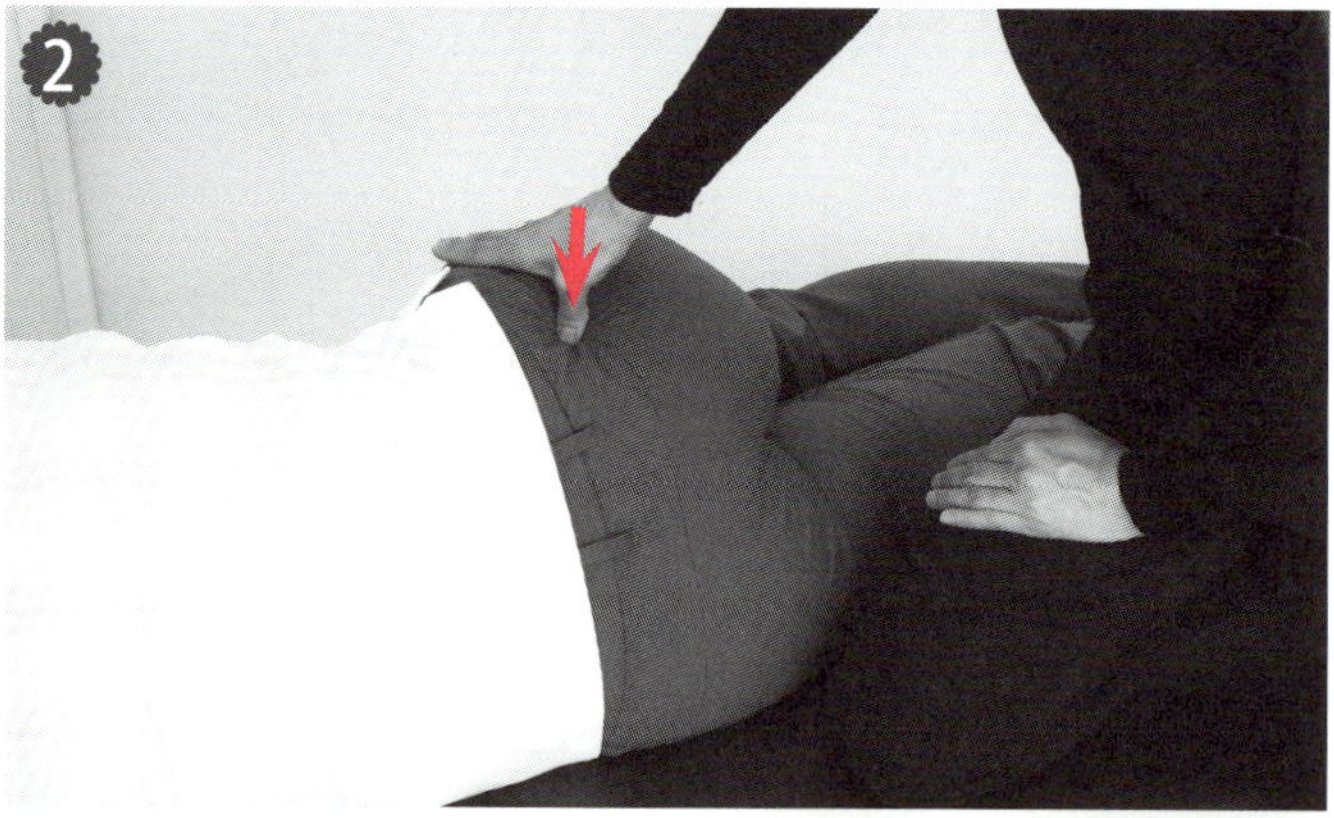

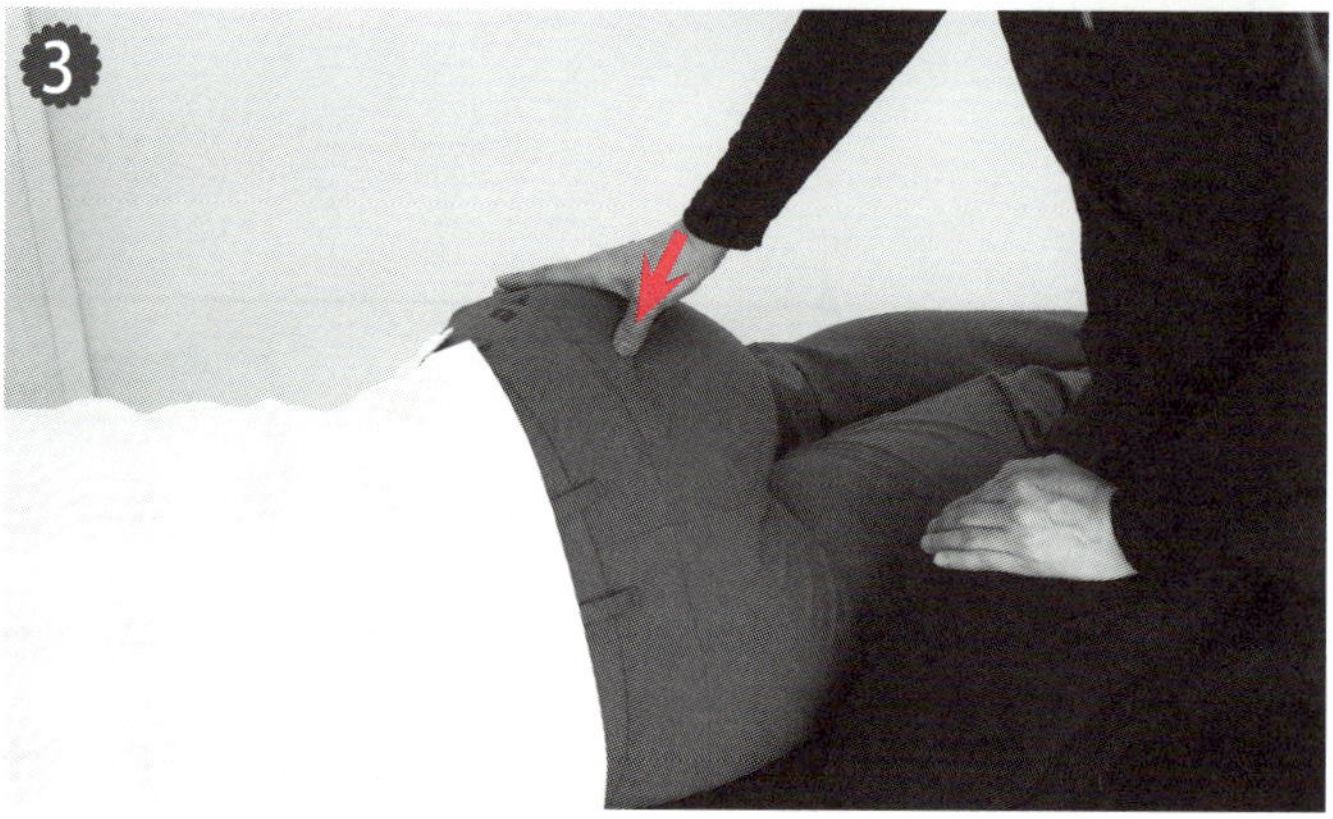

大殿筋の奥にある梨状筋をイメージしつつ、その深部に走っている坐骨神経をイメージして、マッサージを行います。

５回ほど繰り返し、表面の大臀筋がほぐれてきた所で、深部にある梨状筋、坐骨神経を目指して、ゆっくり持続圧迫をかけていきます。

ここは気持ちのよいポイントであるとともに、腰痛症状、坐骨神経症状改善のポイントでもあります。重点的に行いましょう。

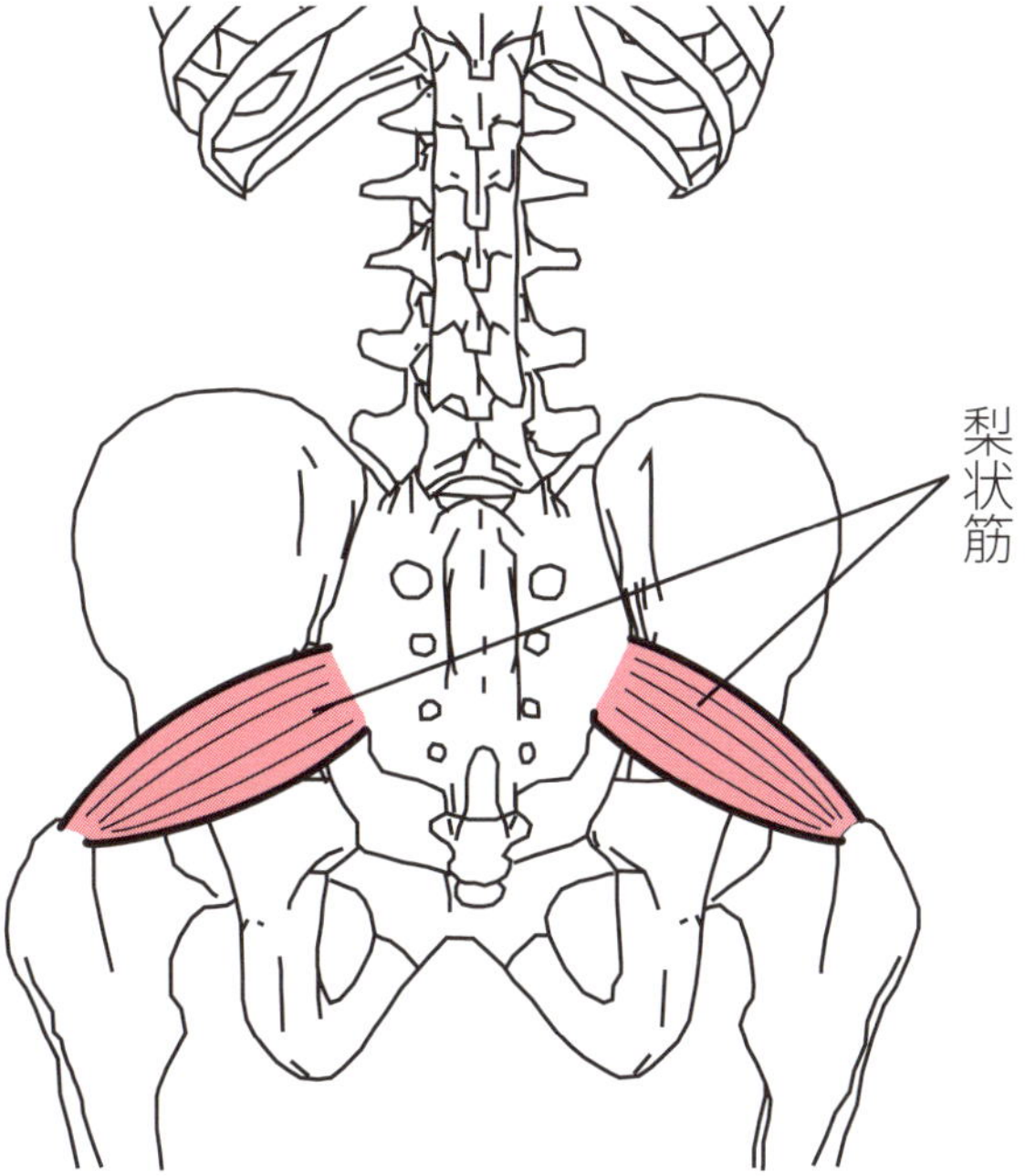

大腿後面の屈筋群の拘縮はスムーズな歩行の妨げになっている事が多いので、しっかりとマッサージを行う事が、日常生活行動の改善にも重要です。坐骨結節の所から、膝の裏のラインをイメージして腿の裏をマッサージしていきます。筋肉の大きい部分なので、大腿骨に押し当てるイメージでしっかりと圧をかけます。

坐骨結節の所と膝の裏は、腰痛症状改善のポイントでもあります。片麻痺の方は動かないことの廃用症候群で持病の腰痛がひどくなったり、坐骨神経の痛みが出ている場合が多いので、丁寧にマッサージします。

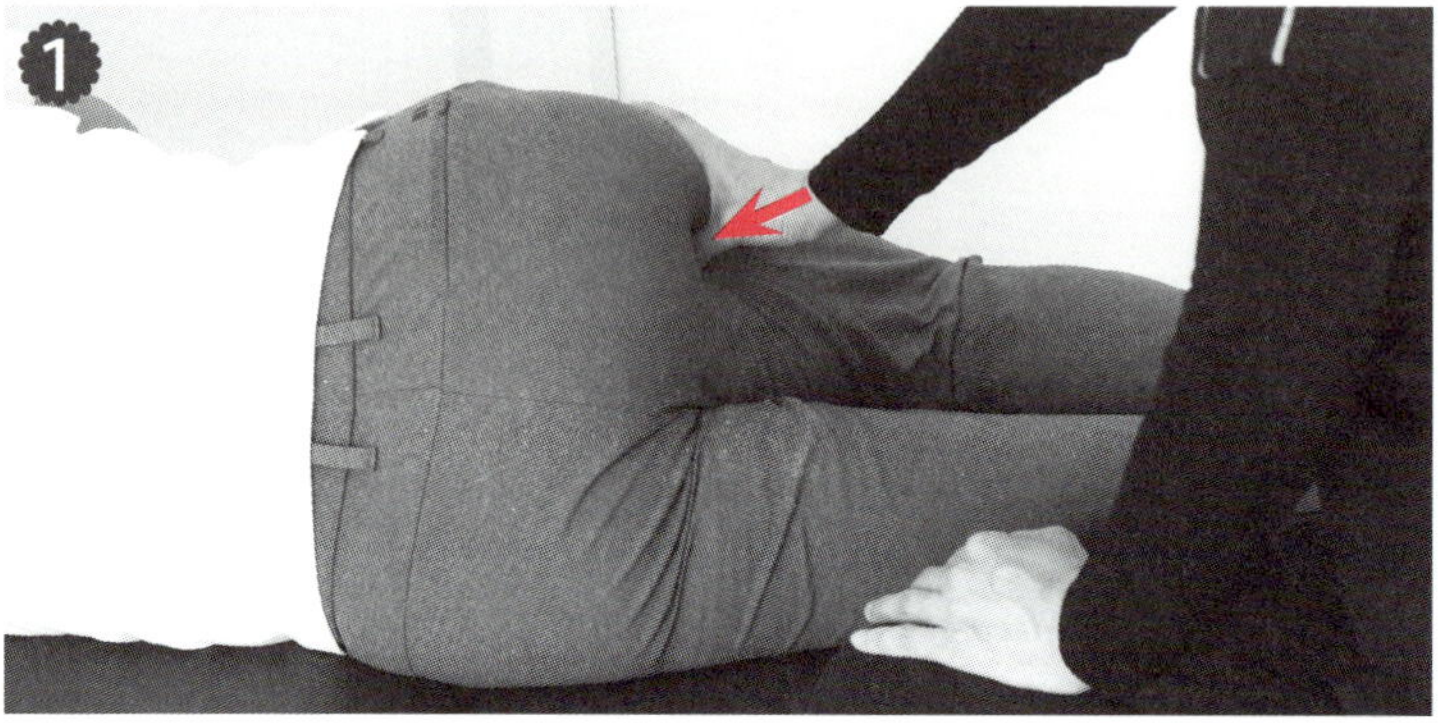

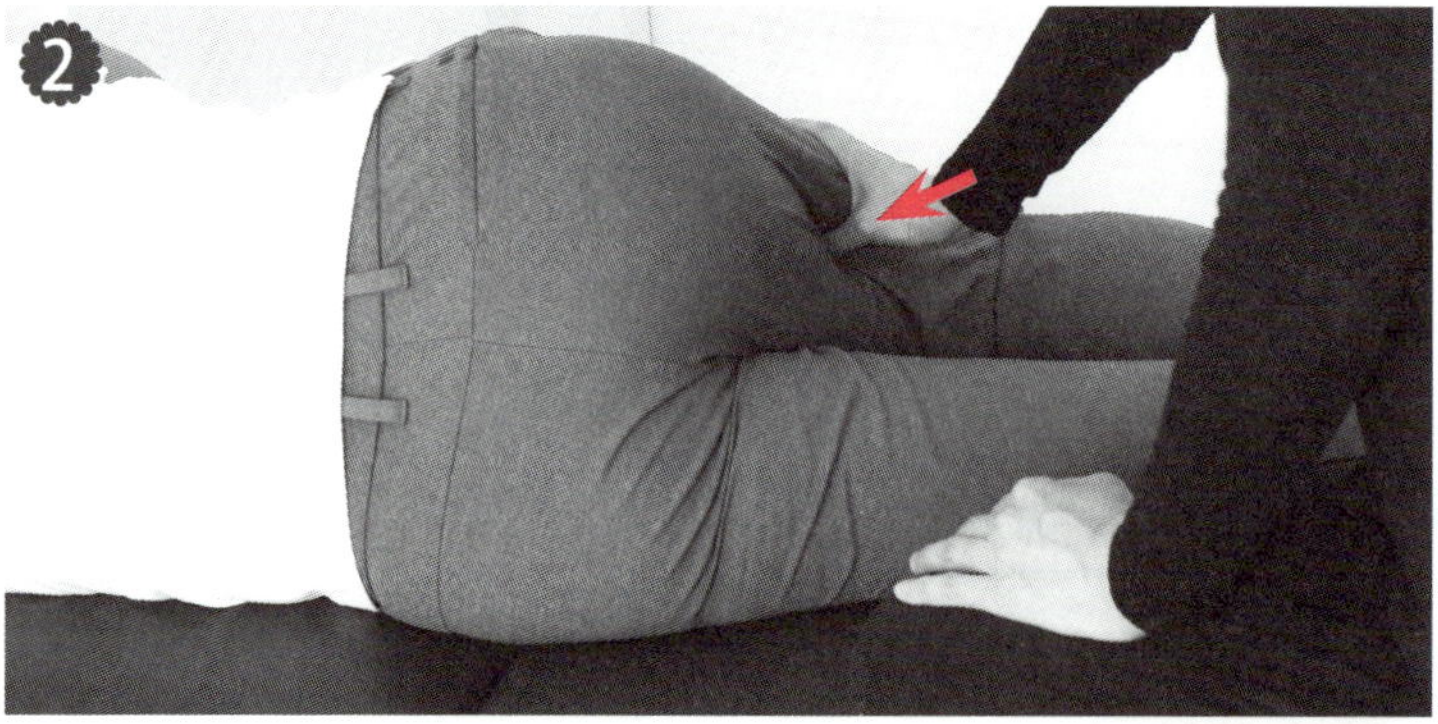

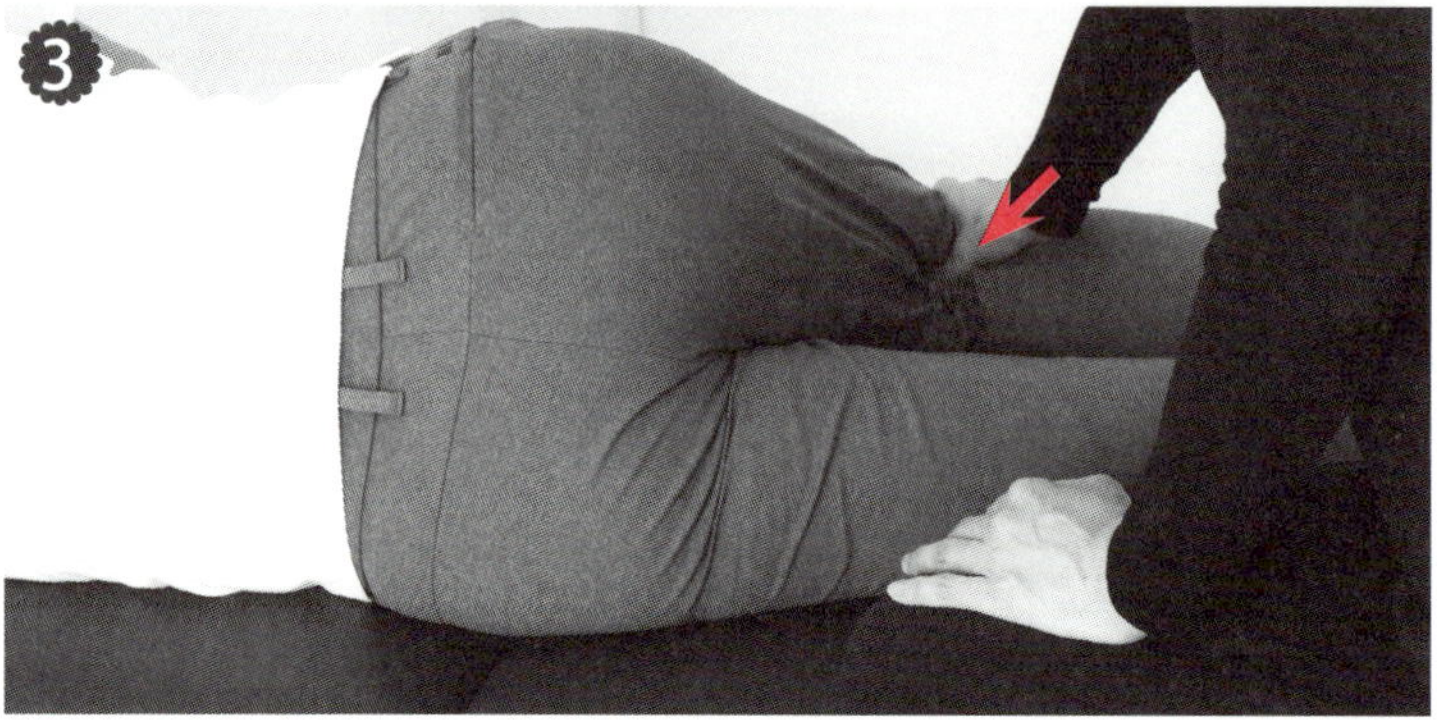

⑭ 大腿外側をゆるめる

掌で腿の外側に、圧を加えていきます。ここも片麻痺の方の痛みが出やすい所ですので、しっかりとマッサージしていきます。

大腿筋膜腸筋から腸脛靭帯にかけては緊張が出ている方が多いです。

大腿外側の真ん中あたりの〝風市〟というツボは、昔から脳卒中に効くツボとして有名です。

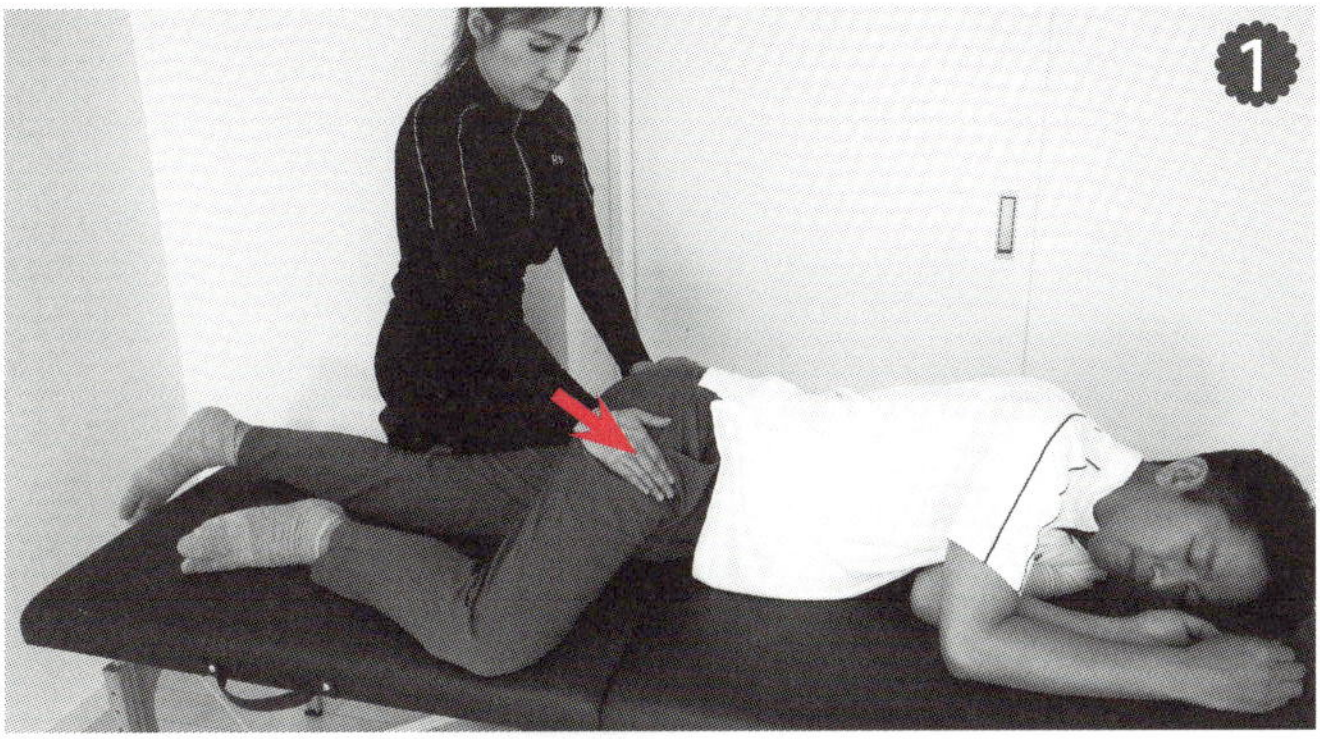

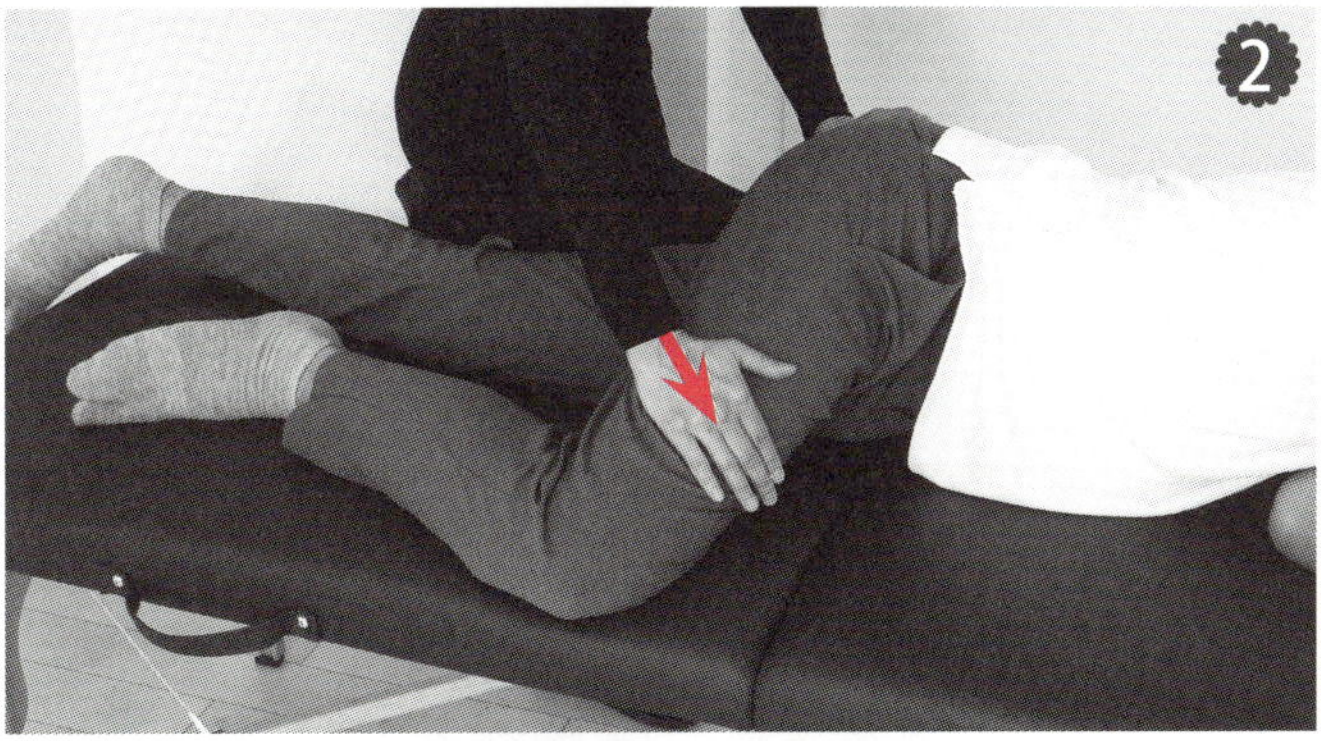

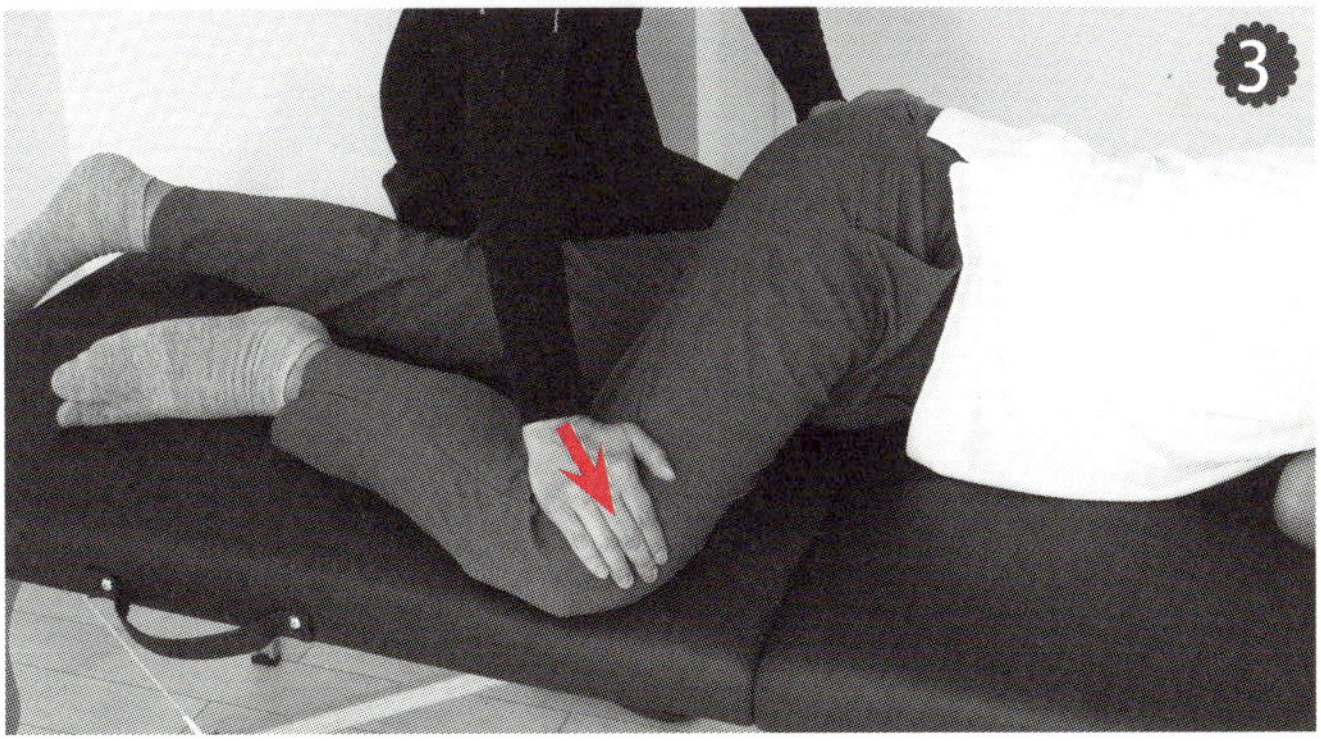

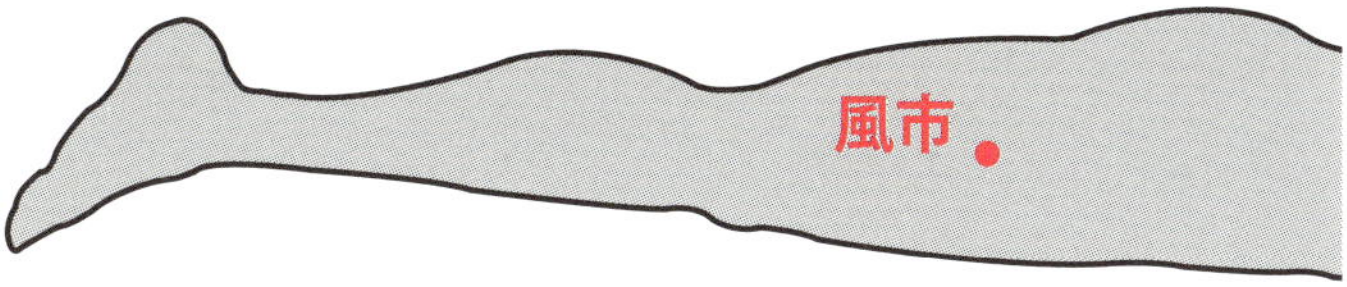

⑮ 下腿後面をゆるめる

緊張の強い、また、むくみのある方は、表層の腓腹筋あたりを掌全体で把握圧迫して緊張をほぐした後に、母指で中心の線をイメージしながらマッサージしていきます。〝承山〟というツボは重要なポイントです。各所5回ほど繰り返した後、〝承山〟を圧迫して5秒ほどキープします。この時も、表情をきちんとみて痛みが生じていないか感じ取りながら丁寧に行ってください。

ふくらはぎは循環器系の症状も改善する重要なポイントです。時間の許す限り、このふくらはぎを丁寧に行う事で、下肢だけでなく全身の廃用症候群の改善にもなります。そのイメージを持ちながら、しっかりマッサージしていってください。

1

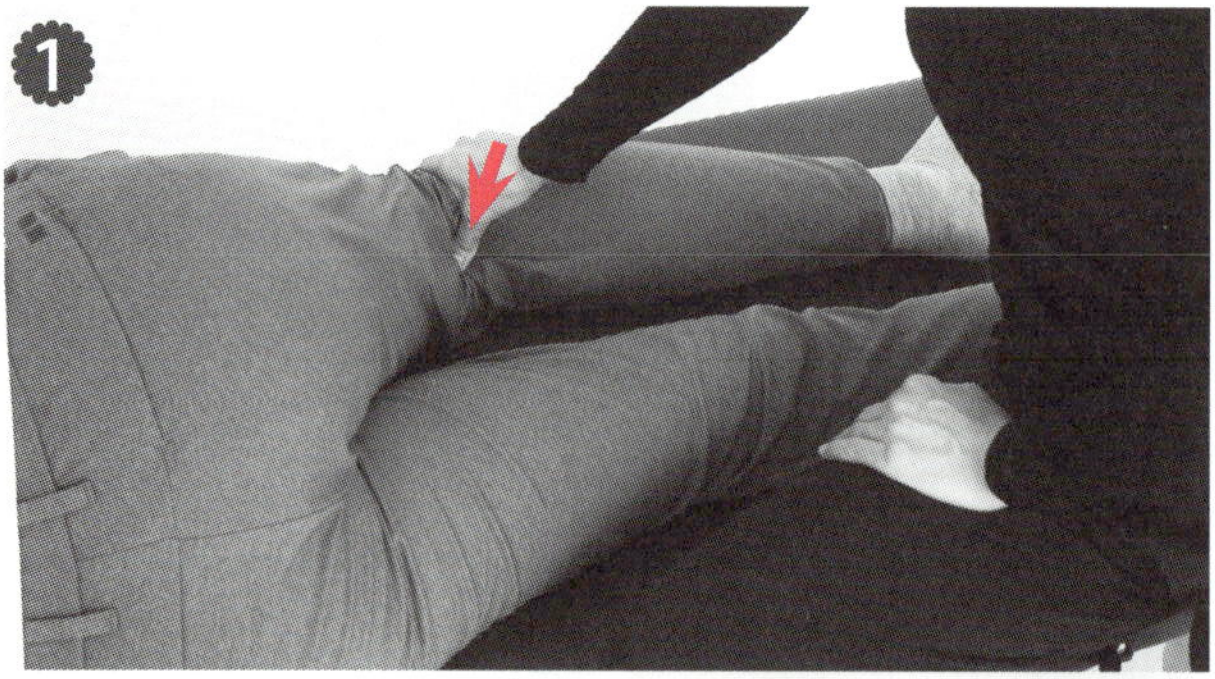

2

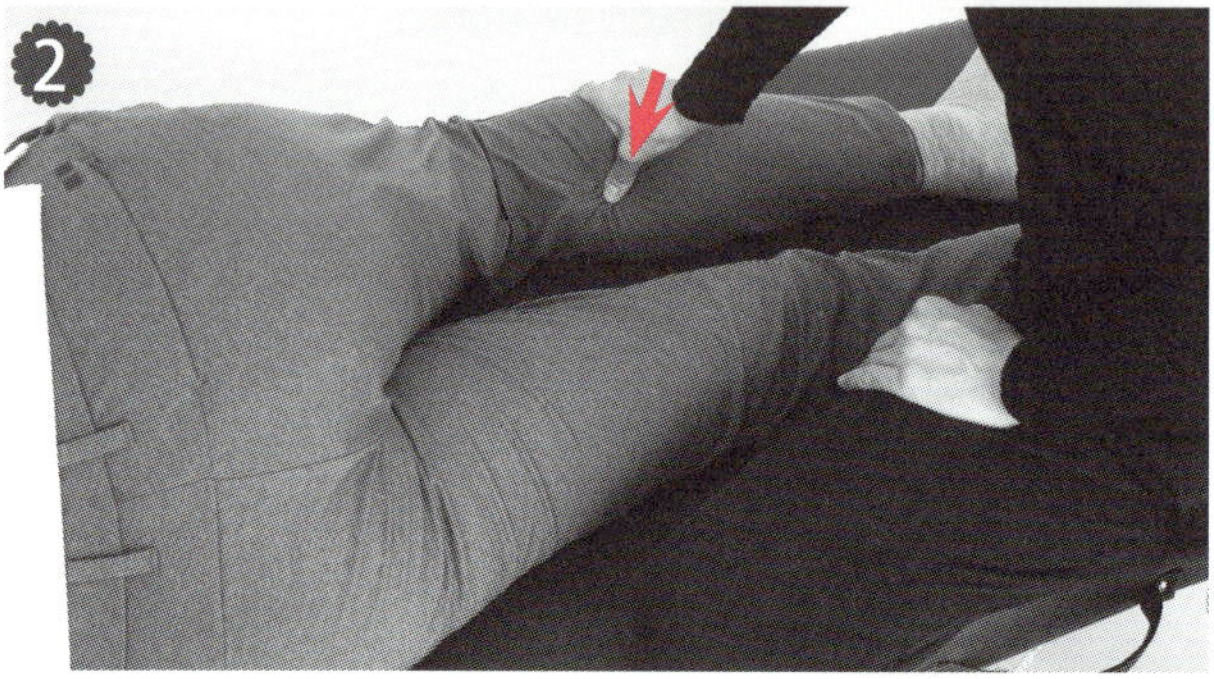

3

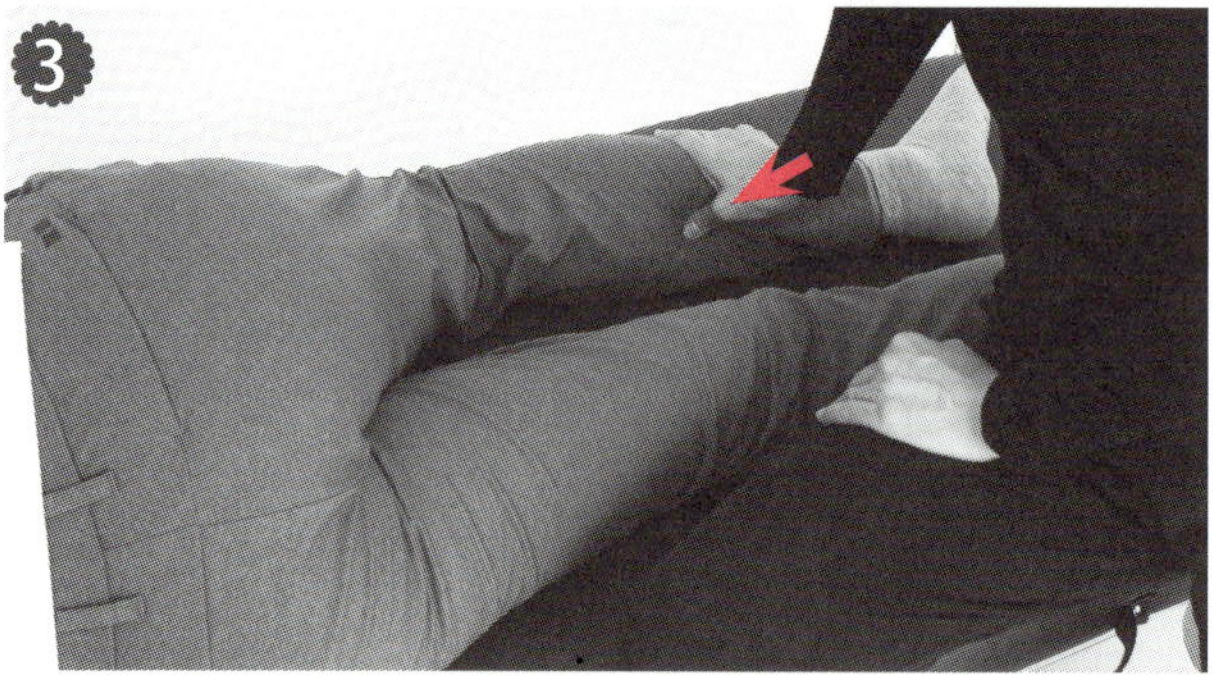

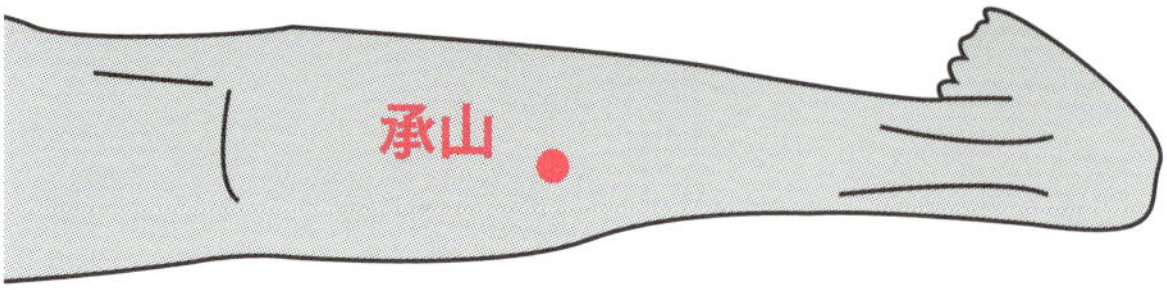

① 腕上げ

ゆっくりと肩を、バンザイをするように、サポートしながら動かします。
10 回繰り返します。

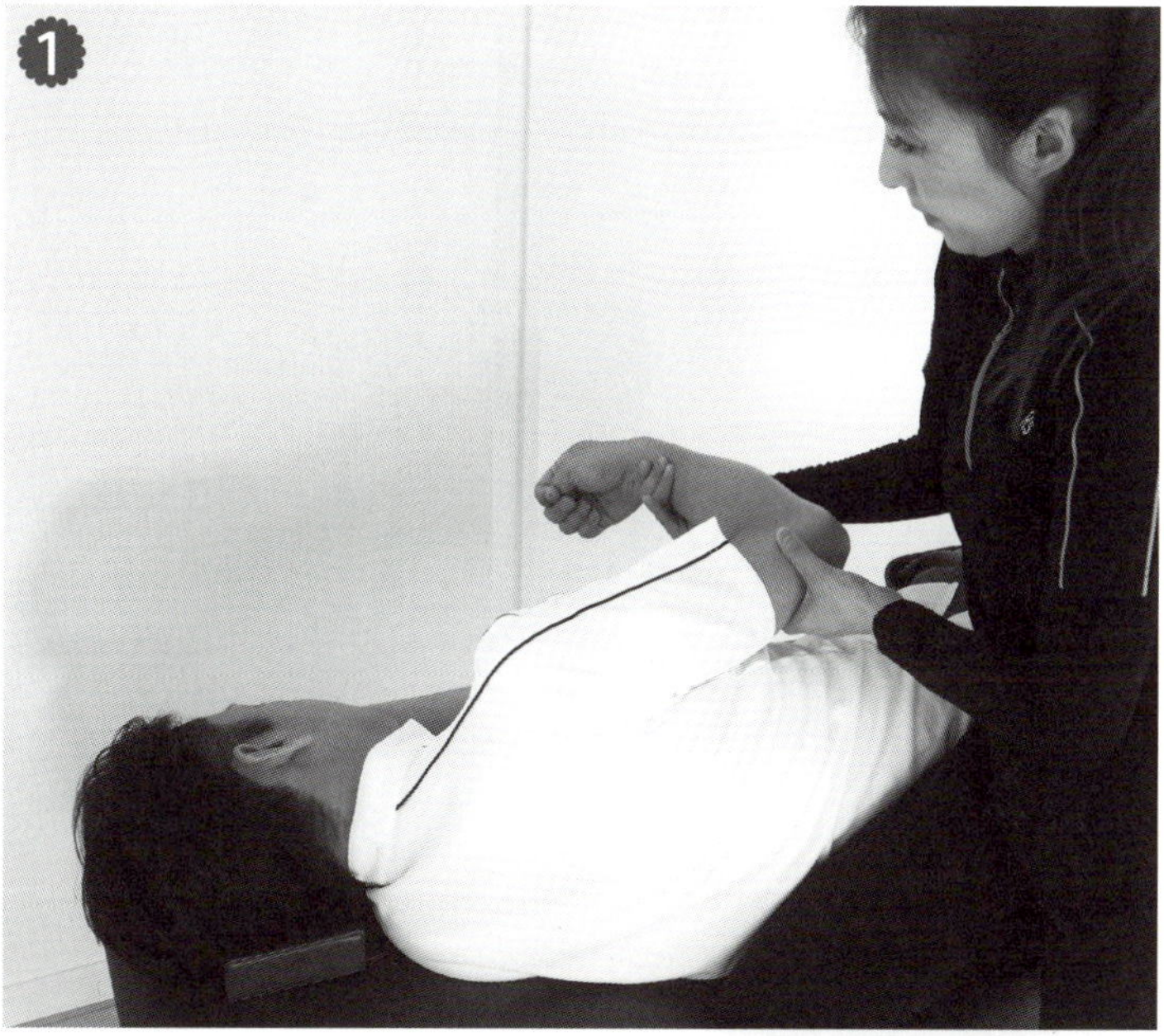

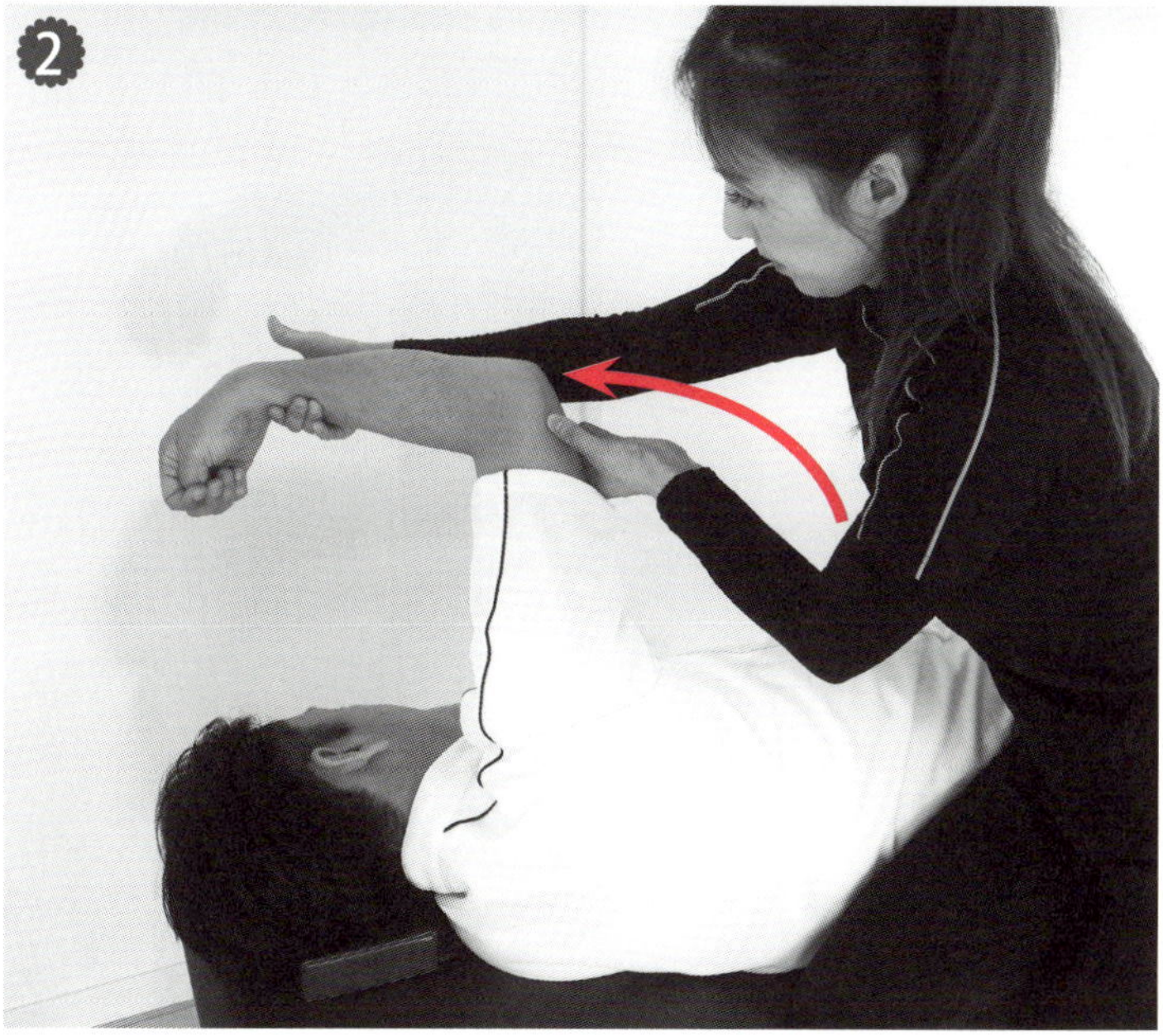

同様にサポートしながら、脇を開く動作を行います。
10回繰り返します。

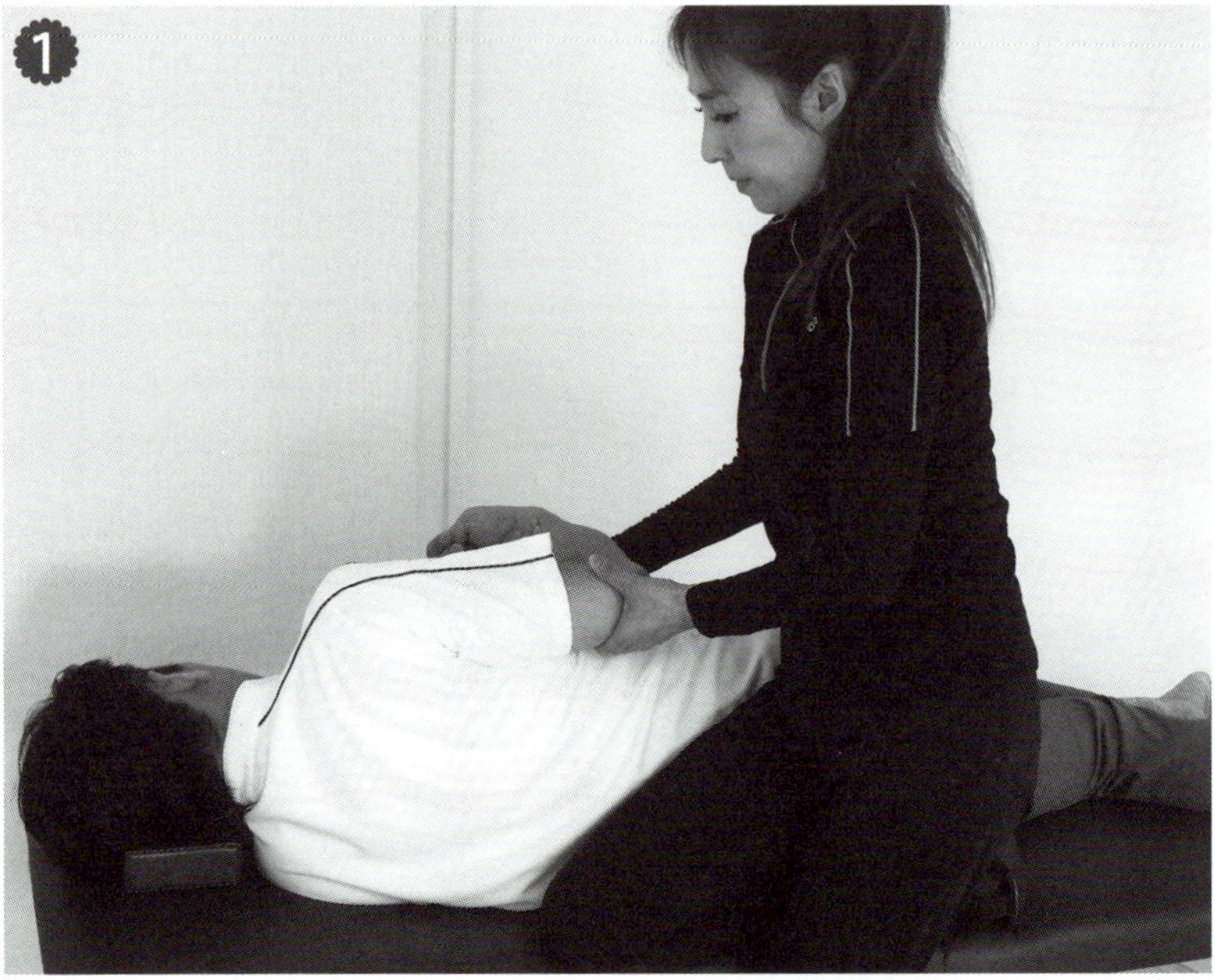

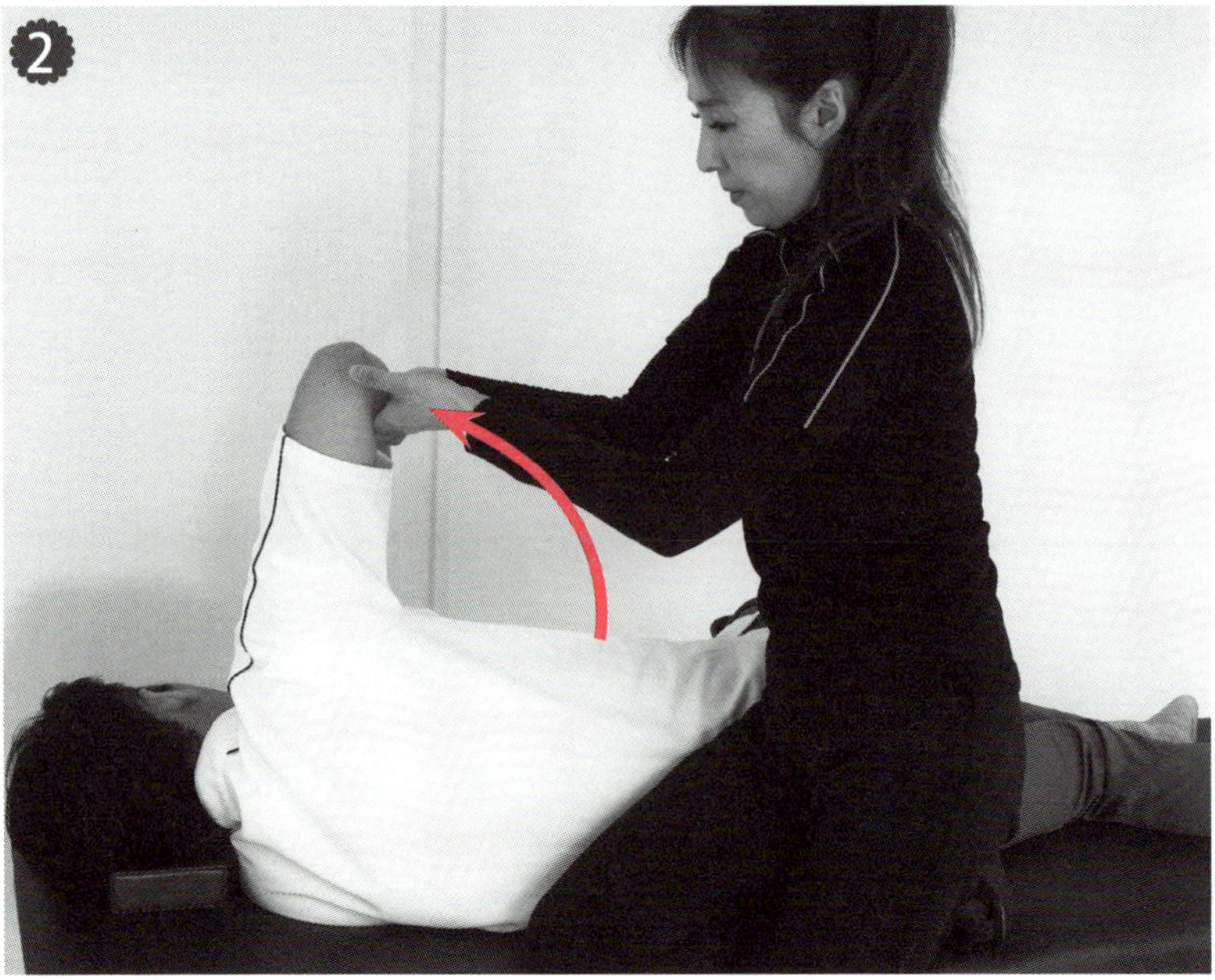

弓を引くように、腕を後方へ引く動作を行います。なるべく大きく引き、前へも気持ちよく伸ばすようにします。

10回繰り返します。

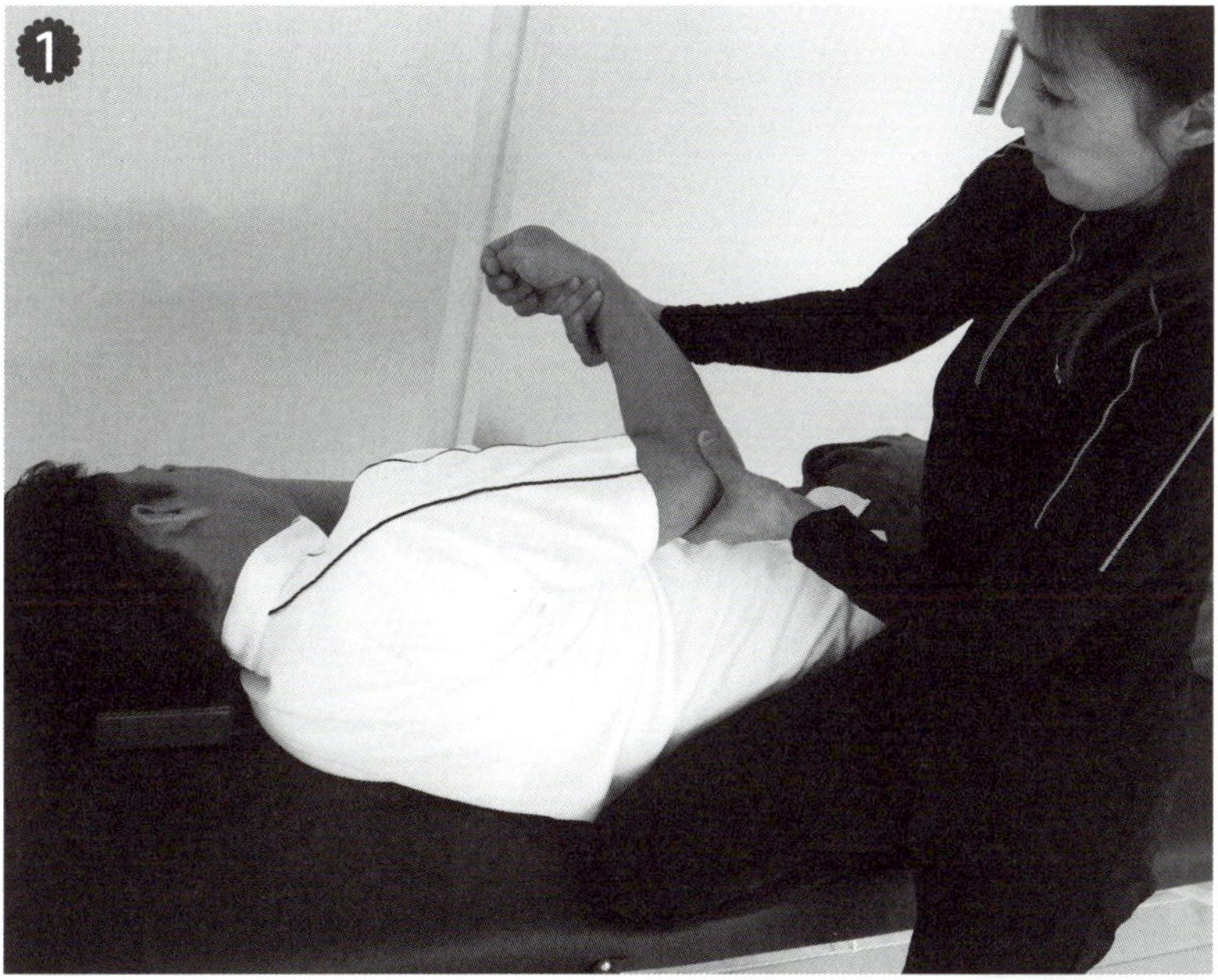

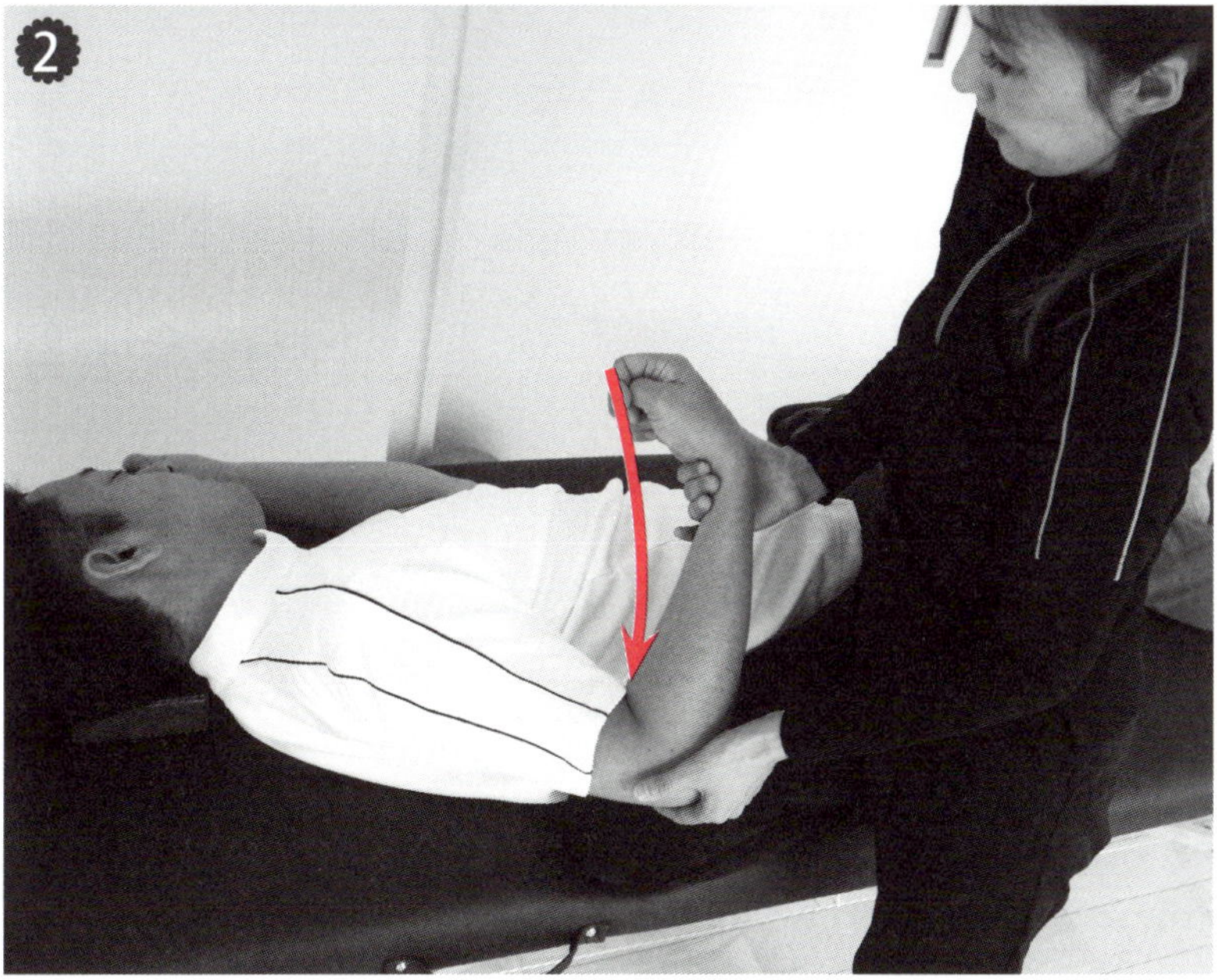

④ 足を横に引き上げる

片麻痺の場合、下肢の筋肉も衰えていますので、これもサポートしながら行います。足を横に引き上げる動作を行います。しっかりと足の重さを支えてあげながら行う事が大事です。10回繰り返します。

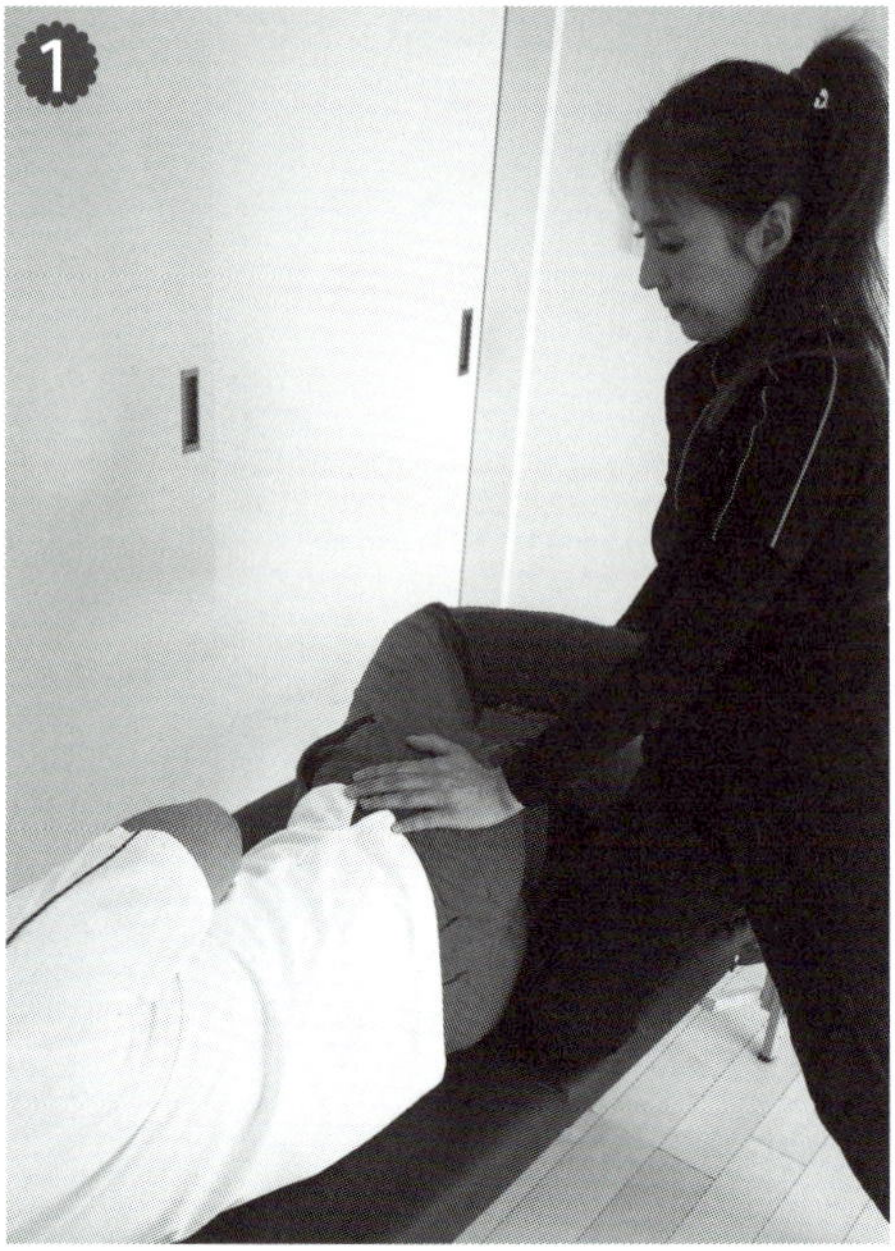

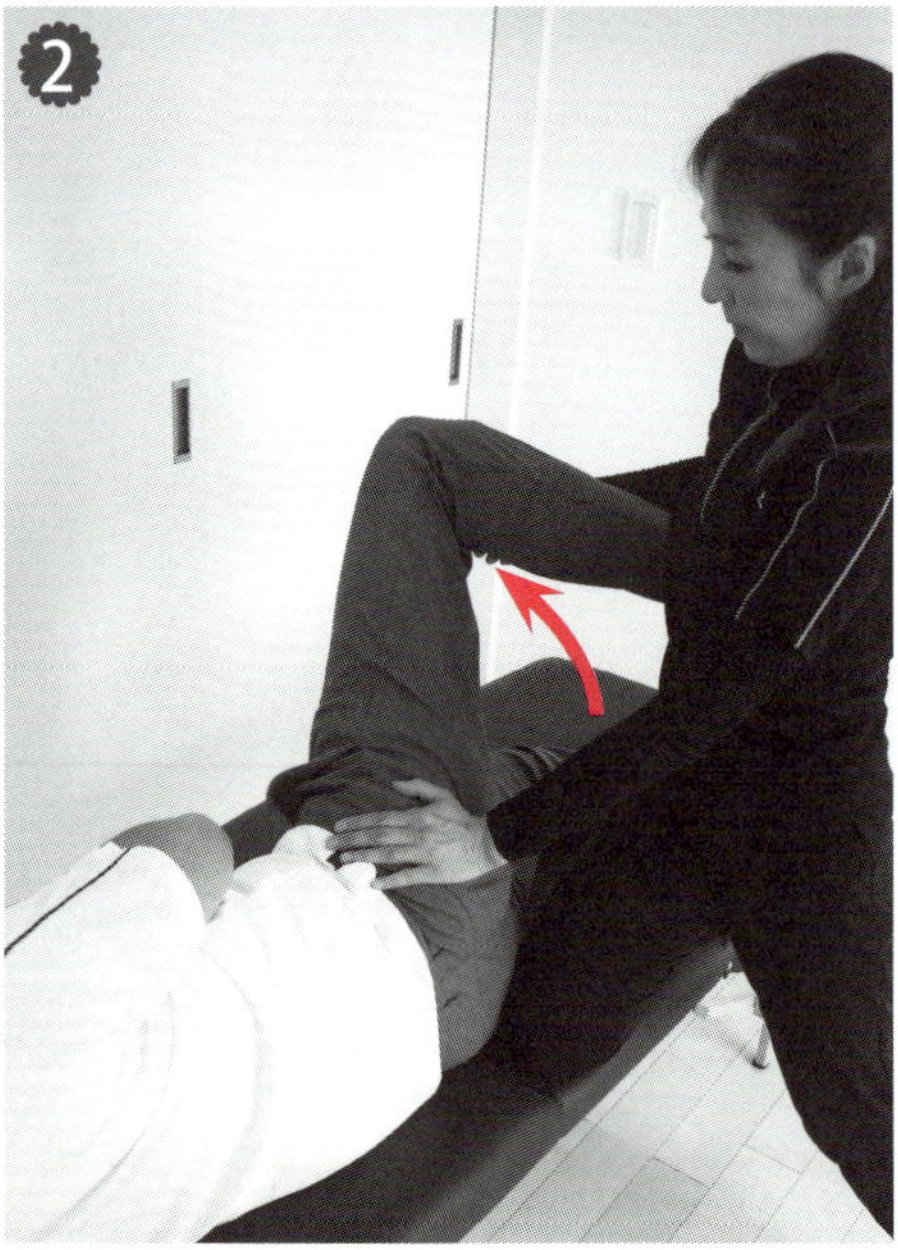

⑤ 足を後ろに引く

お尻のあたりを意識しながら、足を後ろに引く動作を行います。
10回繰り返します。

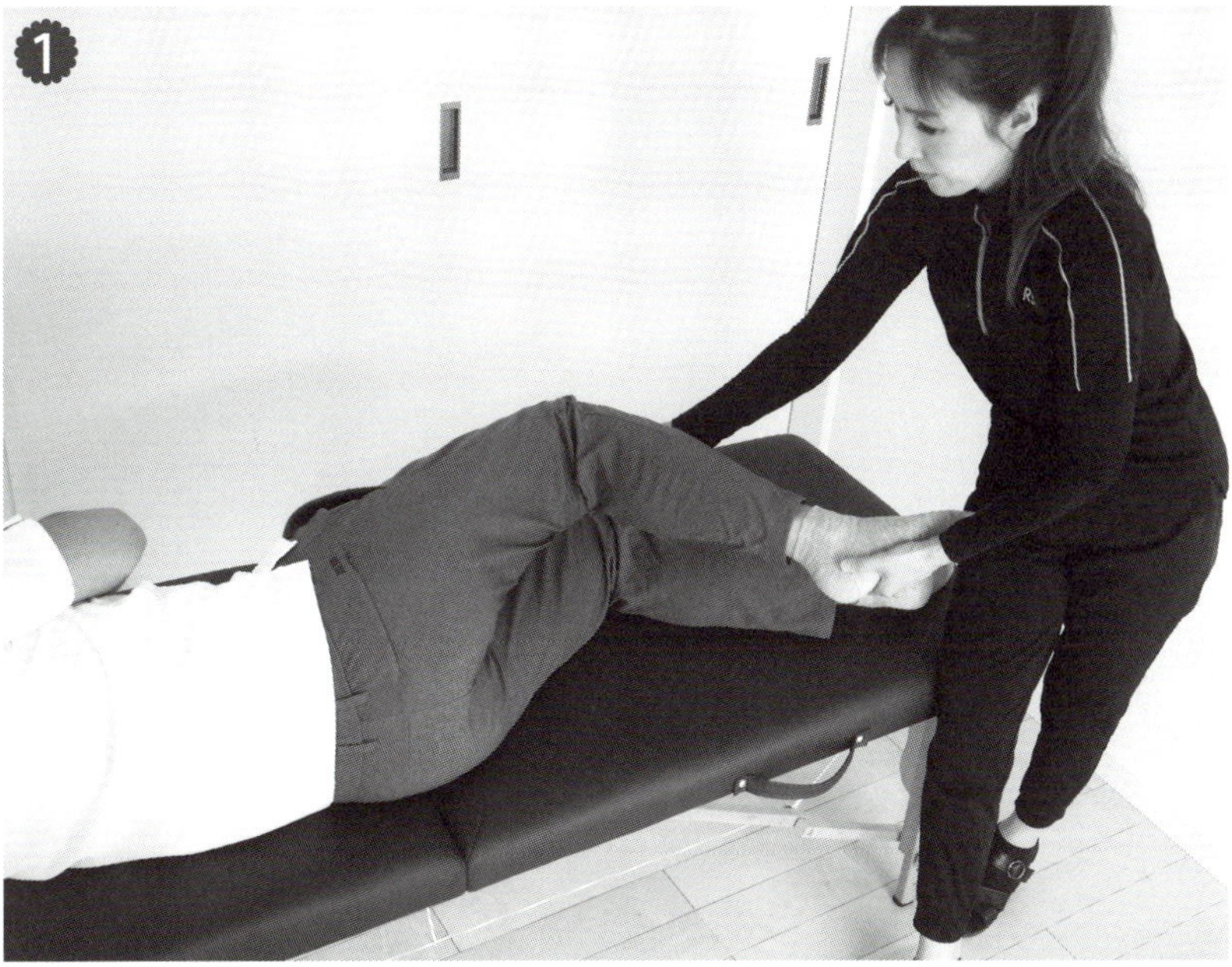

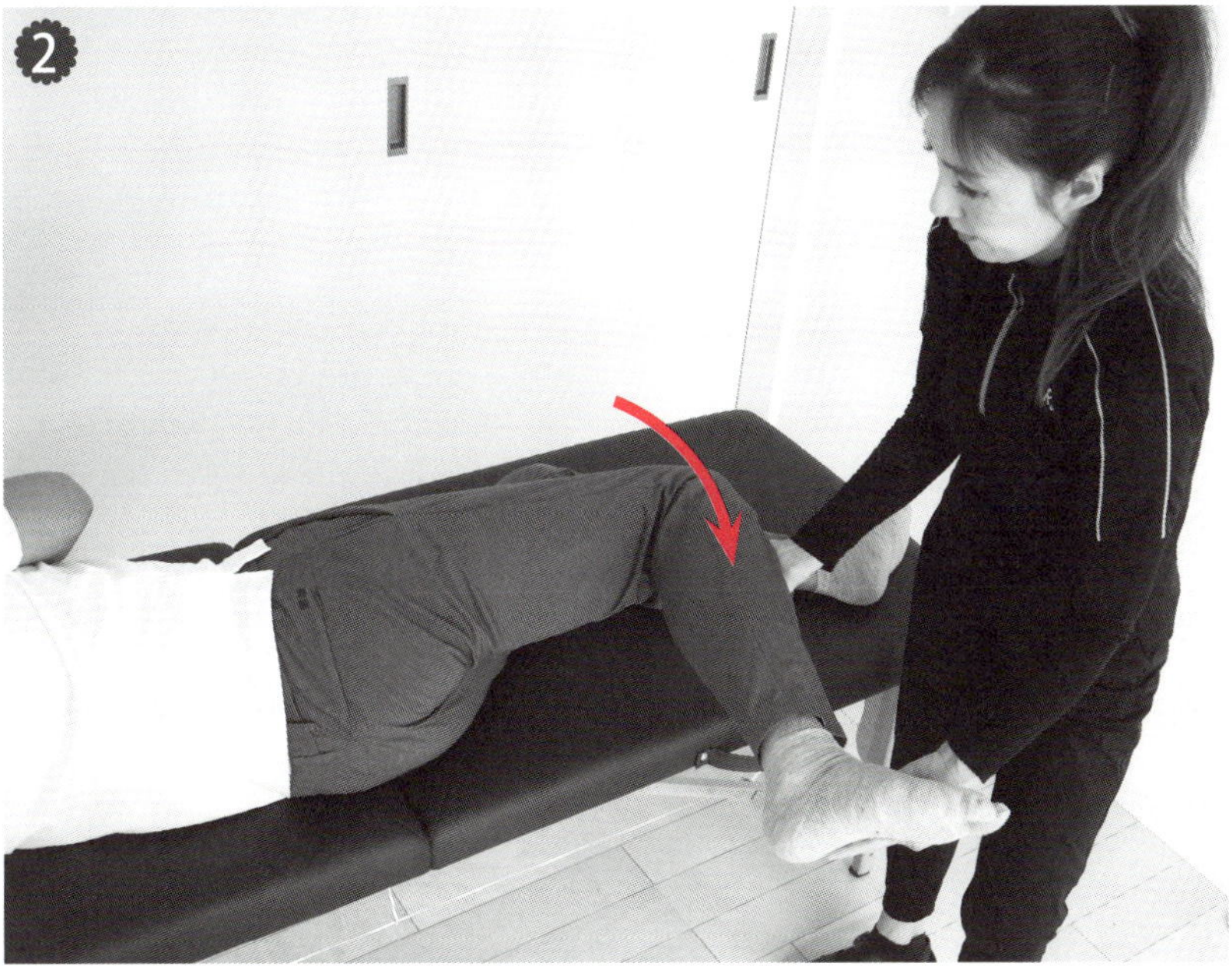

第4章

ベッドなしでもできる！セルフケア体操

1 〝介護予防〟には不可欠なセルフケア体操

これまでセラピストの1対1のSMEスキルについてお話してきました。

元々マッサージが得意なセラピストですが、高齢者が本当に元気になるためには、「ストレッチ（S）」や「運動（E）」もとても大事な要素になること、特に「運動（E）」は高齢者の失われた自信や尊厳を取り戻すことや自発的な気持ちを引き出す最大のスキルであることをお伝えしてきました。

年を取れば誰もが多かれ少なかれ痛い所が出てきたり、歩くのが辛くなったり、何かしらマイナスの事象（廃用症候群）が出てきます。体の機能を使わないことで起こるこの廃用症候群を予防するためには、体を使うこと、「運動」が最も有効な手段です。散歩や買い物、旅行等、自分のやりたいことがやれる、行きたい所に行けるようになるためには、普段から筋力や心肺機能を高めるための運動を取り入れることが重要なのです。

本章でご紹介するセルフケア体操（通称ツボリハ体操）は、座ったままでできる安全な体操です。上半身と下半身のトレーニングに分かれており、全体で30分程度です。まずはストレッチで筋肉を軽く伸ばしたあとセルフマッサージで血流改善、そしてエクササイズを、という流れになっています。

これは、高齢者が一人で、いつでも、どこでも行うことができるものとして指導していただきたいメニューです。

前章でご紹介したように、SMEメニューは「エクササイズ」と言っても、それほど労力を要するものではありません。それよりも、少しずつでもとにかく動かし続けること、そしてできれば習慣化することを目指したものです。

そのためには、例えば週1回、施術者、指導者がいる機会にだけ運動をする、というのと、いつでも自分だけでできる機会をもっているというのとでは、効果もかなり違ってきます。

運動すると、ケガをしにくい身体になります。これを逆に考えていらっしゃる方も多いかもしれません。

◎いつまでも活動的でいるためのポイント

1　関節は柔らかい方がケガをしにくい。かつ転んだ時に重症化しにくい。

2 体操は週2回以上行うと予防効果が高まり、体の変化を実感できる。
3 関節などに痛みがある場合でも、安静にし過ぎるのは厳禁。適度に動かし、筋肉に刺激を与え続けることが重要。
4 少しの時間でも、毎日外に出る習慣を。外出の緊張感やいろいろなことへの好奇心が若さを保つ秘訣。
5 人と社会との関わりを積極的に。その関係性こそが「老化」を防止する。

今、高齢になっても、驚くほど若々しくてアクティブな方はたくさんいらっしゃいます。そういう方の多くは、意識的にでも無意識的にでも、右記の条件を満たしています。

そして、これらの条件を満たすことは、それほど難しいことでもないのです。そこもぜひ、本書を、とくに本章のセルフケア体操を通じてお伝えしたいところです。

これからの時代に本当に重要になってくる〝介護予防〟には、〝運動の習慣〟は欠かせないでしょう。でも、もしかしたら〝運動を習慣づける〟と聞くと、必要以上におっくうに感じてしまう方も多いかもしれません。そんなすべての方に、セルフケア体操は役に立つはずです。

2 ベッドがなくてもできる!

前章でご紹介したSMEメニューは、寝た状態で行うものを含んでいました。一方、本章のセルフケア体操は、すべて椅子に座った状態で行えるものばかりです。

これからの社会において、高齢者と接する形は実にさまざまになってきます。地域で大勢の高齢者に健康指導をするような機会もあれば、ベッドがない環境で、という場面もきっとあるでしょう。そんな環境でもできるセルフケア体操は、大きな力を発揮します。

椅子さえあればできるということは、高齢者自身が自発的に行う上でも大きなメリットです。横になれる環境がなければできない、というのでは、なかなかいつでもどこでも、という訳にはいきません。腰掛けられる環境さえあればよいのなら、公園でだってできるのです。

セルフケア体操もSME理論に基づいて組み立てています。つまり、ストレッチ、マッサージで身体の動きやすい状態を作った上でエクササイズを行います。マッサージは横になって、技術のある人にやってもらうもの、という先入観はありがちな所ですが、ここで行うマッサージはツボを上手く活用するところが一つの特長です。自分で押して効かせます。

ツボは、神経が集束している場所とも言われており、ツボの位置はその方によって異なりますが、その辺りを押して痛気持ち良い所とご理解ください。ピンポイントでなくてもその周辺であれば効果はありますので、あまり気にせず心地良い程度に押してみるのがよいと思います。

3 〝自発性〟こそが宝!

セルフケア体操が習慣づくと、「運動」がおっくうなものでなく楽しいものになってきます。それは、やるほどに身体が動くようになってくるからです。

「運動」は単なる筋トレではなく、心のトレーニングでもあることをぜひ理解して頂きたいと思います。定期的に運動をしたら「歩けるようになった」「体が軽くなった」「色々な所へ出かけられるようになった」という目に見える成果を得られることでやる気スイッチが入り、「もっと頑張ろう」「もっと遠くへ、色々な所へ行ってみよう」「趣味を再開しよう」など、気持ちが前向きになり、生活そのものを改善することができるのです。

こういった自発的な高齢者を増やすことも介護予防セラピストの重要な役目です。ぜひ運動の重要性を伝え、一緒に運動に取り組んでみてください。運動は1対1でもできますが、一度に大勢の人と行うこともできます。公民館やスポーツ施設で、高齢者を集めて体操を指導する、などという機会、需要はおそらくどんどん増えてくるでしょう。

これからのセラピストには癒しのスキルだけでなく運動指導のスキルも必要です。それが真に高齢社会に必要とされるセラピストなのです。

セルフケア体操

A 上半身

高齢者というと下半身のトレーニングが中心となるイメージがありますが、実は上半身の機能（動き）がスムーズな歩行に関係しており、上半身のストレッチや筋トレもとても重要です。
すべて椅子に座った状態で行います。
運動は、息を止めないように自分でもカウントしながらやってみるといいと思います。
10回ワンセットですが、できるようなら2～3セット繰り返し行ってみてください。

ストレッチの注意点
・痛くない範囲で行う。
・最大に伸びた所で少しキープするとさらに可動域が広がる。
・自然な呼吸を心がける。

マッサージの注意点
・押す力は、痛気持ち良い程度がちょうど良い。
・ピンポイントでなくとも、その周辺に指が当たっていればOK。
・自然な呼吸を心がける。

エクササイズの注意点
・息を止めずに行う。
・鍛えている部位や筋肉を意識しながら行う。
・痛くない範囲で動かす。

① 深呼吸

丹田の位置に両手を重ねて置き、深呼吸を行います。

鼻から吸って、口からゆっくりと、細く長く吐きます。息を吸った時にお腹が膨らみ、吐いた時にお腹がへこむ、腹式呼吸で行い、これを３回繰り返します。

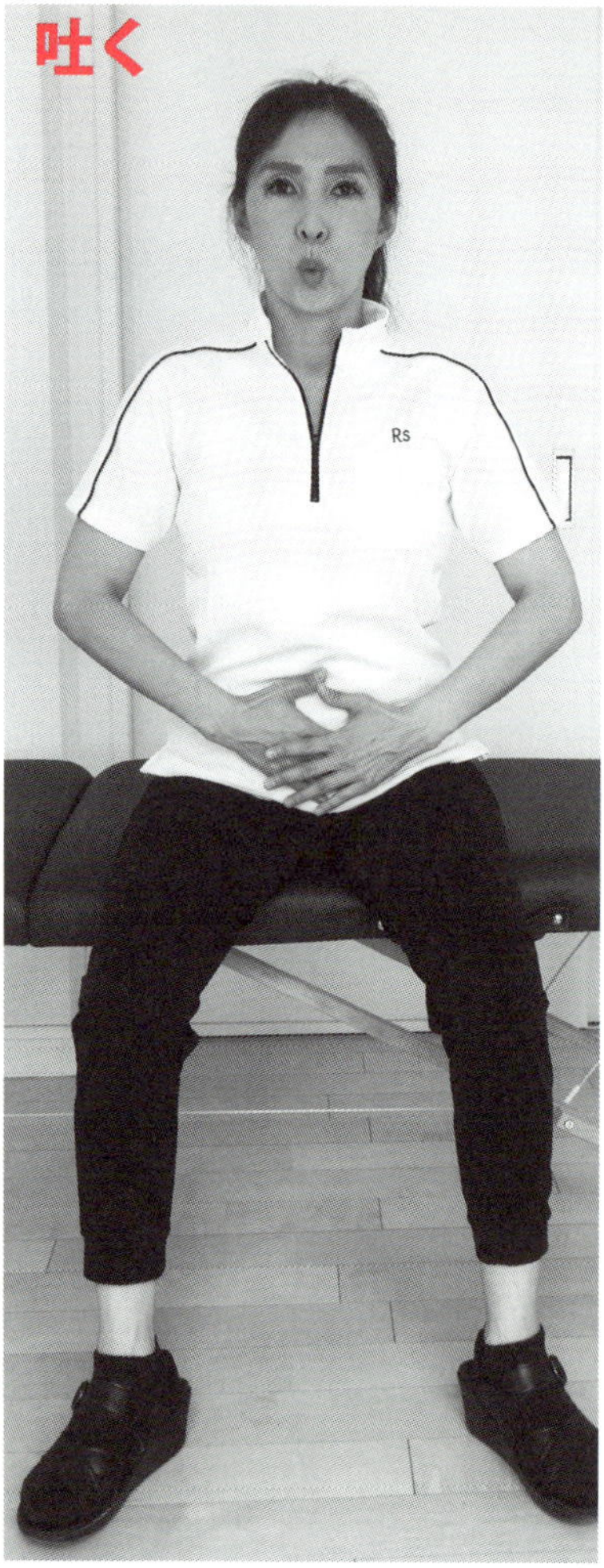

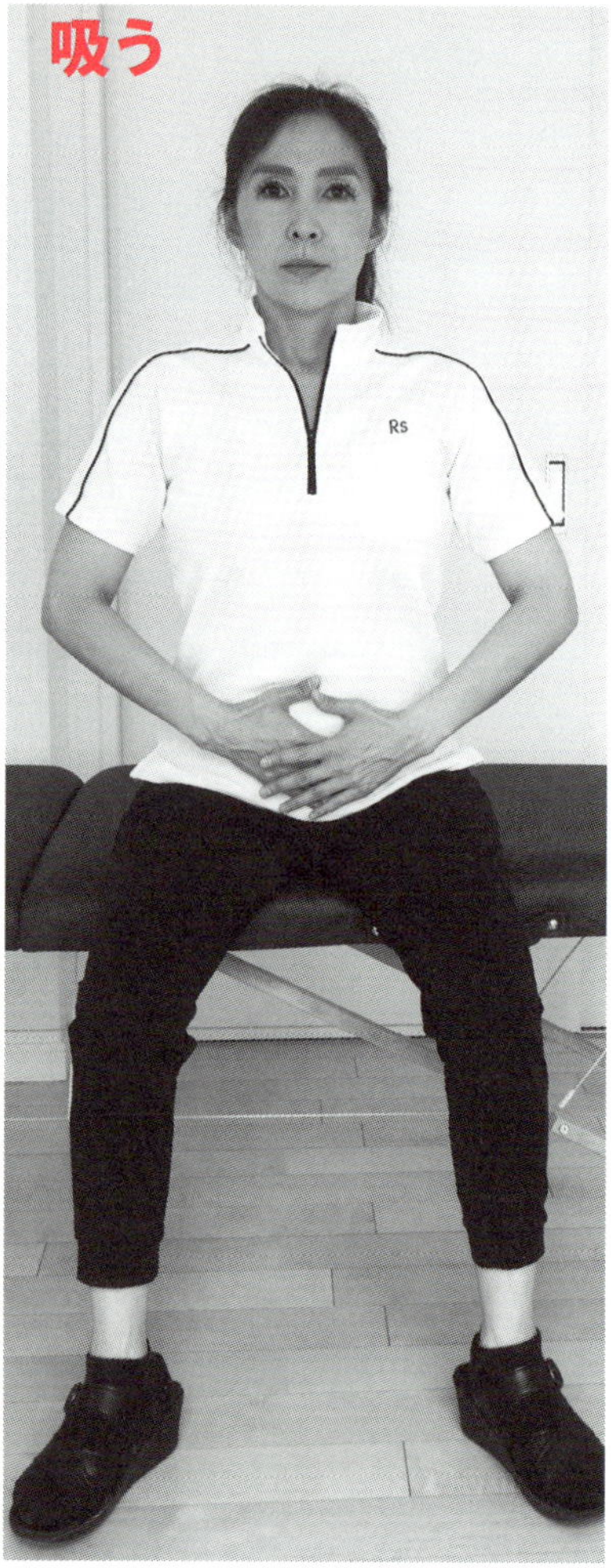

② 肘引き&肩甲骨寄せ

肩に手を置いて、肩甲骨を寄せるイメージで、肘を後ろに引きます。
一番引いた所で3秒キープします。肩が上がらないように注意してください。
これを5回繰り返します。

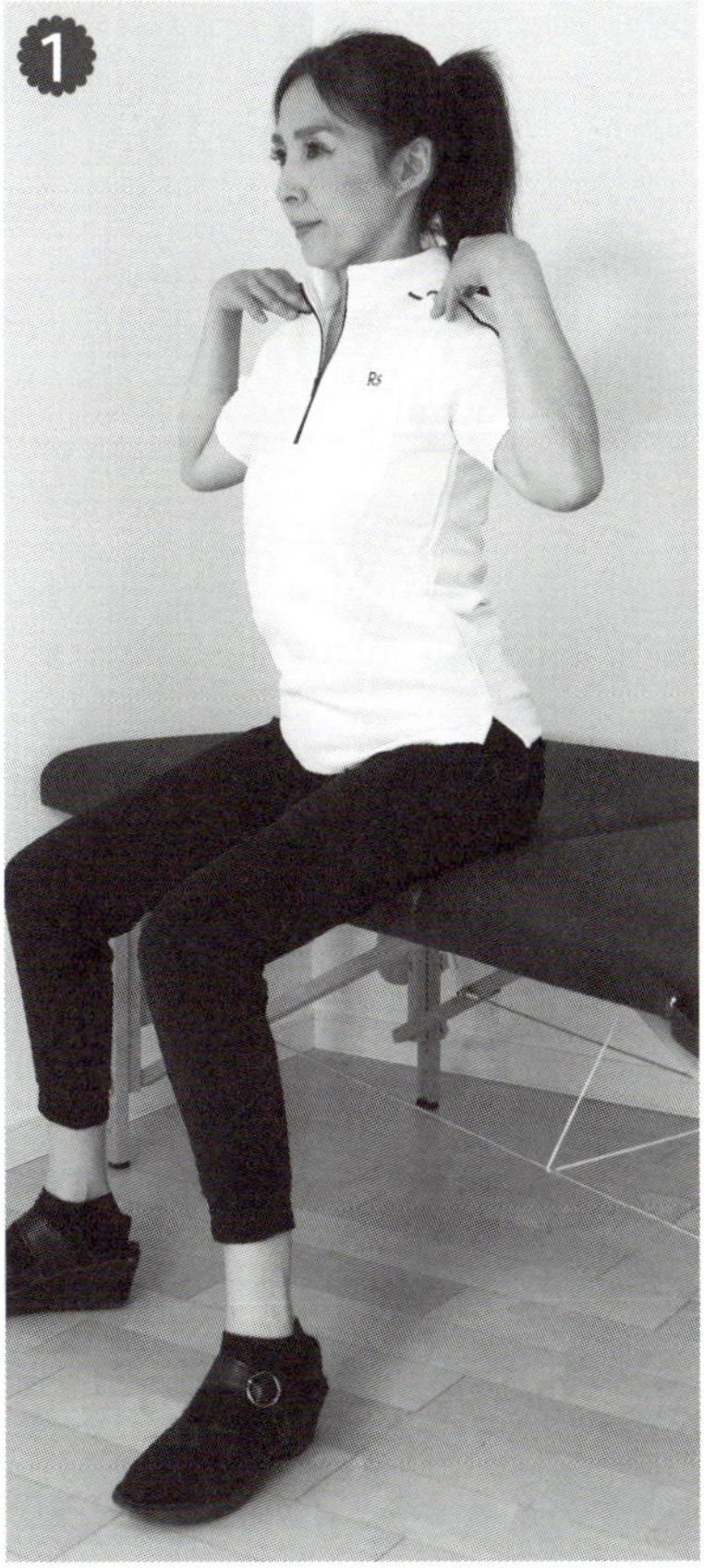

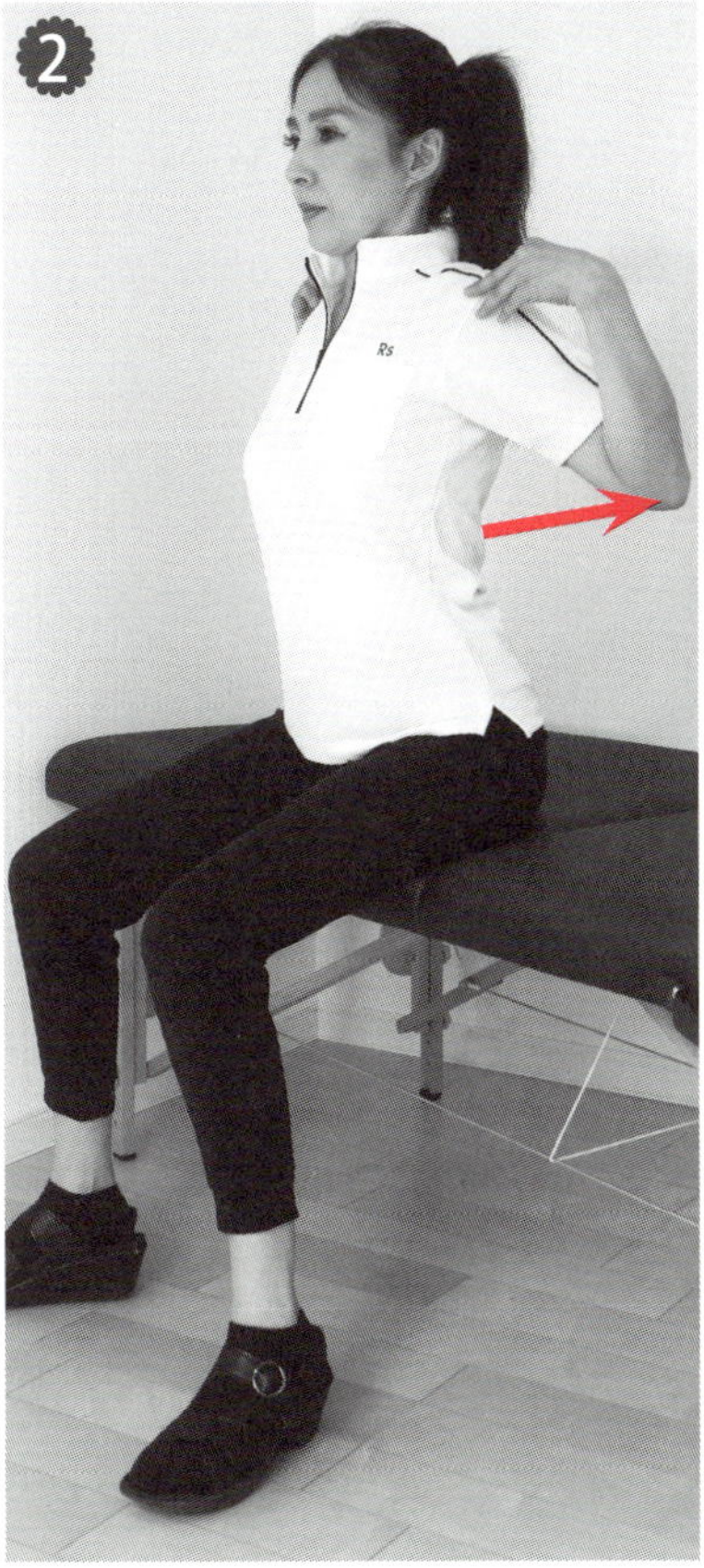

③ 肩回し

肩に手を置いて、肘で大きく円を描くようにします。外回し、内回しを5回ずつ行います。（写真は外回し）

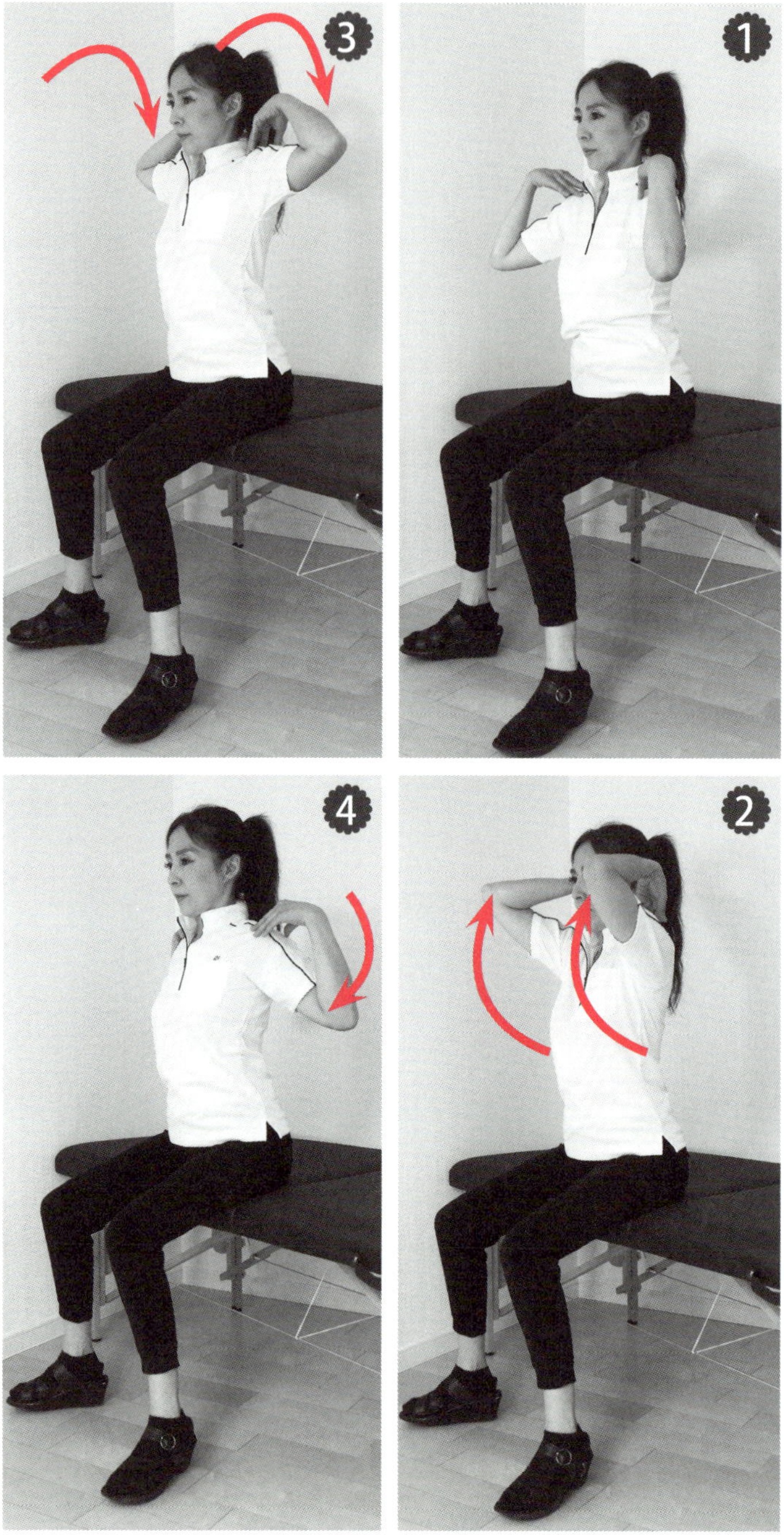

④ 肩外ひねり

掌を上に向けて、肘を中心に外へ開きます。なるべく肘を脇から離さないようにします。肩甲骨を寄せ、胸を開くイメージで行います。痛くないところまで広げ、3秒止めて戻します。これを5回繰り返します。

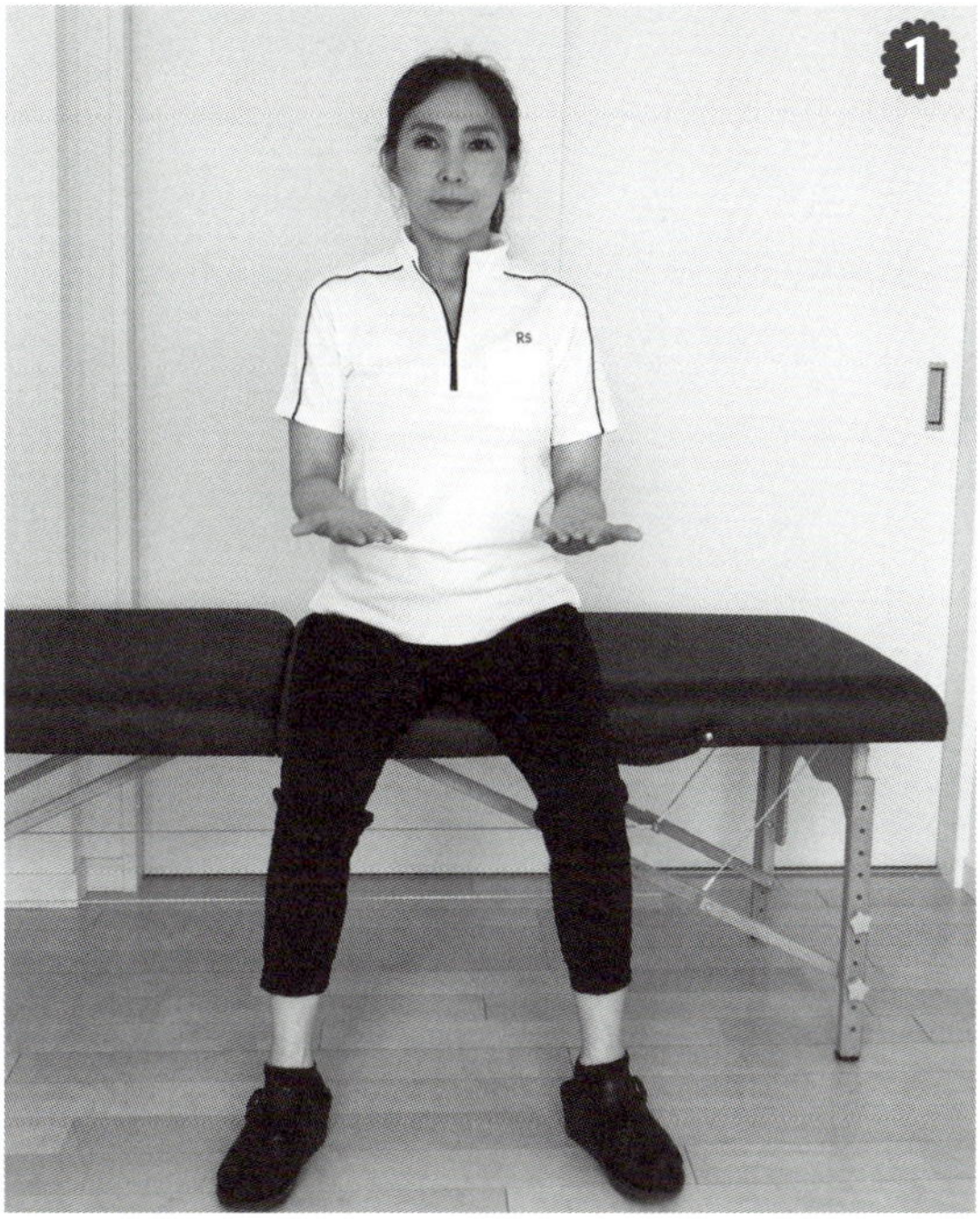

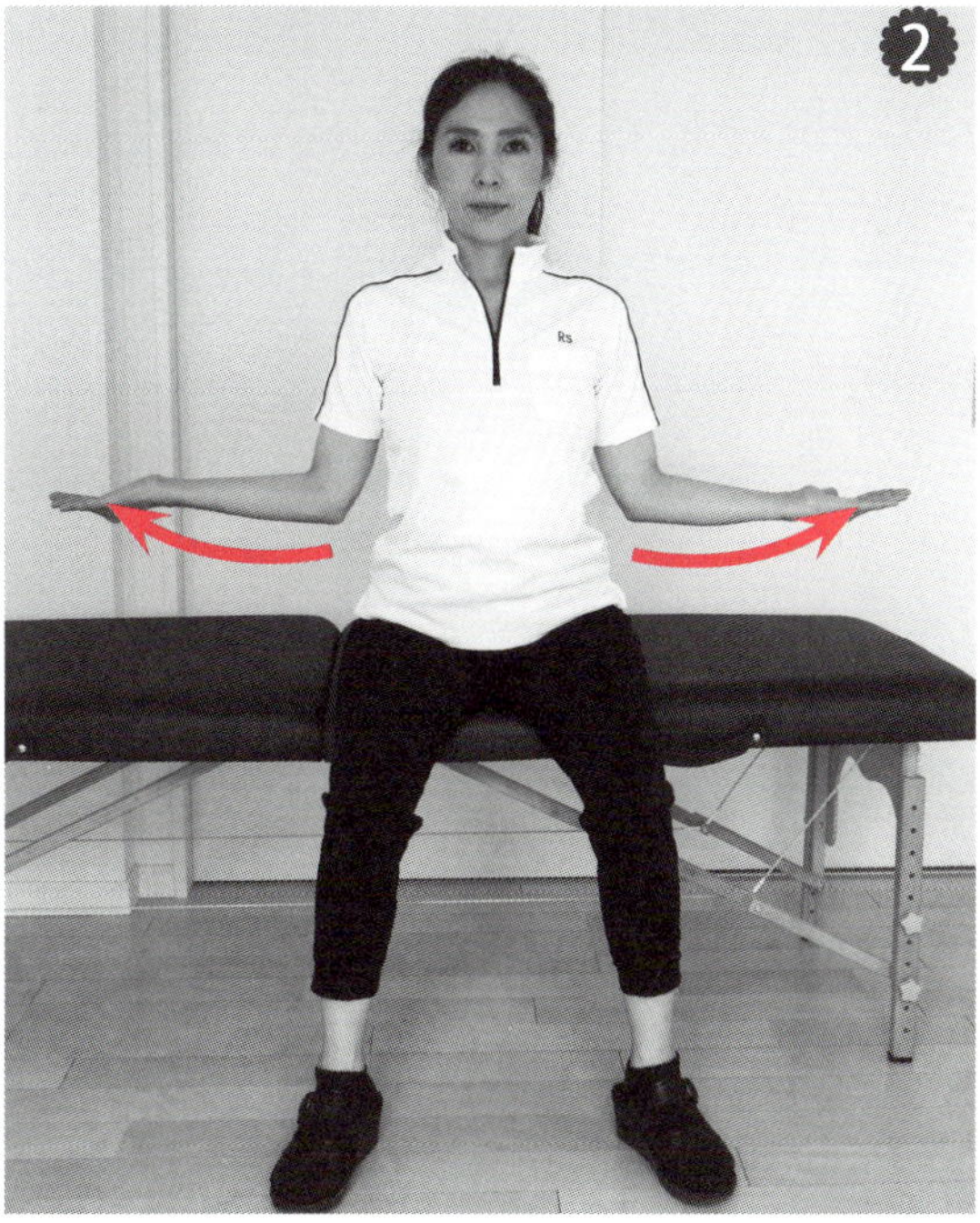

⑤ 腕上げ

手を組んで上にゆっくりと上げていきます。この時、腕だけでなく、体全体を引き上げるように行います。

上で３秒止めてゆっくりと下ろします。

これを５回繰り返します。

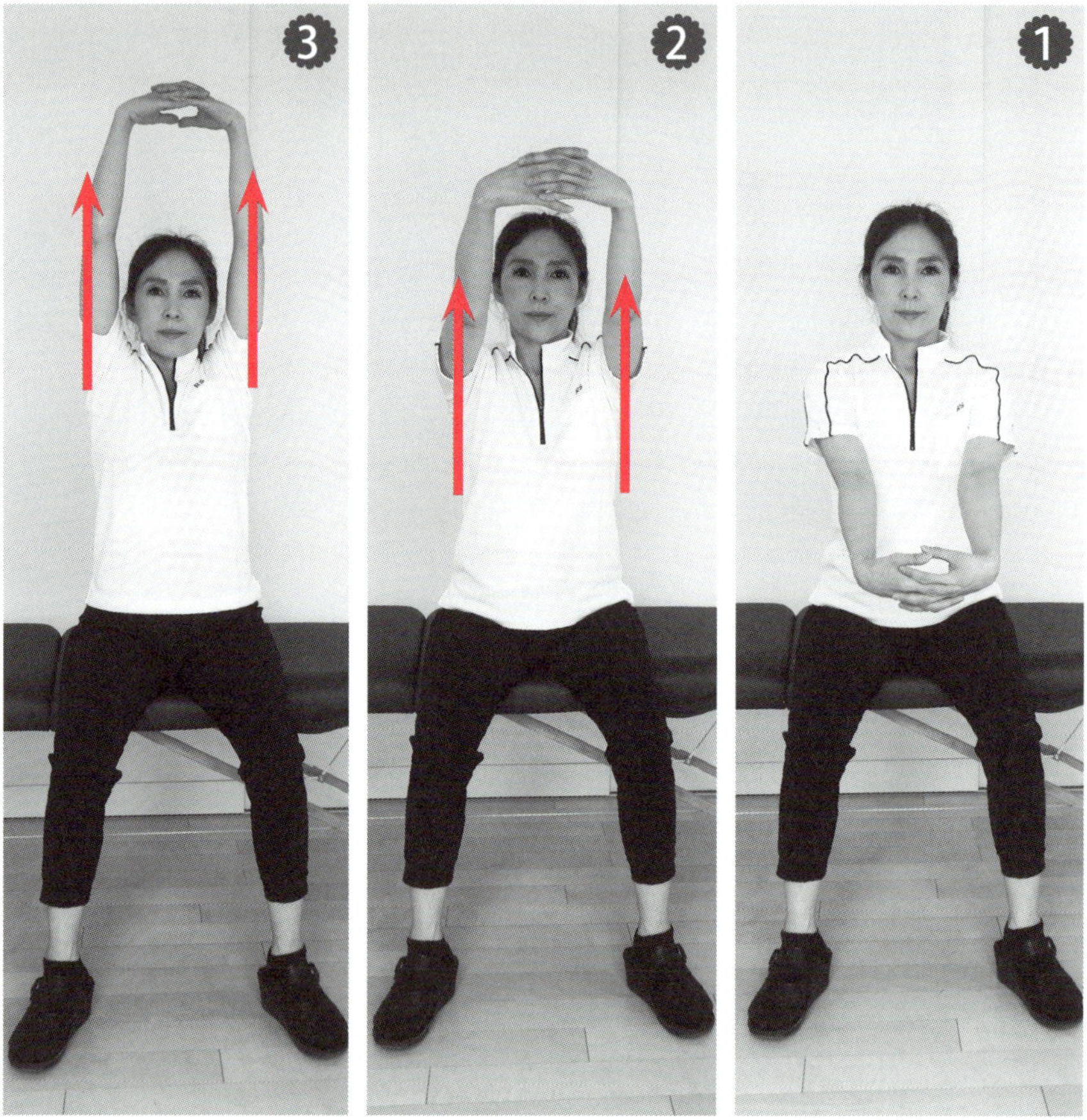

⑥ 上腕伸ばし

肘の部分を支えて、体を捻らないようにしつつ反対側に引っ張るようにします。伸びた所で3秒静止させ、ゆっくりと戻します。これを左右5回ずつ繰り返します。

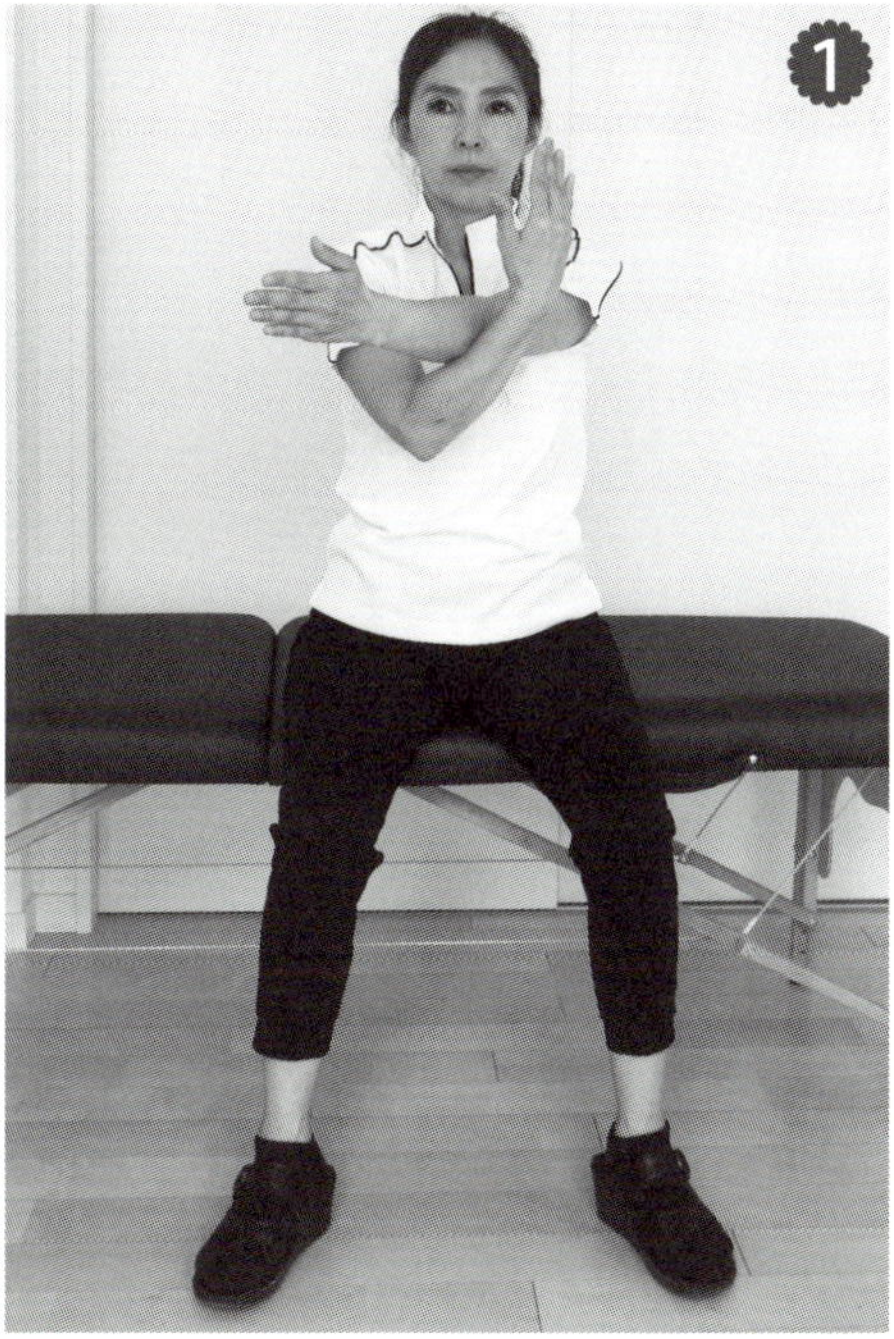

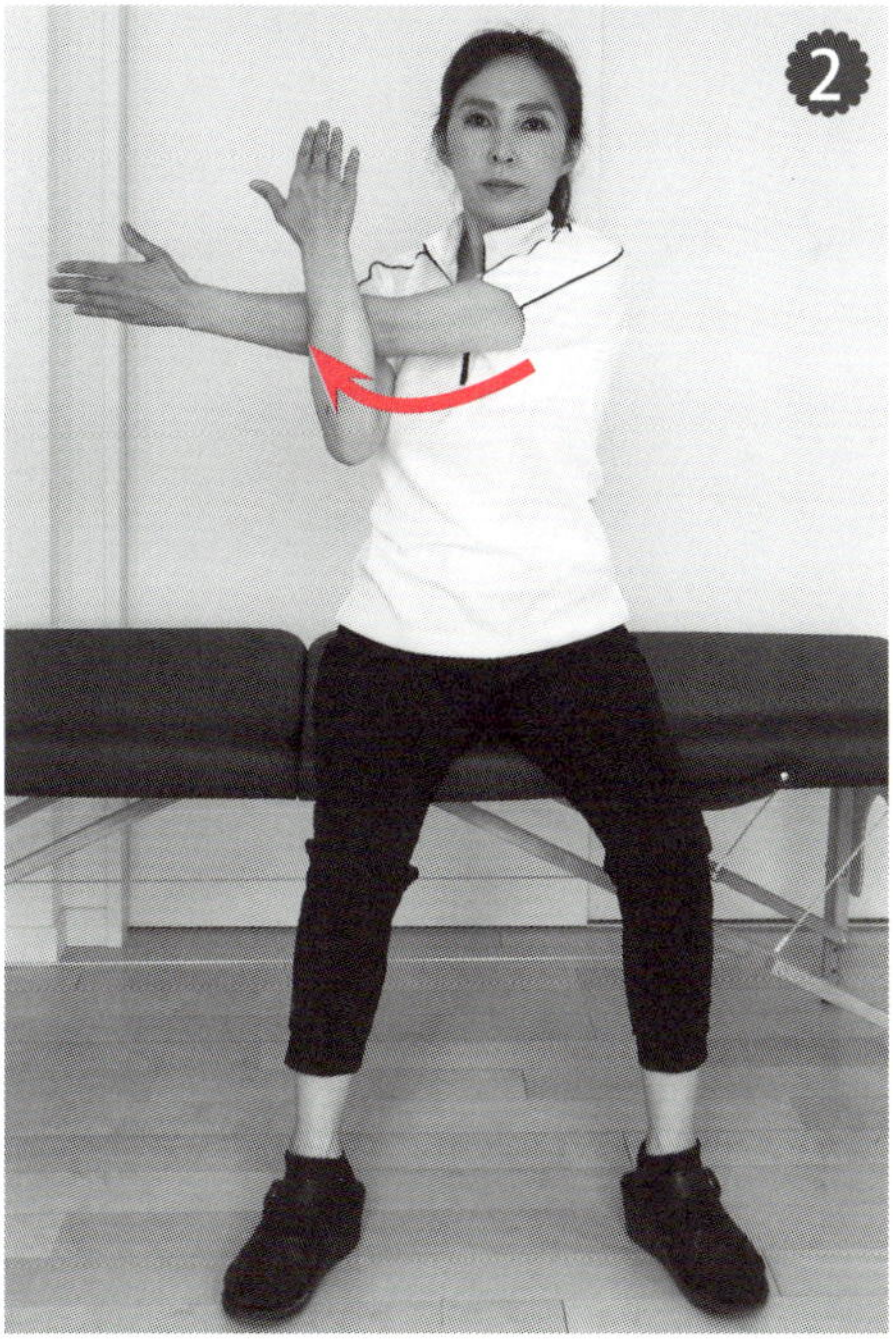

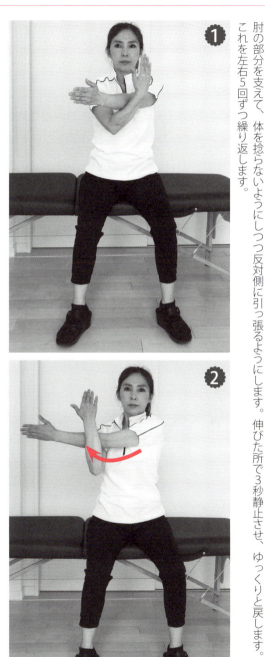

⑦ 前腕伸ばし

片手を前に伸ばし、手首を反らせて指部分を反対の手で持ち、引っ張り、伸びた所で3秒止めます。

続いて逆に手首を曲げて反対の手で伸ばします。こちらも伸びた所で3秒止めます。これを左右5回ずつ繰り返します。

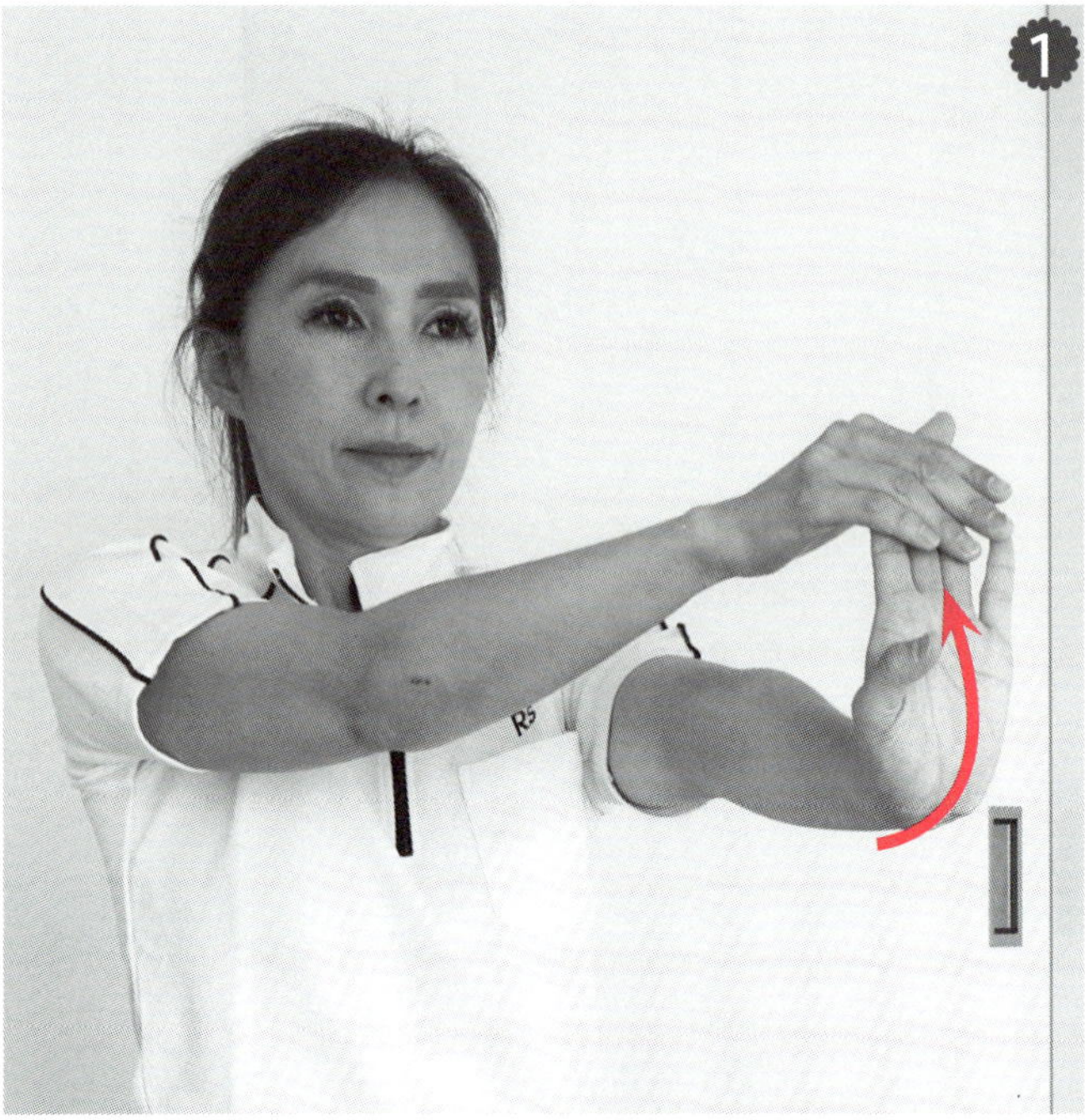

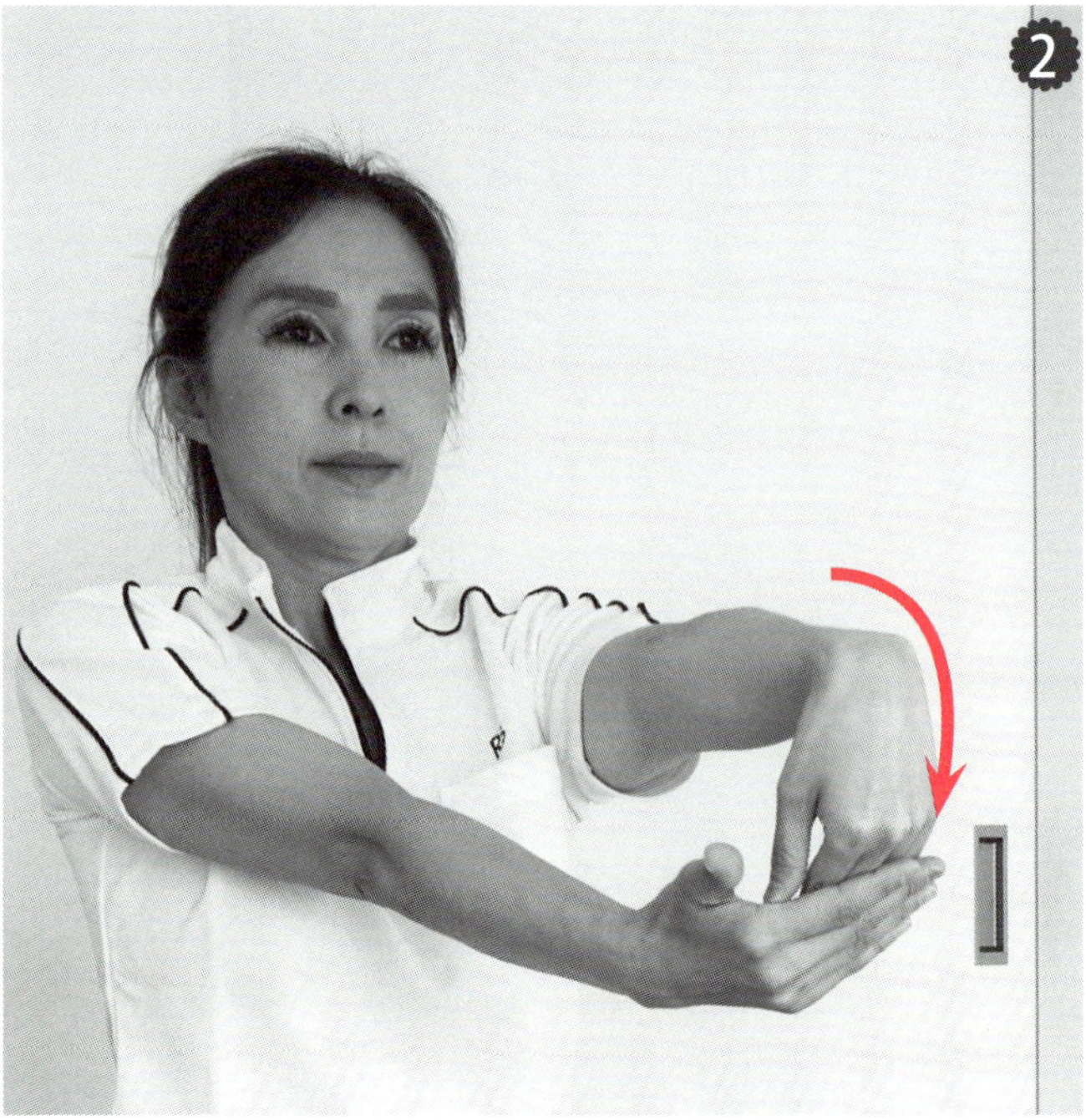

2 マッサージ

① 肩井《けんせい》（肩の高まり部分）

肩の高まった部分、〝肩井〟というツボの辺りをマッサージします。中指を中心に人差し指、薬指を合わせた3本の指の腹を〝肩井〟の辺りにあて、ピンポイントで押さずにその辺りの気持ちのよい所を圧迫します。左右5回ずつ行います。

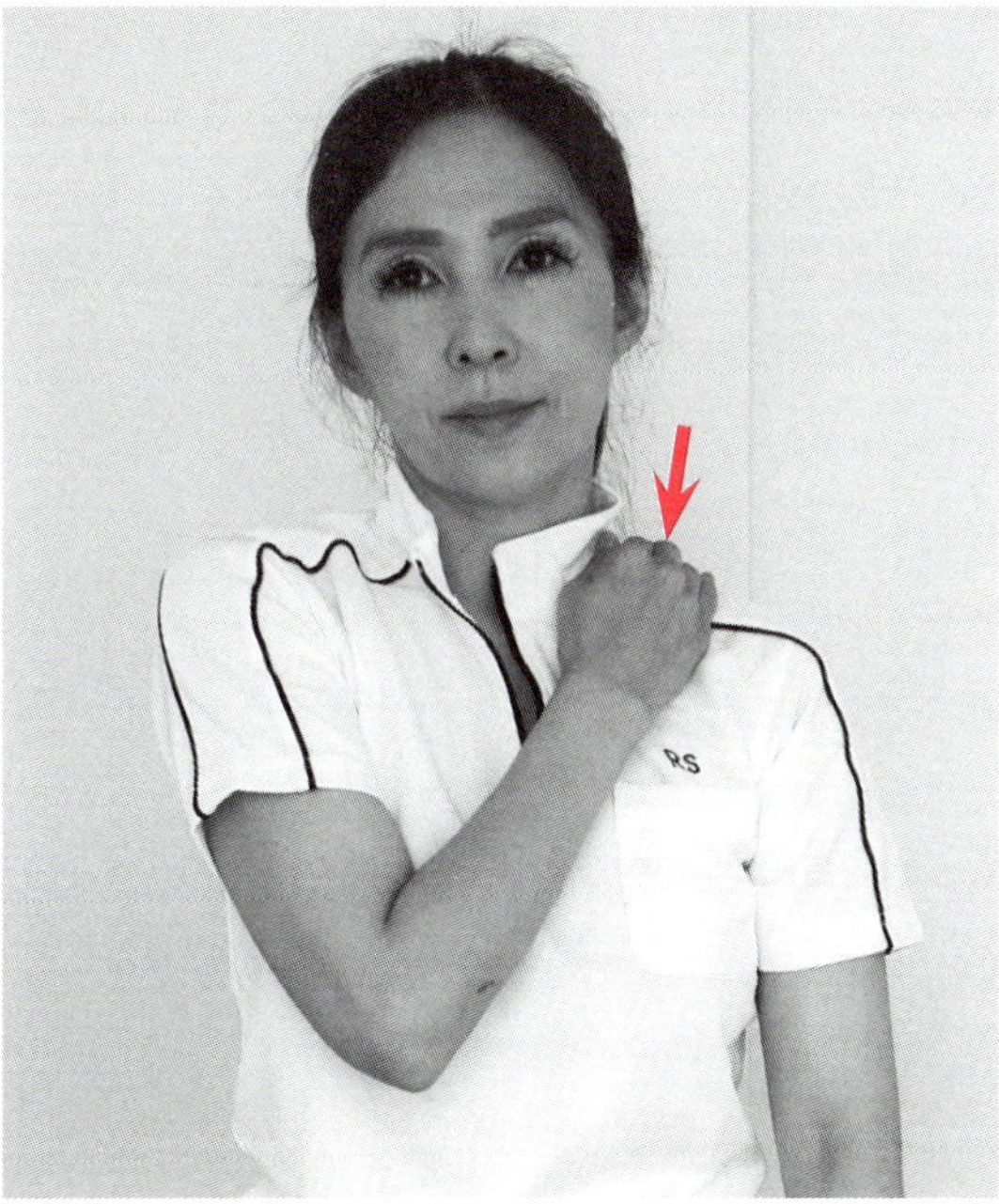

〝肩井〟の位置は体の中心と肩幅のちょうど中間点です。指で触れたまま、肩を少し上げ下げするとツーンと気持ちよく感じるところが〝肩井〟です。
〝肩井〟は肩こり、首こり、顔面の症状、胃の症状に効果があります。

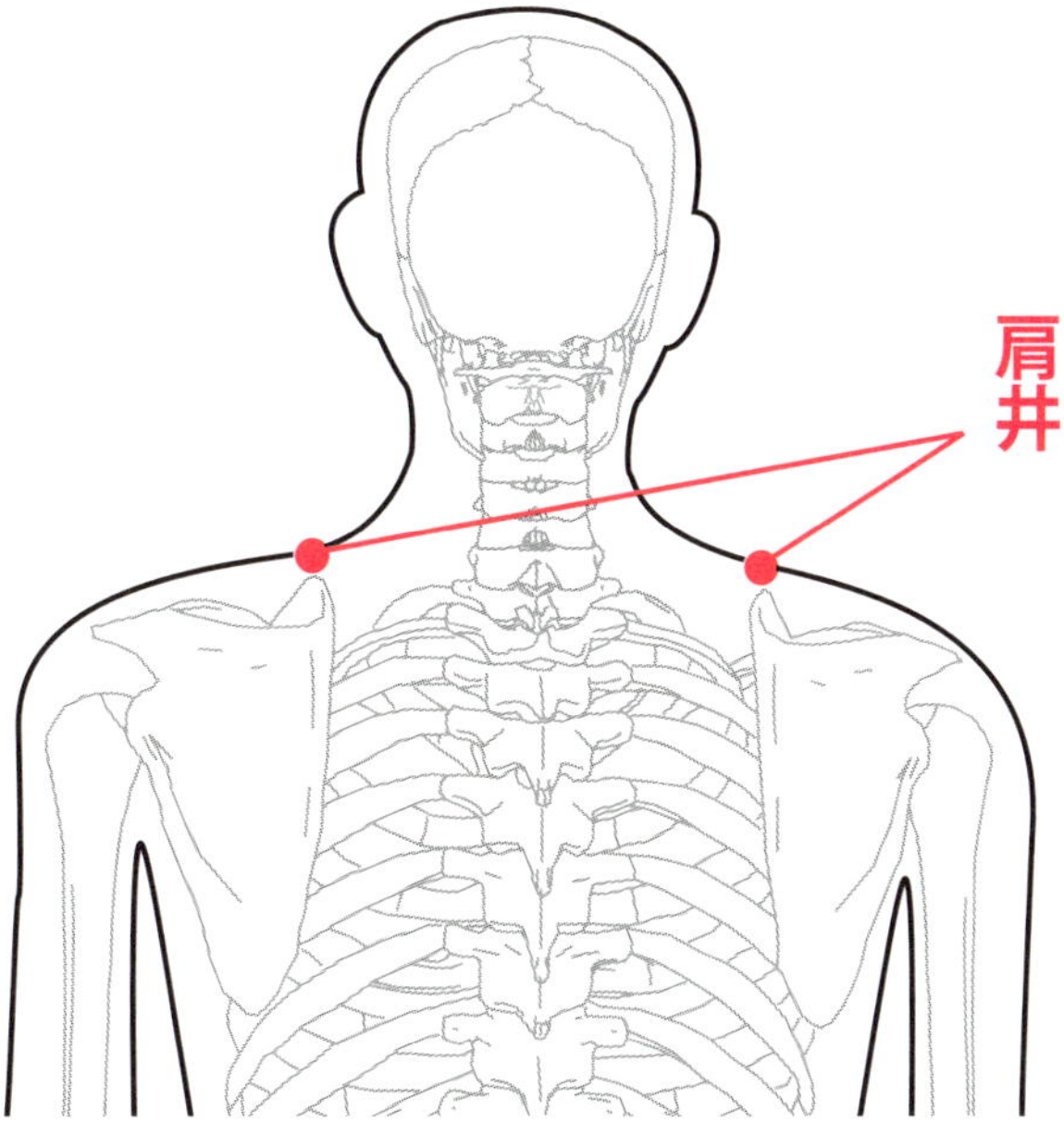

② 中府《ちゅうふ》（腕の付け根

腕の付け根にある〝中府〟というツボのあたりを、中指、人差し指、薬指の3本の指先で押します。左右5回ずつ行います。

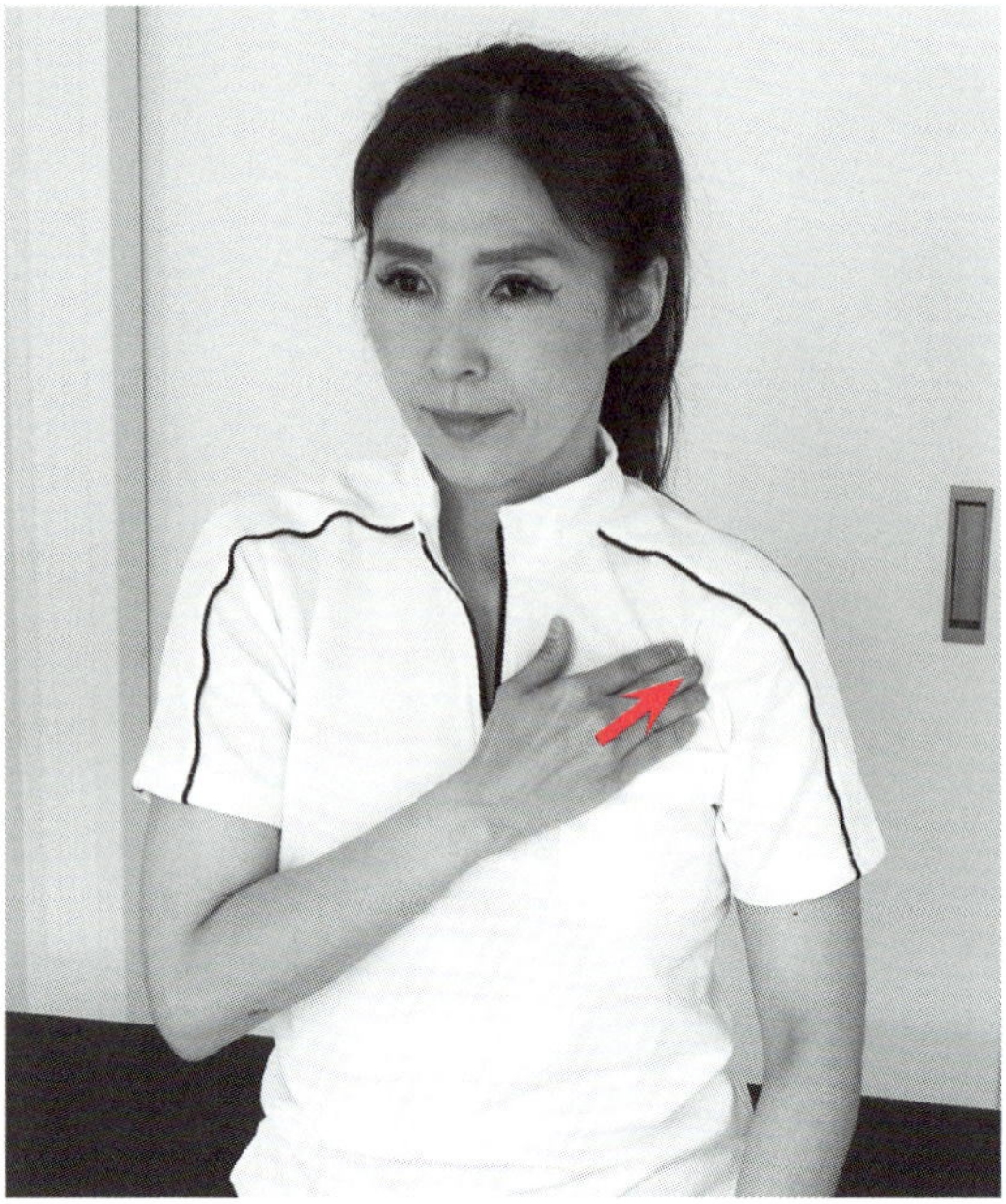

〝中府〟は腕の付け根の前胸部、鎖骨の下のくぼみから指一本下がった場所です。

指の腹で鎖骨の下を外側になぞっていくと触れるくぼみから、少し下がった付近の大胸筋あたりを気持ち良い強さでマッサージします。

〝中府〟は肺炎や咳など、肺の症状に効果があります。

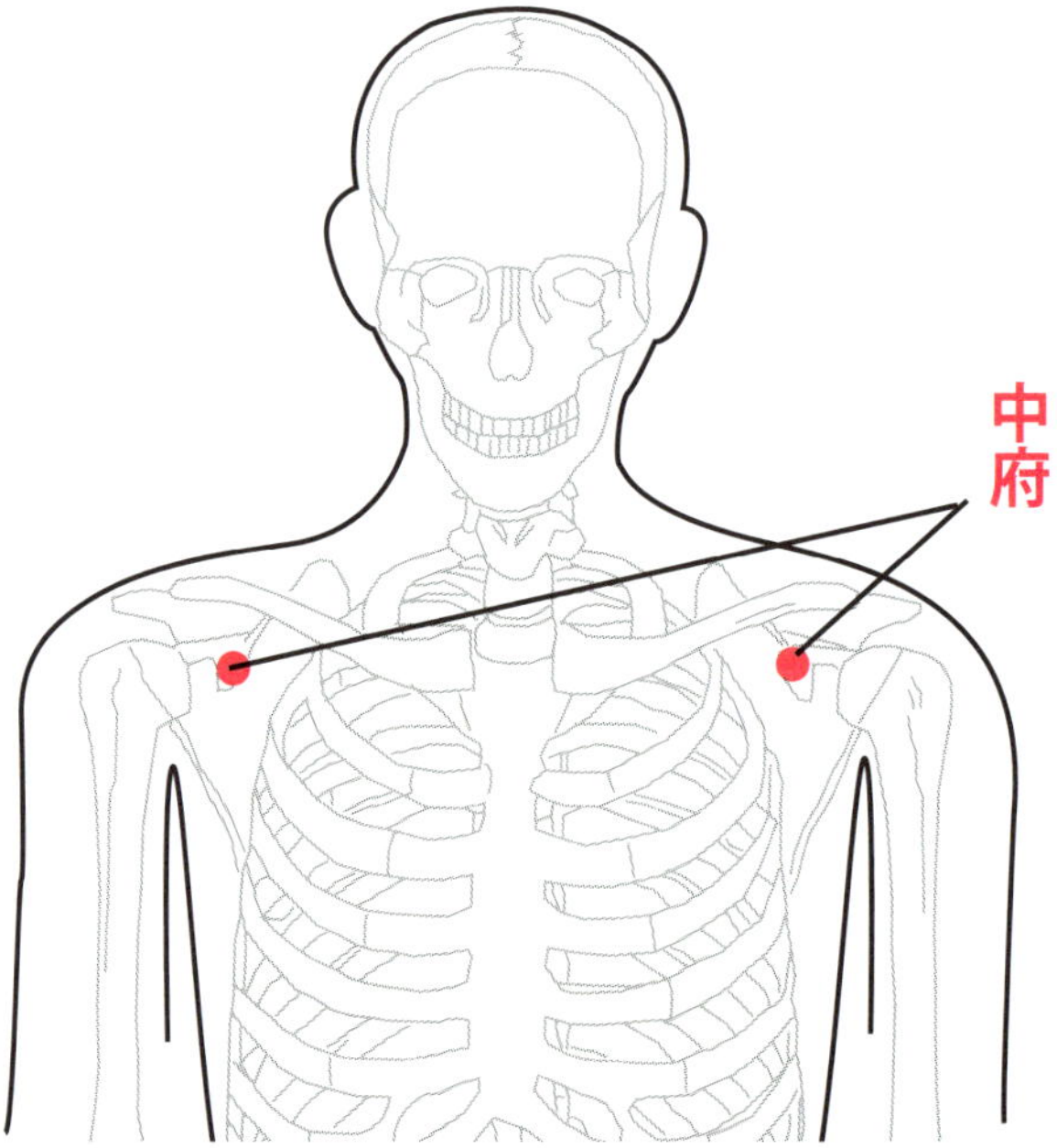

③ 曲池《きょくち》（肘）

肘を90度に曲げ、〝曲池〟というツボを反対側の親指の腹で、外側から抱えるように当てて圧迫します。左右5回ずつ行います。

肘を曲げた時にできるしわの一番外側の部分にあるのが〝曲池〟です。外側から筋のへりを引っ掛けるように押すと、ツーンと響く場所です。

〝曲池〟は肘の痛み、肩こり、眼の症状に効果があります。

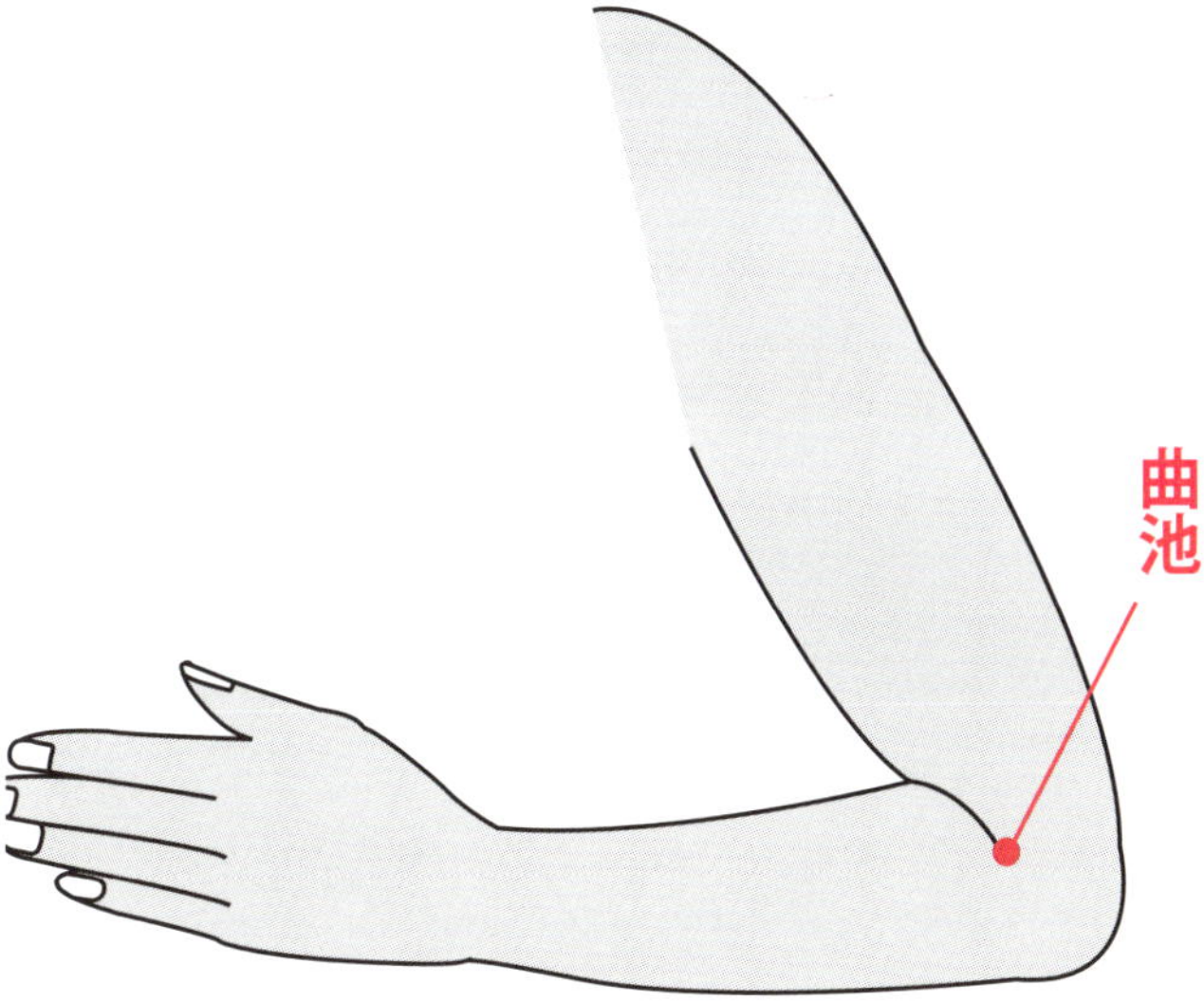

④ 合谷《ごうこく》（人差し指の親指の間）

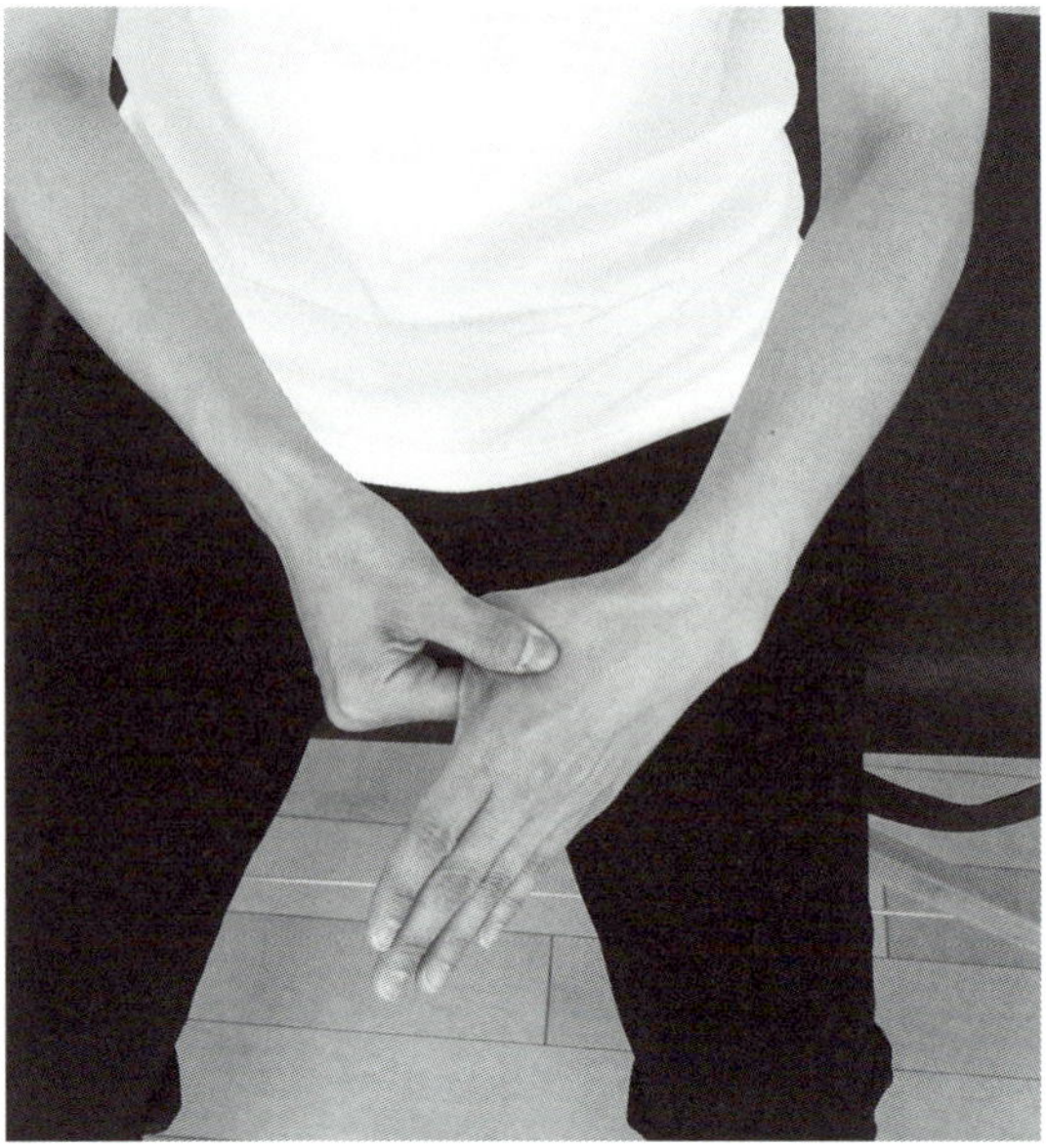

人差し指と親指の間のくぼみにある〝合谷〟というツボを、逆の手の親指で圧迫します。左右5回ずつ行います。

〝合谷〟は手の甲側の人差し指と親指の間、人差し指の中手骨のちょうど中間の位置にあります。

親指の腹と中指の腹で人差し指の中手骨に触れながら、ツーンと響く場所が〝合谷〟ですので、そこを圧迫します。

頭痛、歯の痛み、眼の不調などの顔面の症状や、高血圧に効果があります。

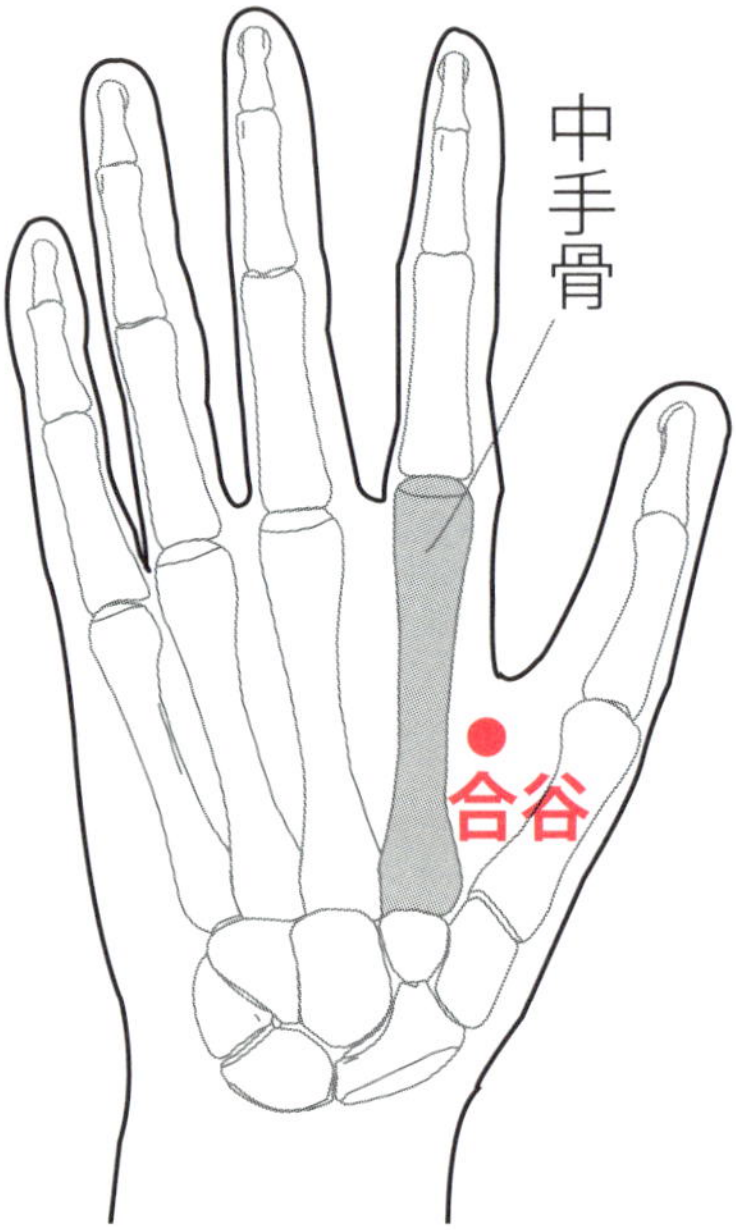

（手の甲側から見たところ）

親指と中指で表と裏からはさむように圧迫することによって弱い力でも気持ちよく刺激を与えることができます。

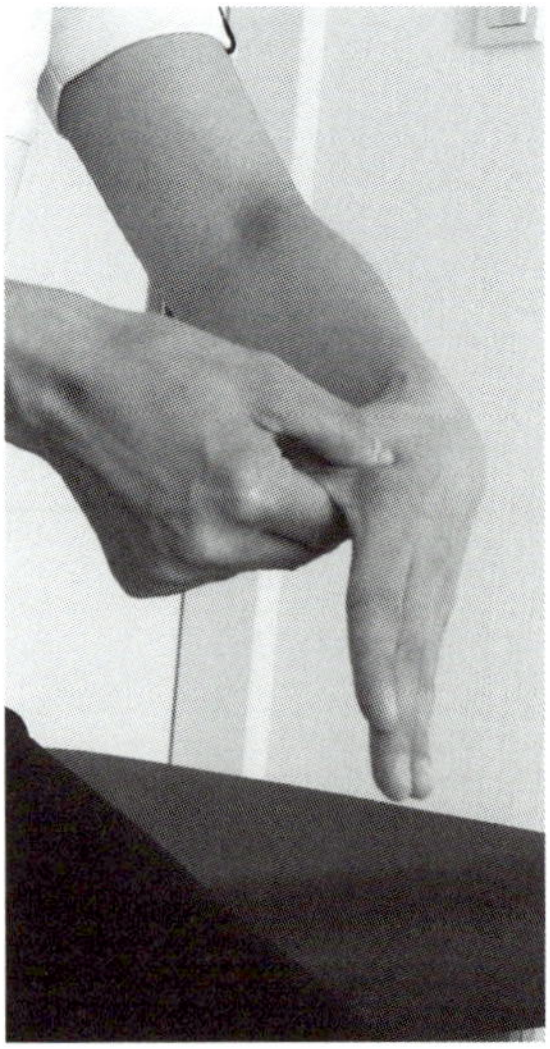

⑤ 労宮《ろうきゅう》（掌）

掌の中央にある〝労宮〟というツボを逆の手の親指の腹と中指の腹ではさむように圧迫します。左右5回ずつ行います。

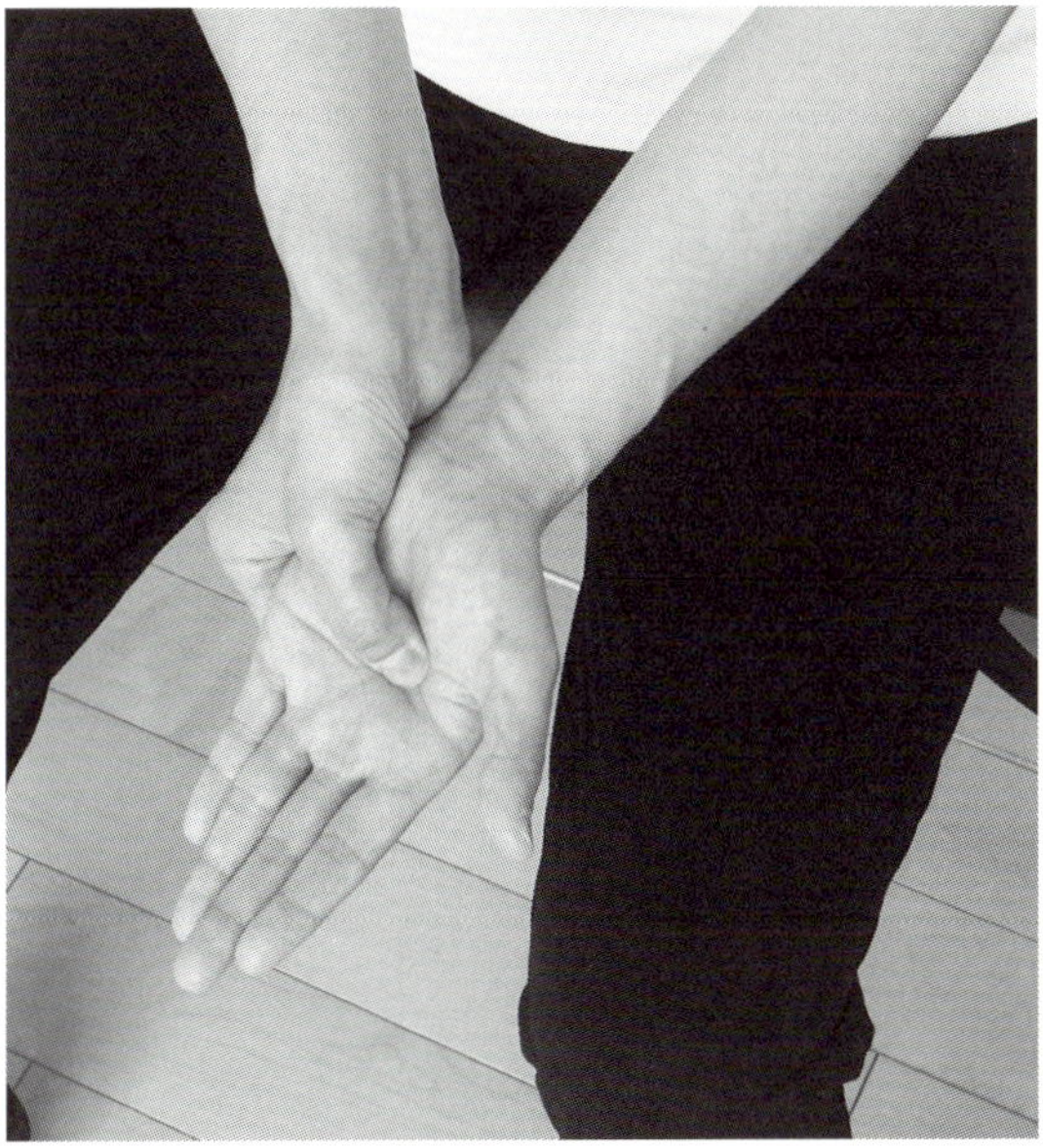

〝労宮〟は指を軽く握った時に人差し指と中指の間あたりがくる位置にあります。中手骨の骨と骨の合間を感じながら、圧迫するととても気持ちよく、リラックスした気分になるのが〝労宮〟です。〝労宮〟は掌の痛みやストレス解消、メンタルケアに効果があります。

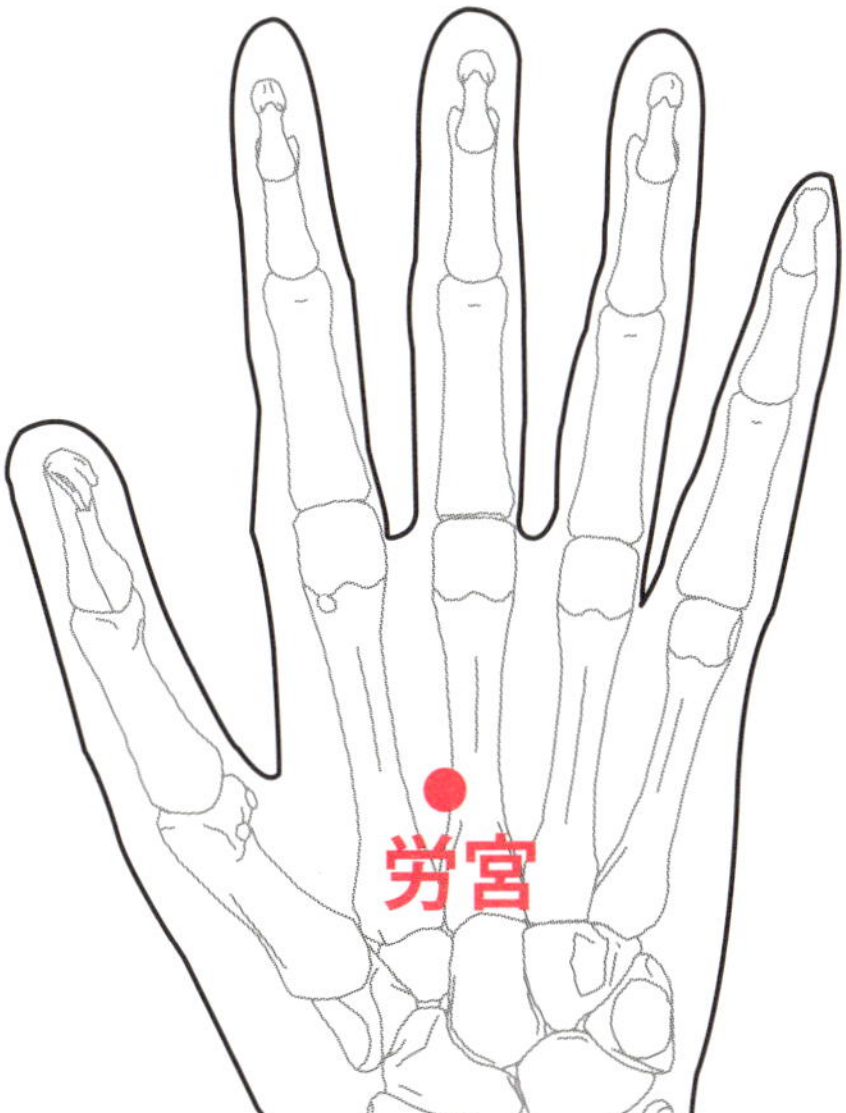

（掌側から見たところ）

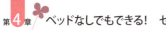

① 腕と胸

肘を90度に曲げた状態で水平に持ち上げ、腕を開いた状態から閉じます。10回行います。

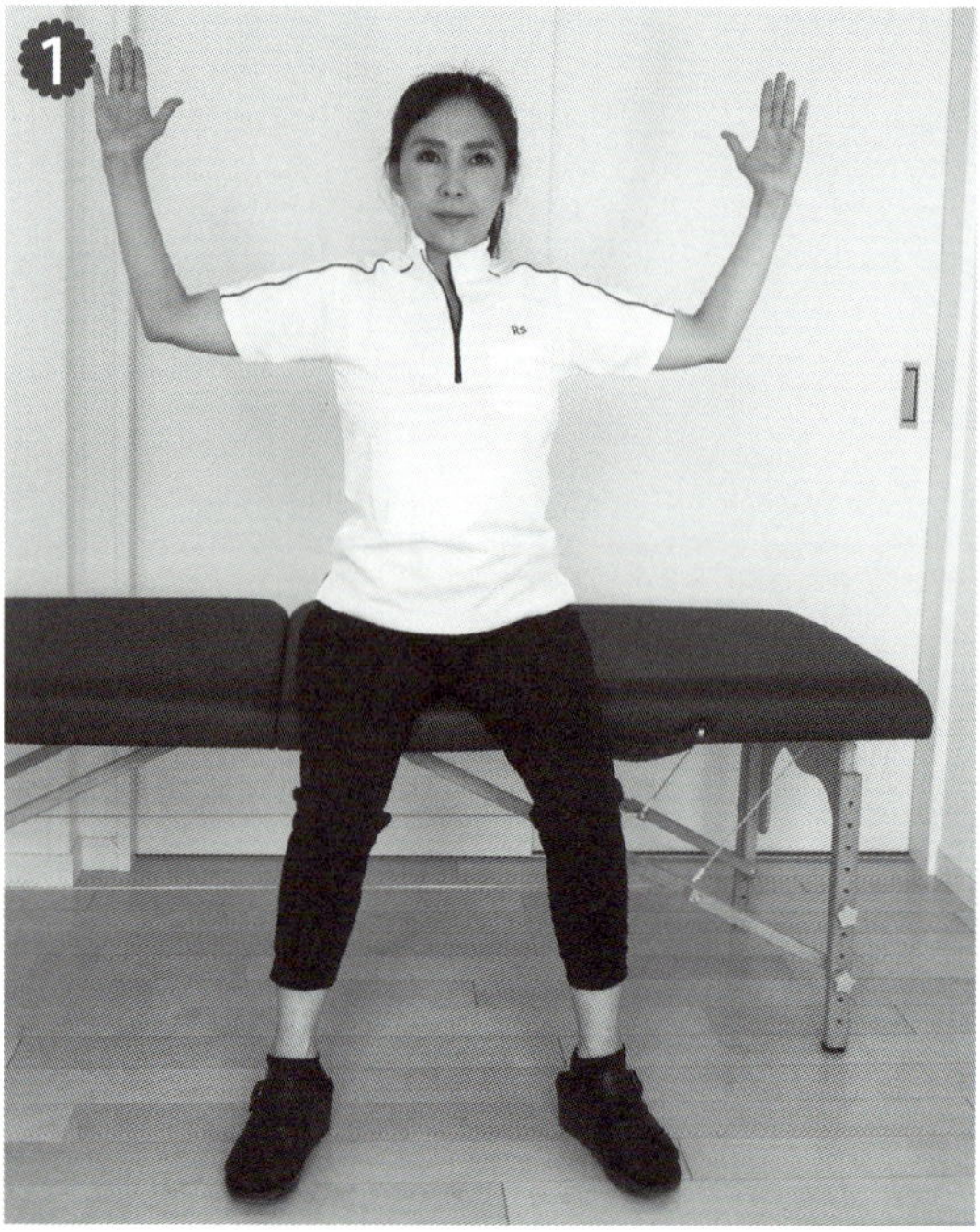

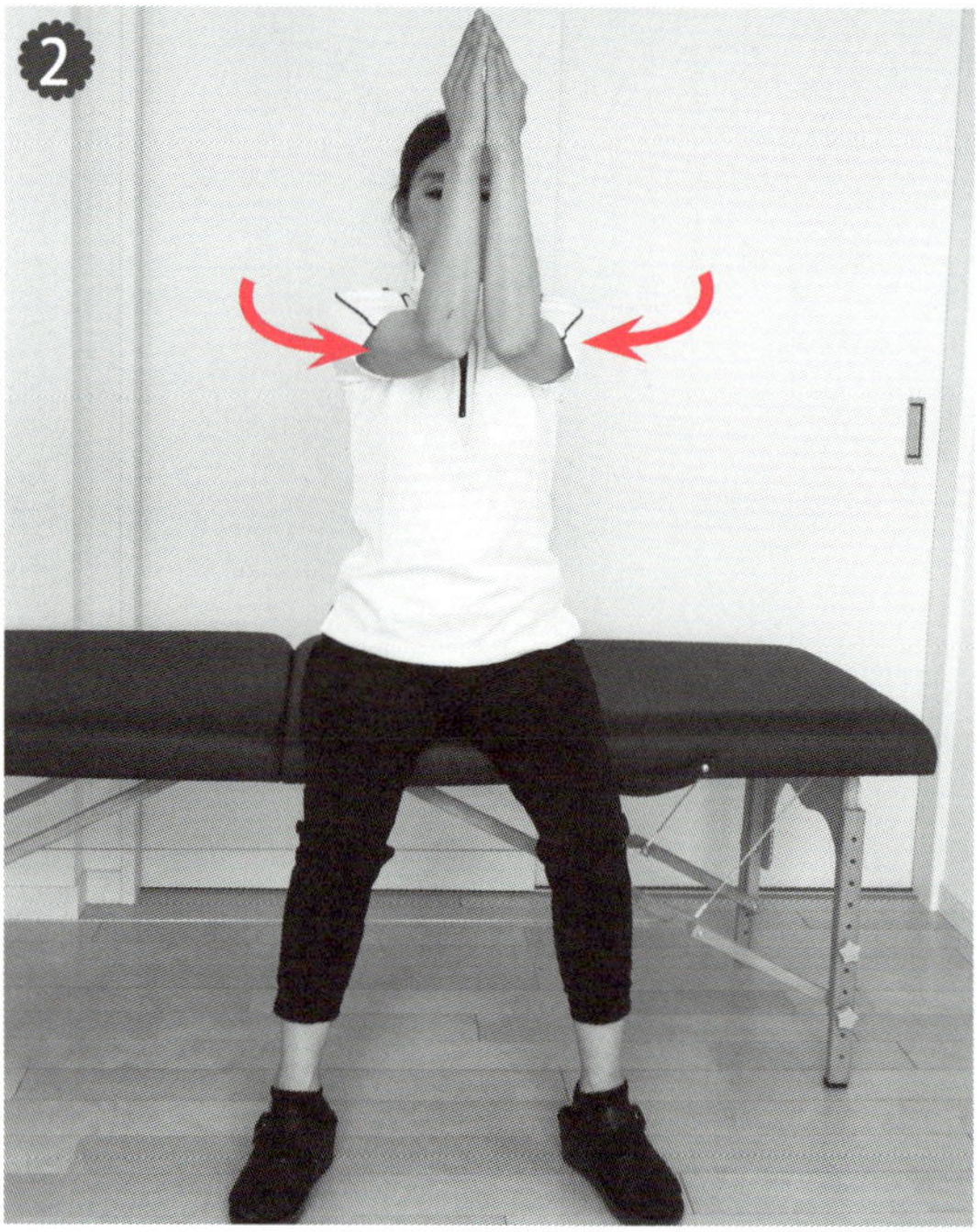

② 腕と背中

肩の高さから腕を上に上げ、背中と腕を意識しながら下に引き下げます。10回行います。

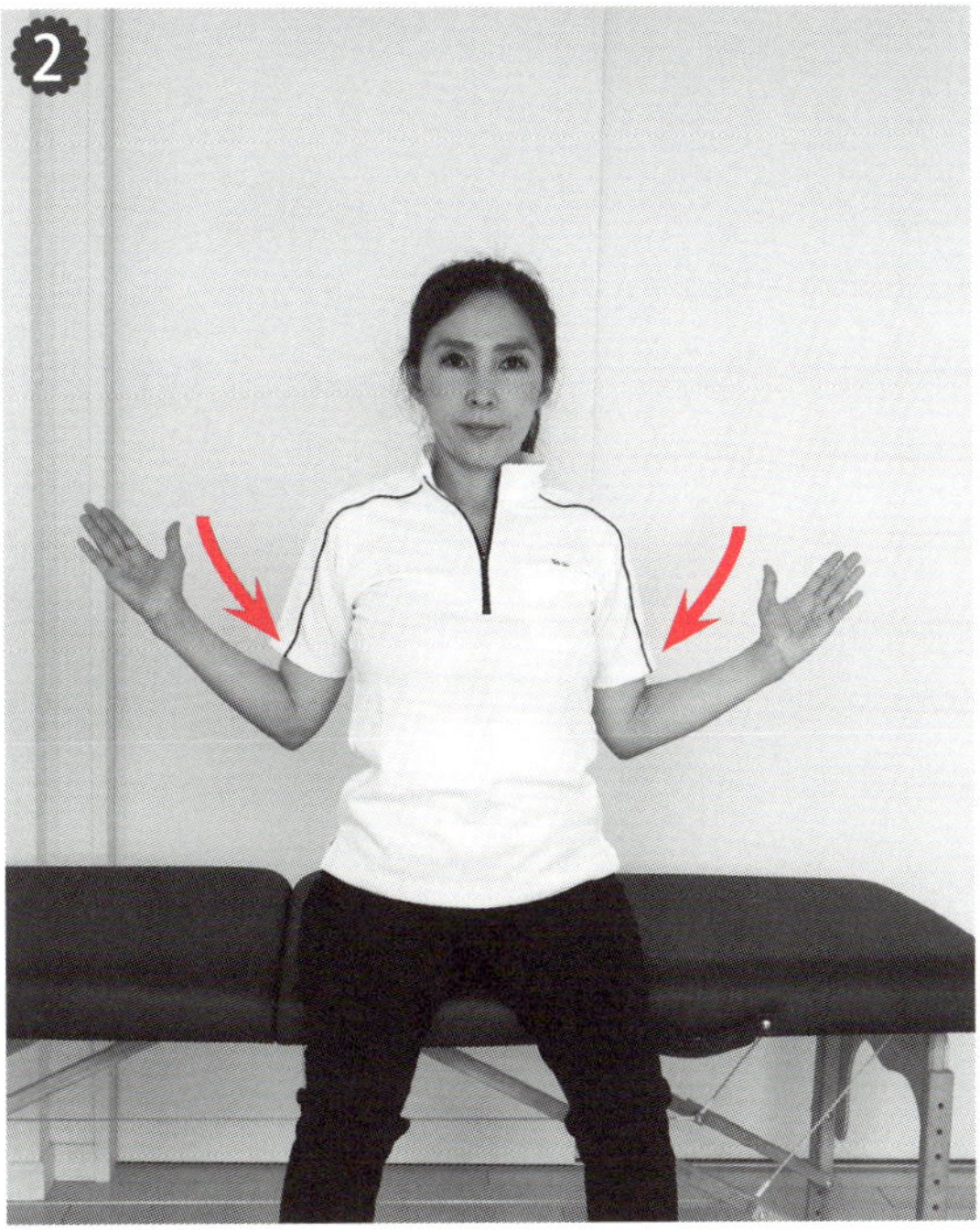

③ 肩

〝小さく前習え〟の状態から、腕を真横に上げて行きます。この時、肩が上がらないように注意してください。

10回行います。

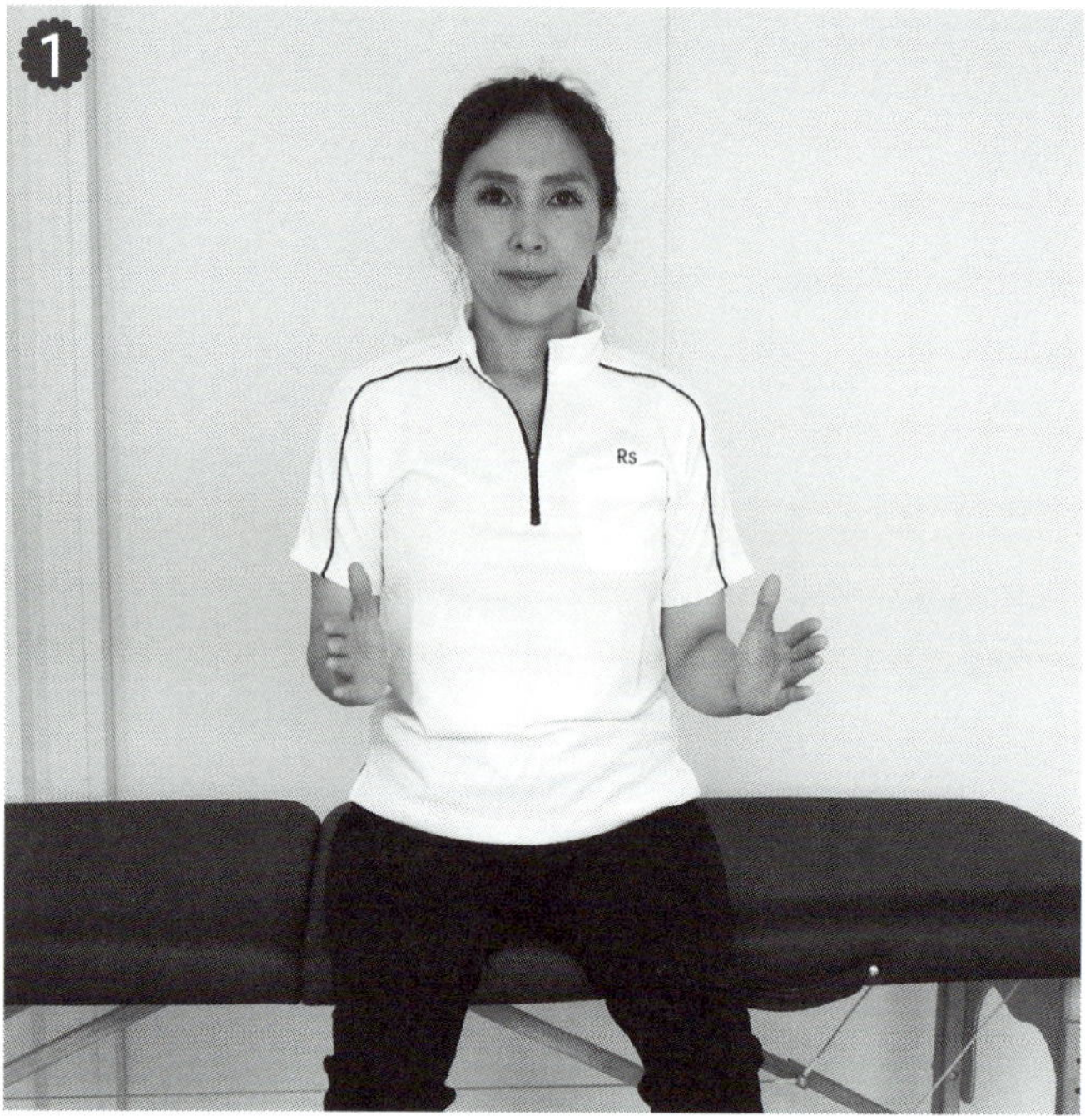

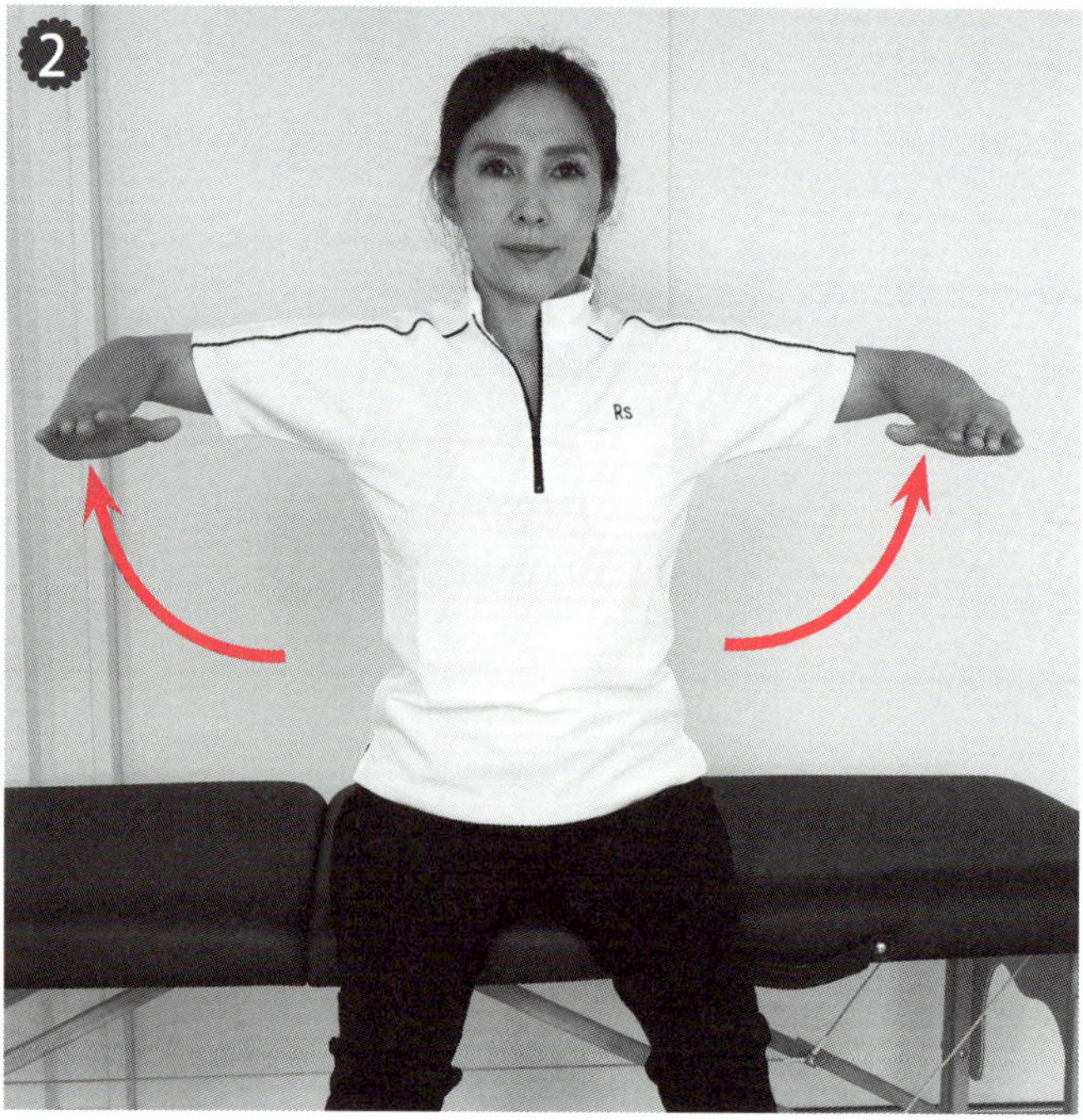

④ 手首

腕を前に出し、手首を曲げた状態から、反らせます。肘はしっかり伸びた状態で行います。10回行います。

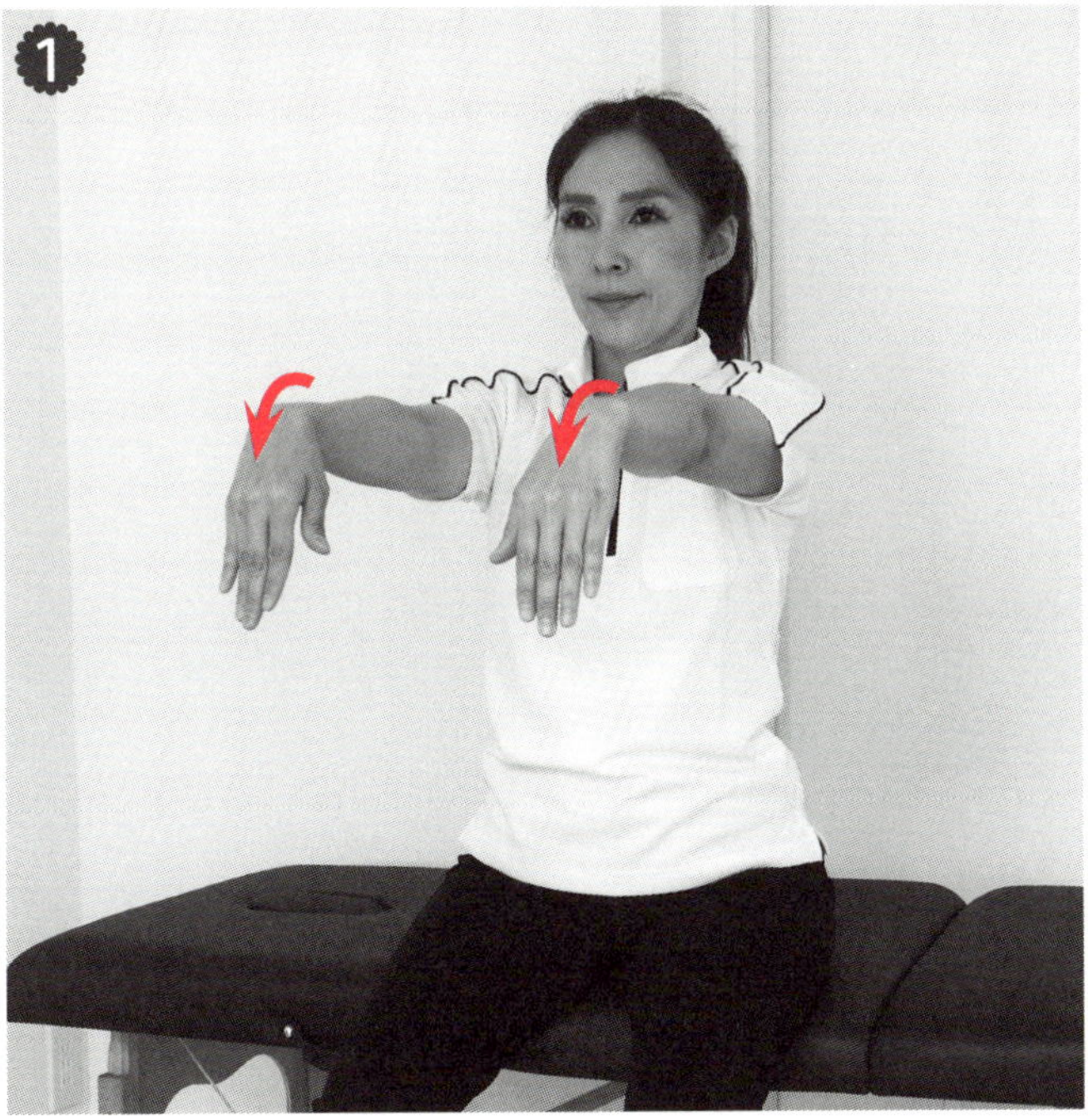

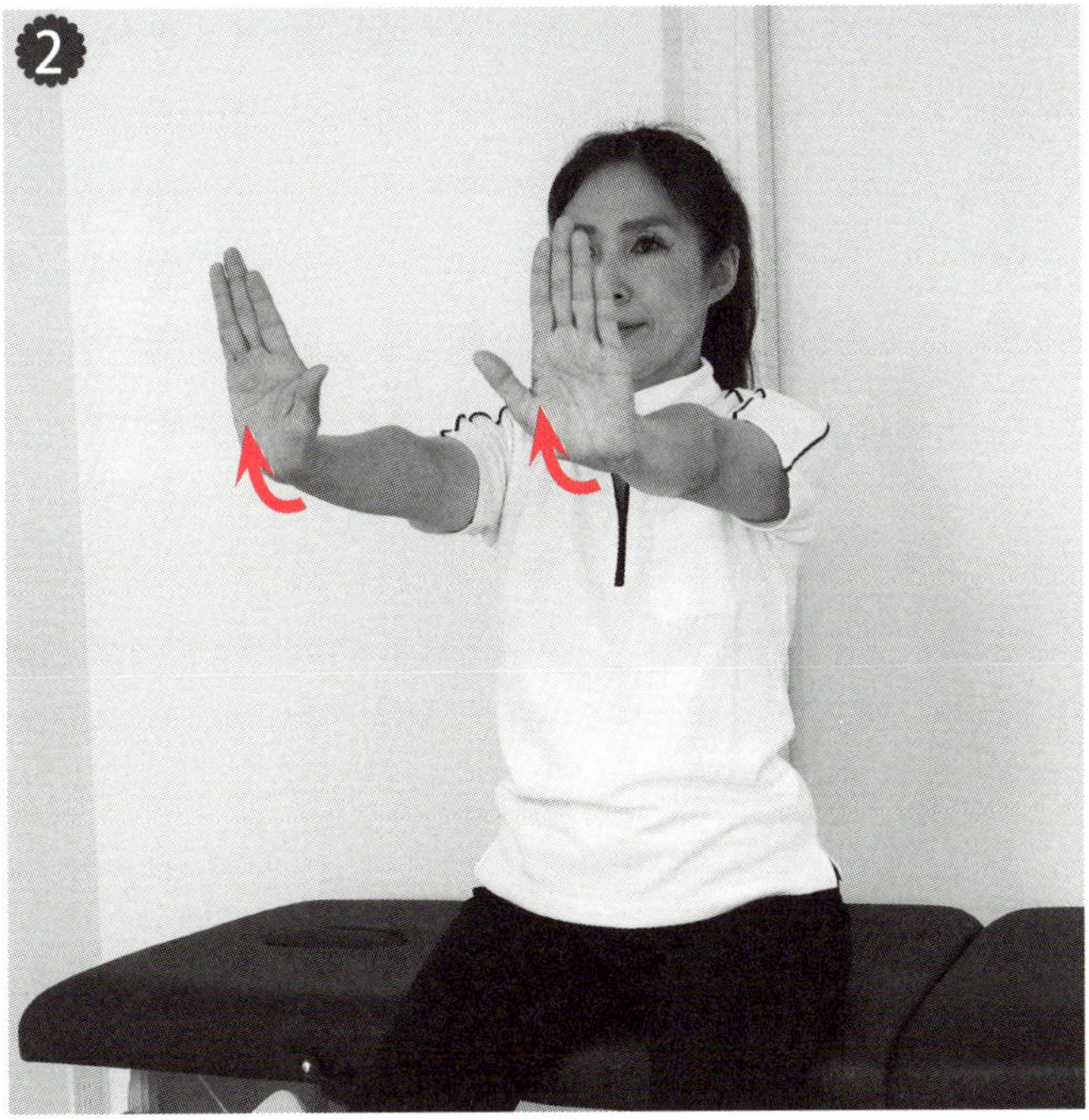

⑤ 腕

手を組んで左右にひねります。
左右で1セットを10回行います。

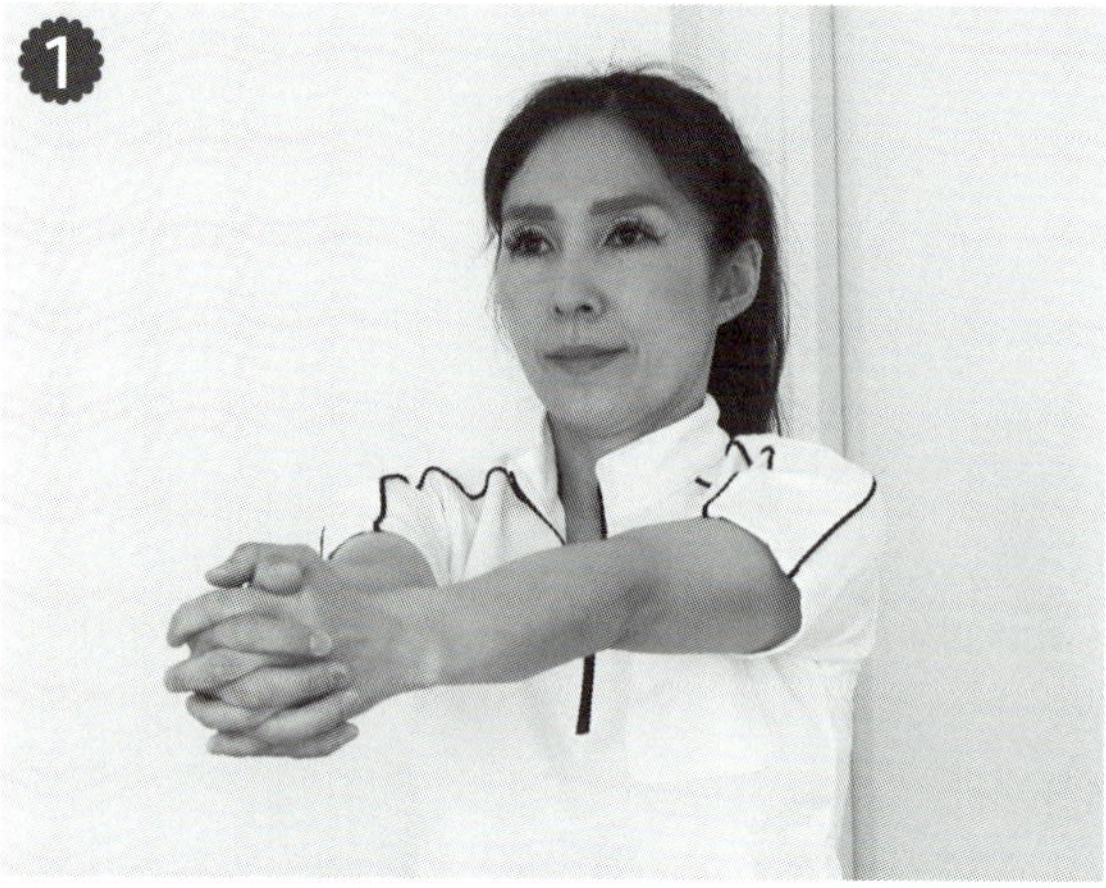

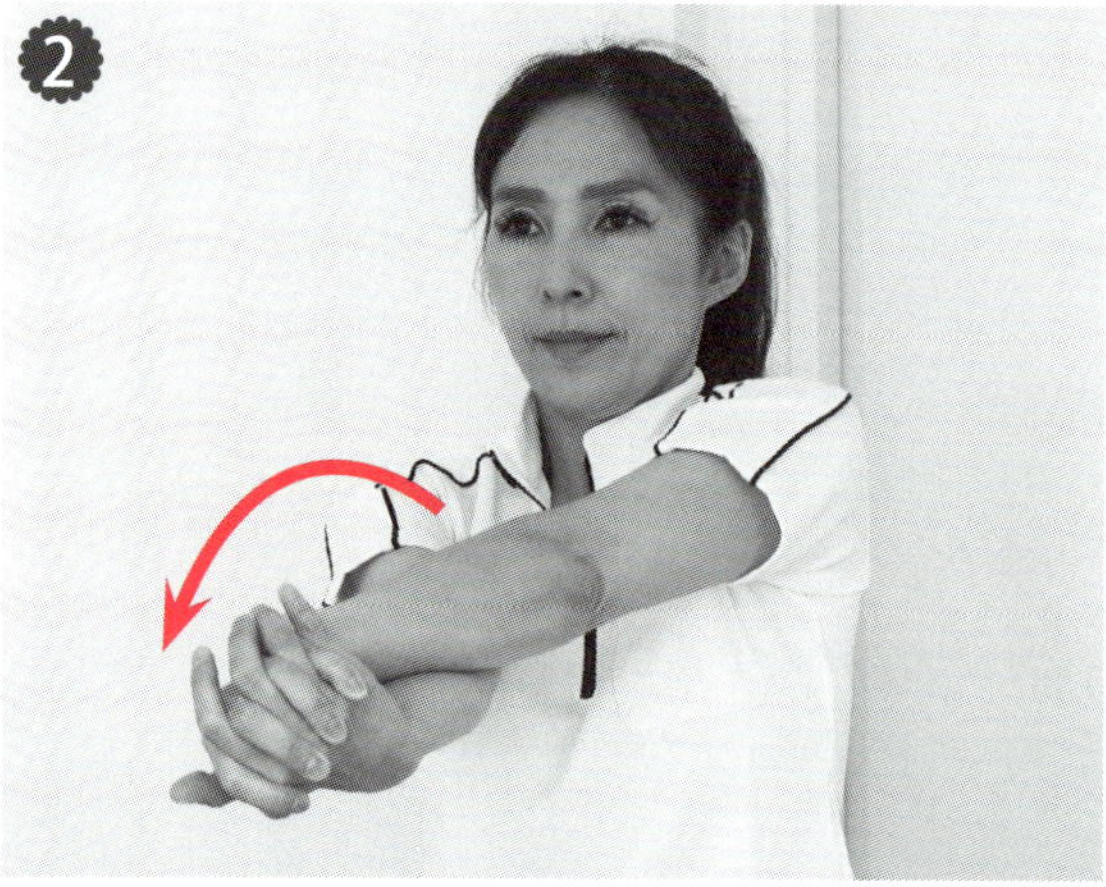

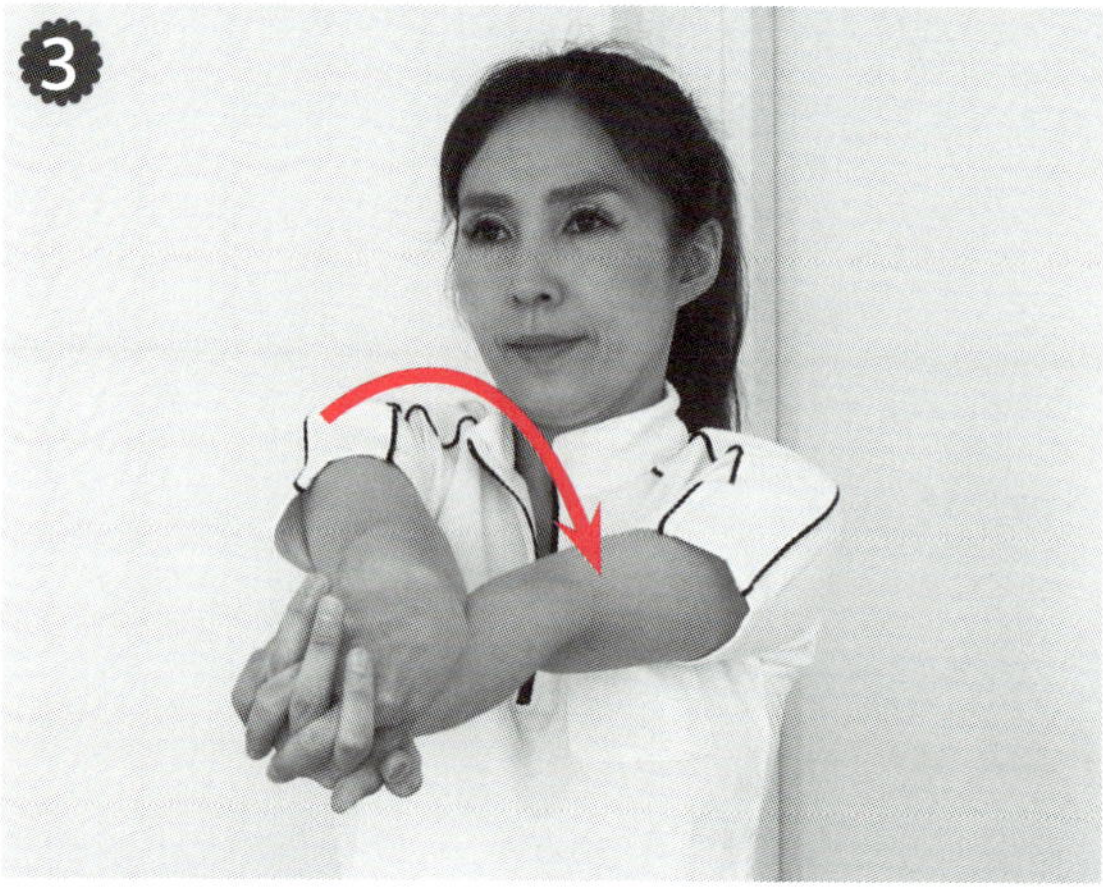

⑥ 握力

手を開いた状態からしっかりと握ります。10回行います。

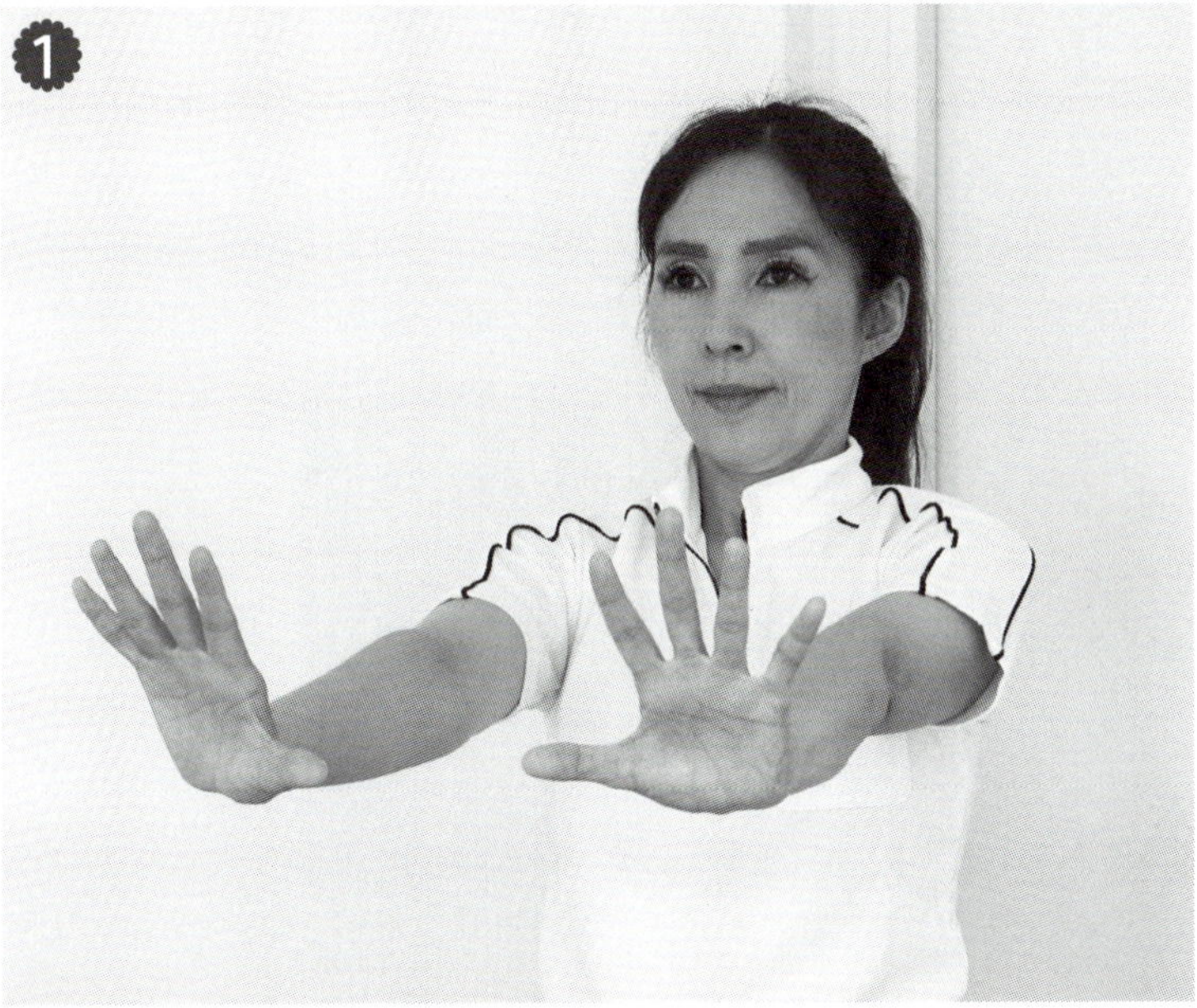

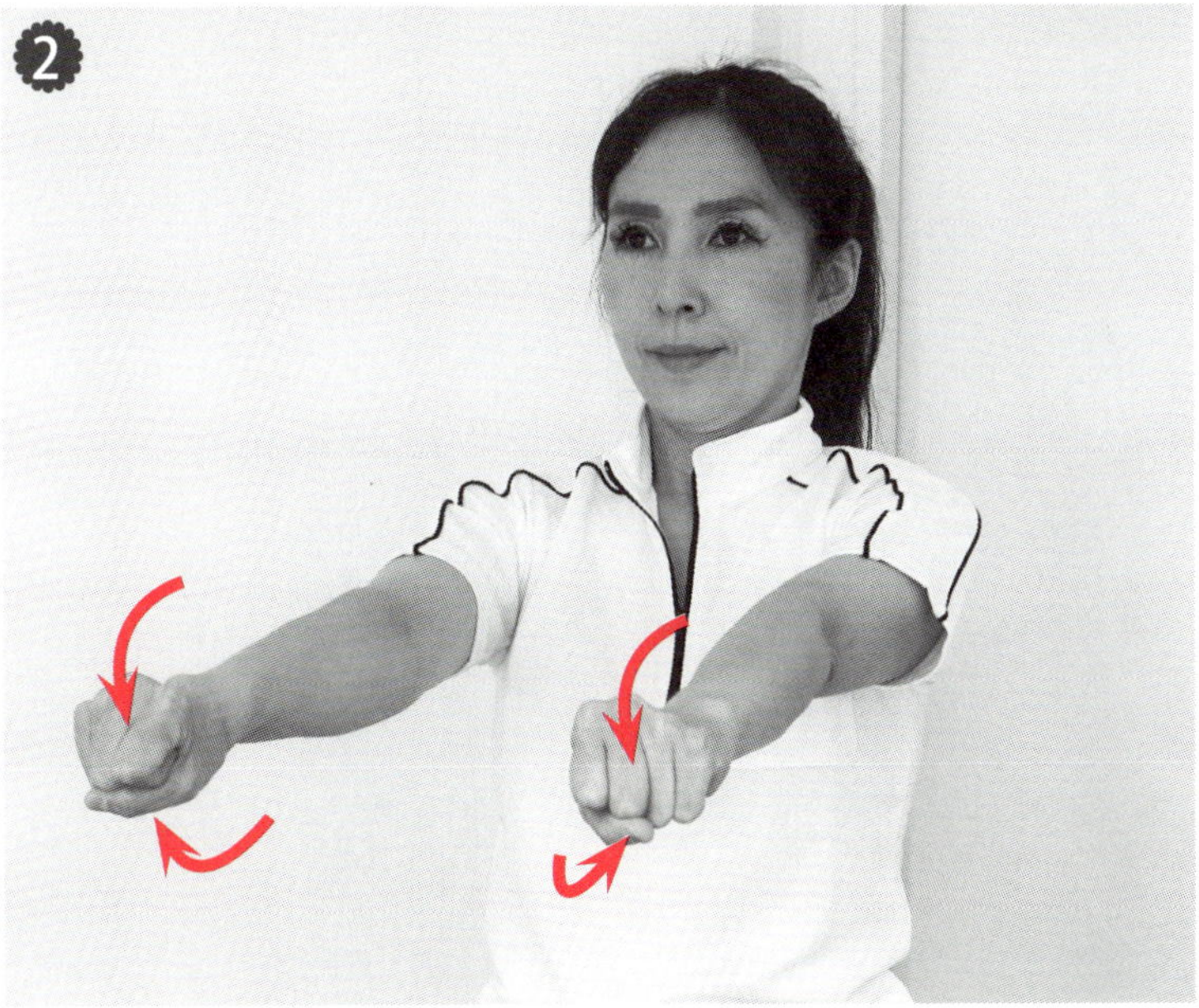

⑦ 指

指を閉じた状態から、思い切り開きます。
10回行います。

❶

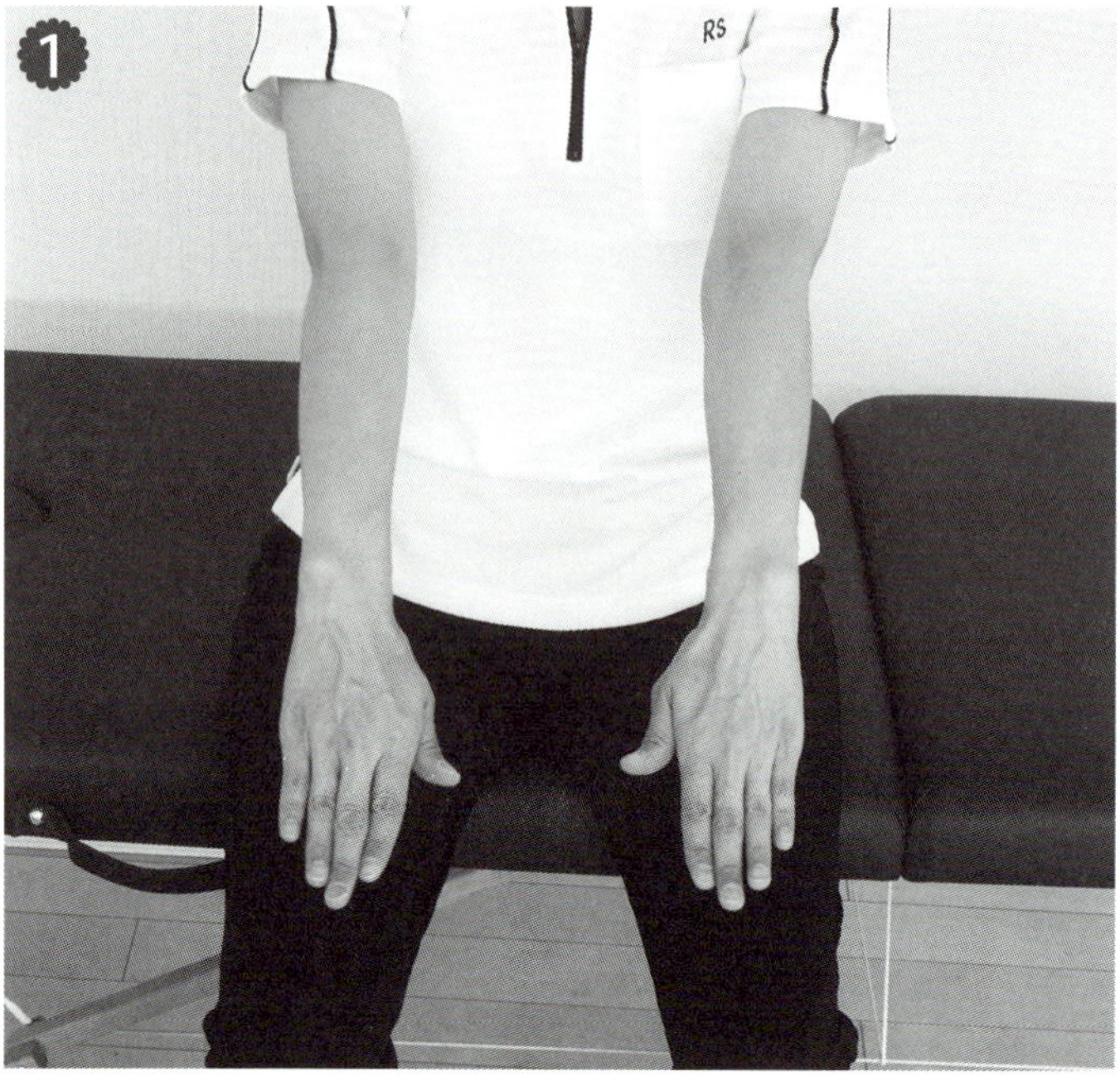

❷

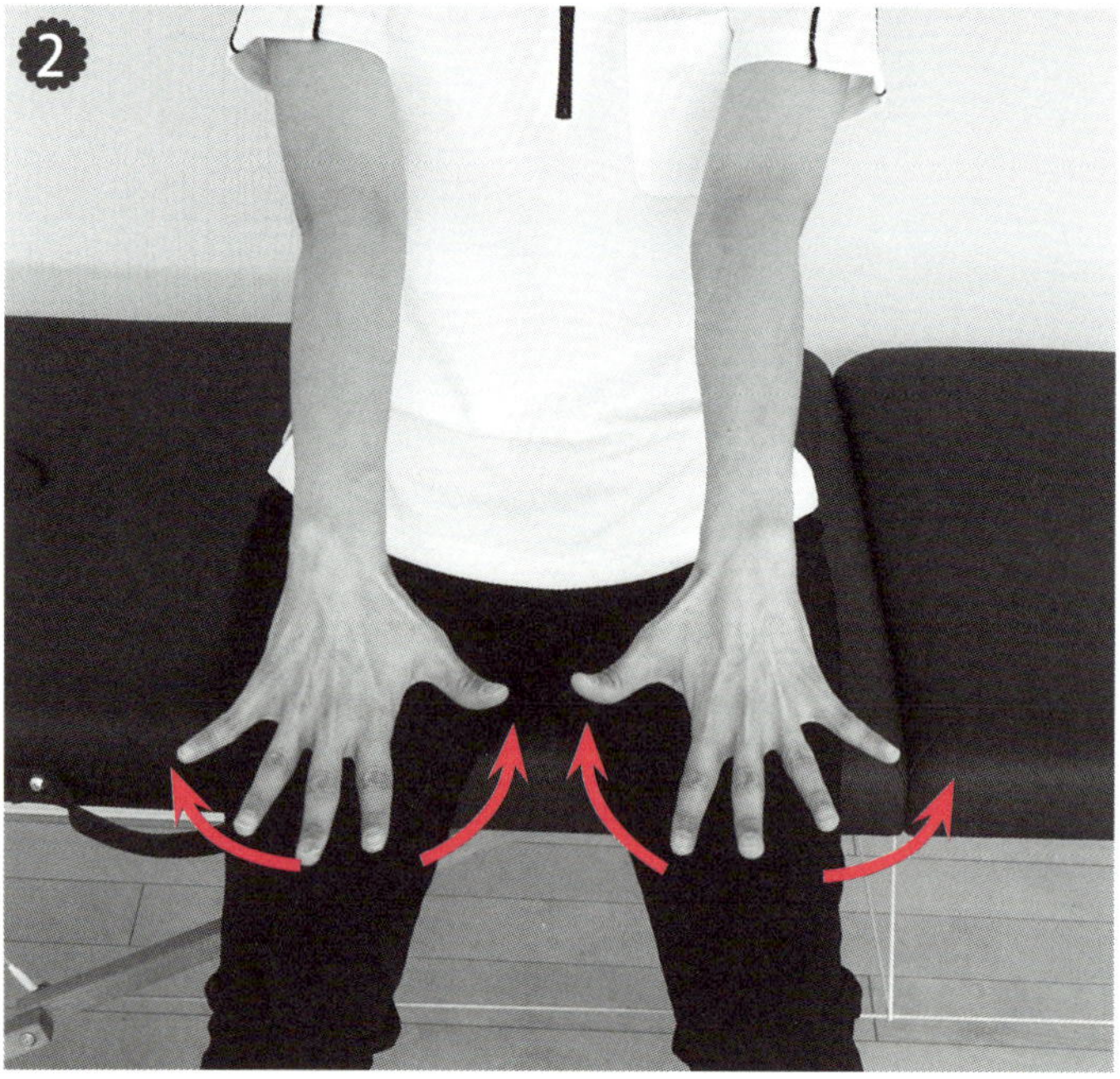

セルフケア体操

B 体幹・下半身

体幹、下半身は、外出などの活動性に直結する部分ですので、言うまでもなく大切なところです。そして、調子が改善されるほどに、行動力の向上、やる気も出てさらに運動力も良くなっていく、という大きな相乗効果をもたらす元になりやすい部分です。

下半身のトレーニングというと、歩くことに困難を感じている人にとってはおっくうに感じるものですが、実はここでご紹介するような、椅子に座りながら行えるもので無理なく、進めていけるものなのです。

また、転倒防止等、ケガを防ぐ意味でも下半身の運動はとても大事です。

ふだんあまり動かさない部位をこのトレーニングによって動かす、それがどこの部位なのかなどといったこともきちんと理解、意識しながら行うと、より質の高いトレーニングになっていきます。

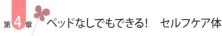

① 骨盤前後傾

座った状態で、骨盤を後ろに倒した状態から、おへそを前に出すような感じで骨盤を起こします。

起こしたところで3秒止めて、戻します。

5回行います。

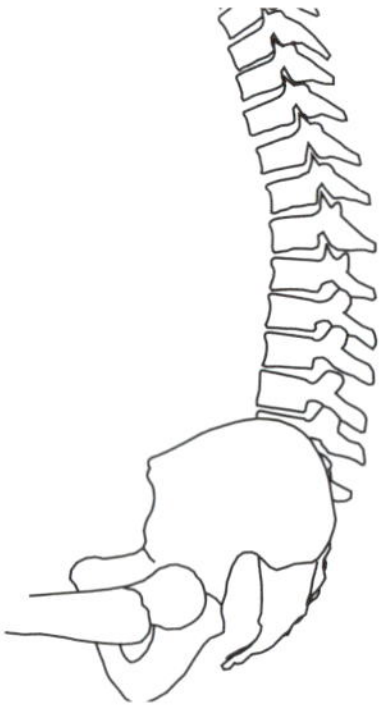

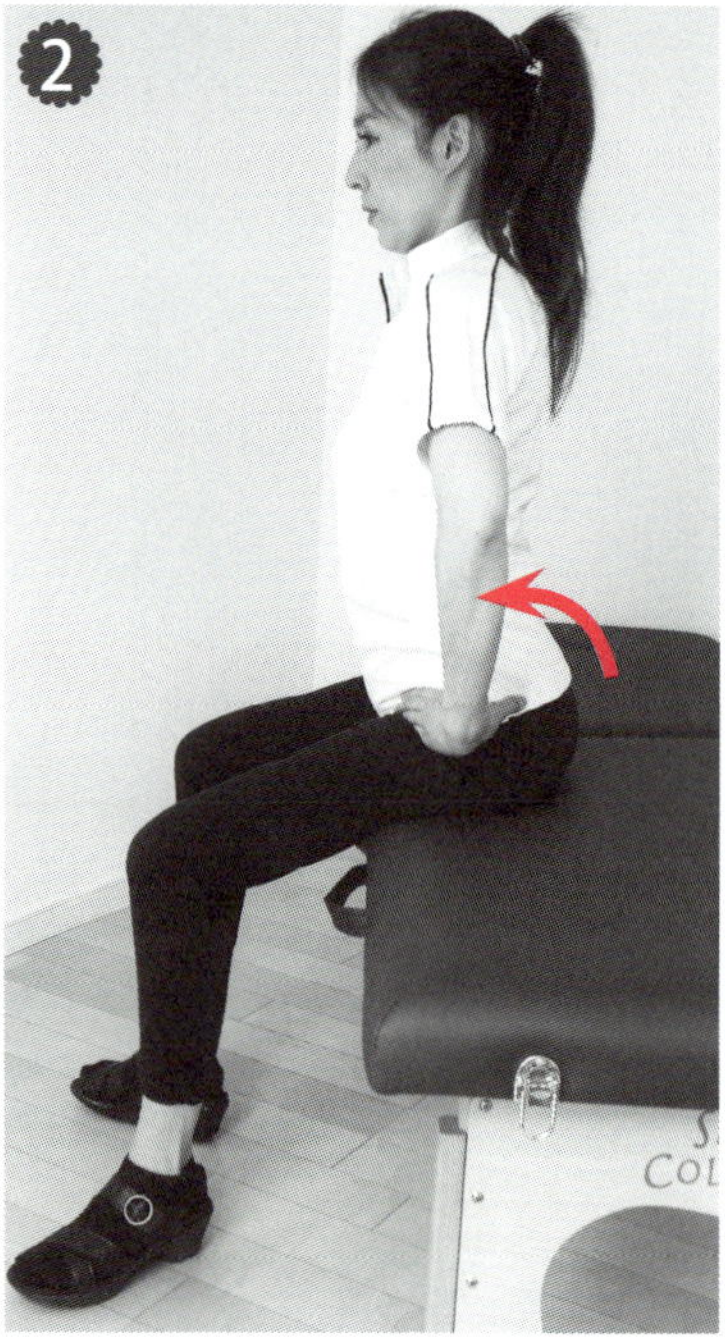

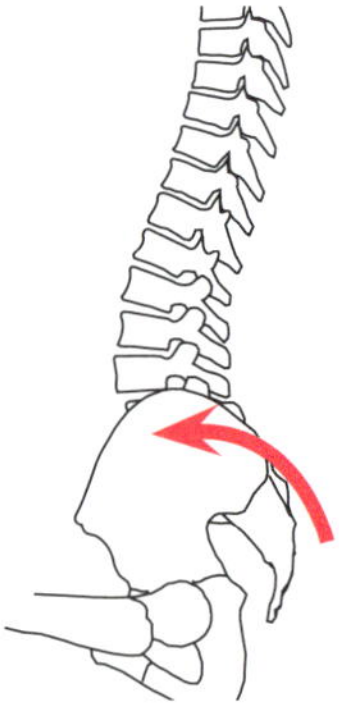

② 股関節屈曲

膝を両手で抱えるようにして引き寄せることによって股関節をストレッチします。少し外側に上げてもかまいません。

膝関節や股関節に痛みがある人は無理に行わないでください。

引き寄せたところで3秒止めて戻します。

左右5回ずつ行います。

1

2

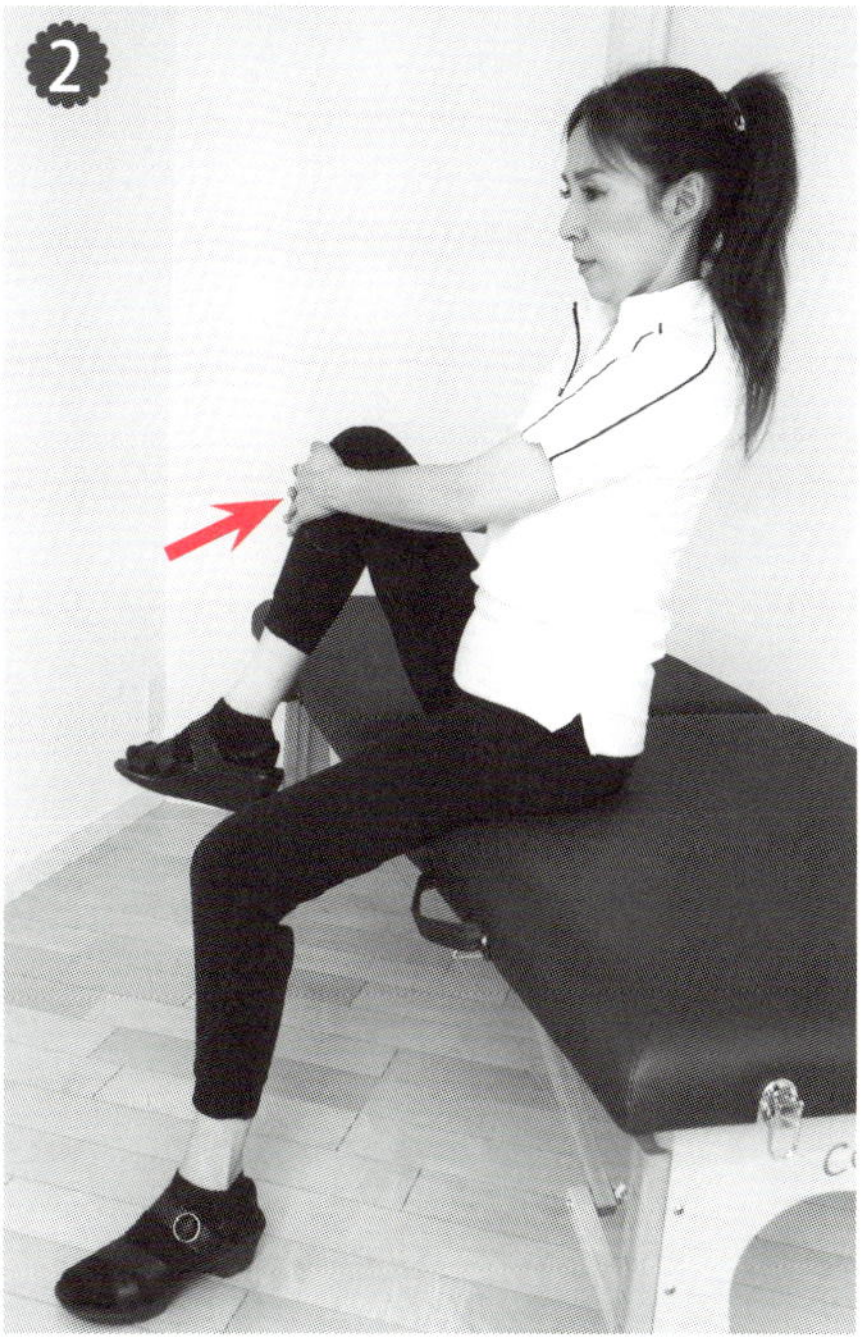

③ 腿裏

片足を前に出し、体を前に倒していくことによって、腿の裏側とふくらはぎを伸ばします。

痛くないところまででOKです。

一番伸びたところで3秒止めて戻します。

左右5回ずつ行います。

2 マッサージ

① 丹田《たんでん》・大巨《だいこ》

おへその下のあたりの〝丹田〟〝大巨〟を3本の指で押します。5回程度行います。

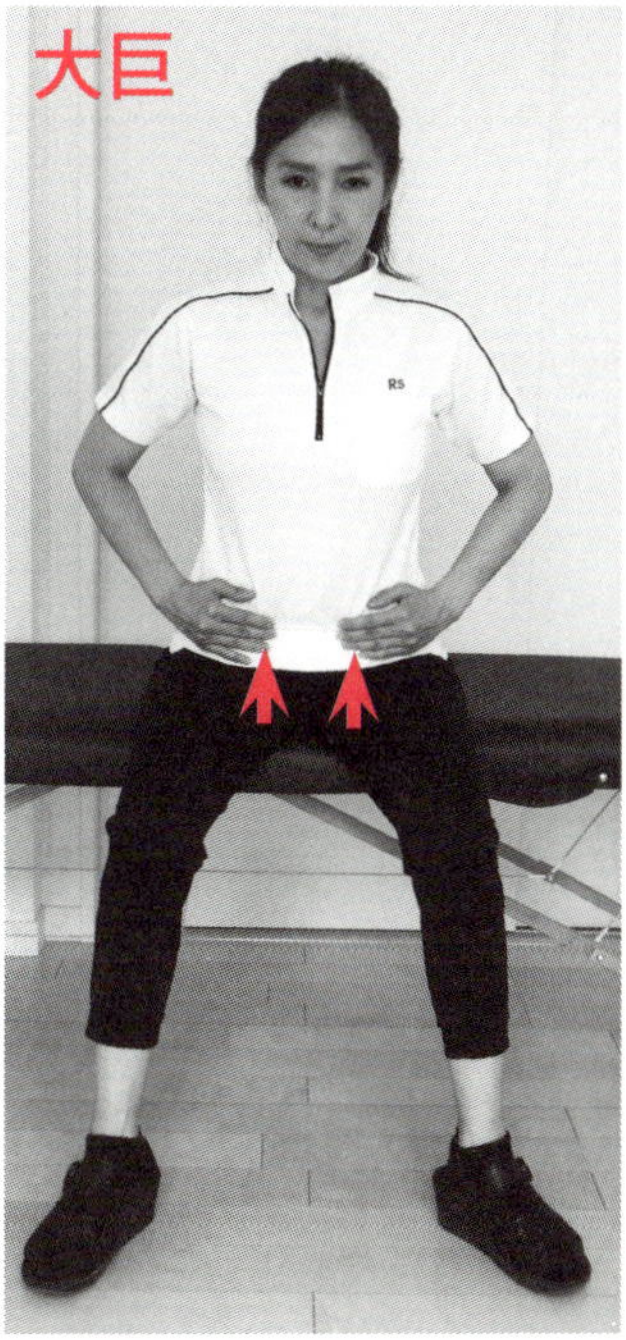

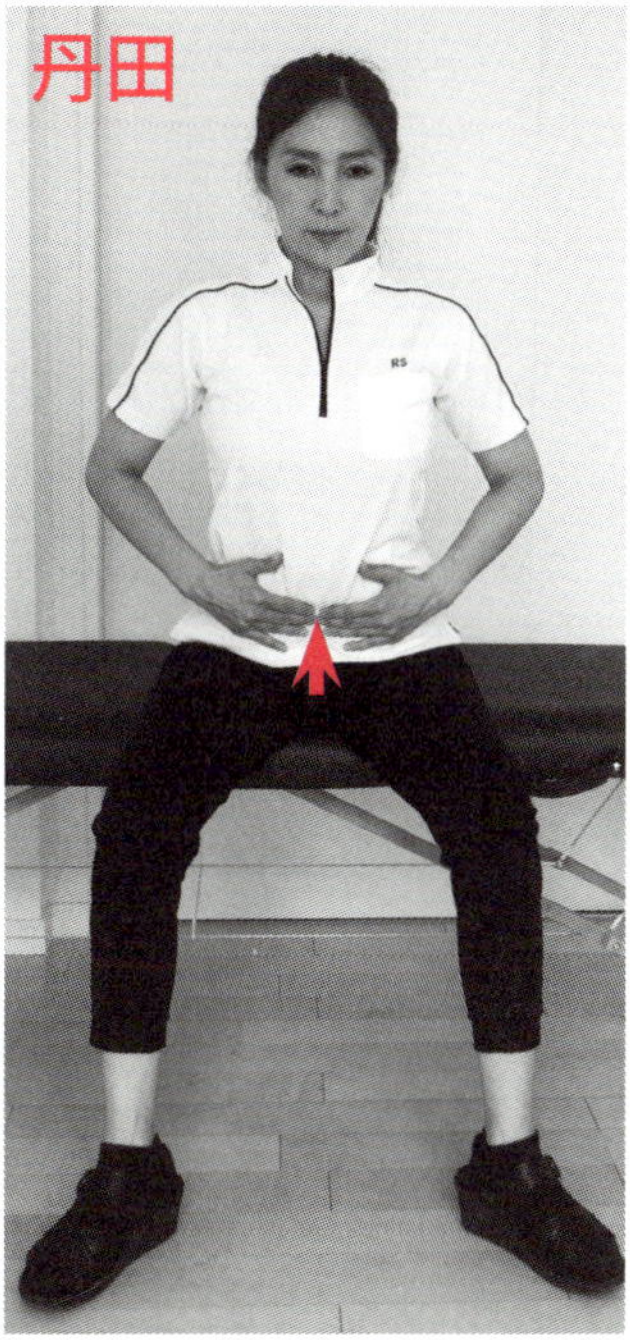

〝丹田〟は「へそ下三寸（約9センチ）」の位置にあります。消化不良や婦人疾患、男性の前立腺肥大などに効果があります。ストレスや悩みが強い方は、意識や気が頭に昇り気味な状態になりますので、〝丹田〟をマッサージすることで、肉体的だけでなく精神的にも落ち着いた状態になる効果もあります。

〝大巨〟はへそから親指2本外、2本下の位置にあります。腰痛、便秘、膀胱炎などに効果があります。とくに急性腰痛の特効ツボで、反応が強く出るところです。

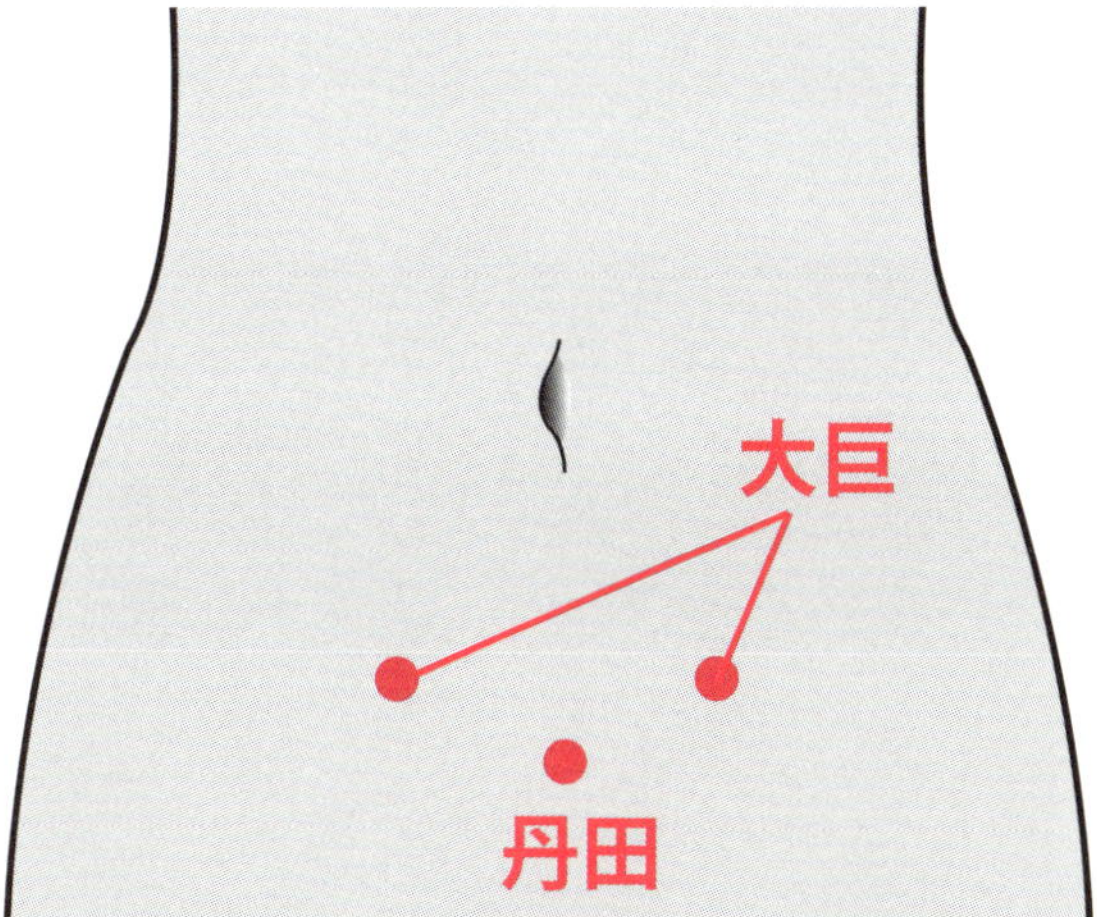

② 髀関《ひかん》

足の付け根の真ん中あたりの少しくぼんでいる〝髀関〟というツボを親指で押します。5回程度行います。

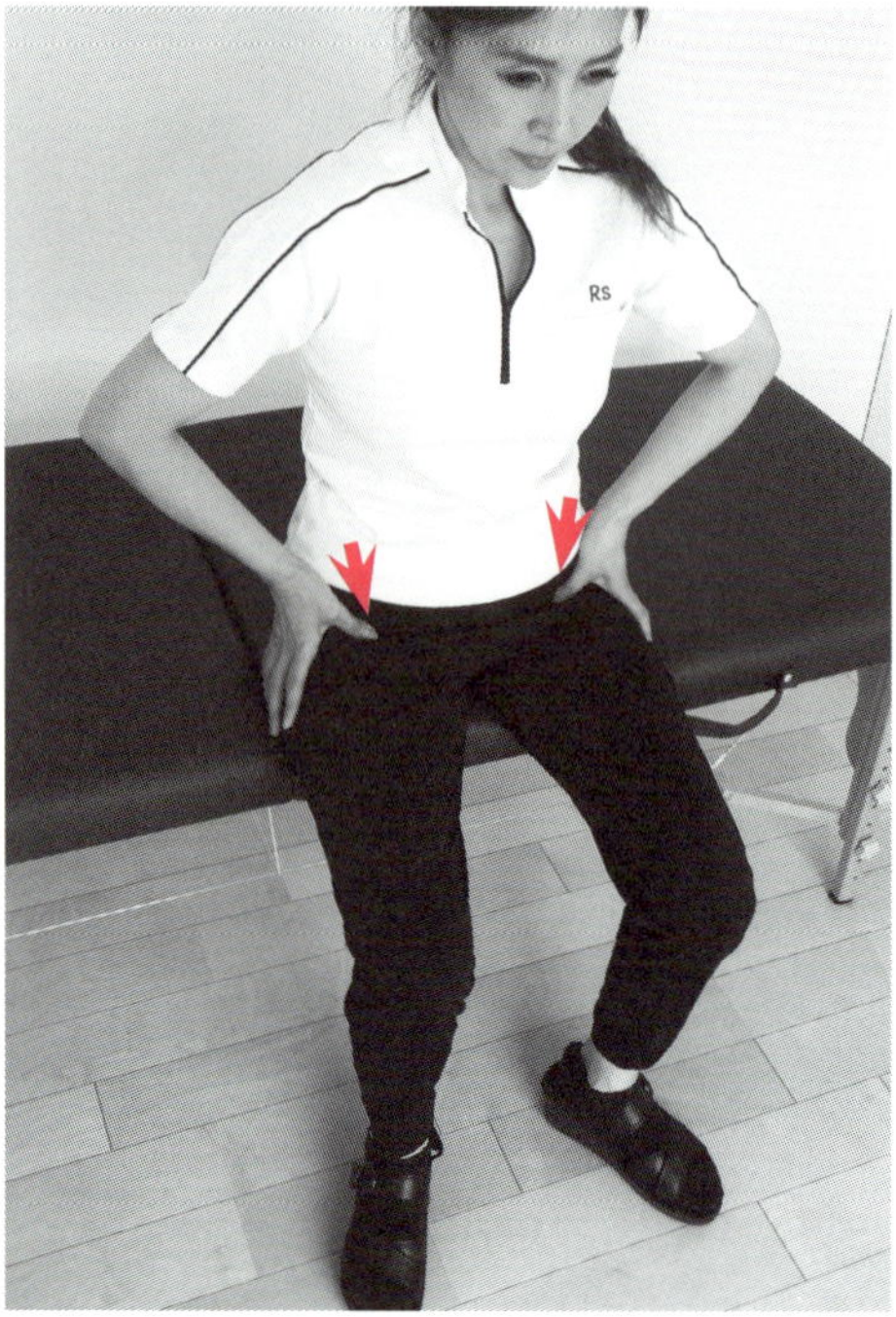

〝髀関〟は腰痛、股関節痛、足の痛みやしびれに効果があります。

足の付け根には下肢の動脈や静脈、リンパが密集しているので、足先の冷え症状やしびれなど、下半身の症状改善のためにも、丁寧にマッサージしていきましょう。

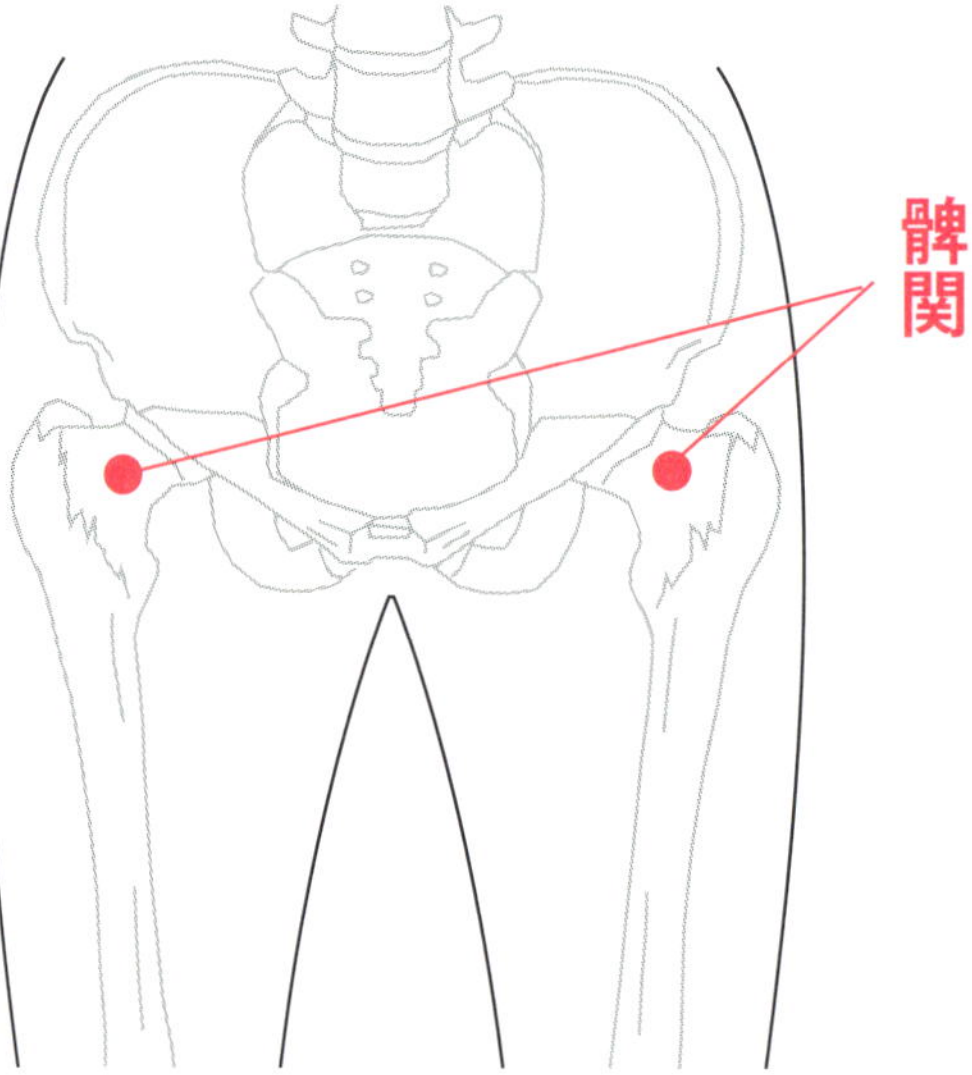

③ 血海《けっかい》

膝のお皿の上の内側にある〝血海〟というツボ周辺を押します。〝血海〟を親指で、残りの指を太腿の外側に置いてはさみ込むようにマッサージすると高い効果が得られます。ピンポイントでなく、膝周辺全体的に押します。

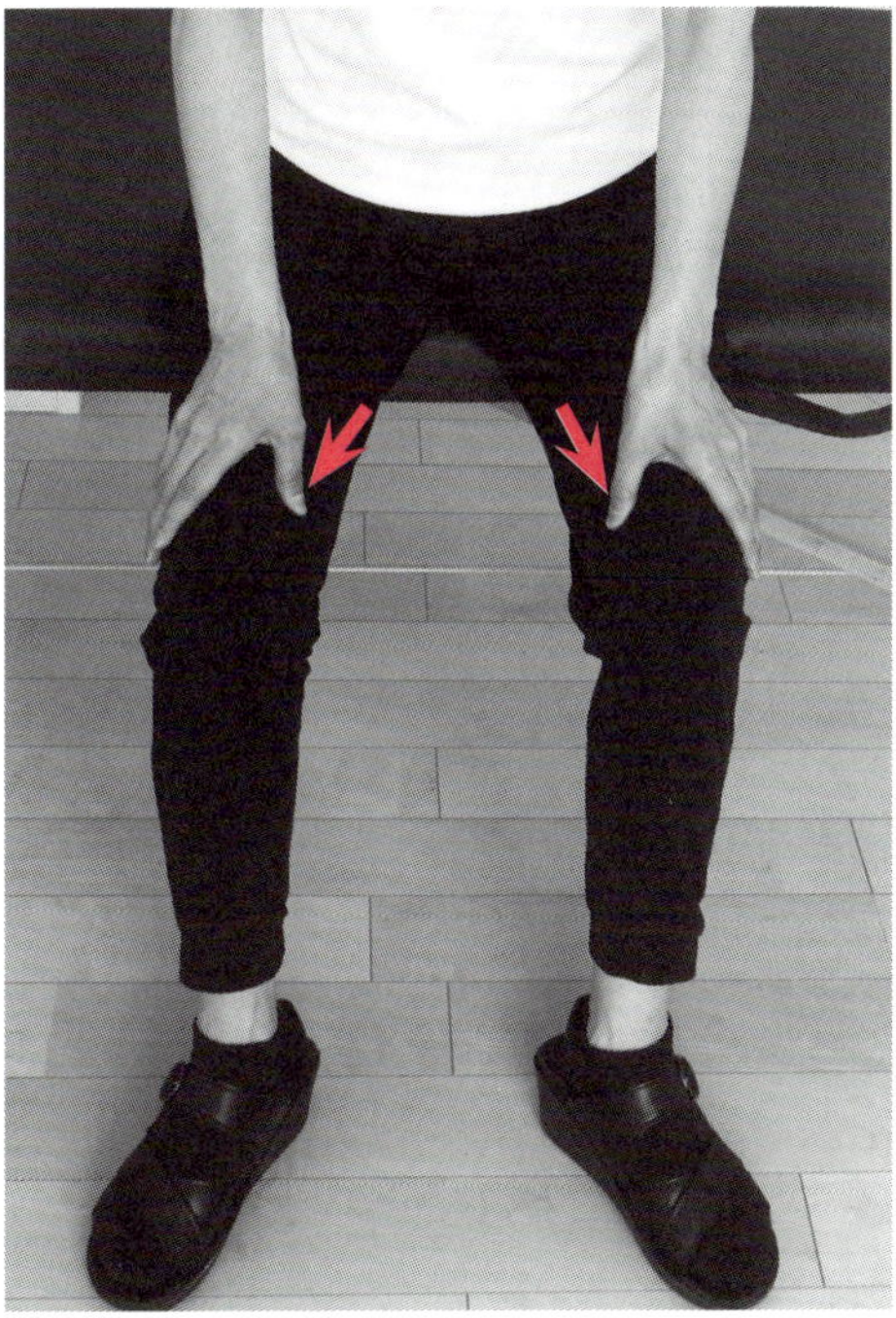

〝血海〟は膝のお皿の内側上端から指2本上にあります。膝の痛みや瘀血（おけつ：うっ血や血行障害）の症状に効果があります。

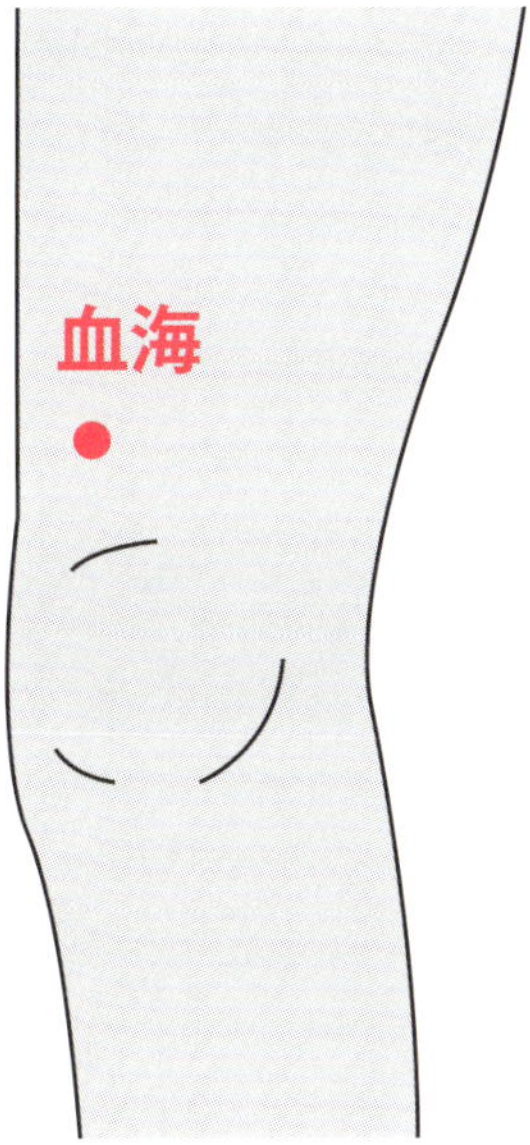

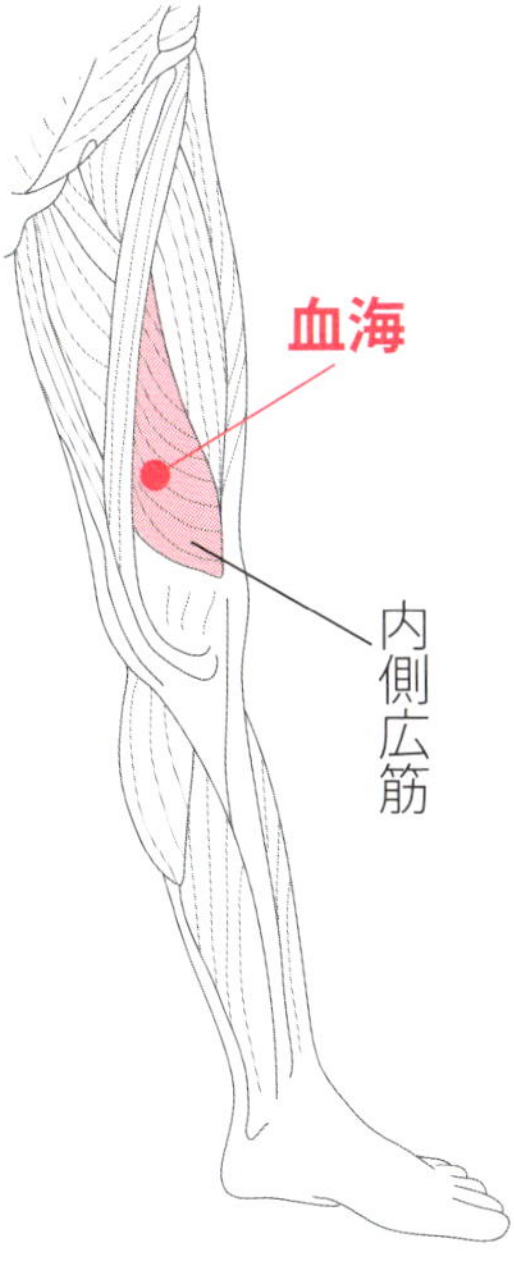

〝血海〟は内側広筋にあります。太腿の大きい筋肉は廃用症候群による筋の萎縮が顕われやすいところでもあります。とくに内側広筋は変形性膝関節症での萎縮が多くみられるところなので、〝血海〟のマッサージは重要です。

④ 足三里

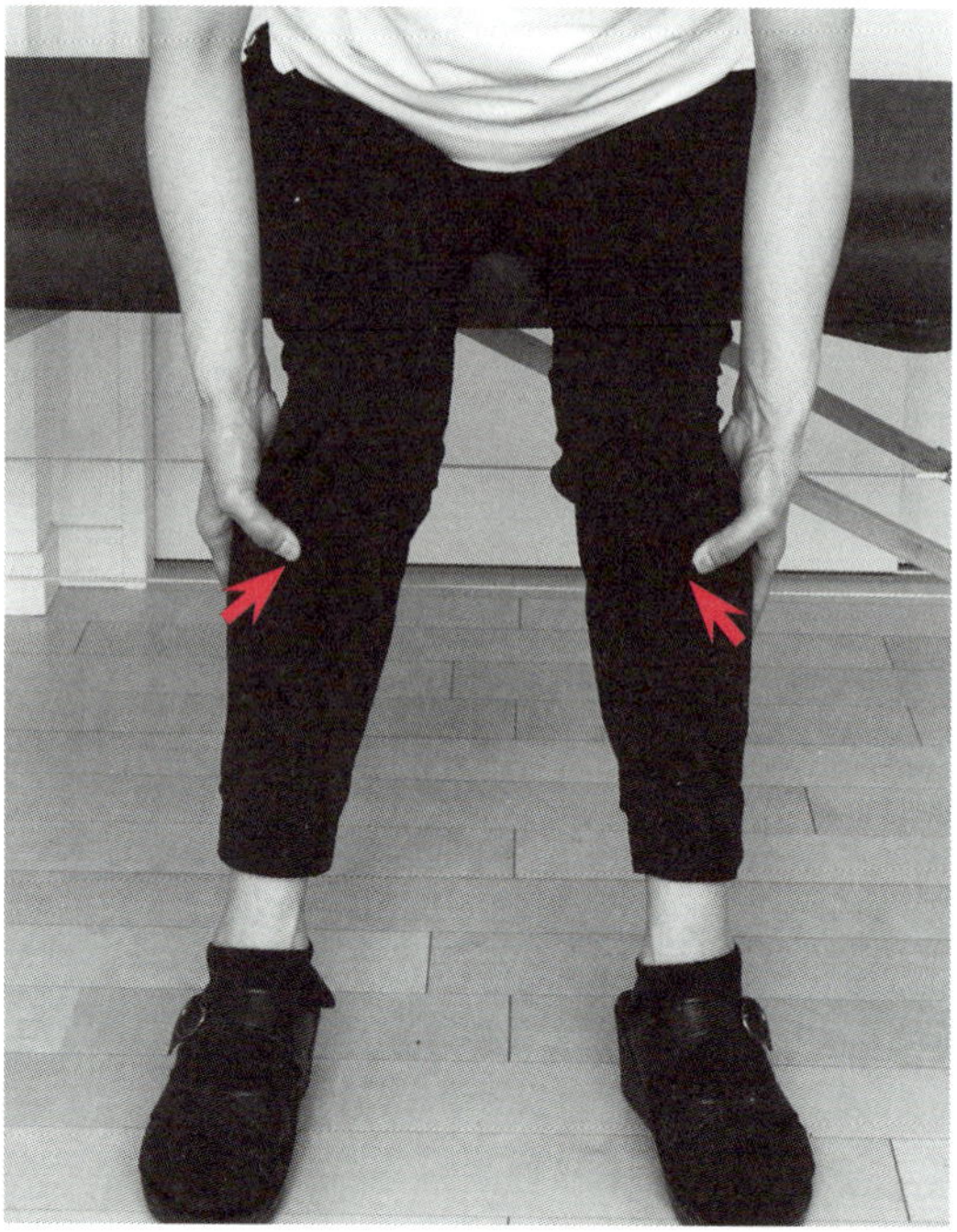

すねにあるツボ〝足三里〟を親指で押します。

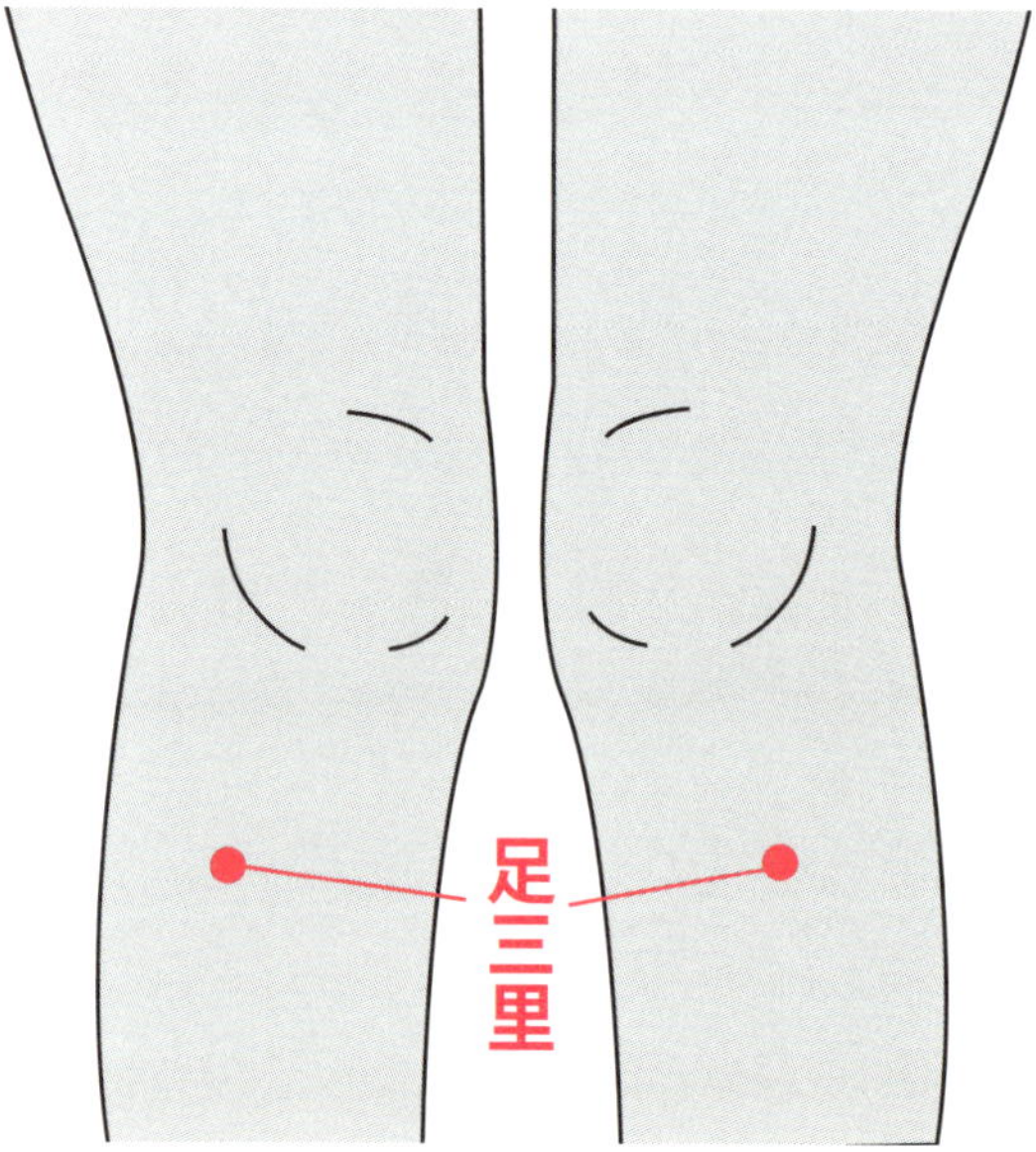

〝足三里〟は膝のお皿の外側下端から親指3本下、脛骨と腓骨の間にあります。ここにお灸をすえると足が軽くなり〝三里歩けるようになる〟と言われたツボです。足の疲れや胃腸症状、のぼせ症状、股関節の痛みに効果があります。

3 エクササイズ

① 体幹前

おへその上あたりに手を置き、お腹を意識しながら、背中が丸くならないように体を前に倒します。10回行います。

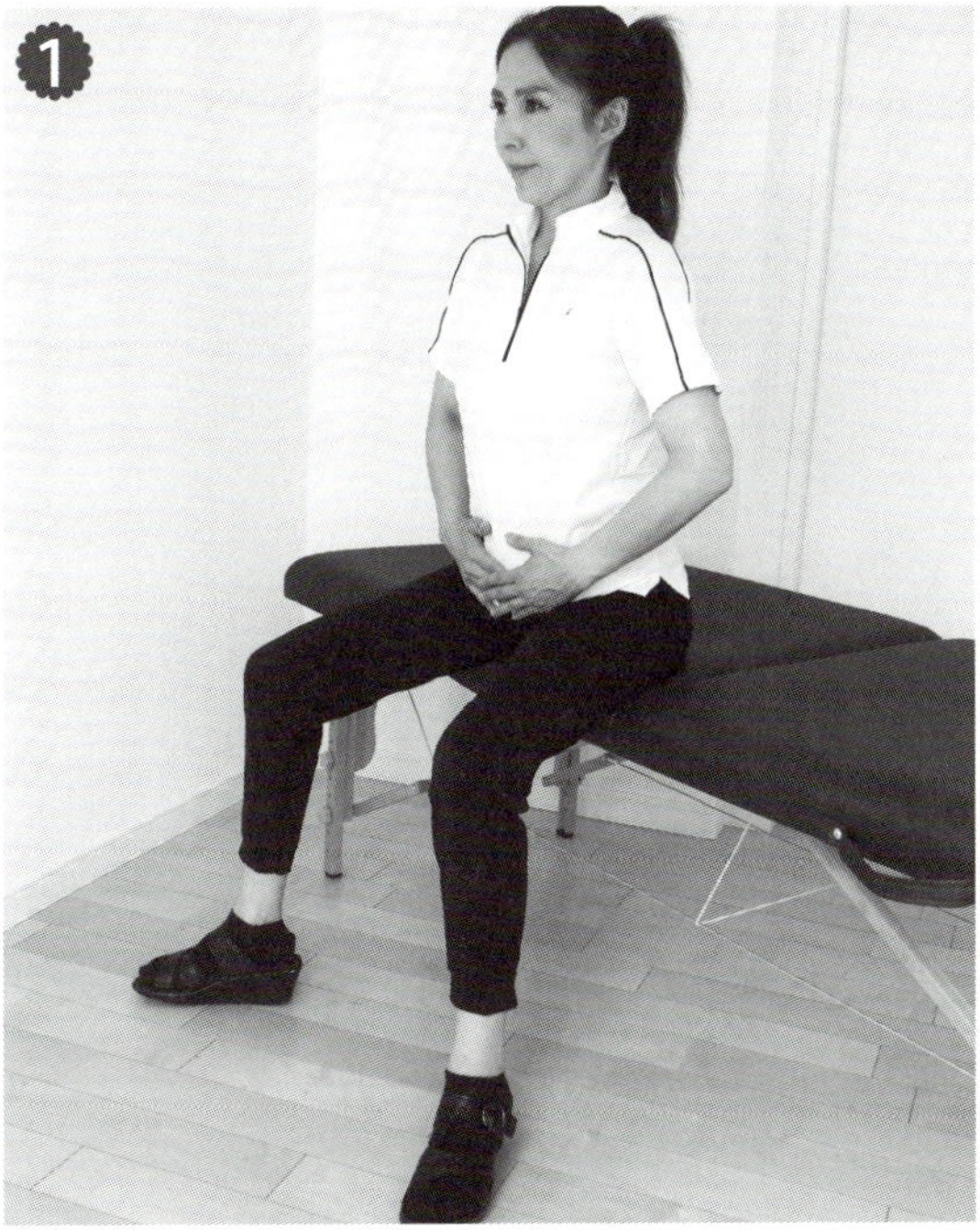

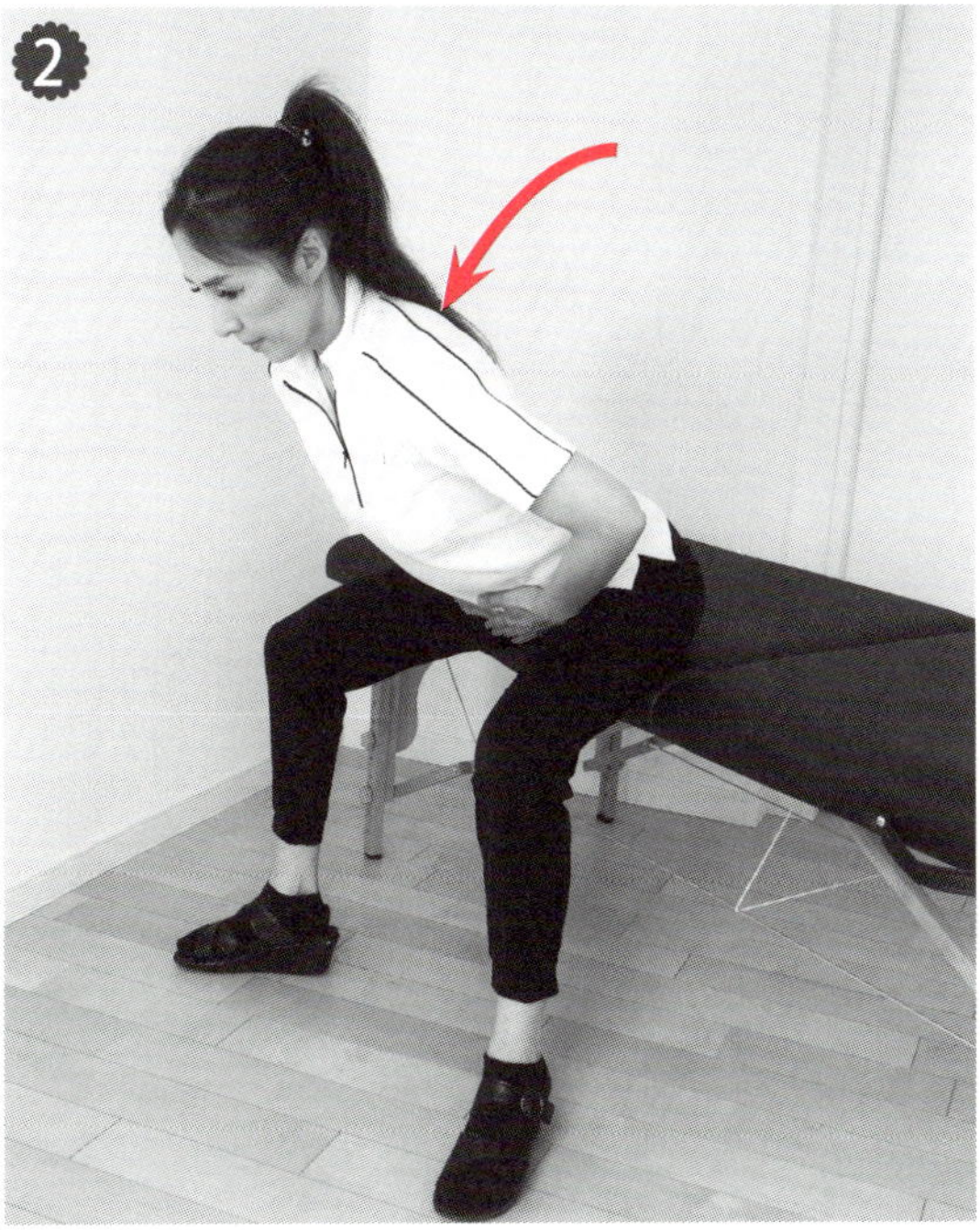

② 体幹横

脇腹に手を当て、体を真横に傾けて戻します。10回行います。

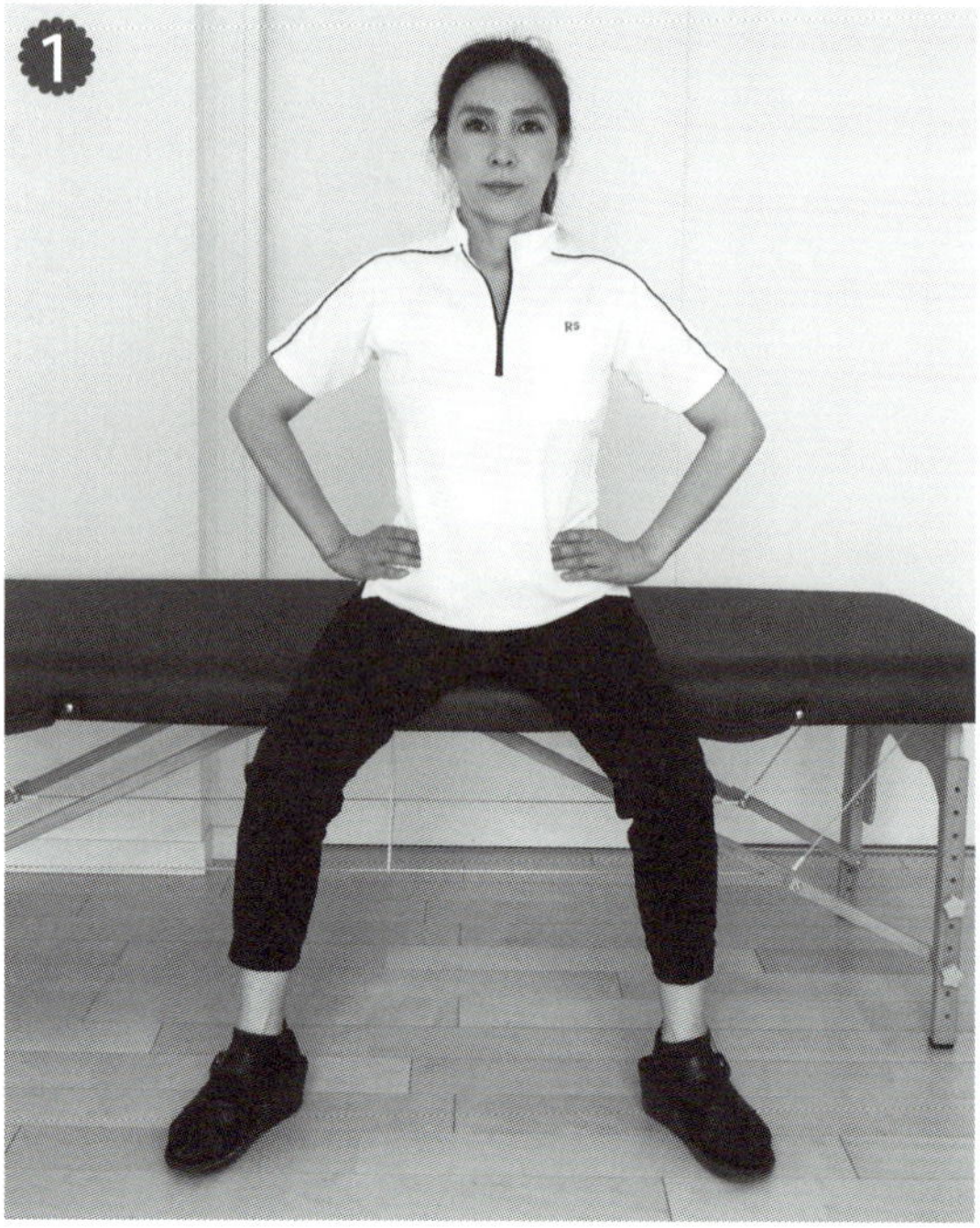

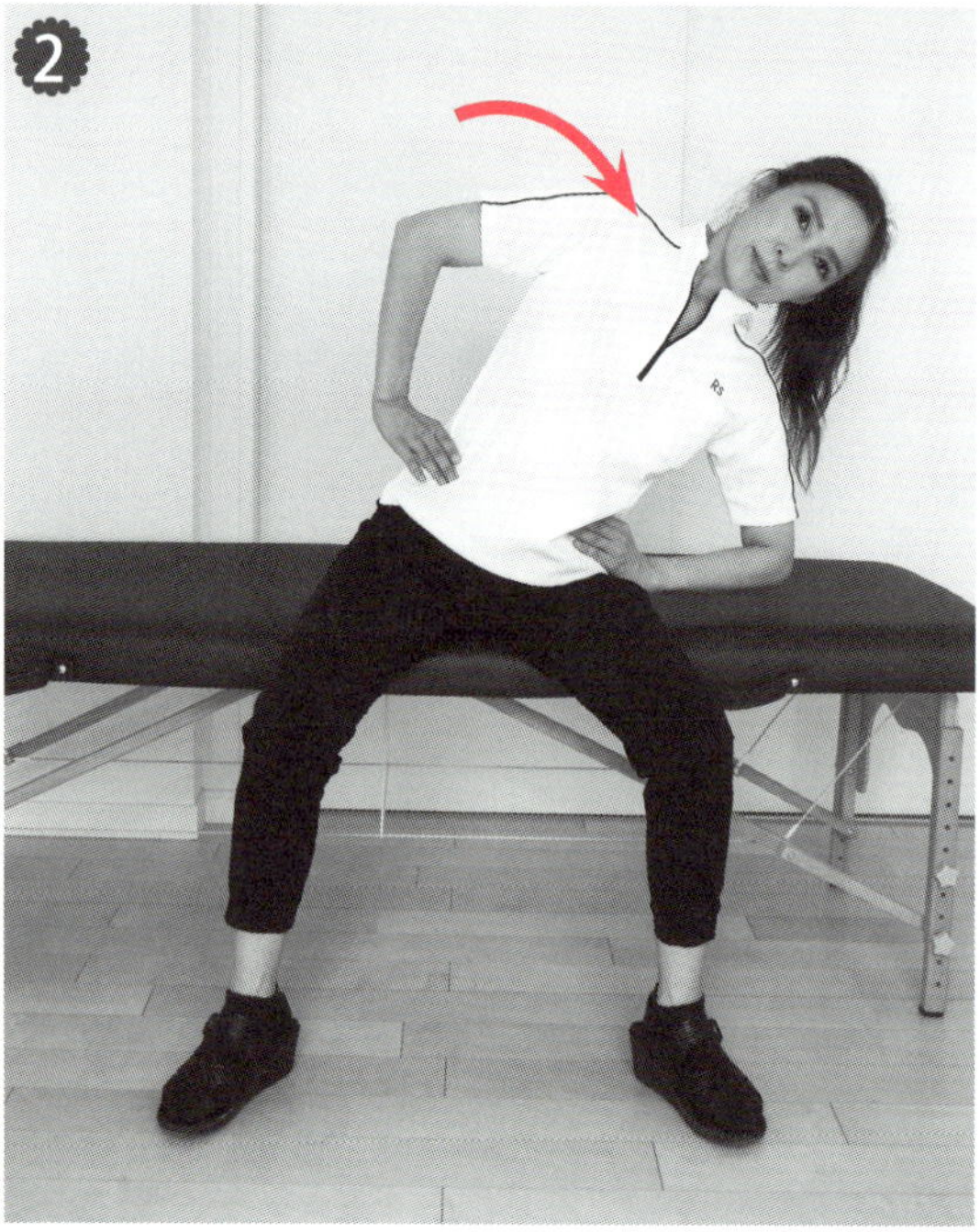

③ 水平移動

脇腹に手を当て、上体を水平に左右に移動させます。反対側のお尻を浮かせてしっかり体重移動させます。肩が下がらないように注意して。10回行います。

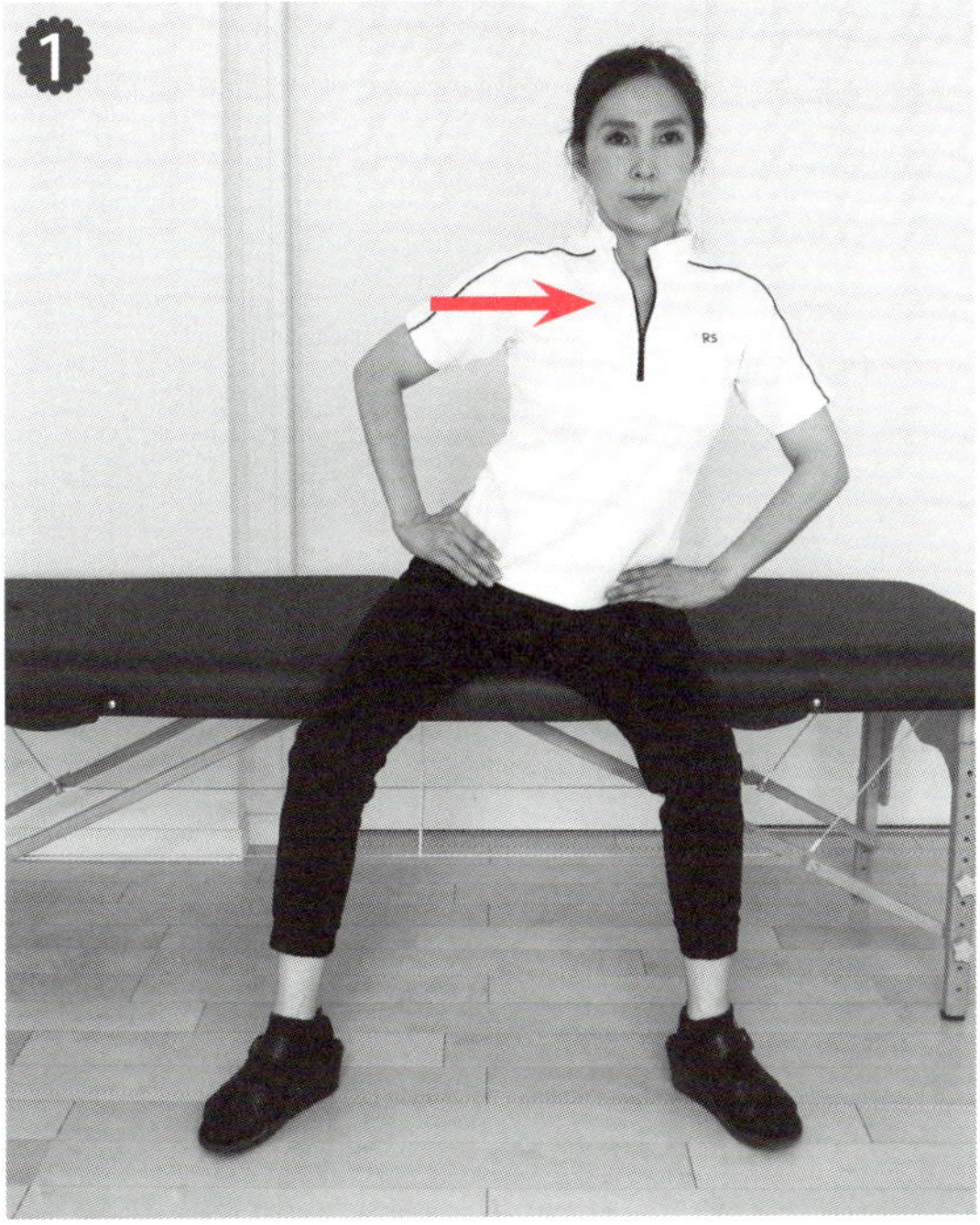

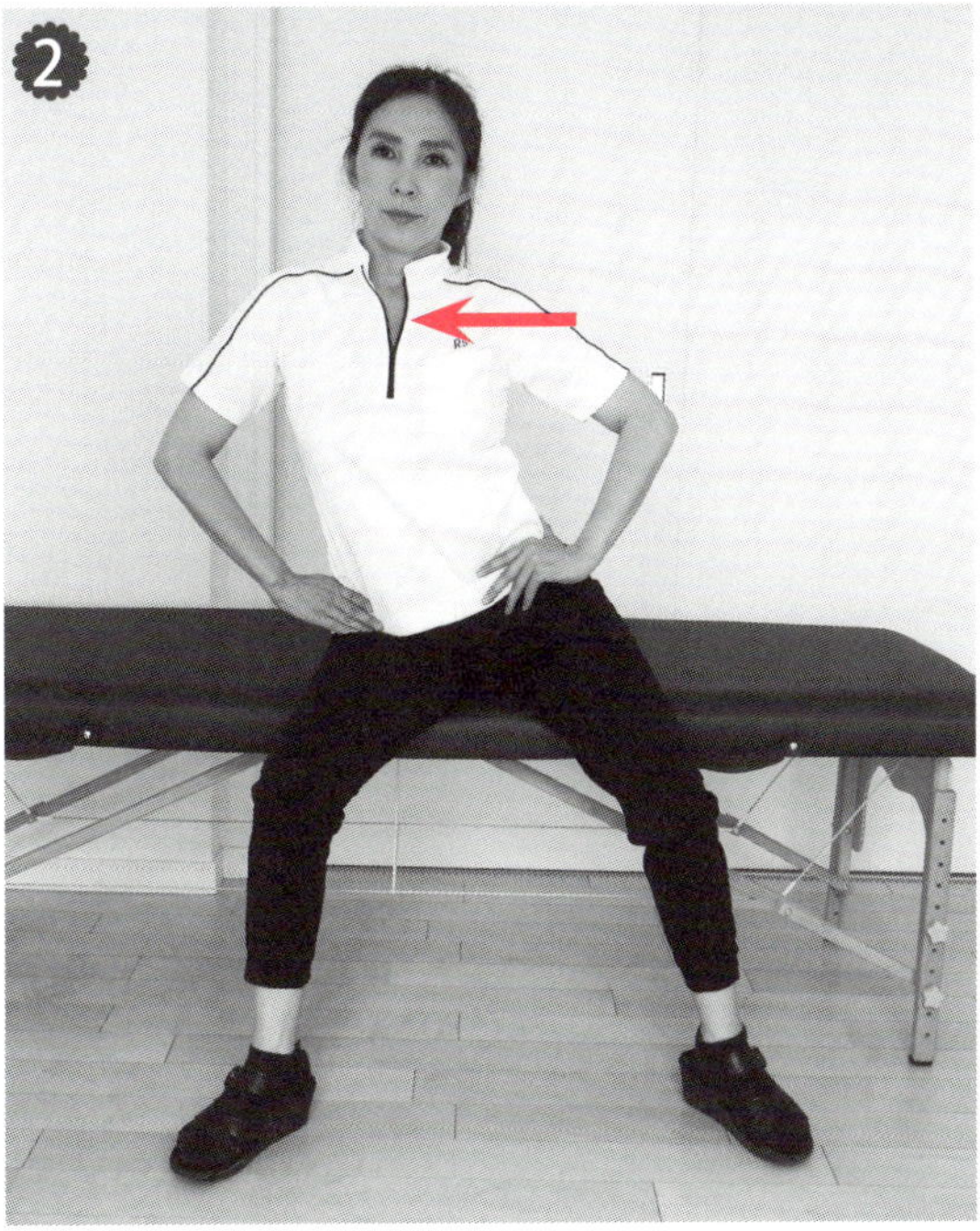

④ ひねり

後ろを振り返るように体を左右にひねります。顔も自然についていくように。10回行います。

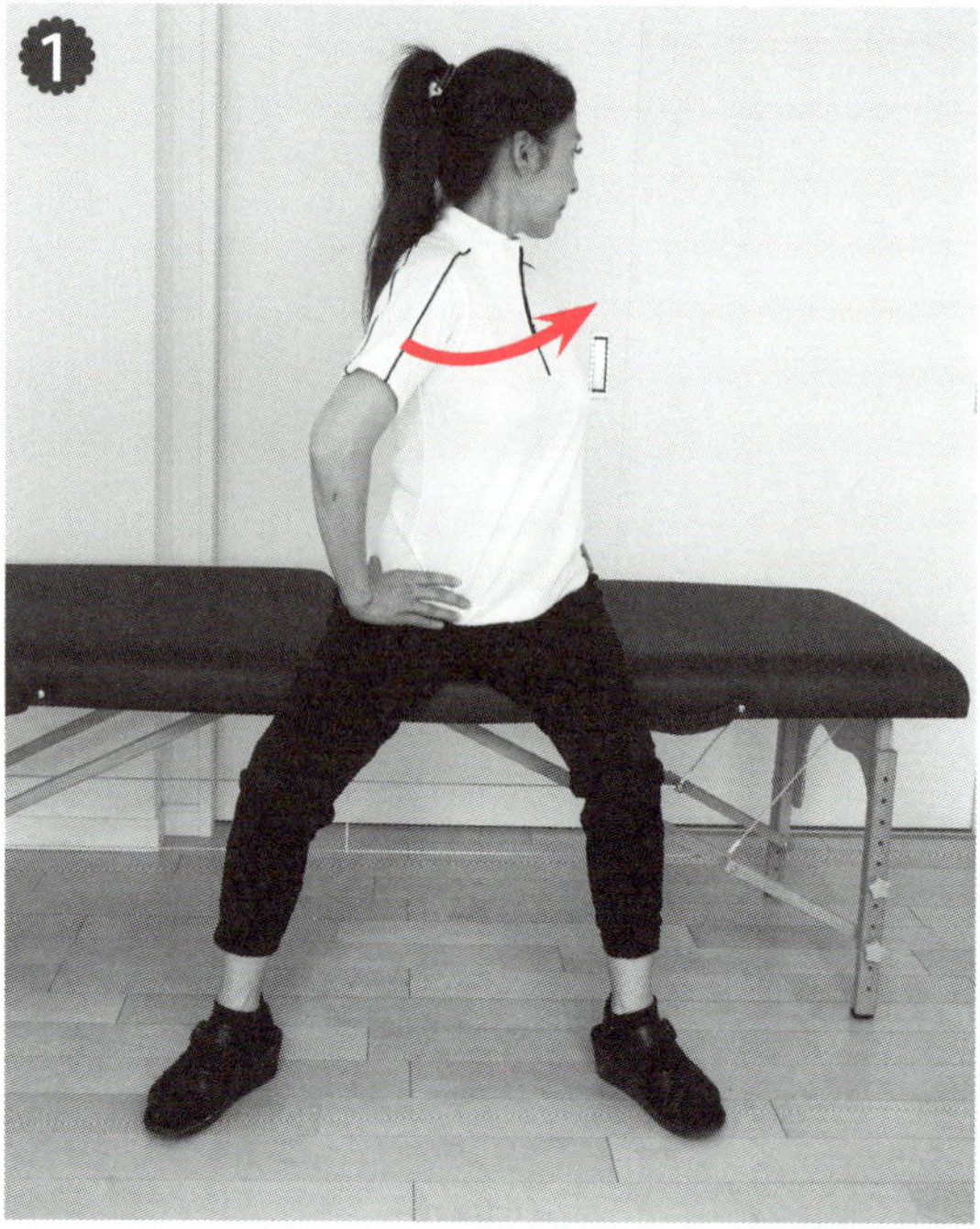

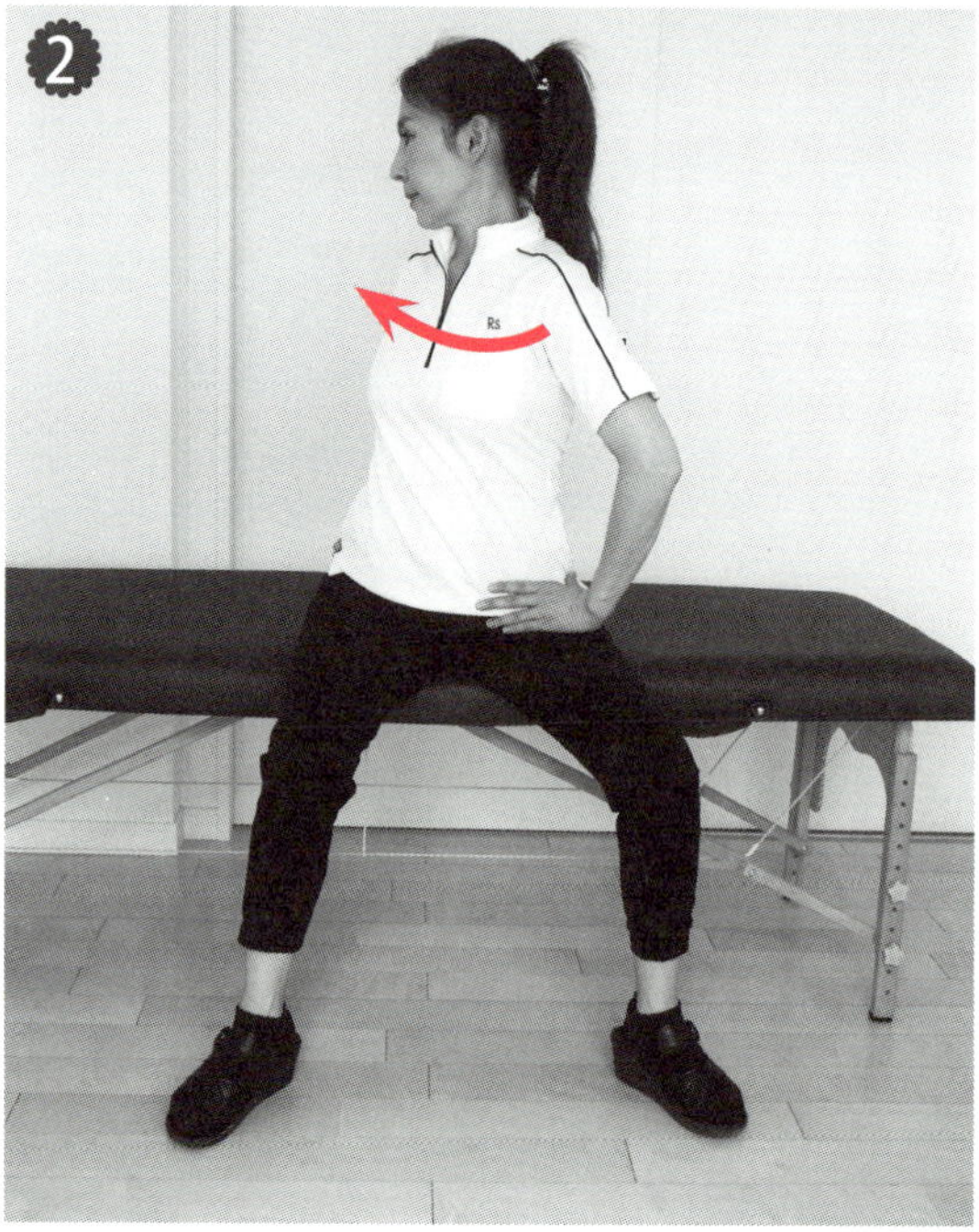

⑤ 腿上げ

左右の足をお腹の方に引き上げます。背中が丸くならないように。10回行います。

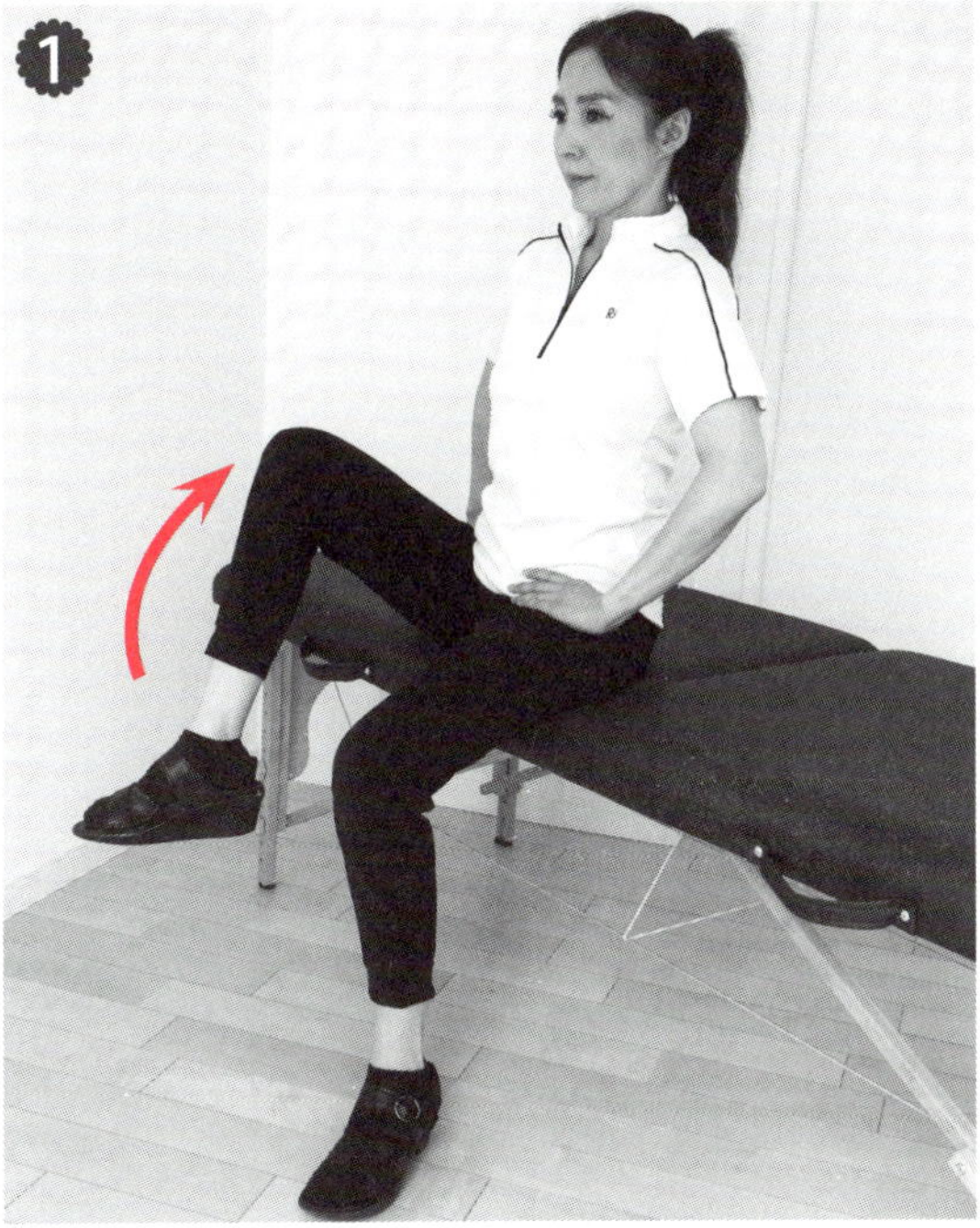

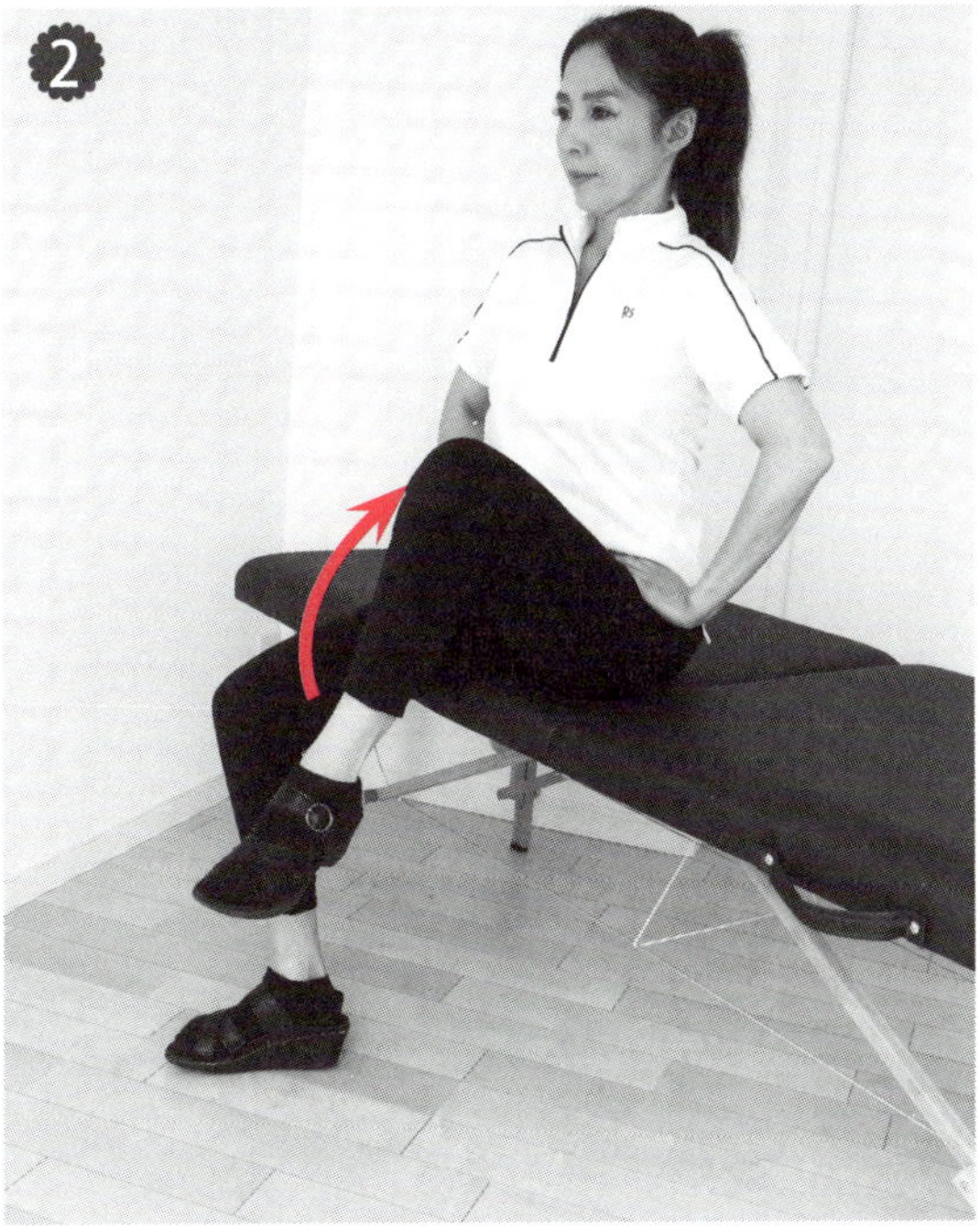

⑥ 腿上げ交互

左右の足をお腹の方に引き上げて膝と反対の肘を付けます。10回行います。

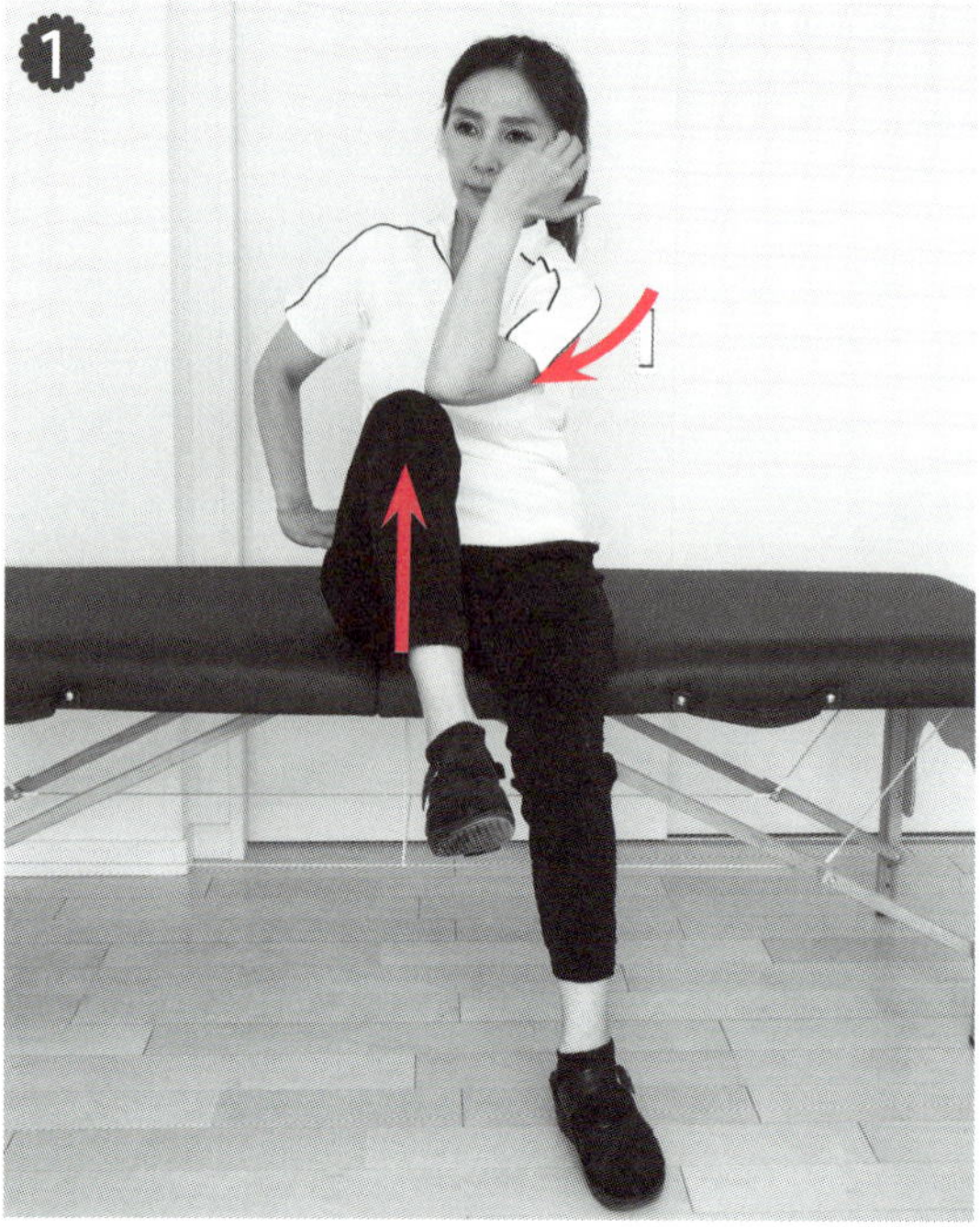

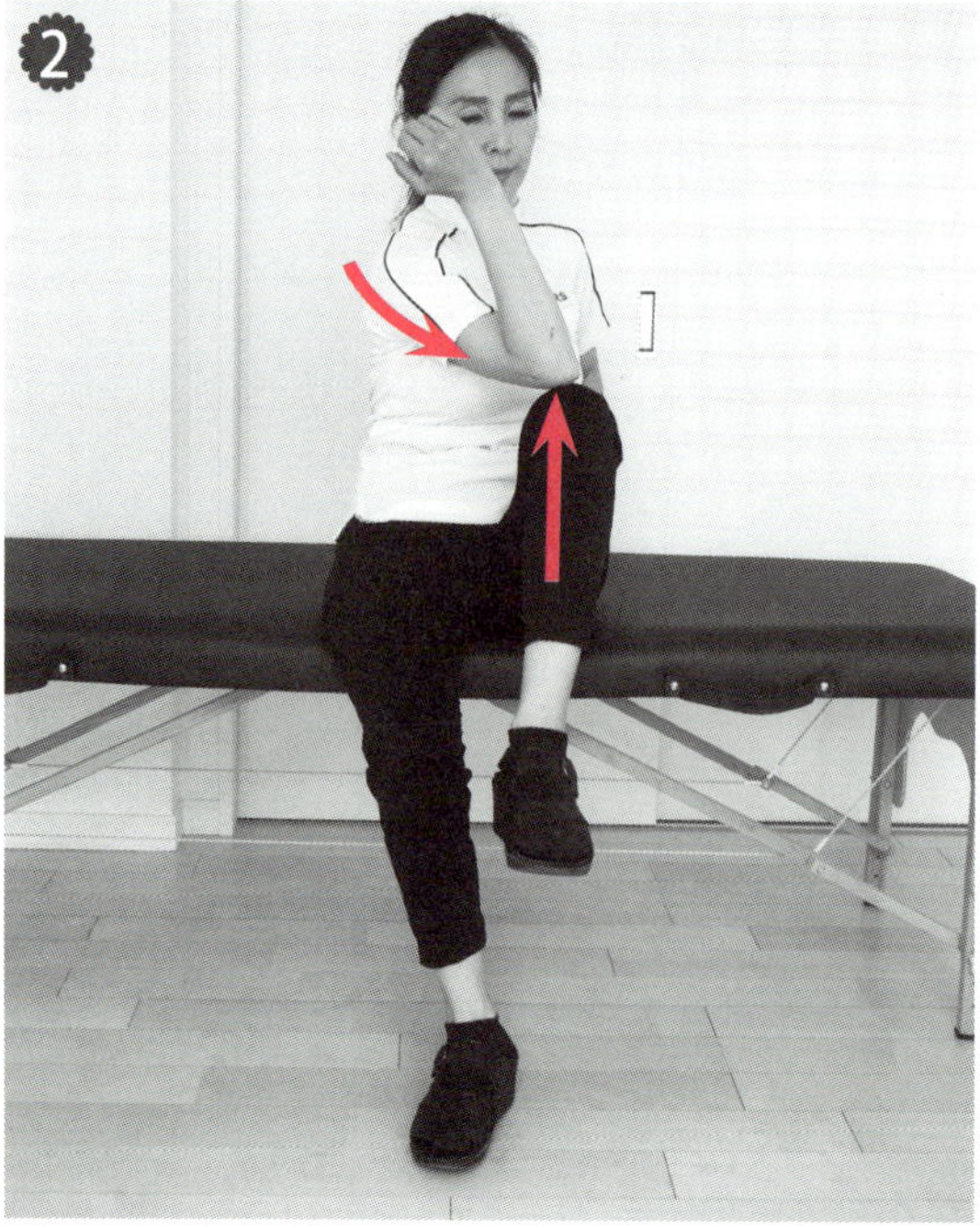

⑦ 開脚

膝の外側に手を置き、内向きに軽く抵抗をかけながら、脚を開きます。10回行います。

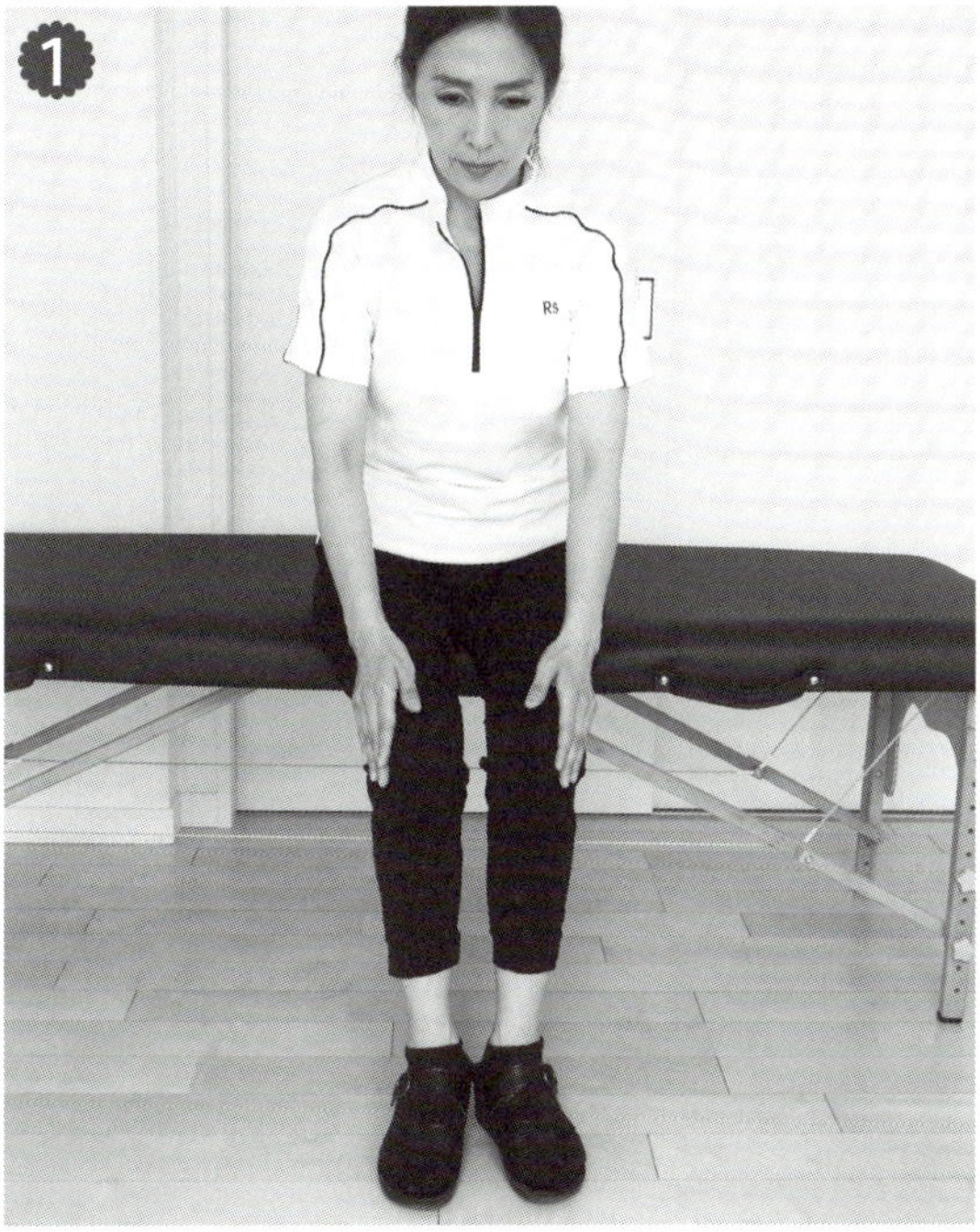

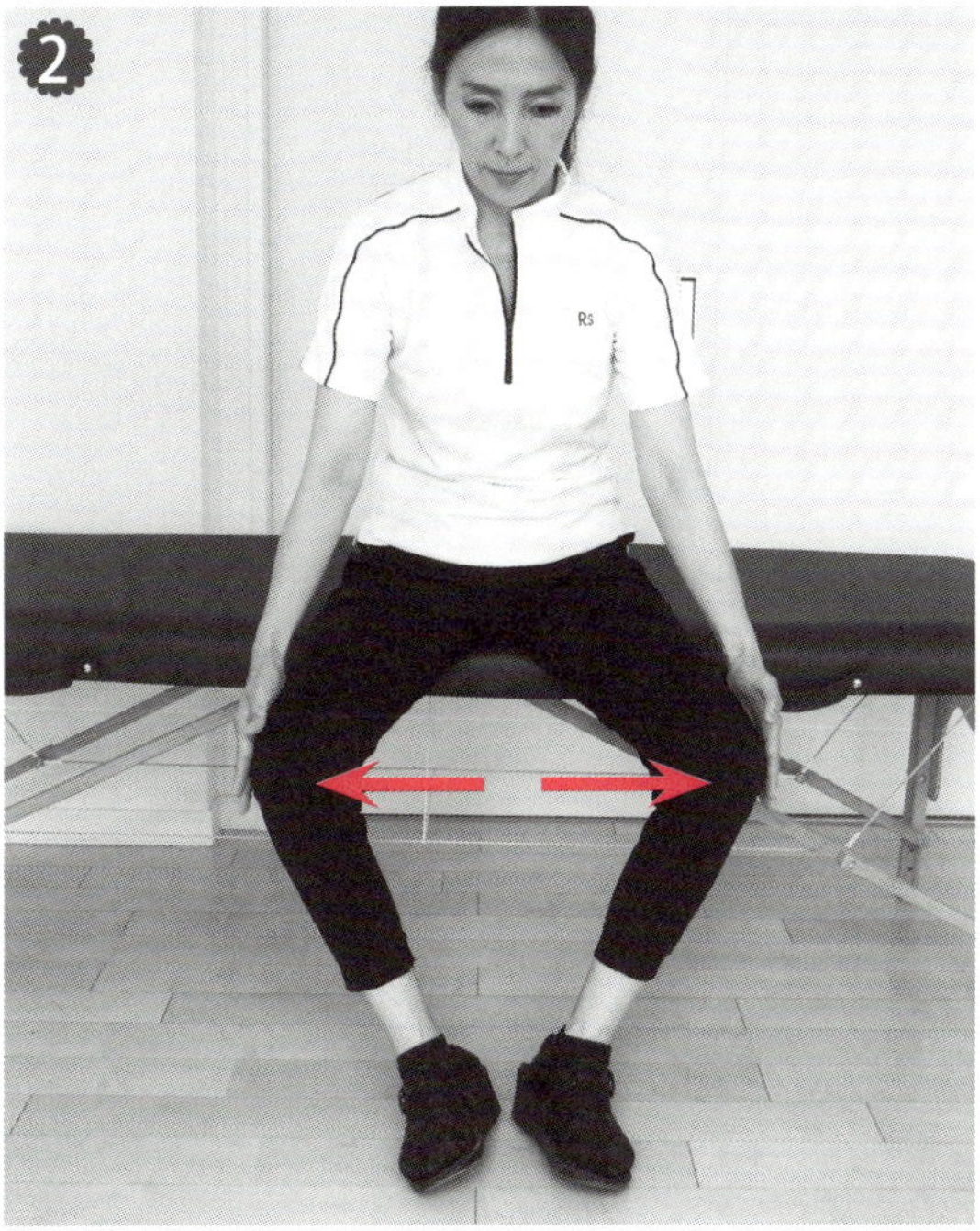

⑧ 閉脚

膝の内側に手を置き、外向きに軽く抵抗をかけながら、脚を閉じます。10回行います。

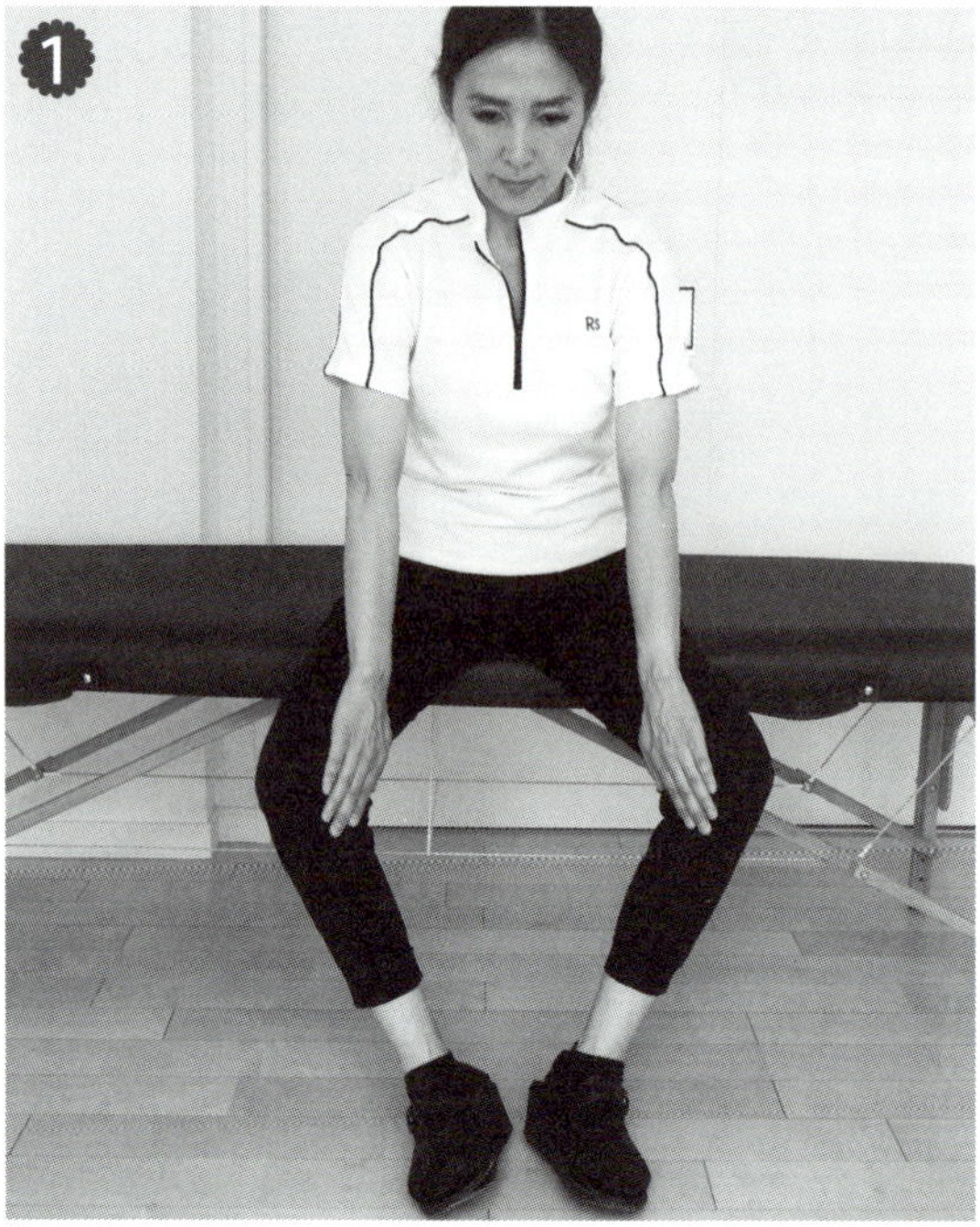

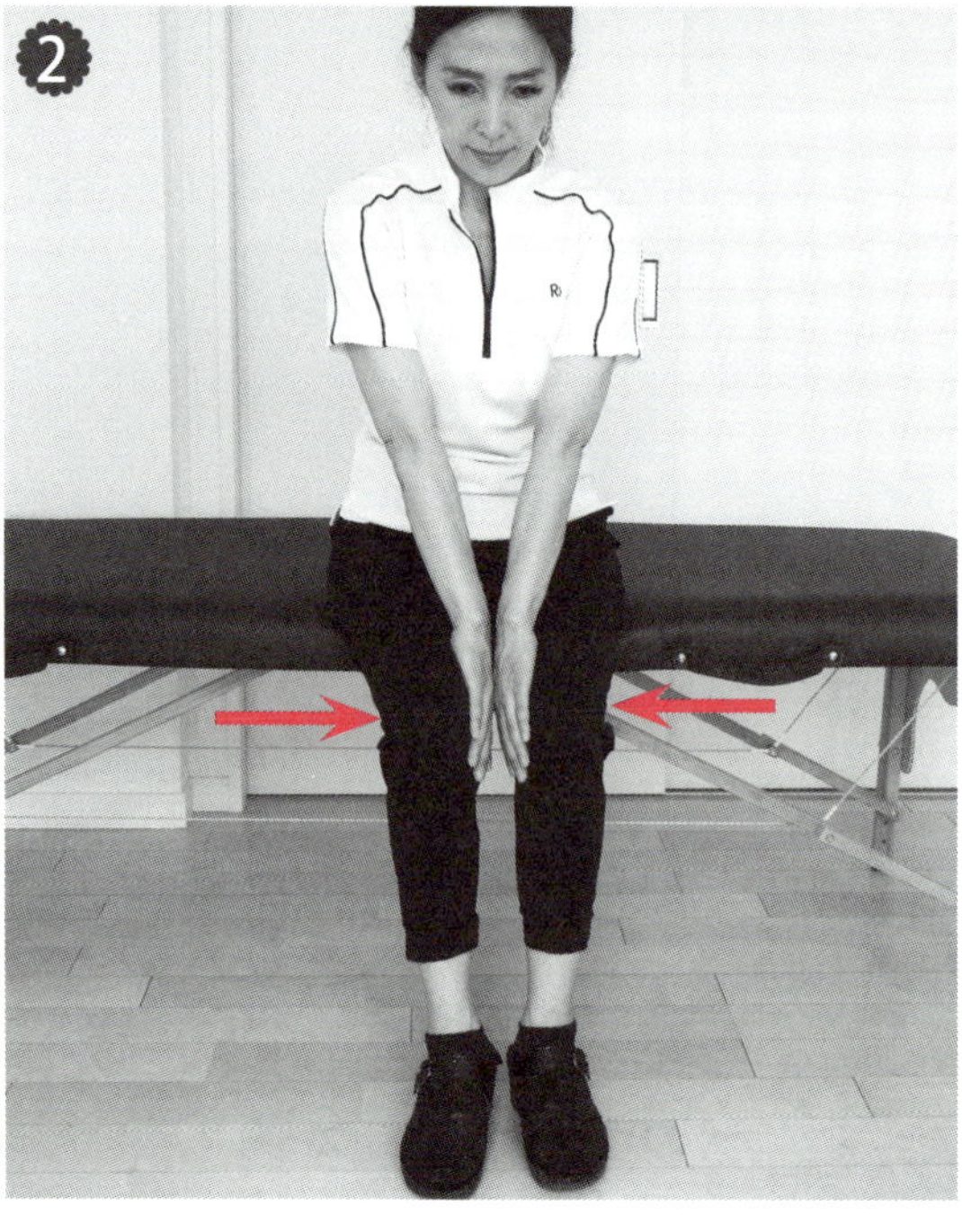

⑨ つま先上げ

すねを意識して、両足同時につま先を上げます。10回行います。

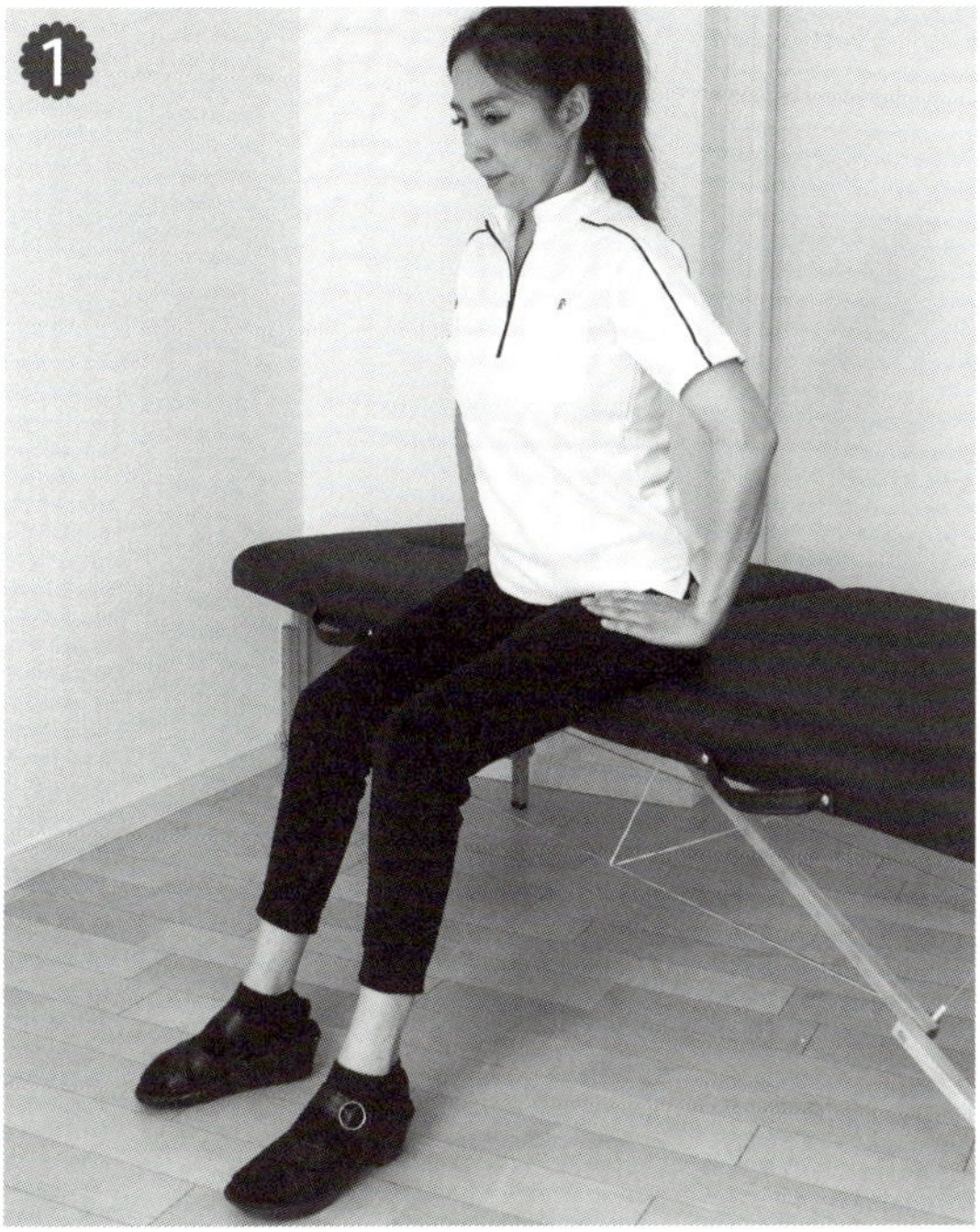

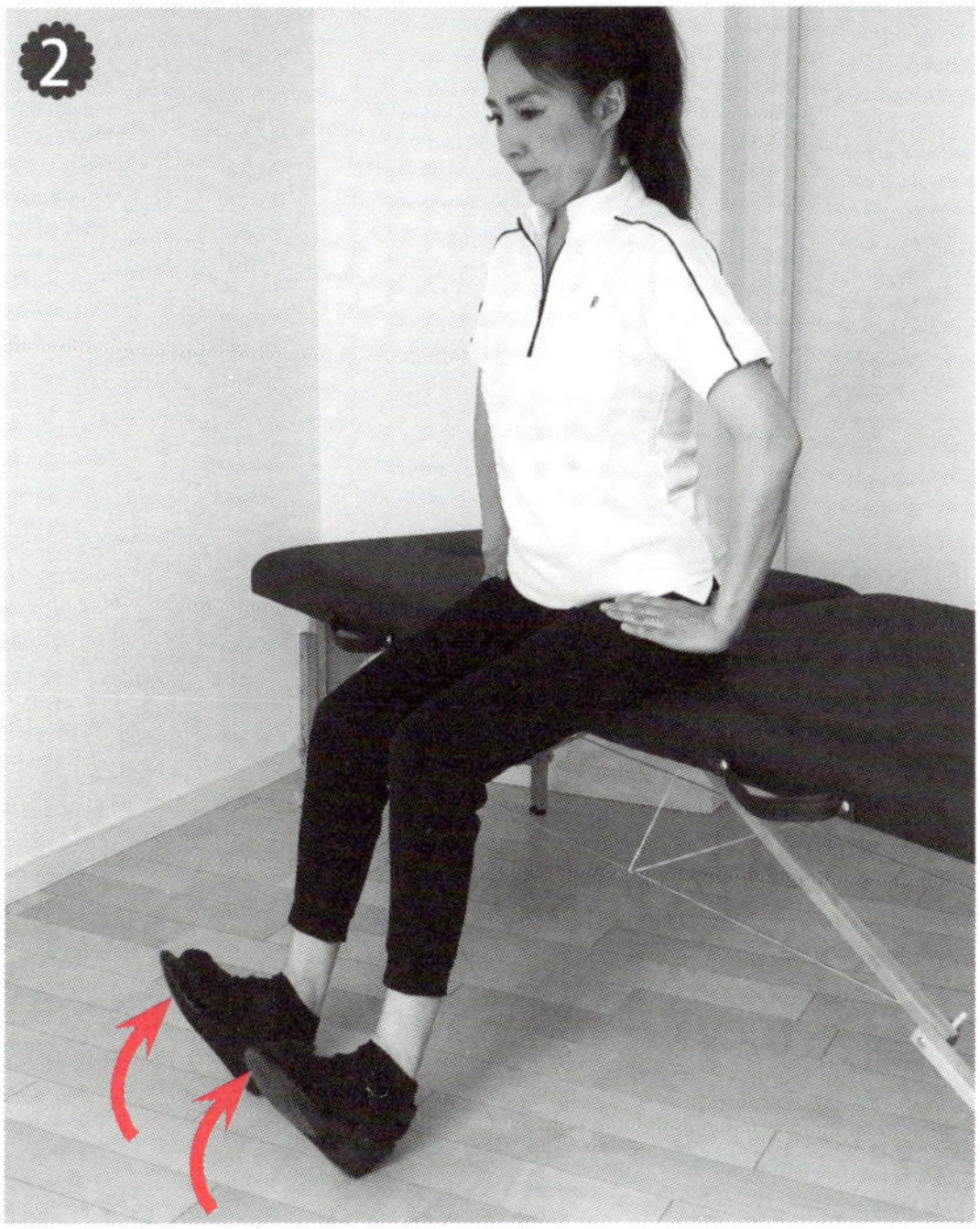

⑩ かかと上げ

ふくらはぎを意識して、両足同時にかかとを上げます。10回行います。

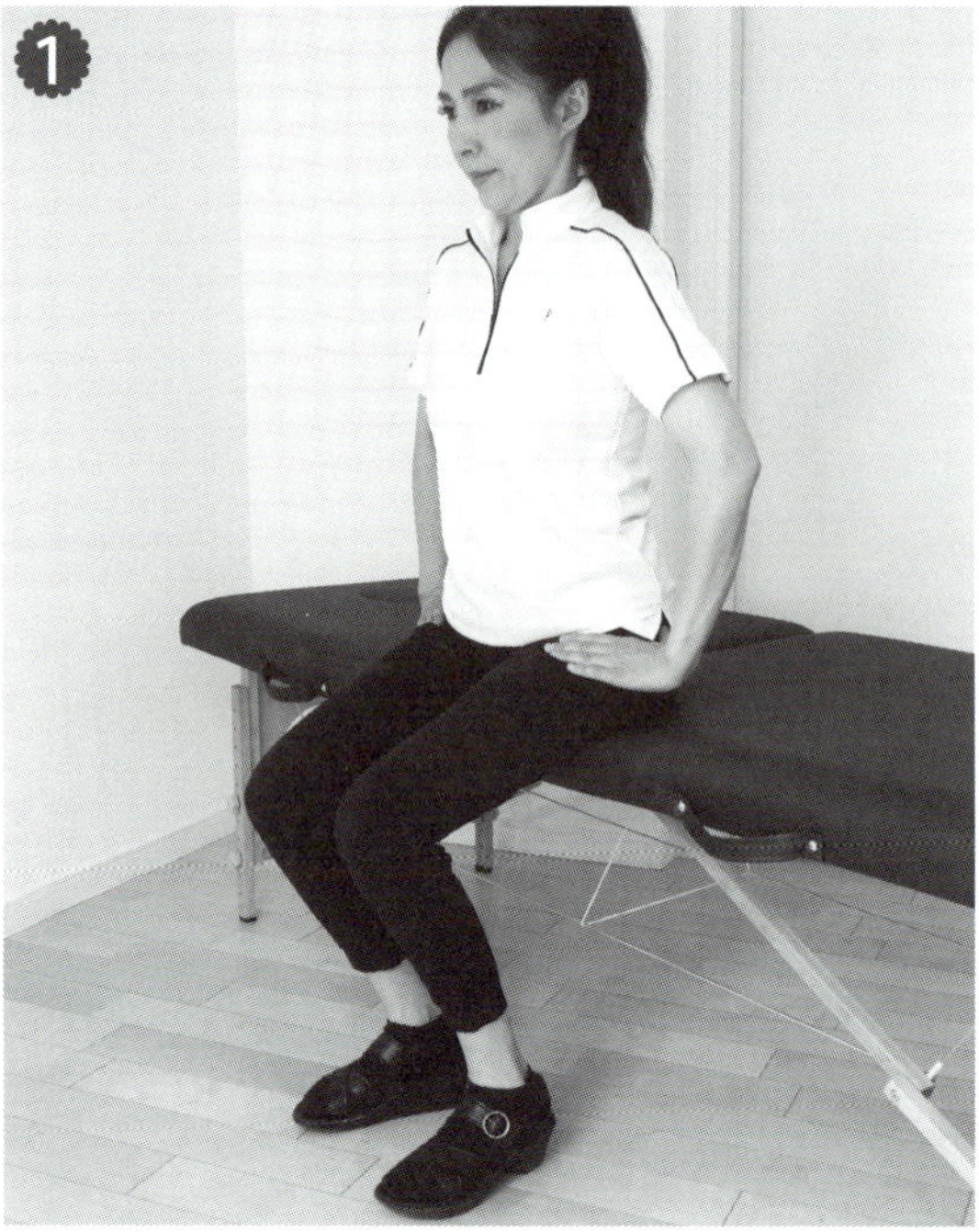

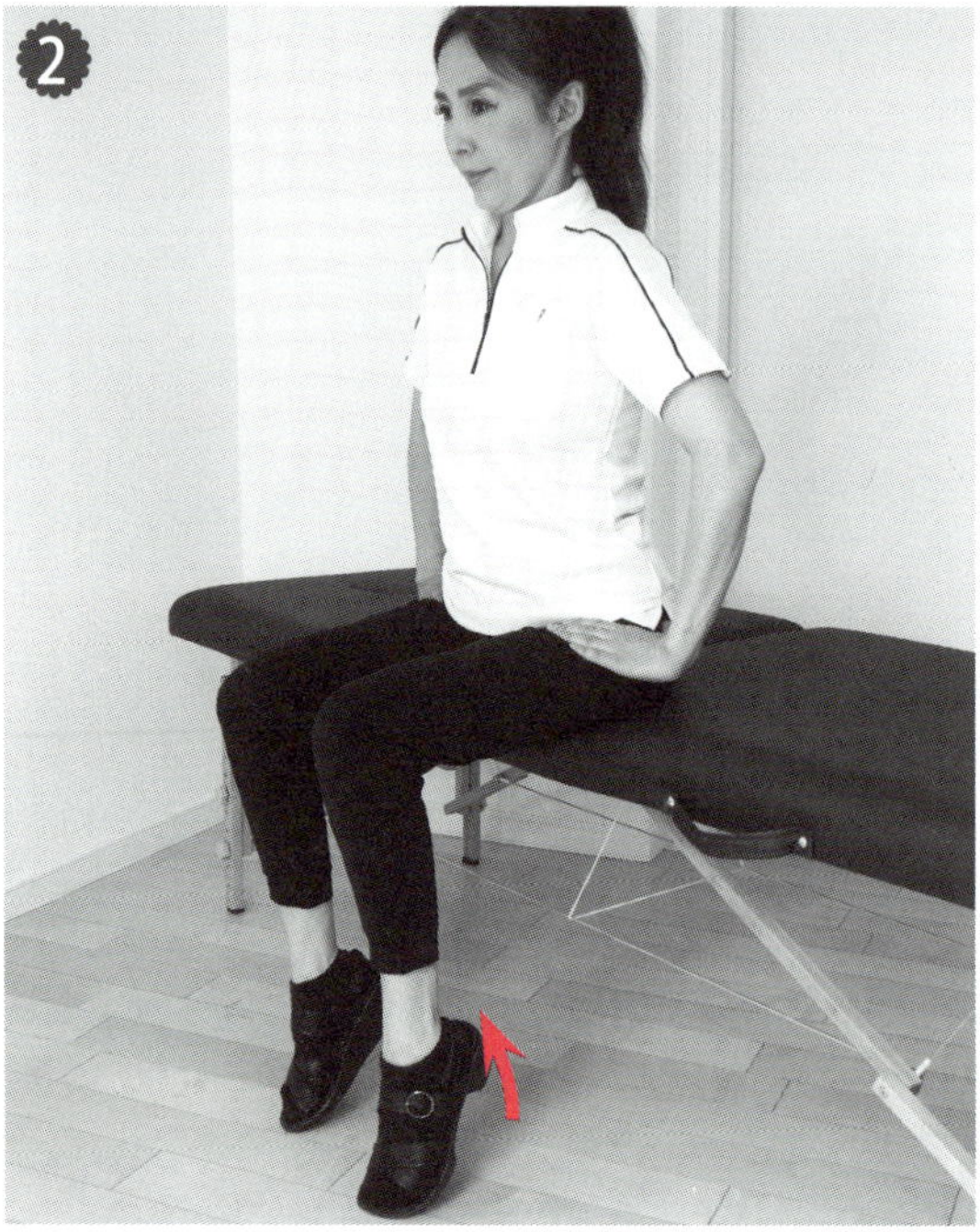

⑪ 立ち座り

浅めに座り、足を内側に引き、体を前傾させます。
斜め上方向にゆっくりと体を引き上げ、姿勢を正してキープします。

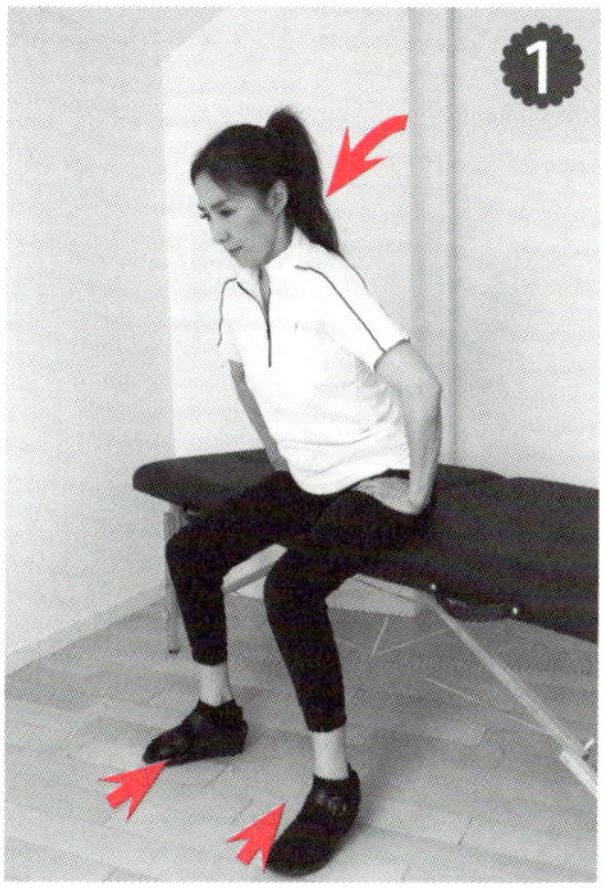

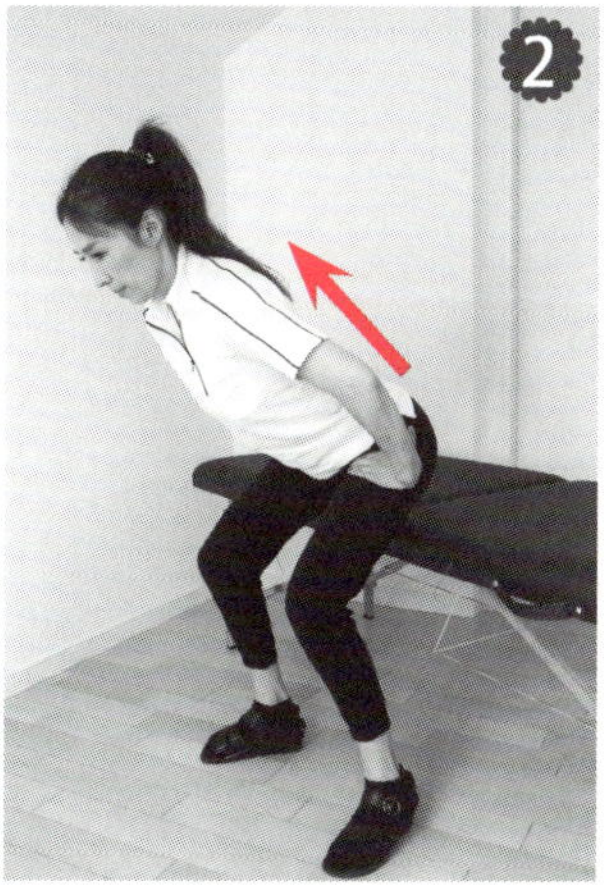

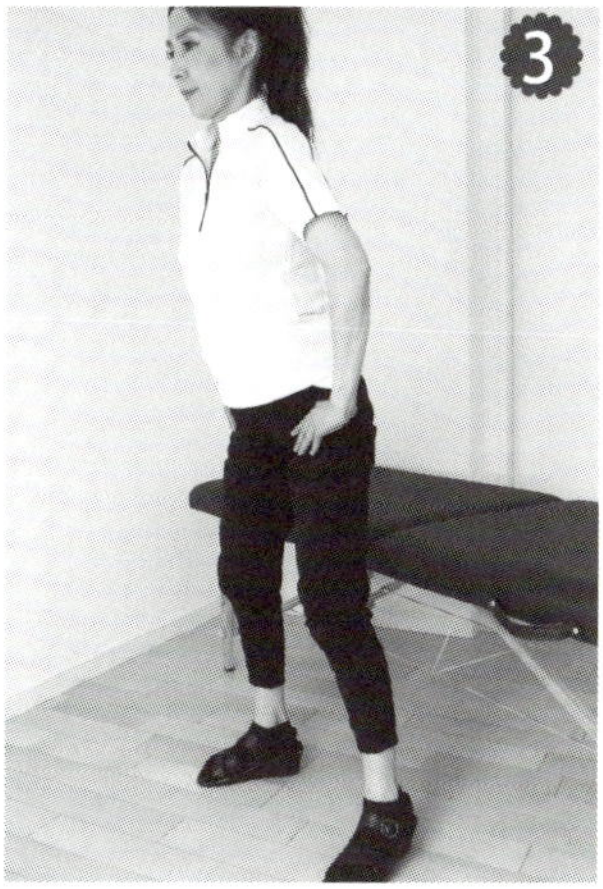

再度体を前傾させ、お尻を後方に引きながらゆっくりと腰を下ろしていきます。
横から見て体が「くの字」になるように。

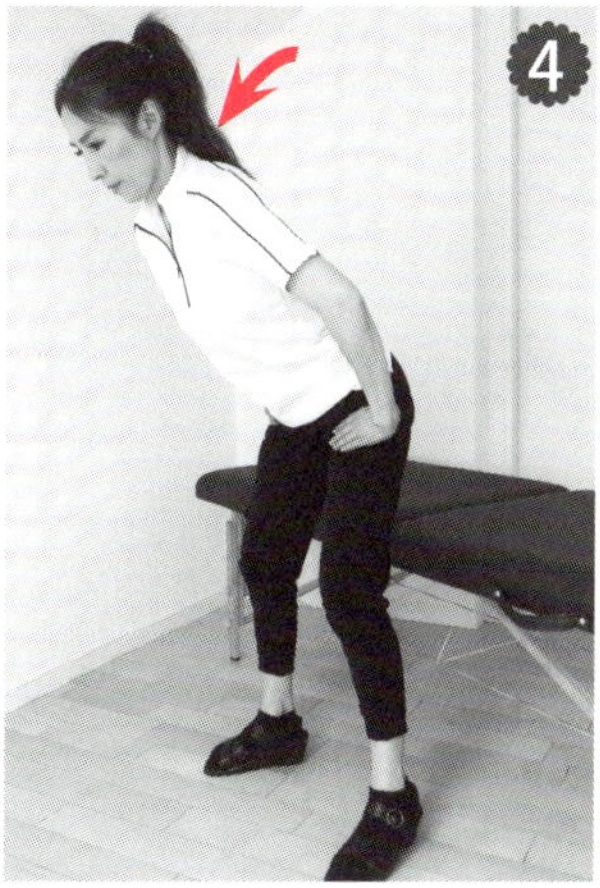

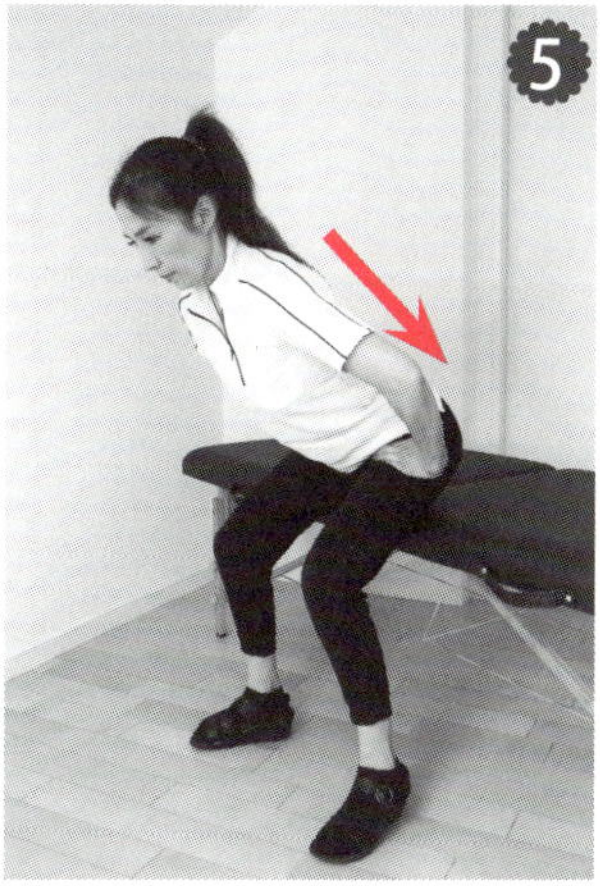

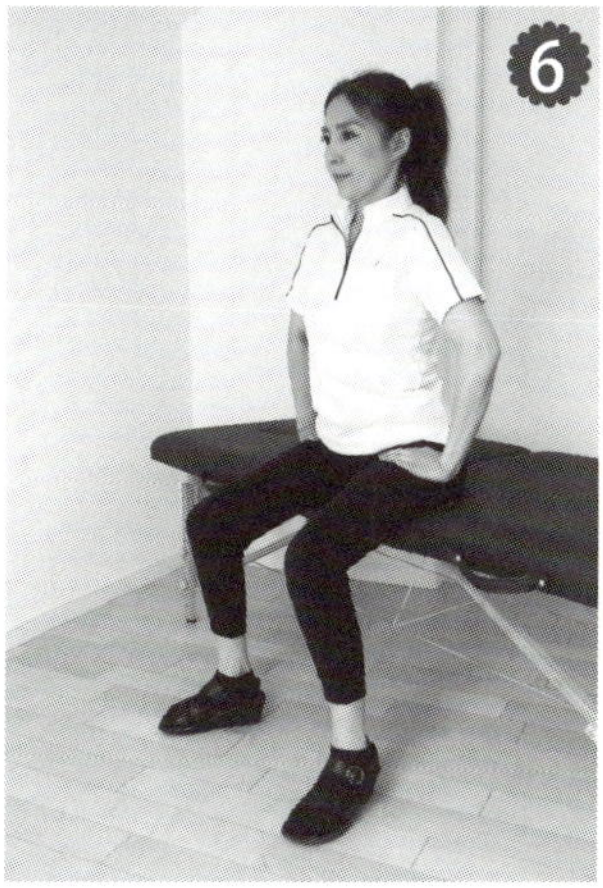

第5章

セラピストがシニアケアの現場で活躍するために

1 シニアに特化したスキルで可能性が広がる

ここまで読んでいただき、介護予防セラピストの可能性について、イメージが湧いてきたでしょうか?

「高齢者に対して、SMEメソッドで施術ができる」ということは、あなたのセラピストとしての活動の大きな強みになります。

例えば、痛みの強い高齢者のケアストレッチをマスターすれば、一般の健常者やサロンのクライエントへの施術にも活用できます。高齢者ケアの現場で実践を積むことは、サロン施術でのスキルアップに直結するのです。

SMEメソッドの正しいスキルを身につければ、介助や支援を必要とする高齢者、今は支援は必要ないけれど健康を気にする高齢者、またその家族など、ターゲットは拡大し、施術の幅も広がります。

2 待ち型のサロンから訪問型へ

サロン経営ではクライエントに来ていただく、つまり「待ち」のスタイルが主流です。介護予防セラピストのスキルを習得すれば、こちらから出向いていくなど、経営スタイルの幅が広がる可能性があります。

まず、サロン経営と訪問ケアを同時に行うことができます。例えば、サロンの定休日を訪問日とする、午前を訪問、午後をサロン勤務にするなど、曜日や時間で訪問とサロンを並行することができるのです。

また、高齢となってサロンへの足が遠のいたクライエントのご自宅を訪ねることもできるでしょう。そこで新しい訪問先を紹介していただけるかもしれません。高齢の仲間や地域のつながりなど、これまでのサロン施術とは違う分野の方を紹介されるかもしれません。可能性はどんどん広がるのです。

また、介護施設のケアやリラクゼーションのプログラムとして営業することもできます。介護施設にも様々な種類があり、また自治体や民間の活動など、多彩な展開が考えられます。そういった活動ではとくに、前章でご紹介した、ベッドがなくとも椅子さえあればできる「セルフケア体操」は効力を発揮します。大勢の高齢者を同時に指導することも可能です。

そういった機会は、おそらくこれからどんどん増えてい

くことでしょう。

3 「癒し」から予防ケア「未病治」へ

リラクゼーションを得意とするセラピストが、介護予防セラピストとしての知識とスキルを身につけることで、病気の予防にも貢献することができます。

最近、注目されている言葉に「未病」があります。未病とは、病気にはなっていないが健康ではない状態のことで、いわば病気の一歩手前のような状態をいいます。放っておくと病気になるので、この段階で健康な状態に戻すことが重要です。それを「未病治」といいます。

人生100年時代の健康長寿のためには、まずは自分自身の健康管理が重要です。予防ケアである未病治の活動は、介護予防セラピストにとって、大きな強みになるでしょう。病気予防に力を入れる自治体も多く、そうした場へアプローチすれば、活躍の場が増えます。

4 医療情報にアンテナを立て、情報を集める

介護予防をするにあたり、一般的な医療の知識も身につけておきたいものです。自分も介護予防チームの一員として医療に関わっているという意識を持つことにも役立ちます。

といっても、なにも特別なことでなくていいのです。テレビであれば、NHKの「きょうの健康」や「ためしてガッテン」などの番組、新聞の健康コラムなどに目を通しておくといいでしょう。その話題が高齢者との会話の糸口になることもあります。

もっと詳しく知りたいと思ったら専門書で調べたり、インターネットで検索したりするなど、ぜひ勉強しましょう。

また、消防署などで行っている救命講習に参加してみてはどうでしょうか。公共施設などに設置されているAED（自動体外式除細動器）の使い方を学んでおけば、いざという時に心強いもの。「万が一に備える」という意識を持つためにも受講はおすすめです。

5 清潔感や礼儀を忘れずに

清潔にして仕事をするのは社会人として当たり前のことですが、介護予防セラピストの場合は通常のサロンと違って、おしゃれは控えたほうが無難です。というのも、高齢者と接していると保守的な傾向が強いと感じるからです。

アクセサリーやネイルなどのファッションは作業の邪魔になることもあるので避けると思いますが、男性のひげ、男女の髪のカラーリングなどを嫌がる高齢者もいます。また、サロンで欠かせないアロマの香りは、女性はほとんどOKですが、男性には嫌がる人もいます。

こうした点はサロンとは違うので、気をつけたほうがいいでしょう。

そして、接する時には「高齢者扱い」をしないことが大事です。「おじいちゃん」と呼びかけたり、幼児言葉で話しかけたりするなどはもってほかで、「〇〇さん」と名前で呼ぶのが基本です。また、高齢者といっても、すべての人が耳が遠いわけではありません。状況を見て、必要な時には声を大きく、はっきりと話しましょう。

必要以上にへりくだることはありませんが、人生の先輩

あることを意識して、敬意を払って接することが大事です。「自分に敬意を払ってくれる」ということは、相手との信頼関係を築くことにもつながります。

6 状態が良くなる人は家族関係も良い

多くの高齢者のケアをしてきて気づいたことの一つに、状態が改善していく方はご家族との関係が良好なケースが多いということです。

環境というのは、物質的なものや空間等だけではなく、自分以外の周りの人間関係もその一つです。家族や周囲の人に温かく見守られている方、子どもや孫が積極的に関わる方は、環境が安定しているせいか、改善しやすい印象があります。

とはいえ今の時代、ご家族が遠方にいる場合が多いのが現実です。そんな時には介護サービスを上手に使って、介護保険だけでなく、福祉サービスと組み合わせながら、いろんな人とかかわることをおすすめします。

そして、介護予防セラピストも、こうしたクライエントの環境の一つです。家族ではないけれど、物理的に近くにいて、寄り添ったケアができます。それがやがて心の近さへとつながっていくのです。

7 感染症のリスクを常に意識する

クライエントの身体を触るセラピストにとって、感染症はリスクの一つであり、常に予防意識が必要です。

複数のクライエントをケアするセラピストは、特に自分が感染経路にならないように気をつけましょう。免疫力が低下した高齢者にとっては、インフルエンザや風邪（肺炎）が命取りになることもあるのです。

皮膚感染では疥癬《かいせん》や白癬《はくせん》、皮膚カンジダ症などがあります。疥癬はヒゼンダニが皮膚の角質に寄生して生じる、かゆみの強い皮膚疾患です。

また、血液感染では肝炎などにも注意が必要です。

例えば、水虫とわかれば、足のマッサージを避ける。ほかにも、タオルは使い回しをせずに1人ずつ替える、手洗いやうがい、消毒を徹底するなど、とにかく基本に忠実に、手を抜かずに行うことが重要です。

そして、何よりもセラピスト自身が免疫力を高めて、健康でいることが大事です。

8 地域活動への参加〜地域密着型セラピストへ

あなたは、ご自分の住んでいる地域で、どのような高齢者に関する活動が行われているか知っていますか？

公民館やコミュニティセンターに行くと、掲示板に色々なサークル活動の案内が貼ってあったり、老人会や自治会では囲碁や将棋、グランドゴルフなど、高齢者に人気のある趣味の集まりなどが多く行われたりしています。行政が運営している体育館やスポーツ施設、民間のスポーツクラブでも、高齢者の姿を多く見かけると思います。元気な高齢者は、このように健康増進のための努力を惜しまず、できるだけ長く、その状態を続けていただければと思います。

しかし、一旦病気をしたり、大きなケガをしたりすると、こうした健常者が集まる場所からは足が遠のいていきます。そして、何も働きかけないで放っておくと、引きこもりを招いてしまうことになるのです。

そうならないためには、サポートが必要な状態（要支援者）になっても、さらに介護が必要な状態（要介護者）になっても、限られた介護施設の中だけではなく、地域に出て行けるような基盤を作ることが求められています。私たち介護予防セラピストは、それを促す存在になれるのです。

ぜひ、高齢者が集まる場所に足を運んで、地域でどんなことが行われているのか見てください。ご自身の親と一緒に様子を見に行くのもおすすめです。

介護予防セラピストのスキルを身につけたら、まずは家族や知り合いに、介護予防に効く体操を一緒にやらない？と声をかけてみてください。また、自宅をサロンにして開業していらっしゃる方は、ぜひ施術のあとに運動療法を取り入れてみてください。

実は、それが介護予防セラピストの活動そのものなのです。

こうした地域での活動や社会への貢献が、介護予防セラピストが社会につながるきっかけになり、そこから認知が広がっていくのです。そして、介護予防セラピストとして活動するには、介護についてどこで相談できるのか、地域包括支援センターがどこにあるのか知っておくことも、医療的知識と同じくらい大事なことです。

そして、あなたの地域で介護予防セラピストとしてのあなたの存在を多くの高齢者や関係者に知っていただき、活躍の場を広げていってください。

おわりに

セラピストの方と話していると「高齢者のケアは初めてなので怖い」「クライエントと何を話せばいいのかわからない」という声を聞きます。そんな時、私はこう言います。

「自分の親だと思って接してみるといいですよ」。

お客様というよりも、家族だと思えば、「もっと運動しなくちゃね」といった、健康維持のためにやるべきことを進言でき、心を込めて丁寧に施術をすることでしょう。それにより信頼関係が築かれていくと、それは家族同様の関係に発展するかもしれません。スキルや対応が認められ、ご本人とご家族の信頼を得ることができると、口コミとなって、さらに多くの人へと広がります。

私たちはクライエントを身内だと思ってケアにあたっています。だから、いつも真剣です。「親身になる」とは、こういうことだと思うのです。

自分事として対応すると、家族同様に真剣に考え、クライエントに向き合うことになります。すると、自分たちが住んでいる地域や親がお世話になる地域は、どんな状況なのだろうか？　孤立している高齢者はいないだろうか？と視野が広がりました。さらに、これから少子高齢化はどうなるの？　国の取り組みは？　私たちの意識は、どんどん変わっていったのです。

本書をお読みになって、ストレッチ（S）、マッサージ（M）、エクササイズ（E）を組み合わせることで生まれるプラスのスパイラル、「SMEメソッド」について、理解が深まったでしょうか？

この「SMEメソッド」は、クライエントである多くの高齢者が、私たちに教えてくれたものです。

「あそこに頼むと元気になる」といった口コミで、地域での認知が広がり、経験や実績を積む中で、独自の高齢者ケアのメソッドを作り上げることができたのです。

私たちが介護ケアを始めた当初は、訪問マッサージと鍼灸を主に行っていました。クライエントの皆さんから「運動をしっかりできる場所がない」「高齢者ケアといっても、童謡や折り紙など、子ども扱いされる施設ばかりで行きたくない」という声を多く耳にし、2010年に一念発起し、「風呂なし、食事なし、童謡・折り紙なし」の運動特化型のデイサービスを開設しました。

すると、さらに高齢者の皆さんにプラスの変化が生まれたのです。

エクササイズを継続的に行うことで、肉体的な筋力向上や心肺機能の向上が、ご自身の実感としても、数値とし

おわりに

ても現れたのです。継続することが自信となり、また他の参加者と交流することで精神面でも前向きになって、ご自身の自信とプライドを取り戻されていることが目に見えてわかりました。

私たちの事業名「アールズ」は、ここに由来しています。マッサージとストレッチ、そして運動で、心も身体も元気になる。リハビリテーション（Rehabilitation）の効果とセラピストが最も得意とするリラクゼーション（Relaxation）の2つの頭文字から「R's」とし、さらに心のリラックスやリセットができるサポートを提供したいという思いも込めています。

今までたくさんの方々のご紹介やご縁で、地域の高齢者ケアに携わり、セラピストとして多くの経験をさせていただきました。当初は「役に立ちたい。癒しや痛みのケアを届けたい」という気負いが強かったのですが、先人である高齢者の生死や生活に触れる中で、逆に多くの大切なものを教えていただいていることに気がつきました。高齢者ケアとは、人生の学びの場であると実感しています。

今、まさに介護保険制度の見直しが進んでいます。超高齢化が進む中、医療や介護の有資格者だけでは老後を支え切れなくなり、資格を問わず、やる気とスキルのある人材を全国の自治体は求めています。

そうした状況で、人を癒す優しい心を持ち、手技療法として身体を癒すことのできるセラピストは、地域の高齢社会をサポートする人材として大いに活躍できると、私たちは確信しています。

セラピストが一人でできることやサポートの範囲には、どうしても限りがあります。しかし、セラピスト同士がつながり、情報を共有し、サポートし合えば、それは大きな力になります。

介護予防セラピストとして活躍するために必要な知識を学び、スキルを身につけ、つながり合うことで、個の力を超越して全の力となる。その力が、日本が抱える高齢社会の不安や心配を明るい方向へと変えていくのです。

そのために私たちは、実際にSMEメソッドを体験できる手技セミナー、さらにスキルを高め、インストラクターとして活躍できるスキルアップセミナーの開催、そして介護予防セラピストが地域や全国で活躍するためのつながりの場を提供していきます。

セラピストの癒しの力で、日本の未来を、私たちの将来を、明るく元気にしていきましょう。

本書を通じて、介護予防セラピストの可能性とネットワークが広がっていくことを願っています。

２０１９年7月

水谷 平
水谷美和子

著者プロフィール

水谷 平（みずたに たいら）

WTA リタジネンセラピストスクール代表
鍼灸マッサージ師　介護支援専門員
関西学院大学卒、一部上場企業勤務を経てセラピストの道へ。2001年頃から訪問鍼灸マッサージ業を開始、運動療法を取り入れることにより状態の改善が多く見られたという自身の経験から、高齢者であっても体を動かすことの重要性や、安全に行える高齢者施術法を紹介している。2016 年に WTA リタジネンセラピストスクール設立、中国での解剖学中医学実習や解剖経穴学講座、リタジネン式手技講座など、プロセラピストを対象としたスキルアップ講座を全国で開催している。ツボの専門家として動画配信や監修も行っている。

水谷 美和子（みずたに みわこ）

リハビリデイサービスアールズ施設長
鍼灸師　介護支援専門員　介護福祉士　機能訓練指導員
製薬会社勤務を経てセラピストの道へ。2001 年頃から訪問鍼灸マッサージ業を開始、重度者への施術やリハビリを日々行う。寝たきりの患者を多く施術する中で介護予防の重要性を改めて強く感じ 2010 年軽度者中心のリハビリ特化型デイサービスを開設。現場にて直接利用者の機能訓練指導に関わるかたわら、都内大手セラピスト養成学校にて「介護予防指導員」育成にも携わる。市や地域とも連携しながら高齢者ケアの専門家として日々活動している。

DVD『介護予防エクササイズ』『介護ケアセラピスト 1』『介護ケアセラピスト 2』『セルフケア体操』好評発売中

装幀：長久雅行
本文デザイン：中島啓子

新時代をつくる **介護予防セラピスト**
SME 理論でアクティブ・シニアにするメソッド

2019 年 8 月 10 日　初版第 1 刷発行

著　　者　水谷 平　水谷 美和子
発 行 者　東口 敏郎
発 行 所　株式会社ＢＡＢジャパン
〒 151-0073 東京都渋谷区笹塚 1-30-11　4・5 F
TEL　03-3469-0135　　FAX　03-3469-0162
URL　http://www.bab.co.jp/
E-mail　shop@bab.co.jp
郵便振替 00140-7-116767
印刷・製本　中央精版印刷株式会社

ISBN978-4-8142-0223-2　C2077

BOOK Collection

介護に役立つアロマセラピーの教科書

介護の現場ですぐにアロマケアを導入＆実践できる決定版!!　クライアントの好みや症状、ケア現場に合ったアロマの選び方、ブレンド方法を、多様なニーズに合わせて選択できるようになり、ケア現場で使えるアロマの知識が身に付きます。「情報収集→施術→記録→フィードバック」を軸として、現場で必要となる、アロマケアの導入方法と実例を紹介します。足浴、背中、ボディ、ハンド、フット、ヘッド、フェイストリートメント等、ケア現場で実践できる部位別トリートメントテクニックがマスターできます。

●櫻井かづみ 著　●A5 判　●280 頁　●本体 1,800 円+税

手と腕へのアプローチだけで全身も心も癒やす

アロマハンドトリートメントの教科書

アロマハンドトリートメントは、“手で手を看る療法”です。手で手を看ることで、瞬時に気づきが伴うケアがはじまります。瞬時に起きる気づきが、セラピストとクライアントの間を行き来して互いを共感でつなぐことで、言葉を超えたコミュニケーションが生まれ、単なるマッサージを超えた癒しをもたらします。

●木之下惠美 著　●B5 判　●176 頁　●本体 1,800 円+税

完全なる癒しと、究極のリラクゼーションのために

マッサージセラピーの教科書

「セラピスト」（療術家）という職業をプロとして、誇りをもって続けていくために必要なこと！　セラピストとしての心構えや在り方、そして施術で身体を痛めないためのボディメカニクスなど、すべてのボディワーカー必読の全９章。身体に触れることは、心に触れること。米 NY で本格的なマッサージセラピーを学んだ著者が、B（身体）M（心）S（スピリット）を癒すセラピーの真髄に迫ります。

●國分利江子 著　●A5 判　●240 頁　●本体 1,500 円+税

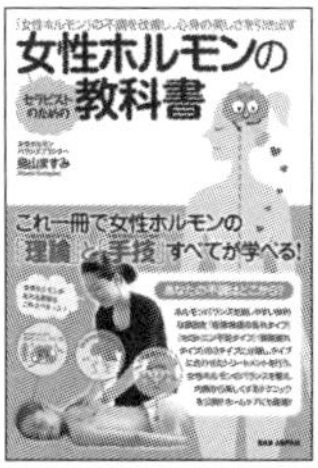

「女性ホルモン」の不調を改善し、心身の美しさを引き出す

セラピストのための女性ホルモンの教科書

現代の女性にとって今や欠かせないテーマとなった、女性のカラダをコントロールしている『女性ホルモン』。生理痛、頭痛、肩こり、腰痛、疲れ、冷えなどの“カラダの不調”から“ココロの不調”、“美容”まで大きく関わります。女性ホルモンが乱れる原因を『自律神経の乱れタイプ』『セロトニン不足タイプ』『卵巣疲れタイプ』の３タイプに分類。『女性ホルモン』の心理学的観点からみた『理論』と不調の原因タイプ別の『ボディートリートメント』&『フェイシャルの手技』やセルフケアを解説。

●烏山ますみ 著　●A5 判　●236 頁　●本体 1,500 円+税

誰でもリンパがわかる！　誰もが効果を出せる!!

深部（ディープ）リンパ療法コンプリートブック

皮膚に存在する「浅層」リンパと、筋肉に存在する「深層」リンパ。本書では、リンパの解剖生理学をしっかりと理解したうえで、「深部リンパ節」を開放する手技を学べるよう解説します。「理論編」でリンパの全体像がわかる解剖生理学をわかりやすく解説し、「手技編」で西洋医学の解剖生理学に基づいたドイツリンパ療法に、東洋医学の鍼灸理論を組み合わせた著者独自のメソッドを大公開します。

●夜久ルミ子 著　●A5 判　●184 頁　●本体 1,600 円+税

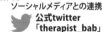

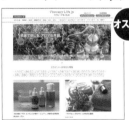